Staesz-Pfefferkuchengewürz & Hayma Neunerlei

Der Drogist Robert May, seine Familie und die Lebkuchengewürze aus Westpreußen und Schlesien

Erinnerung an ein Baudenkmal in Elbing/Westpreußen

Als Rudolf May 1927 die Drogerie Sausse, die älteste Drogerie Elbings, erwarb, hatten die von den Vorbesitzern vorgenommenen Umbauten dem Gebäude »Alter Markt 49« schon bedeutende Teile seiner vorherigen Schönheit geraubt. Max Rendschmidt erinnert in der 1933 für die Elbinger Altertumsgesellschaft herausgegebenen Veröffentlichung »Das alte Elbinger Bürgerhaus« an das Aussehen der Fassade in der Zeit vor 1890. Er schreibt, dieses Gebäude habe eine der wertvollsten Renaissance-Fassaden Deutschlands gehabt. Maßgebend hierfür seien die Giebelfigur, die Obelisken, die Voluten am Giebelfuß, die Korbbogenblende des Giebelfensters und das Portal gewesen. Auch die horizontalen Friese, die Schlußsteine der Korbbögen und die Sandsteinbänder seien bemerkenswert gewesen. Aufgrund des Quaderschmucks der Sandsteinbänder und der von kleinen ionischen Pilastern getragenen Bekrönung habe sich der Giebel von anderen Giebeln der Zeit unterschieden.
– Bild 106321 aus dem © Bildarchiv Ostpreußen, www.bildarchiv-ostpreussen.de

Heinrich Lohmann

Staesz-Pfefferkuchengewürz
&
Hayma Neunerlei

Der Drogist Robert May, seine Familie und die Lebkuchengewürze aus Westpreußen und Schlesien

Edition Falkenberg

1. Auflage 2022

ISBN 978-3-95494-273-2
www.edition-falkenberg.de

www.edition-falkenberg.de

Inhalt

Familiäre Verhältnisse

Der Weg in die Katastrophe und der Neuaufbau im Westen (1939–1949)

Konsolidierung und neuer Aufstieg

Nicht nur die innerdeutschen Umsiedlungen werden zum Problem

Weichenstellungen für das Erbe Robert Mays

Neue Höhepunkte der Unternehmensgruppe

Hayma Neunerlei und die Leb- und Pfefferkuchen in und aus Schlesien

Expansion zum internationalen Anbieter und Verkauf des Unternehmens

Anhang

Geleitwort

Über 100 Jahre sind vergangen, seit eine Elbinger Kaufmannsgeschichte ihren Anfang nahm. Sie begann lange vor meiner Geburt und bewirkte in meinem Leben eine Weichenstellung. Sie prägte mein Leben und die Erinnerung an meine Eltern und Großeltern. Es sind gute Erinnerungen.

Meine Vorfahren nahmen teil am wirtschaftlichen und kulturellen Leben ihrer Heimat in Elbing und waren ein Teil davon. Mit dem Staesz-Pfefferkuchengewürz setzten sie ihrer Heimatstadt ein Denkmal.

Nach dem Inferno des Zweiten Weltkrieges konnte es in Nesse bei Bremerhaven neu erstehen und wurde die Basis für eine vielseitige Gewürzmühle.

Unterstützt durch meine Ehefrau Susanne und durch meine Söhne Jan Hendrik und Alexander leitete ich den Betrieb bis zum Verkauf an Frutarom im Jahr 2006.

Mein Dank gilt meiner Ehefrau, meinen Kindern und den vielen Mitarbeiterinnen und Mitarbeitern, die zum Erfolg des Unternehmens beigetragen haben.

Dieses Buch vereint Familiengeschichte und Unternehmensgeschichte. Es ist entstanden, weil es ein Erinnern bewahren und ein Verstehen ermöglichen soll.

Ich danke Herrn Heinrich Lohmann in Verden/Aller für seine gründliche Forschungsarbeit.

Ulrich Krause,
Enkel der Gründer Robert und Helene May

Einführung

Es sind bereits viele Bücher und Aufsätze über Pfefferkuchen, Lebkuchen und Honigkuchen veröffentlicht worden.

Sie beschreiben die glanzvolle Geschichte der handwerklichen Lebkuchen-Herstellung, aber auch die daraus hervorgegangene industrielle Produktion meist regionaltypischer Varianten.

Das auch in den Familien weit verbreitete Backen dieser vorweihnachtlichen Leckereien nach althergebrachter Sitte wird in den zahlreichen Veröffentlichungen gelegentlich erwähnt, es fehlen aber meistens nähere Ausführungen, aus denen sich die kulturelle Bedeutung erschließt.

Dabei hat sich das aus überlieferten Traditionen entstandene familiäre Backen zu einem bedeutenden Brauchtum eigener Art entwickelt.

Ende der 1880er Jahre, als sich der gesellschaftliche Wandel der sogenannten Gründerzeit in vollem Schwung befand, drohte es allerdings an Bedeutung zu verlieren. Im ausgehenden 19. Jahrhundert war auch die Arbeit der Hausfrauen einem starken Wandel ausgesetzt. Ihr Leben entfernte sich im gleichen Maße von der Selbstversorgung ihrer Familien, wie ihre Arbeitskraft in der gewerblichen Wirtschaft gebraucht wurde. Die Suche nach Wegen zur Erleichterung und Vereinfachung der Hausarbeit bewirkte schließlich auch einen Wandel beim Kochen und Backen.

Für die Haushalte, die am Gewohnten und Beliebten festhalten wollten, wurde bald eine Vielzahl an neuen Präparaten und Produkten entwickelt und angeboten. Auch die Versorgung der Familien mit Selbstgebackenem geriet dabei in das Blickfeld gewerblicher Hersteller.

Einige kamen auf die Geschäftsidee, der sparsamen Hausfrau die Weihnachtsbäckerei mit neuen Backgewürzen zu erleichtern. Schnell tat sich der Markt für diese Neuigkeiten auf und die Herstellung und Belieferung der Haushalte mit den neuen Produkten ließen Anfang des 20. Jahrhunderts sowohl in Schlesien, Bayern und Franken als auch in der Aachener Region und in Ost- und Westpreußen ein Gewerbe entstehen, das diese Nachfrage deckte.

Die vorliegende Veröffentlichung möchte die Geschichte einiger Hersteller von Backgewürzen anhand der erreichbaren Quellen rekonstruieren und beschreiben.

Die Geschichte der Pfefferkuchengewürze wurde von Robert May in Ost- und Westpreußen maßgeblich mitgeprägt. Er war eine Unternehmergestalt, die bisher nur wenige kennen. Sein Pfefferkuchengewürz war aber nur einer von mehreren Bereichen seiner unternehmerischen Betätigung. Soweit es möglich ist, sollen hier auch die anderen Felder seines kreativen Wirkens dargestellt und die Geschichte seiner Familie in Ausschnitten beleuchtet werden.

Als der Verfasser gebeten wurde, dieses Thema zu recherchieren und zu bearbeiten, erhielt er unter anderem etliche Ordner des »Familienarchivs Krause«, die zunächst in Melle, dem Alterswohnsitz Gretel Mays, geborene Heitling, aufbewahrt worden waren. Ihr Inhalt bestand aus seit 1966 kaum berührten Firmenakten und persönlichen Akten Robert Mays, die von der Familie wohl mehr aus sentimentalen Gründen unangetastet aufbewahrt worden waren. Mit dem Archivmaterial dieser Ordner konnten viele Details der Unternehmens- und Familiengeschichte dargestellt werden. Entdeckte Lücken wurden aus zahlreichen anderen Archiven, insbesondere dem Lastenausgleichsarchiv in Bayreuth, gefüllt. Das vorhandene Archivmaterial wird der weiteren historischen Forschung im Einvernehmen mit Herrn Ulrich Krause bestmöglich zugänglich gemacht.

Die Veröffentlichung ist auch ein erster Versuch, die handelnden Personen mehrerer Generationen der Familien Staesz, May/Krause, Hayn und Assmann in den historischen Zeitläufen des 20. Jahrhunderts zu erfassen und zu beschreiben.

Die allgemeinen Voraussetzungen

Zur Geschichte des Lebkuchens

Für das Gebäck gibt es drei regional unterschiedliche Namen:

- Der Name **»Pfefferkuchen«** geht auf die in früheren Zeiten übliche Bezeichnung aller fremdländischen Gewürze als »Pfeffer« zurück. »Pfefferkuchen« war als Oberbegriff für alle Gebäckformen dieser Herstellungsart vor allem im östlichen Deutschland geläufig. Das Gewürz »Pfeffer« wird aber für fast keines dieser Gebäcke verwendet.
- Der Name **»Honigkuchen«** wird im ostpreußischen Kochbuch-Klassiker »Doennigs Kochbuch«, als Oberbegriff aller Lebkuchen benutzt.
- Der Name **»Lebkuchen«** ist als Name dieser Kuchen am geläufigsten, vor allem im Süden und Westen Deutschlands sowie in Österreich. Im Süden existiert daneben auch noch der Name »Lebzelten«

Ein Café in St. Wolfgang/Österreich wirbt auf seiner Homepage mit einer gut und knapp formulierten Historie dieses auch dort hergestellten Gebäcks. Auszüge daraus sollen hier mit Zustimmung des Inhabers wiedergegeben werden: *Die Geschichte des Lebkuchens beginnt um ca. 1.500 v. Chr. im alten Ägypten mit Honigkuchen-Funden in ägyptischen Königsgräbern und schriftlichen Zeugnissen von kleinen gewürzten Honigfladen. In der Mythologie der Ägypter, Griechen, Römer und Germanen war der Honig eine Gabe der Götter. Somit erklärt es sich, dass man Honig als göttliche Gabe, heilend und lebenspendend beschreibt.*

Der Lebkuchen, wie wir ihn heute noch kennen, wurde ursprünglich im belgischen Dinant erfunden, dann von den Aachenern übernommen und modifiziert (Aachener Printen), und schließlich von den fränkischen Klöstern weiter abgewandelt. Die Nonnen stellten das Gebäck als Nachtisch in den Klöstern her. »Pfefferkuchen« […] erfährt erstmalig 1296 in Ulm eine Erwähnung. […]

Da für die Herstellung von Lebkuchen seltene und daher teure Gewürze aus fernen Ländern notwendig waren, wurden vor allem Handelsknotenpunkte Zentren der Lebkuchenbäckerei. Ulm, Köln, Aachen, Basel und München sind dabei immer wieder geschichtlich erwähnt. In St. Wolfgang wurde ab dem 14. Jahrhundert »St. Wolfganger Lebzelten« erzeugt und von den Wallfahrern zur Labung auf die oft beschwerliche Wegstrecke mitgenommen.

Nürnberg war aber damals zweifellos die Metropole der Lebzelter, da die altehrwürdige Stadt umgeben war von Wäldern mit großen Bienengärten. Dadurch befanden sich die Nürnberger »Lebküchner« direkt an der süßen Honigquelle.

In schriftlicher Form taucht das Wort »Lebkuchen« in fränkischer Handschrift 1409 zum ersten Mal auf. Ob der Begriff »Lebkuchen« auf die Vorsilbe »Laib« zurückgeht oder auf den »Labekuchen«, darüber sind sich die Historiker nicht einig. Auch »libum«, lateinisch für Fladen, ist möglich, zumal Latein die Klostersprache war.[1]

Leb-/Pfefferkuchen in Ost- und Westpreußen

Harte Arbeit und frohe Feste ließen in vielen deutschen Landschaften Backtraditionen und Bräuche entstehen, die zumeist weniger aufgeschrieben als mündlich übermittelt wurden. Hierzu zählte auch die Herstellung der Pfefferkuchen in Ost- und Westpreußen. Mit ihrem kulturhistorischen Gehalt stehen deren Rezepte für die Landschaften, in denen sie einst erdacht und in die Familien gebracht wurden.

Die bekanntesten Pfefferkuchen Ost- und Westpreußens sind zweifellos die »Kathrinchen« aus der vom Deutschen Orden 1231 gegründeten Stadt Thorn (poln. Toruń), gelegen im Kulmer Land. Sie wurden in früheren Zeiten nur ab dem 25. November, dem Gedenktag der heiligen Katharina von Alexandria, bis nach Weihnachten gebacken.

In Thorn war eine Episode überliefert, die die Namensgebung auf Katharina, eine fromme Nonne des dortigen Zisterzienserinnenklosters, zurückführt. In einer Veröffentlichung heißt es, diese habe zu ihrem Namenstag, dem 25. November des Jahres 1312, aus Mehl, Honig und Gewürzen *kleine Kuchchen in länglicher Form gebacken und dieses Backwerk, da es wohlgeraten (war), freigiebig unters Volk verteilt. Dieses habe, vor Freude über so seltene Gabe und den Wohlgeschmack, den leckeren braunen Küchlein den Namen »Katharinchen« gegeben, um damit die Bäckerin zu ehren. Die Nonne teilte […] allen ihr Backrezept mit, die es wissen wollten, und so wurden fortan alljährlich zum 25. November in ganz Thorn Kathrinchen gebacken.*

Aus der bescheidenen Hausbäckerei hatte sich um 1500 bereits die gewichtige Pfefferküchlerzunft entwickelt, die sogar Sitz und Stimme im Rat der Stadt Thorn hatte. Sie beschickte nicht nur die Märkte zu Danzig, Königsberg, Elbing mit Thorner Katharinchen und sonstigen »Pfifferküchlein«, man fand sie sogar auf den damals berühmten Handelsmessen zu Warschau und Krakau; denn sie waren so beliebt wie etwa die Nürnberger Lebzelten.[2]

Abseits solcher Legenden und Betrachtungen hat der Autor Ernst Hartmann die regionale Geschichte des Pfefferkuchens in einem Kalenderbuch wie folgt beschrieben: *Zu jedem richtigen ostpreußischen Weihnachtsfest gehörten die aus Honigkuchen, Sirup- und Zuckerteig, Gewürzzutaten und Fruchteinlagen gebackenen Honigkuchen, Pfefferkuchen, Lebkuchen und Pfeffernüsse. Wenn ihr aromatischer Duft aus den Verstecken drang und die Zimmer durchzog, spürte man ordentlich: nun ist Weihnachten nicht mehr weit.*

Wer ahnte aber beim Genuss dieses zauberhaften Backwerks, daß es bereits vor über 500 Jahren bei uns im Osten, allerdings in einfacherer Art, nach erprobten Rezepten hergestellt wurde? Als man nämlich im Jahre 1399 am Hochmeistersitz der Marienburg eifrig zu einer »Reyse« (Kriegsfahrt) nach Litauen rüstete, entschloß man sich, für die Ritter und hohen Kriegsgäste auch die wohlschmeckenden und haltbaren Pfefferkuchen mitzunehmen. Der Backmeister erhielt darum den Auftrag, von den »Bienern« Honig aufzukaufen; der Treßler gab das Geld dazu, und der Schreiber vermerkte im »Marienburger Treßlerbuch«: »16scot dem bakmeister honyg zu kaufen zu den pfefferkuchen uf die reyse.« Ähnliche Aufträge wurden 1400 und 1408 erteilt. Gewöhnlich wurde auf solch einem Kriegszug in Königsberg, dem Sitz des Ordensmarschalls, eine längere Rast eingelegt; so werden wohl auch die Königsberger das würzige Gebäck auf diese Weise kennengelernt haben.

Als der Orden nach den verheerenden Kriegen von 1400/11, 1414 und 1420 der allgemeinen Verarmung seines Landes entgegenzutreten versuchte, verbot er u.a. auch die Glücksspiele, vor allem das »Doppeln«, bei dem man immer das Doppelte einsetzen mußte. Die mittelalterlichen Spielbudenbesitzer umgingen aber das Verbot. In seinen bekannten »Ermahnungen« sagt deshalb kurz nach 1425 der Carthäuser: »spyler

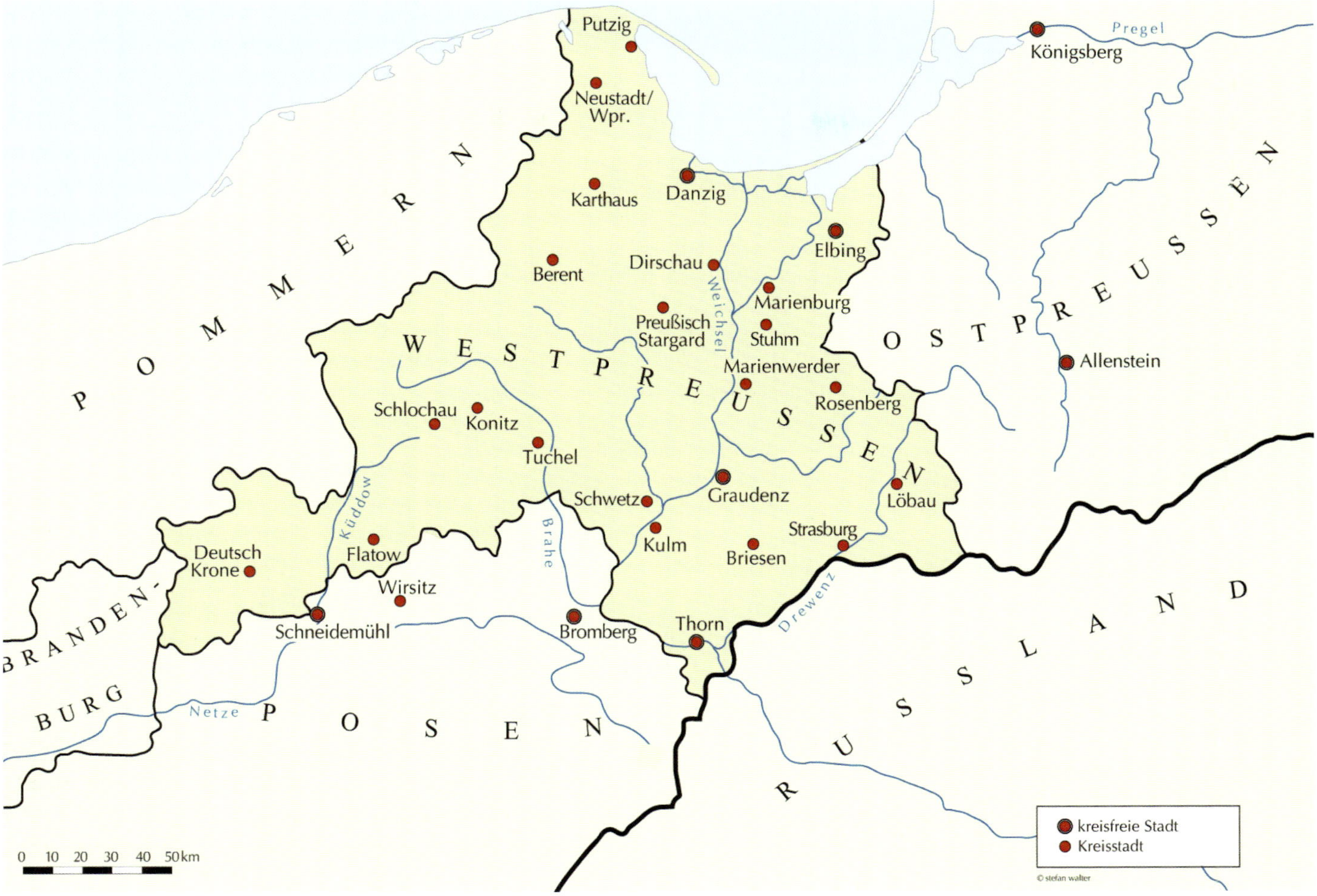

und tobbeler, das men sy nicht irkennet, so füren sy pfefferkuchen uff jarmerkte« und gestatten so getarnt doch die verbotenen Glücksspiele.

Honig war im Lande genug vorhanden, gab es doch ganze »Bienerdörfer«. […] (Die Gewürze) bezog man auf dem Landwege von Nürnberg und Augsburg und auch über See von Lübeck und Brügge. […] Es werden in der (Königsberger) Hofbäckerei auch Pfefferkuchen nach bewährten Rezepten gebacken worden sein, denn Herzog Albrechts Gemahlin Dorothea und ihre Freundin, die Herzogin von Liegnitz, beschenkten sich gegenseitig, und dabei nahmen die guten Pfefferkuchen der preußischen Fürstin ihren Weg nach Liegnitz, und Fäßchen mit Quitten, in Honig eingemacht, und Latwerge in Zucker gelangten nach Königsberg. Im Jahre 1552 ließ sich aber auch schon ein Zuckerbäcker in Königsberg nieder, der […] auch Pfefferkuchen zu backen verstand.

In dieser Zeit, nämlich 1557, erhielten die weit und breit anerkannten Thorner Pfefferküchler bereits ein Privileg, das sie auch berechtigte, den Königsberger Jahrmarkt zu besuchen. Als sie aber, selbstsicher und übermütig geworden, ihre Pfeffer- und Honigkuchen auch außerhalb der regulären Jahrmärkte zu verkaufen begannen, gerieten die Königsberger Zunftgenossen in hellen Zorn, nahmen den Thornern die ausgestellte Ware ab und schenkten sie dem städtischen Hospital.

Die Thorner müssen aber wohl qualitativ besseres Würzgebäck hergestellt haben; denn sie erhielten […] die Berechtigung, den Königsberger Weihnachtsmarkt zu beschicken. Die Rivalität nahm 1757 für die Königsberger ein

Westpreußen ist heute eine Erinnerungslandschaft, die in der hier gezeigten Form von 1878 bis 1920 eine Provinz Preußens mit der Hauptstadt Danzig bildete. Nach dem Ersten Weltkrieg wurde sie viergeteilt in den »polnischen Korridor« des wieder erstandenen polnischen Staates, die »Freie Stadt Danzig«, und den »Regierungsbezirk Westpreußen« in der Provinz Ostpreußen. Ein westlicher Streifen wurde Teil der beim Deutschen Reich verbliebenen »Grenzmark Posen-Westpreußen«.

Einige Model zum Backen von Thorner Katharinchen
Foto: Piotr Kuczyński via Wikimedia CC

nicht erwartetes Ende. Beide Parteien mußten der Regierung Proben ihrer Spezialitäten-Bäckerei einliefern; die Thorner siegten in dem seltsamen kulinarischen Wettstreit und machten sich nun in Königsberg noch »bräsiger«. Sicher besaßen sie wohlbehütete Geheimnisse, vielleicht solche der damals so berühmten Nürnberger Lebkuchen-Bäckerei, vielleicht auch solche alter Thorner Klostertradition. Von einem Chronisten erfahren wir nämlich, daß sich so um 1520 im Nonnenkloster zu Thorn »die jungkfrauen mit pfefferkuchen backen erneren, den sy sehr gut machen, und man füret yn yn ferre […] lande«.

In jenen Jahren des ausgehenden Mittelalters brachten die Thorner Pfefferküchler ihre begehrte Ware in Planwagen auf die Märkte der größeren Städte. Die Thorner Ratsbücher von 1610 – 1649 berichten, daß man sie in großen Tafeln verkaufte, also in Blechen gebacken hatte. Für die Hofhaltung des Bischofs von Ermland bezog man allerdings die Honigkuchen im 16. Jahrhundert über die hansischen Seehäfen Danzig, Elbing und Königsberg.

Im Grenzstädtchen Soldau gab es kurz nach 1550 gar drei Kuchenbäcker und Pfefferküchler, die aus Böhmen stammten und von denen einer sogar den Familiennamen Küchler trug. Sie kauften jedes Jahr einige Tonnen Honig vom Amt. Sicher waren sie mit dem Treck der »Böhmischen Brüder« gekommen, die 1547 wegen ihres Glaubens von König Ferdinand ausgewiesen und von Herzog Albrecht vornehmlich in Gilgenburg, Neidenburg, Soldau und Umgebung angesiedelt worden waren. Um das Jahr 1750 war es der Soldauer Pfefferküchler Jonas Oloff, […] der sich in seiner Heimatstadt und auf den Märkten der umliegenden Landstädte mit seinem Backwerk einen guten Namen machte.

In Königsberg rühmte man im 17. Jahrhundert die »von den Thornschen und anderen Pfefferküchlern allhier häuffig feyl gehaltenen« Pfefferkuchen. Der damals […] hochgeehrte Dichter Friedrich Hoffmann, Mitglied des »Pegnesischen Blumenordens« und des »Elbschwänenordens«, besang sie sogar in einem Lobgedicht. Ja, die Wissenschaft reihte sie neben den sogenannten »Kaiser-Morsellen« unter die vortrefflich wirkenden Arzneimittel, wovon eine aus der 2. Hälfte des 17. Jahrhunderts stammende Rezeptsammlung der Königsberger Stadtbibliothek Kunde gab. Über die in den kleinen Städten gebackenen Pfeffer- und Honigkuchen klagte man aber im 17. und 18 Jahrhundert, daß sie verhältnismäßig hart und nicht von so vortrefflichem Geschmack wären.

[…] Immer mehr ging man dazu über, auch in den Privathaushalten zu Weihnachten die Würzgebäcke […] herzustellen. Man benutzte zum Backen »Modeln«,schön geschnitzte Kuchenformen, in denen sich eigenartige Gestalten formen ließen, etwa der »Thorner Honigengel«, ein auf einem Hahn reitender Mann, ein Mann mit Hellebarde, ein schmucker Reiter, ein Hirsch … Ende des Jahrhunderts wurden nach Aussage eines Zeitgenossen auch in mancher ostpreußischen Stadt, vor allem in Johannisburg, Pfeffer- und Honigkuchen nach Thorner Art […] gebacken. Um 1820 begannen die Königsberger Küchler, ihre Pfefferkuchen als Thorner Gebäcke auszugeben. Daraus geht wohl hervor, daß sie nun hinter die Geheimnisse der Thorner gekommen waren und Gebäck von derselben Güte herzustellen verstanden.[4]

Der Austausch über regionale Begrenzungen hinweg war allen Handwerkern eine selbstverständliche Verpflichtung, wollten sie vor der Konkurrenz bestehen. Hier machten auch die Hersteller von Pfefferkuchen keine Ausnahme. *Die Thorner Pfefferküchler standen seit jeher mit ihren schlesischen Handwerkskollegen in enger Verbindung. [...] Die Handelsverbindungen von Breslau nach Thorn und später nach Danzig waren eng geknüpft, da viele der schlesischen Ex- und Importe über die Ostsee abgewickelt wurden. Es gehörte gewissermaßen zum Pflichtprogramm eines jeden Handwerksgesellen einer Pfefferkuchenzunft auf der Walz, sowohl in Schlesien als auch in Thorn die Tipps und Kniffe zu erlernen, mit denen er als späterer Meister seine ganz persönlichen Spezialitäten herstellen konnte. [...] Besonders vom 17. bis zum 19. Jahrhundert erhielten viele aus Schlesien zugewanderte Gesellen in Thorn als Pfefferküchler das Bürgerrecht.*[5]

Exkurs: Der Weg zur fabrikmäßigen Herstellung der Lebkuchen

Die industrielle Revolution in der zweiten Hälfte des 19. Jahrhunderts machte auch vor der Welt der handwerklichen Pfefferküchler nicht Halt. Sie führte aber nur langsam zu einer Verdrängung derjenigen, die sich aus finanziellen oder persönlichen Gründen scheuten, große Investitionen vorzunehmen und die Abläufe der Herstellung zu optimieren. Viele Jahrzehnte lang erlaubte es der enge persönliche Kontakt zu Kunden, vor allem aber auch die Vielfalt der Geschmacksrichtungen aufgrund streng gehüteter Familienrezepte, dass auch kleine handwerkliche Küchlereien bestehen blieben.

Dort aber, wo sich bei den Betriebsinhabern Wagemut mit unternehmerischem Geschick vereinten und beides auch über die Folge der Generationen erhalten blieb, entstanden Großbetriebe, die es zu enormen Produktionsmengen brachten und die dafür sorgten, dass regional verwurzelte Marken entstanden, die in ganz Deutschland bekannt wurden.

Einen großen Fortschritt ermöglichten Maschinen einer Firma aus Süddeutschland. 1878 hatte die für Bäckereimaschinen führende Cannstadter Firma Werner & Pfleiderer eine Doppelschaufel-Teigknetmaschine entwickelt. Von einer Dampfmaschine angetrieben, kam sie in vielen Backstuben zum Einsatz.[5a]

Um 1900 erfolgte mit der einsetzenden Elektrifizierung der nächste Modernisierungsschritt. Die wuchtigen Dampfmaschinen wurden entbehrlich.

Das Katharinchen-Museum in Thorn (Toruń) zeigt u. a. historische Weese-Werbung.

Es waren nicht viele Betriebe, die solche Mechanisierungen vornehmen und in deren Folge ihre Produktionen erheblich steigern konnten. Mit zutreffendem Unternehmerstolz ergänzten sie danach ihren Namen und bezeichneten sich als Honigkuchen- oder Pfefferkuchenfabrik.

Ausstechform für das Backen der Thorner Katharinchen im Großbetrieb als typische Wolke mit sechs Rundungen (Exponat im Katharinchen-Museum Thorn (Toruń)).

Hier ist beispielhaft die bereits erwähnte Firma Weese als Großbetrieb zur Herstellung von Thorner Kathrinchen zu nennen. Piotr Olecki veröffentlichte zu deren Geschichte folgenden auszugsweise wiedergegebenen Bericht: *Seit Beginn des 19. Jahrhunderts wirkte sich die Industrialisierung allmählich auch auf die Pfefferkuchen-Herstellung in Thorn aus. Als Pionier dieser Entwicklung darf Gustav Weese gelten. Sein Großvater Johann hatte durch Heirat 1751 ein nachweislich bereits seit 1640 an dieser Stelle handwerklich betriebenes Geschäft erworben und bis 1796 geleitet. Dessen Sohn Andreas führte das Geschäft bis 1824 fort, und als der Enkel des Gründers die Firma übernahm, verfügte sie bereits über ein ausgedehntes Liefernetz und verkaufte ihre Produkte bis nach Danzig, Königsberg oder auch Warschau. Gustav stellte den Betrieb nun konsequent auf eine fabrikmäßige Fertigung um, nutzte alle technischen Möglichkeiten der Mechanisierung und modernisierte das unternehmerische Konzept. Dabei war er so erfolgreich, dass seine Firma zum führenden Unternehmen Thorner Pfefferkuchen-Herstellung aufstieg und zum Inbegriff der Produktion von »Kathrinchen« wurde. Dieser Erfolg setzte sich auch in den nächsten Jahrzehnten fort. 1909 verlegte die Firma ihren Sitz nach Thorn-Mocker, wo sie über höchst leistungsfähige Maschinen in neugebauten Fabrikhallen verfügen konnte.*[6]

Als die Stadt Thorn nach dem Ersten Weltkrieg polnisch geworden war, wurde der freie Handel zu den bisherigen Absatzmärkten erheblich erschwert. Für die Belieferung des reichsdeutschen Marktes musste eine neue Lösung gefunden werden. Weese gründete daher 1921 die Fabrik »Vereinigte Leb- und Honigkuchenwerke Gustav Weese & Richard Thomas« in Itzehoe.[7] Sie wurde 1979 von Heino Mührenberg übernommen und von ihm bis 2002 geführt. In ihrer Blütezeit hatte sie mehr als 200 Beschäftigte.

Die Voraussetzungen in Elbing

Gründerzeit im Kaiserreich – Wandel der Lebensformen

Am 5.12.1961 schrieb der aus Elbing/Westpreußen stammende 74-jährige Robert May einem Geschäftspartner und beendete den Brief mit folgenden Sätzen:

Nun noch etwas zu meiner Person.

- *Ich bin am 27.8.87 in Elbing geboren,--sollte das väterliche Geschäft übernehmen. [...]*
- *1912 erwarb ich die Drogerie J. Staesz jun. in Elbing, med. und techn. Drogen, Farben und Lacke en gros und en detail – 1880 gegründet.*
- *Daraus entwickelte sich 1912 u.a. die Gewürzmühle J. Staesz jun., 1925 die pharm. Spezialitäten- und Drogen-Grosshandlung May, Guhl GmbH, später umgewandelt in Fritz Guhl KG. Ich kaufte im Laufe der Jahre 1927 die Firma Sausse, die damals 90.000,-- RM Umsatz hatte und 4 Jahre später 360.000,-- RM. Ich soll nach Angaben von Berlin zu den 30 größten Drogerien Deutschlands gehört haben. 1929 gründete ich die Jurolin-Lackfabrik, im ersten Jahr 55.000,-- RM Umsatz – 5 Jahre später 1 Million RM Umsatz. Ich war Alleininhaber aller Firmen, außer Fritz Guhl KG. Die Umsätze waren ca. 2,8 Millionen RM, alle Grundstücke im eigenen Besitz.*
- *Der Zusammenbruch 1945 setzte Allem ein Ende. Meine Frau und ich mussten fliehen und alles zurücklassen. Nahe Familienangehörige fielen in den letzten Kriegstagen. Der nachgewiesene Verlust beträgt 1,2 Millionen DM.*[8]

Mit diesen Angaben skizzierte Robert May seine eigene phänomenale unternehmerische Leistung in wenigen Sätzen überaus zutreffend. Er war erfolgreich, weil die Rahmenbedingungen in der damaligen Zeit dafür passten. Doch das Inferno des Krieges hatte anschließend alles zerstört.

Um die Lebensverhältnisse in der Zeit der Firmengründung 1880 einordnen zu können, ist auf die Gesamtentwicklung der Ökonomie im Deutschen Reich zu schauen. Sie war stark beeinflusst von der damals nur wenige Jahre zurückliegenden Reichsgründung 1871. Dieser folgte eine Episode des euphorischen wirtschaftlichen Aufbruchs mit zahlreichen Unternehmensgründungen und der Erschließung des Landes durch das neue Verkehrsmittel Eisenbahn (s. der auf der nächsten Seite abgebildete Ausschnitt aus der »Eisenbahn- und Reise-Karte vom Deutschen Reiche«). Der angestoßene dynamische Entwicklungsschub verband in den folgenden Jahren auch regionale Randbereiche mit den wirtschaftlichen Zentren des Reiches.

Umwälzende Veränderungen von individuellen Milieus und die Verbreitung einer meist optimistischen Grundhaltung waren die Folge. Die Menschen im Lande lernten in den Jahrzehnten nach der Reichsgründung zwar auch wirtschaftliche Krisen und Unternehmenspleiten kennen, doch im Großen und Ganzen dominierte in weiten

Links:
Thorner Katharinchen und historische Gebäckverpackungen des Weese-Betriebes in Itzehoe

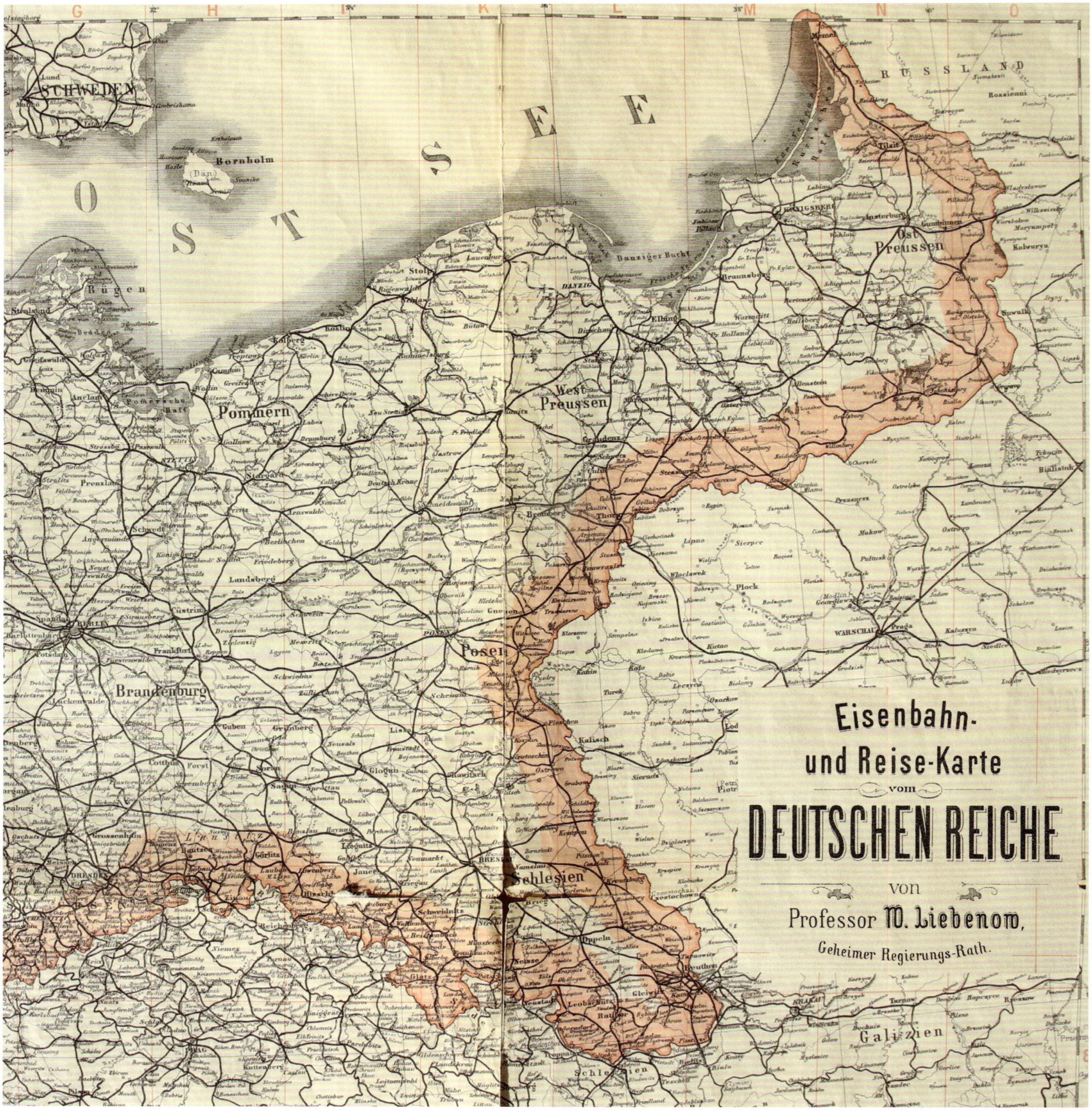

Ausschnitt aus der »Eisenbahn- und Reise-Karte vom Deutschen Reiche«, herausgegeben 1880 in Berlin, von Prof. Wilhelm Liebenow (Hinweis: Der Titel wurde aus der linken oberen Ecke der Originalkarte nach unten rechts gezogen.)

Kreisen das meist positive Lebensgefühl. Chancen wurden erkannt und ergriffen. Die individuelle Bereitschaft zum Wandel wurde von weiten Teilen der Bevölkerung als Voraussetzung erkannt, selbst einen Anteil am wachsenden Wohlstand zu erhalten. Dieser sich ausbreitende Wohlstand war dann letztendlich auch entscheidend für den Erfolg von Unternehmensgründungen aller Art.

Die nachfolgende Betrachtung der Gründung des Drogeriegeschäfts der Familie Staesz in Elbing ermöglicht einen kleinräumigen Einblick in die unternehmerischen Möglichkeiten der damaligen Zeit. Einige Passagen aus dem Heft »Das 19. Jahrhundert« der »Informationen zur politischen Bildung« verfasst von Prof. Dr. Osterhammel vermitteln dazu einen anschaulichen Eindruck von den gesellschaftlichen Veränderungen während der sogenannten »Gründerzeit«. Sie zeichnen ein erklärendes Bild, warum solche Unternehmensgründungen erfolgreich sein, dass aber auch weite Kreise am wachsenden Wohlstand nicht teilhaben konnten:

Aus Osterhammel, Jürgen: Das 19. Jahrhundert

[...] Dass die deutsche Wirtschaft am Ende der 1870er Jahre einen Konjunktureinbruch erlebte und sich seither durch die Höhen und Tiefen des Wirtschaftszyklus bewegte, änderte nichts am langfristigen Aufwärtstrend. Die Wirtschaftsleistung insgesamt wuchs und ebenso, für die Wohlstands-Entwicklung entscheidend, die Produktivität der Arbeit pro Stunde und dementsprechend das Realeinkommen pro Kopf. Dieser materielle Fortschritt war für eine Mehrheit der deutschen Bevölkerung im Alltagsleben spürbar. Die langfristige Tendenz der Urbanisierung beschleunigte sich. Hatten 1871 erst 4,8 Prozent der Bevölkerung in Städten mit mehr als 100.000 Einwohnern gelebt, so waren es 1910 schon 21,3 Prozent. [...]

Die Verdoppelung der Reallöhne gewerblicher Arbeiter zwischen 1871 und 1913 kam (aber) nicht allen Lohnarbeitern gleichermaßen zugute. Am oberen Ende der Skala genoss eine fachlich qualifizierte, in relativ sicherer Beschäftigung stehende Facharbeiterschaft den Lebensstandard des Kleinbürgertums. Am unteren Ende lebten Millionen von Angelernten und Ungelernten an der Armutsgrenze. [...]

Einen großen Fortschritt bedeutete die Verminderung der tatsächlich geleisteten Wochenarbeitszeit zwischen etwa 1860 und 1910 von 85 auf 55 Stunden; seit 1908 war der Zehnstundentag als gesetzliche Norm festgelegt. Gleichzeitig scheint aber in vielen Branchen die Technisierung der Arbeit die physische Belastung für den Einzelnen gesteigert zu haben. Einer solchen Erschöpfung durch den Maschinenrhythmus stand wiederum eine langfristige Verbesserung der medizinischen Versorgung der Bevölkerung gegenüber. [...]

Eine neue soziale Gruppe von unsicherem Status und Selbstgefühl waren die Angestellten. Hinsichtlich ihrer Entlohnung vom Facharbeiter nicht allzu weit entfernt, betrachteten sich diese »Handlungsgehilfen«, Buchhalter oder Sekretärinnen, die sich die Hände nicht schmutzig machen mussten und in bürgerlicher Kleidung auftraten [...], als etwas Besseres. Dieser »neue Mittelstand«, der die Angestellten sowohl in den Kontoren der Wirtschaft als auch auf den Ämtern des staatlichen und kommunalen Verwaltungsdienstes umfasste, machte kurz vor dem Ersten Weltkrieg etwa sieben Prozent der Erwerbstätigen aus. Damals gab es neben zwei Millionen Angestellten 14 Millionen Lohnarbeiter.

Das schnelle Anwachsen der Zahl der weiblichen wie männlichen Angestellten ist ein Indiz für die Ausdehnung der verwaltenden Staatstätigkeit. Dass nun ein Heer von Verkäufern entstand, geht wiederum auf das Auftreten von Warenhäusern in den großen Städten zurück. Denn das Kaiserreich sah auch die Anfänge einer massenhaften Konsumkultur. [...] [9]

Das aufstrebende Elbing und die Mennonitenfamilie Staesz

Der Beschreibung der gewerblichen Betätigung Robert Mays und seiner Nachfahren muss die Geschichte des Wirkens der Unternehmensgründer Jacob und Hermann Staesz in Elbing vorgeschaltet werden. Sie waren die Gründer des Unternehmens und führten es mehr als drei Jahrzehnte.

Ihre Heimat, westlich der Nogat im Marienburger Werder gelegen, war seit dem 16. Jahrhundert zusammen mit vielen anderen Dörfern im Weichseldelta ein Siedlungsgebiet für die Gruppe der mennonitischen Glaubensflüchtlinge. Mindestens eine dieser Familien führte den Familiennamen Staesz. Der Name ist in den Niederlanden verbreitet und lässt erkennen, dass sein Träger zu der Gruppe von Menschen gehört, deren Vorfahren seit den Jahren 1562–1573 in das Land an der unteren Weichsel geflohen waren. Ihres Glaubens wegen, der Ihnen Eidesleistungen und den Militärdienst verbot, den Predigerdienst durch gewählte Laien der Gemeinde vorsah und die Taufe erst im Jugendalter vorschrieb, hatten sie ihr Land verlassen müssen. Sie fanden in der Niederung des Weichseldeltas unter der Krone Polens Schutz, zunächst nur als geduldete Minderheit.

Nach einigen Jahrzehnten wurden sie wegen ihrer wirtschaftlichen und kulturellen Leistungen akzeptiert und geschätzt. Ihre Kenntnisse und Fähigkeiten bei der Urbarmachung der von Hochwasser bedrohten Landflächen in dem weitläufigen, teilweise unter dem Meeresspiegel liegenden Werder der Niederungen brachten ihnen breite Anerkennung ein.

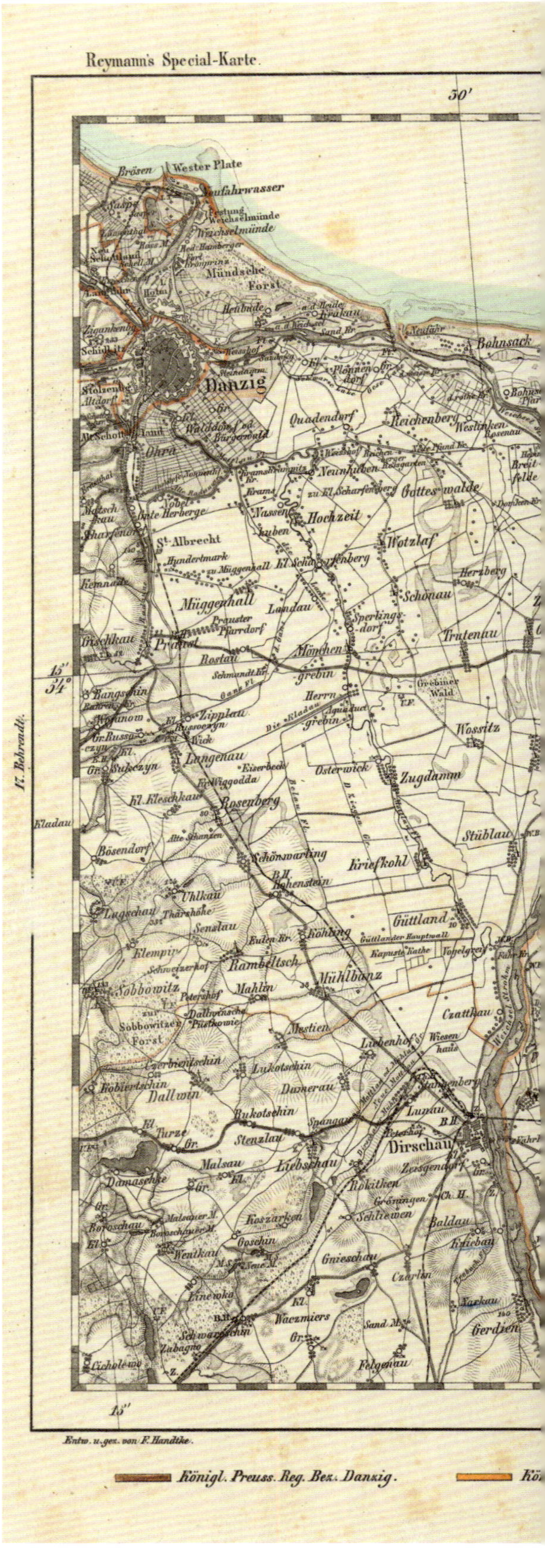

Der Landkreis Elbing um 1860: Ausschnitt aus »Topographische Special-Karte von Central Europa von G.D. Reymann«. Man erkennt, dass sich der historische Landkreis Elbing bis Tiedenhof erstreckte und den Ort Rosenort einschloss. © Herder-Institut, Marburg. Kartensammlung, Inv.-Nr. K 1 II A 3_18_

18.
6. Hela.
Elbing.
D I E
D A S
Kahlberg
Pröbbernau
Vogelsang
Bodenwinkel
Tolkemit
Elbinger
Höhe
Elbing
Tiegenhof
Fürstenau
Blumenort
Rosenort
Neuteich
Marienburg
Drausen See
Reichenbach
Blumenau
Lichtfelde
Posilge
19. Heilsberg.
32. Marienwerder.
Situation u. Schrift von H. Weber, Berge von H. Müller
Bez. Marienwerder.
Königl. Preuss. Reg. Bez. Königsberg.
Verlag von C. Flemming in Glogau.

Am 12.11.1822 kam in dem hier gelegenen Bauerndorf Rosenort (poln. Różewo) Jakob Staesz senior als Sohn von Jacob Gerhard Staesz und seiner Frau Anna, geb. Dyck, zur Welt und verbrachte hier seine Kindheit und Jugendzeit.

Christian Hege, einer der Initiatoren bei der Gründung des Mennonitischen Geschichtsvereins, schrieb über Rosenort und die Gemeinden der umliegenden Landschaft u.a.: *Die Gemeinde Rosenort bei Danzig gehört zu den ältesten und größten Mennonitengemeinden. […] Ursprünglich bestand in jener Gegend die flämische Große Werdergemeinde, die sich infolge ihrer Ausdehnung im Jahre 1735 in vier Quartiere, wie damals die Einzelgemeinden mit eigenem Lehrdienst genannt wurden, teilte, während die Amtshandlungen ein gemeinsamer Ältester […] versah. Das größte Quartier war das Gebiet, aus dem die nachmalige Gemeinde Rosenort hervorging. Es nahm daher eine führende Stellung ein. […] In Rosenort wurde im Jahre 1754 das erste Bethaus der Großen Werdergemeinde erbaut. […] Die Gemeinde Rosenort nahm ebenso wie die übrigen Gemeinden im Großen Werder rasch zu. Die Gesamtzahl der Mennoniten in Westpreußen wurde im Jahre 1772 bei der Übernahme des Gebiets durch Preußen auf 13.000 geschätzt. Die Gemeinde Rosenort zählte im Jahre 1774 bereits 1836 Mitglieder.*[10]

Jakob Staesz senior zog es wie zahlreiche Zeitgenossen in die nicht weit entfernt gelegene Stadt Elbing, deren Einwohnerzahl sich zu der Zeit nicht sprunghaft, aber doch merklich erhöhte.

Die traditionsreiche alte Ordens- und Hansestadt Elbing (poln. Elbląg), 1237 als erster Seehafen des Deutschen Ordens gegründet, wurde schon in der Frühzeit der industriellen Entwicklung zu einem industriellen Zentrum der Region.

Als 1828 das erste Dampfschiff in Elbing gebaut wurde, war dies das Startsignal für die wirtschaftliche Entwicklung der Stadt, die eine beachtliche Anziehungskraft auf die Menschen in der näheren und weiteren Umgebung ausübte. Die Einwohnerzahl Elbings stieg von 22.000 im Jahre 1842 auf 56.000 im Jahre 1910.

Auch Jacob Staesz sen. wollte in der dynamischen aufblühenden Stadt sein berufliches und privates Glück finden. Am 23.10.1850 heiratete er die aus dem Vorort Ellerwald gebürtige Maria Wieler, die ebenfalls der mennonitischen Glaubensrichtung angehörte. Schon wenige Wochen später hatte er sich in der innerstädtisch zentral gelegenen »Wasserstraße 19« als Kaufmann niedergelassen.

Vorzüglich schöne Grasbutter
steht zum Verkauf Wasserstraße Nr. 19.
J. Staesz.

Am 14.12.1850 annoncierte Jacob Staesz sen. ein Angebot frischer »Grasbutter« in der Zeitung »Neuer Elbinger Anzeiger«

Mit der Begründung eines Handelsgeschäfts nahm Jacob Staesz sen. die in Preußen bereits 1810 eingeführte Gewerbefreiheit in Anspruch. Das Recht der Gewerbefreiheit, nach der jeder den Lebensunterhalt entsprechend seinen Fähigkeiten im eigenen Namen selbstständig verdienen durfte, war eine der wesentlichen Reform-Forderungen gewesen, die durch die preußischen Staatsmänner Karl Reichsfreiherr vom und zum Stein und Karl August Fürst v. Hardenberg nach der Niederlage des Landes im Krieg gegen Napoleons Frankreich umgesetzt worden waren, viel

Wappen der Stadt Elbing

Rosenort besteht heute nur noch aus wenigen Häusern. Der historische Mennonitenfriedhof mit den Fundamentresten des Bethauses steht seit 2013 unter Denkmalschutz. Er befindet sich als historische Stätte mitten in der freien Feldmark. Der von deutschen Mennoniten 2004 gegründete Mennonitische Arbeitskreis Polen (MAP - www.mennonitischerarbeitskreis-polen.de) restaurierte 2019 diesen historischen Grab- und Gedenkstein, der an einen Gemeindeältesten erinnert, der ab 1788 die Auswanderung nach Rußland förderte, weil der - nach der 1. Polnischen Teilung 1772 - neue preußische Landesherr die bisher praktizierten Regeln der Mennoniten nicht mehr wie gewohnt dulden wollte.

früher als in allen anderen deutschen Staaten. Das tolerante Preußen hatte sich bereits Jahrzehnte vorher, zur Zeit der Regentschaft Friedrichs des Großen, fortschrittlich gezeigt, Glaubensfreiheit gewährt und die Grundlagen einer Rechtsstaatlichkeit geschaffen. Die Stein-Hardenbergschen Reformen brachten nun weitere Freiheiten. Den Nachfahren der Glaubensflüchtlinge ermöglichten sie, in fast jeder Weise gewerblich tätig zu werden.

Jacob Staesz sen. muss ein tüchtiger Kaufmann gewesen sein, der sein Handelsgeschäft den sich verändernden Zeitläufen und Bedürfnissen immer wieder neu anpasste. Die sich wandelnde Eintragung seines Unternehmens in den erhaltenen Jahrgängen des »Elbinger Adreßbuch« vermag die mit Umsicht betriebene Entwicklung und die Veränderung seines Erwerbsgeschäftes zu dokumentieren. Ist er darin 1852 nur als »Kaufmann« vermerkt, so heißt es 1855 bereits »Materialwaren- und Victualien-Handlung«.

Um was handelt es sich bei diesen Handelswaren?

»Victualien« ist eine alte Bezeichnung für »Lebensmittel«.

Doch was sind »Materialwaren«, die von »Materialisten« genannten Kaufleuten gehandelt wurden?

In Pierer's Universal-Lexikon von 1857 ist beschrieben, dass es seinerzeit drei

Einige Jahreszahlen der Industriegeschichte Elbings

1837 Ferdinand Schichau gründet eine Maschinenbauanstalt
1855 Bau der »Borussia« auf der Elbinger Schichau-Werft; erster Schrauben-Seedampfer Preußens
1870 Beginn des innovativen Lokomotivenbaus bei Schichau
1878 Loeser & Wolff gründen die größte Zigarrenfabrik des Kontinents
1880 Gründung der Brauerei »Englisch Brunnen«
1898 Gründung der »Franz Komnick AG«, einer Fabrik für Lkw und andere Nutzfahrzeuge[11]

Alter Markt vor dem Ersten Weltkrieg. Das Markttor von 1319 ist ein Überrest der alten Stadtbefestigung, bestehend aus 24 Türmen und Toren, die nach 1772 beseitigt wurden. Gelegen am nördlichen Abschluss der zentralen Einkaufsstraße »Alter Markt«, wurde das Markttor zu einem Wahrzeichen der Stadt. © »Herder-Institut, Marburg. Bildarchiv, Inv.-Nr. 138332«

Wortbedeutungen des »Materialisten« gab:

1. Anhänger des Systems des Materialismus …
2. »Detailhändler«, welcher mit »Materialwaren«, nämlich Gewürzen, Kaffee, Zucker, Tabak, Farben u. a. nicht sehr künstlich bereiteten Producten handelt; seine Handlung: Materialhandlung
3. Droguist[12]

Offenbar hatte Jacob Staesz bemerkt, dass ihm die wachsende Einwohnerzahl Elbings ein auskömmliches Einkommen ermöglichte, wenn er als Fachgeschäft u. a. für diese »Materialwaren« firmierte.

Exkurs: Von den »Materialisten« zu den »Droguisten«

Mit der Einführung der Gewerbefreiheit in Preußen und der beginnenden Industrialisierung traten hier, aber wohl auch in anderen deutschen Staaten, vermehrt Groß- und Einzelhändler dieser »Materialwaren« auf. Bei den gewohnten Handelsartikeln dieser Geschäfte blieb es aber nicht. Es gelangten Waren in das Angebot, die von jeher in Apotheken gehandelt wurden. Aus einigen Materialwarenhandlungen entwickelten sich mehr und mehr »Drogerien«. In einem historischen Rückblick heißt es: *Damals existierten im gewerberechtlichen Sinne keine Drogerien, wohl Handlungen, die »Apothekerwaren«, die dem freien Verkehr überlassen waren, verkauften. Alles an Stoffen und Zubereitungen, was diesem »freien« Verkehr überlassen blieb, war allen anderen Handelswaren gewerberechtlich gleichgestellt. Beschränkungen gab es in Handel und Verkauf wohl für monopolisierte Arzneimittel, die den Apotheken vorbehalten blieben, und für den Handel mit Giften, der außerhalb der Apotheke erlaubnispflichtig war.*[13]

Doch es erwies sich rasch, dass Einzelhändler von freiverkäuflichen »Apothekerwaren« gegenüber der staatlichen Aufsicht und dem ratsuchenden Publikum nur dann bestehen konnten, wenn sie über fundiertes Fachwissen hinsichtlich dieser Produkte und ihrer Herstellung verfügten. Eine gründliche Ausbildung und eine verantwortungsvolle Berufspraxis wurden daher zunehmend unabdingbar. So entstand aus dem Händler mehr und mehr der neue Berufsstand »Drogist«, damals »Droguist« geschrieben.

Jacob Staesz sen. ließ sich auf das Risiko der Erweiterung seines Geschäftes bzw. einer Umwandlung seines Gewerbes hin zu einer Drogerie aber nicht ein. Er blieb beim Handel mit Materialwaren, wird aber seinen Kindern einen Horizont für den Handel mit allen Drogeriewaren eröffnet haben. Für sich selbst erweiterte er das Warenangebot und machte sich daran, auch alkoholische Getränke herzustellen und zu verkaufen.

Die Erweiterung war auch der zunehmenden Konkurrenz geschuldet. Viele Mitbewerber waren in jenen Jahren dem Trend zur Gründung von Materialwarenhandlungen gefolgt. Das Branchenverzeichnis des »Elbinger Wohnungsanzeiger für 1887« weist 65 Geschäfte dieser Fachrichtung aus.

Jacob Staesz sen. führte sein Geschäft in der Wasserstraße 19 bis zu seinem Tode am 6.7.1887. Die Eintragung der Materialwarenhandlung Stäß[14]. Wasserstraße 19 endet in den jährlich neu aufgelegten Elbinger Adressbüchern erst im Jahre 1896, dem Todesjahr seiner Witwe Maria, die am 6.9.1896 verstarb. Sie wurde 72 Jahre alt.[15]

Jacob Staesz sen. und seine Ehefrau Maria hatten 11 Kinder. Sechs davon starben bereits im Kindesalter, auch der älteste Sohn Johann, 1852 geboren, wurde nur 8 Jahre alt.[16]

Jacob Staesz jun. und die Gründung der Drogerie »J. Staesz jun.«

Jacob Staesz jun., geb. am 5. 7. 1853, war der Zweitgeborene. Er erfuhr offenbar eine bestmögliche Ausbildung. In einigen Überlieferungen wird er als »Apotheker« bezeichnet. Im Jahre 1880, 27-jährig, hatte er seine Studien abgeschlossen und war nun wirtschaftlich in der Lage, ein selbständiges Erwerbsgeschäft aufzubauen.

> Jules Verne beschreibt in seinem Roman »Der Findling« eine im ausgehenden 19. Jahrhunderts in Irland spielende Szene, in der wohl erstmalig ein »Drogist« Eingang in die Literatur findet: *Neben dem stattlichen Manne zeigte sich auch der Droguist des Ortes, der gern den Titel »Pharmaceut« hörte, obwohl seiner Officin selbst die einfachsten Droguen oft fehlten. Dennoch blendete sein Schaufenster mit dem glänzenden Namen »Medical Hall«, so daß, wer die Inschrift nur betrachtete, sich schon geheilt fühlen mußte.*[17]

In der Nachbarschaft seines Elternhauses gelang ihm am 7. April 1880 der Erwerb des Hauses Wasserstraße 44.[18] Dieses Datum gilt seither als Gründungsdatum des Unternehmens J. Staesz jun.

Ein Jahr später, am 29.9.1881, heiratete der 28-Jährige in Marienburg[19] die 19-jährige Auguste Claassen, geb. am 17. 2. 1862 in Boenhof, Kreis Stuhm. Sie war die Tochter des Bernhard Claassen aus Klein Montau, Kr. Marienburg, und hatte zum Zeitpunkt ihrer Hochzeit bereits beide Elternteile durch den Tod verloren.

Eine Apotheke hatte Jacob Staesz jun. in dem erworbenen Gebäude trotz seines abgeschlossenen Pharmazie-Studiums nicht eröffnen können. Niedergelassener Apotheker konnte nur werden, wer eine bestehende Apotheke kaufte, erbte oder in eine solche einheiratete. Jacob Staesz jun. erfüllte keine dieser Voraussetzungen.

In Preußen hatte König Friedrich Wilhelm I. im Jahre 1725 durch das »Allgemeine und neugeschärffte Medizinaledikt von Preußen« zwar bestimmt, dass Apotheker nur derjenige sein konnte, der ein entsprechendes Studium erfolgreich abgeschlossen hatte und damit approbiert war.

Jemand, der diese Bedingung erfüllte, hatte aber nicht automatisch das Anrecht zur Eröffnung einer Apotheke erworben. Apotheker hatten eine Vielzahl von Verpflichtungen zu erfüllen. Um ihnen dies zu ermöglichen und um die Apotheken gleich-

Stammtafel Jaco

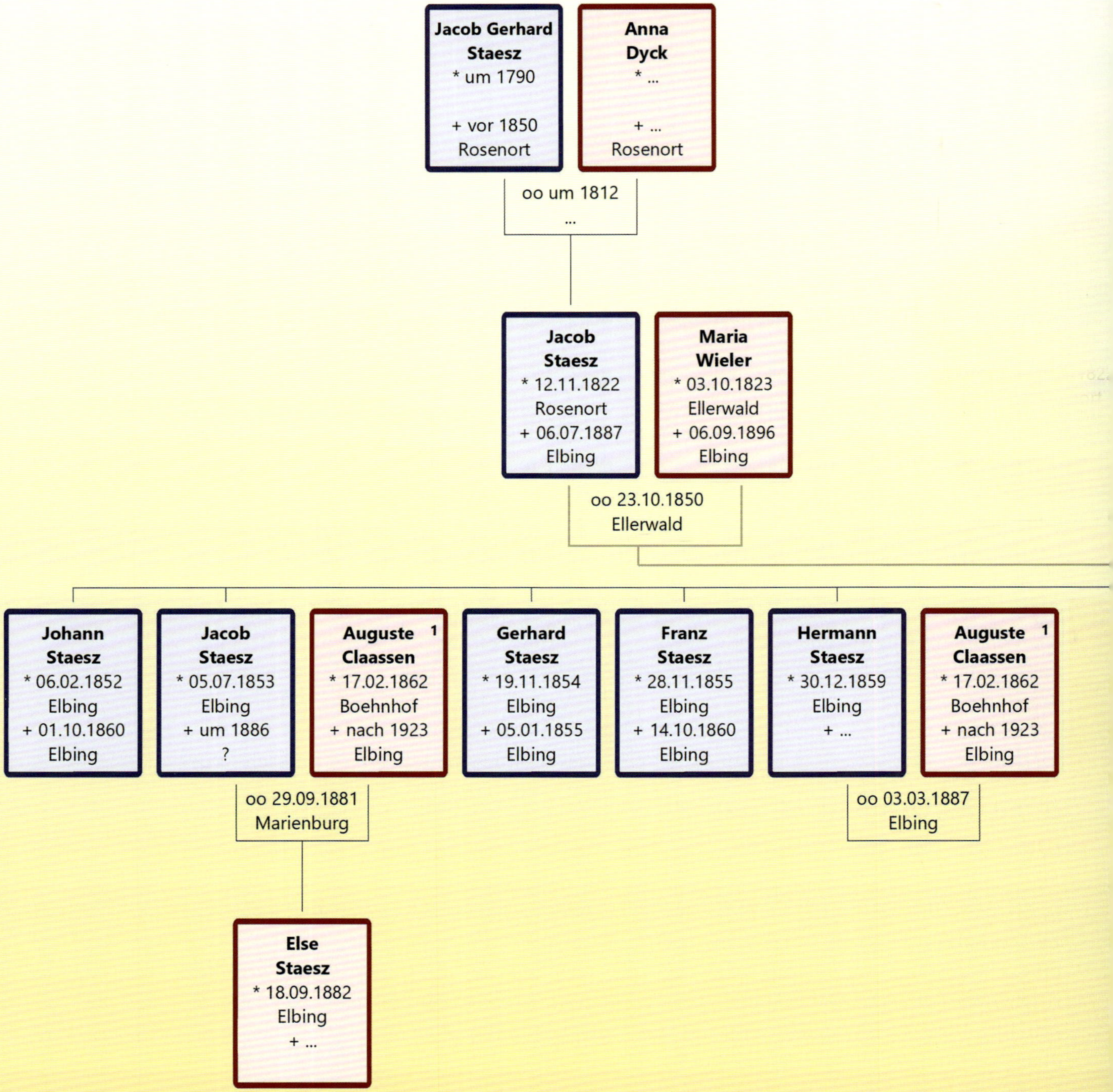

Gerhard Staesz

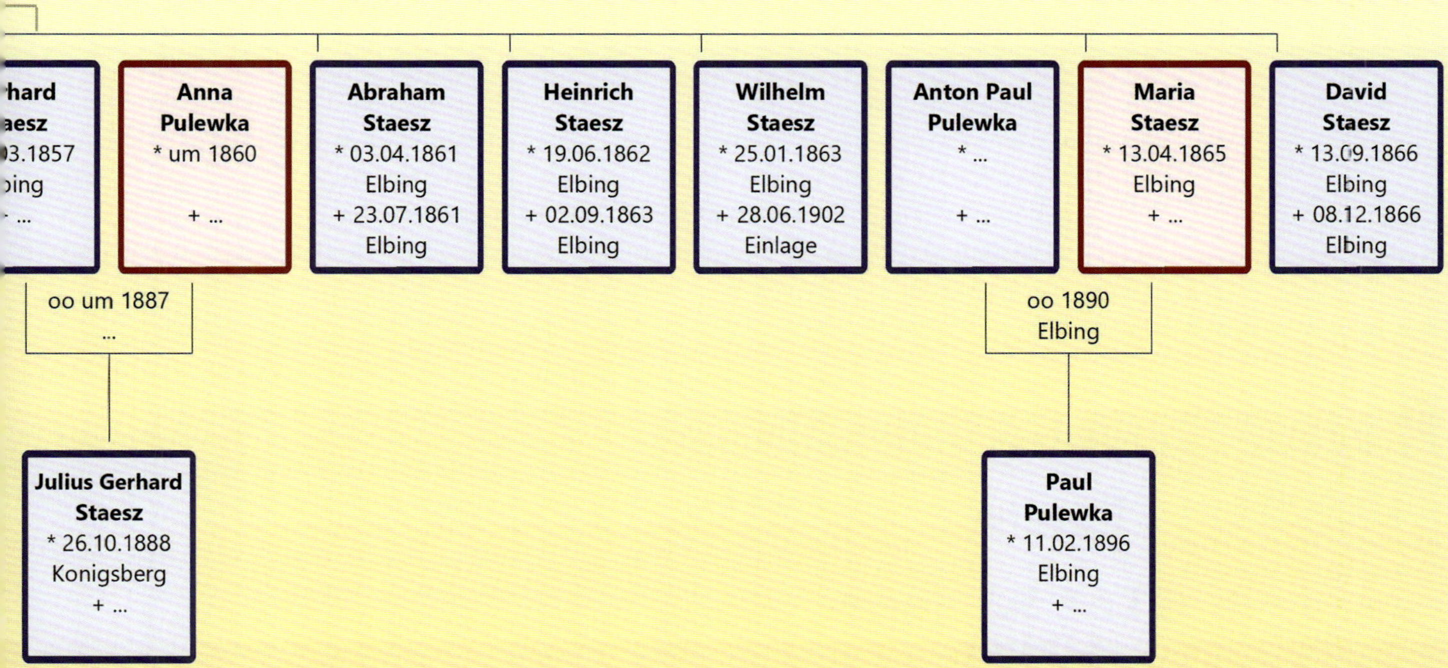

Ansicht des Hermann-Balk-Ufers in der Elbinger Altstadt zwischen 1880 und 1910; © Herder-Institut, Marburg. Bildarchiv, Inv.-Nr. 102548«

zeitig wirtschaftlich zu schützen, glaubten die Regierungen, den Betrieb einer Apotheke an das Vorliegen eines staatlichen Privilegs binden zu müssen.

Mit dem »Exclusiv-Privileg«, dem Ausschluss von Konkurrenz, suchte die Obrigkeit der Allgemeinheit einen gemeinnützigen Betrieb zu sichern […] und Auflagen für einen »wohlbestellten« Betrieb und für eine ordnungsgemäße Versorgung der Bevölkerung durchzusetzen. Die ökonomische Situation des »gemeinnützigen Betriebes Apotheke« sollte staatlicherseits abgesichert werden, vor allem durch den Ausschluss von Neugründungen und den Alleinvertrieb von Arzneimitteln, damit der Apotheker die Auflagen korrekt erfüllen konnte.[20]

Der approbierte Apotheker Jacob Staesz jun., der keinen Zugang zu diesem Privileg fand, hatte keine Chance, eine Apotheke zu betreiben. Für eine gewerbliche branchennahe Betätigung blieb ihm nur der Ausweg, eine Drogerie zu eröffnen. So taten es in der damaligen Zeit zahlreiche Kollegen, die in einer ähnlichen Lage waren. In den 1880er Jahren hatte die Mehrheit der Inhaber von Drogerien ein Studium als Apotheker erfolgreich abgeschlossen. Man nannte sie »Apothekerdrogisten«.

Johannes Thiessen, langjähriger Direktor des Deutschen Drogistenverbands, schrieb über sie: *Der Drogistenstand verdankt den »unzufriedenen Apothekergehilfen« sehr viel. […] Das ist bei einem Stande, der sich in den Anfängen seiner Entwicklung zu schätzungsweise 80 Prozent aus dem Apothekerstande ergänzte […] nicht verwunderlich.*[21]

Wie war eine Drogerie in der damaligen Zeit beschaffen? Der Name »Drogerie«

Der geschäftliche Optimismus des jungen Drogerie-Unternehmers wird deutlich, wenn man sich diese von ihm im »Elbinger Wohnungs-Anzeiger 1881« in Auftrag gegebene Werbeanzeige anschaut. Allein schon der prominente Veröffentlichungsort, aber auch das Angebot und die Aufmachung wirken solvent und seriös.

beruhte darauf, dass es sich um ein Handelsgeschäft für »Drogen« handelte. Doch waren dies nicht die süchtig machenden Substanzen, wie es heute allgemein unter »Drogen« verstanden wird. Mit dem Fachbegriff »Drogen« wurden und werden seit jeher die zur Wirkstoffgewinnung bei der Arzneimittelherstellung benötigten Kräuter und Pflanzenteile bezeichnet. Diese Bezeichnung geht auf das niederländische Wort »droog« für »trocken« zurück (vgl. auch die niederdeutsche Form: »dröge«) und bezieht sich auf den getrockneten Zustand des Materials.

Der Weg vom damaligen Apothekerdrogisten zum heutigen Drogerie-Unternehmer verlief nicht geradlinig. Heutige Drogeriemärkte lassen kaum noch erahnen, dass die Vorläufer dieser Geschäfte einen Gründungskeim enthielten, aus dem bald darauf nicht nur die heute bekannten Drogerien sondern eine Vielzahl unterschiedlicher Gewerbebetriebe, u. a. auch Gewürzmühlen und -handlungen, Lack- bzw. Farbenfabriken und Farbenhandlungen sowie pharmazeutische Großhandlungen entstanden.

Jacob Staesz jun. trat mit seiner Unternehmensgründung in die zur damaligen Zeit gerade in vollem Gang befindliche Auseinandersetzung zwischen Apothekern und Drogisten ein. Er und seine Standeskollegen wurden die Vorkämpfer des Drogistenstandes, fühlten sie sich doch, abgesehen vom Besitz einer Apotheke, den Apothekenbesitzern gleichgestellt.

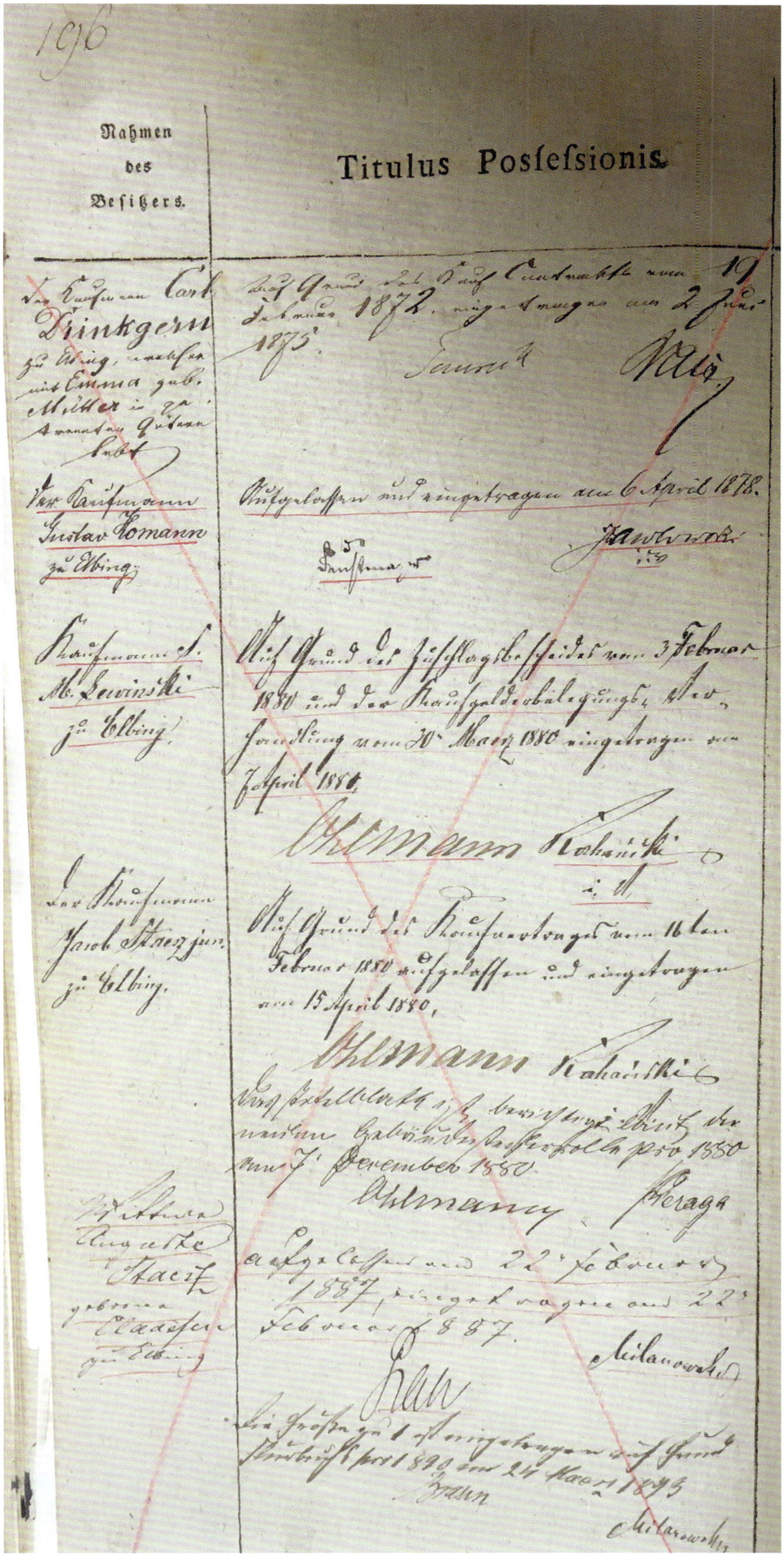

Das im polnischen Staatsarchiv Marienburg erhaltene Grundbuch der Immobilie »Wasserstraße 44« eröffnet einen Einblick in die Umstände der Erwerbs, wenige Tage nachdem der Verkäufer das Haus im Rahmen einer Zwangsversteigerung erworben hatte.

Exkurs: Apotheker versus Drogisten

Die Apotheker sahen ihre wirtschaftliche Existenzgrundlage durch die Drogisten bedroht und agierten mit allen Mitteln gegen den sich bildenden neuen Berufsstand. Die Auseinandersetzung bestimmte für Jahrzehnte die Firmengeschichte aller Unternehmen dieser Branche und soll daher in knapper Form dargestellt werden.

Kulturwissenschaftler, die sich dem Drogistenwesen widmen, erklären zu den Verhältnissen, die das Drogeriewesen bis 1870 prägten: *Der Handel war damals rohstofforientiert gegliedert. Die Drogerie hatte [...] die Aufgabe, Drogen und Chemikalien zu vertreiben. Industriell gefertigte Markenartikel gab es praktisch noch nicht.*

Die Drogisten wussten, aus welchen Grundsubstanzen gute und wirksame Produkte für Schönheit, Gesundheit und Haushaltspflege gemischt werden konnten. Kräutermischungen, Tinkturen, Salben, Zahnpasten, Franzbranntwein, Hautcreme, Bleichwasser, Schuh- und Bodenpaste, Fleckputzmittel etc. gehörten zu den Hausspezialitäten, die von Drogisten selbst hergestellt wurden. Der Händler garantierte mit seinem Namen für die Qualität seiner Ware. Auch Fotografie, Farben & Lacke, Pflanzenschutz, hatten in der Drogerie ihre Kinderstube.[22]

Für den Handel mit »Drogen« und den daraus gewonnenen Substanzen waren jahrhundertelang allein die Apotheker zuständig gewesen. Ihr Berufsstand bildete sich, als der Stauferkaiser Friedrich II. 1241 das »Edikt von Salerno« erließ, in dem erstmalig die gesetzlich formulierte Trennung der Berufe Arzt und Apotheker erfolgte. Es bestimmte vor allem, dass Ärzte keine Apotheke besitzen oder daran beteiligt sein durften.

Im Laufe des 14. Jahrhunderts wandelten sich die Apotheker vom fliegenden Händler zum wohlhabenden Patrizier, der nicht nur Heilpflanzen, Gewürze und Drogen verkaufte, sondern auch selbst Arzneimittel in seinem »Offizin« genannten Fertigungsraum zubereitete.[23]

Noch im 19. Jahrhundert wurden die meisten Medikamente direkt in der Apotheke hergestellt. Sie waren meist pflanzlichen Ursprungs, sogenannte »Phytopharmaka«. Doch in den Apotheken wurden nicht nur die heute als Heilmittel bekannten Substanzen hergestellt. Die Rohstofforientierung führte bei deren Handelsartikeln weit darüber hinaus.

Zu Apothekenwaren zählten auch Tees und Gewürze, bei denen es nicht darum ging, eine Heilwirkung zu entfalten, sondern darum, Speisen und Getränken den gewünschten Geschmack zu verleihen. Diese »Drogen« und die daraus gewonnenen Produkte wurden ohne ärztliche Verschreibung im sogenannten »Handverkauf« gehandelt.

Selbst die Geschichte des Automobils erwähnt, dass der Treibstoff für die erste Auto-Fernfahrt 1888 in einer Apotheke gekauft wurde.[24] Auch Schnäpse, Tabak und einige Konditorwaren zählten zu den Angeboten der Apotheke.

Konkurrenz erwuchs den Apothekern dann nicht erst durch das Anwachsen des Drogistenstandes. Für den Verkauf der nicht verschreibungspflichtigen Waren stand den Apothekern schon weit früher eine Konkurrenz durch *Gastwirte, Gewürzkrämer, Kräuterhändler und Materialisten gegenüber – nicht zu vergessen die Barbiere, Bader und Bruchschneider [...] Alle diese Berufe kamen mit dem Privilegium der Apotheker in Konflikt.*[25]

In einer Beschreibung zur Geschichte des Drogeriewesens heißt es: *Die pharmazeutischen Geräte, deren der Apotheker zu seinen manuellen Arbeiten bedurfte, waren in Art und Anzahl denen, welche der Drogenhändler in seinem »Kräutergewölbe« nicht entbehren wollte, nicht alle ähnlich oder gleich, außer dem Mörser, der zum Inventar jeder Apotheke und Drogenhandlung zählte.*

Die Wandlung des »Kräutergewölbes« zu einem Geschäftsbetrieb, der zeitgemäße Formen zeigte, setzte langsam und allmählich ein, geschah aber dann auffallender und häufiger, als fabrikmäßig hergestellte Präparate und »Hausspezialitäten« zahlreicher wurden. In den älteren Verkaufsstätten, die vielfach mittelalterlichen Hauch mit sich trugen, gaben die Rohstoffe dem Warengebiet den ersten Platz. Jener »Drogenhandel« befaßte sich jedoch nicht nur mit tierischen und pflanzlichen Drogen, sondern u. a. mit Ölen und Fetten, Giften und Farben, Wachsen und Spezereien, Mineralien und Mineralwässern. Gewürzen und Kolonialwaren, Essenzen und Riechstoffen […].

Je mehr aber Fertigerzeugnisse chemischer oder pharmazeutischer, kosmetischer oder technischer Art, auch Verbandsstoffe und Desinfektionsmittel, den Charakter des traditionellen Fachgeschäfts mitbestimmten, um so gerechtfertigter schien die Geschäftsbezeichnung »Drogerie« zu sein, auch ansprechender bei den Warenbeziehern und Verbrauchern.[26]

Doch die verständliche Folge der Entstehung von Drogerien in immer größerer Zahl war, dass sich Apotheken- und Drogeriebetreiber vermehrt als Konkurrenten empfanden.

Zur Arzneiversorgung für die Menschen war die Apotheke unentbehrlich. Inzwischen war aber auch eine leistungsfähige pharmazeutische Industrie entstanden, die neue, vom Verbraucher gewünschte frei handelbare Produkte in ihr Herstellungs- und Verkaufsprogramm aufnahm.

Offenbar gab es für Robert May in den 1920er Jahren Veranlassung, seinen Geschäftsraum in der Wasserstraße als historisches Kräutergewölbe zu dekorieren. Dieses Foto wurde in seiner im Lastenausgleichsarchiv Bayreuth aufbewahrten Akte gefunden.

Mehr und mehr erkannten die Apotheker, dass die Drogisten ihnen Kunden im Bereich dieser frei handelbaren Substanzen streitig machten. Sie sorgten sich um die Schmälerung ihrer pharmazeutischen Vorrechte und trachteten danach, die ideellen und wirtschaftlichen Gefahren, die eine Ausweitung des freien Arzneimittelhandels mit sich bringen würde, mit allen Mitteln und Maßnahmen zu bannen. Dazu gehörten schließlich auch Überlegungen, den Gesetzgeber zu beeinflussen.

Doch die Zersplitterung Deutschlands in eine Vielzahl großer und kleiner Staaten vereitelte dieses Vorhaben für lange Zeit, genauer: bis zur Reichsgründung 1871, wie es Schoene in seiner historischen Betrachtung ausführt: *Die kleinen Staaten und ihre Landesfürsten hatten (die gewünschte Gesetzgebung) nur ungenügend oder gar nicht vermocht. [.…] Als dann das Deutsche Reich*

Historisches Warenregal aus dem Drogerie- und Destillemuseum in Weißenstadt, Oberfranken

die Hoffnung auf eine reichsgesetzliche Regelung des Arzneimittelhandels zu wecken schien, wandelte sich der Pessimismus zum Optimismus.[27]

Zur Durchsetzung ihrer Interessen und Forderungen gründeten die Apotheker 1872 den »Deutschen Apothekerverein«. Diese Lobbygruppe ergriff die Initiative und hatte umgehend den gewünschten Erfolg.

Am 25. März 1872 erließ der Reichstag eine »Kaiserliche Verordnung betreffend den Verkehr mit Apothekerwaren«[28]. Durch diese Verordnung kam der Handel mit Apothekerwaren außerhalb der Apotheken fast zum Erliegen. Die Bestimmung stellte ausdrücklich nicht auf die Sachkunde des Verkäufers ab, sondern bestimmte »die Apotheke« als ausschließlich zugelassene Verkaufsstelle. Damit schloss sie die »Apothekerdrogisten«, die approbierte Apotheker waren, aber keine eigene Apotheke führten, von diesem Handel aus.

In der Verordnung wurde eine Vielzahl Substanzen einzeln in zwei Listen aufgeführt, in »Zubereitungen zu Heilzwecken« (Liste A) und in »Drogen und Chemikalien« (Liste B). Die in den Listen genannten Substanzen durften ab sofort nur in Apotheken gehandelt werden.

Die »Liste A« der Zubereitungen ließ in den weit gefassten Formulierungen für Nicht-Apotheken als Verkaufsstellen kaum noch Raum. Die Definitionen der »Zubereitungen« waren offenbar absichtlich unbestimmt gefasst. Beispielsweise hieß es: »Arznei-Salben, Mengungen von gröblich zerkleinerten Arznei-Substanzen, flüssige Arzneimischungen für den inneren und den äußeren Gebrauch, Arznei-Abkochungen und gemischte Arznei-Balsame«. All dies war ausnahmslos nur noch in Apotheken zu verkaufen. Bei Arznei-Pulvern waren nur noch diejenigen für die Zahnpflege und die Kosmetik frei verkäuflich.

Die »Liste B« der Drogen und Chemikalien verbot den Handel außerhalb von Apotheken u. a. auch für Kirschlorbeerwasser, Ochsengalle, Arnikablüten, Myrrhe, Ätherisches Kamillenöl, Baldrianöl, Liebstöckelwurzel, Coffein sowie u. a. für Salpetersäure, Phosphorsaures Natron und Essigsaures Zinkoxyd.

Die Drogisten wurden durch die Verordnung überrascht. Einige Dresdner Drogerie-Betreiber ergriffen aber sogleich die Initiative, verfassten ein Rundschreiben und strebten schon im Mai 1872 die Gründung einer eigenen Interessengemeinschaft an. Eine Petition an den Reichstag wurde im April 1873 von der Gemeinschaft angenommen, fast zeitgleich mit der am 11. April 1873 erfolgten Gründung des »Deutschen Drogisten-Verbandes«.

Den Drogisten war aufgefallen, dass einige gefährliche Substanzen, wie Höllenstein, Phosphor, Zyankalium und Arsenik, in keiner der beiden Listen enthalten waren. Daran erkannten sie, dass das Gesetz nicht vorrangig den Schutz der Bevölkerung, sondern eher die wirtschaftlichen Interessen der Apotheker zum Ziel hatte. Sie formulierten ihre Schlussfolgerung und etliche weitere Widersprüchlichkeiten in ihrem nun beginnenden Kampf gegen das geschäftsschädigende Gesetz.

Der Verband startete damit ein mühsames und Jahrzehnte dauerndes Bemühen, mehr und mehr Substanzen wieder für den eigenen Handel freizubekommen. 1875 erreichte er dies u. a. für Malz- und Fleischextrakt, Lakritzensaft, Hoffmannstropfen, Pfefferminzplätzchen, Fruchtsäfte, Lippenpomade und Rizinusöl. Die Apotheker waren über diesen kleinen Erfolg des Drogisten-Verbandes überaus erbost. Ihre Reaktion zeigte, wie erbittert die Auseinandersetzung zwischen den Berufsständen geführt wurde. Sie formulierten u. a.: *Die Dreistigkeit und rücksichtslose Energie der Drogisten habe ihren Forderungen den Sieg erfochten.*[29]

Kleine Erweiterungen der Freigaben von 1875 folgten erst fünf Jahre später, als 1880 »zu Heilzwecken dienende künstliche Mineralwasser« und 1883, als dem gleichen Zweck dienende Honigpräparate freigegeben wurden. 1890 erklärte sich die Regierung bereit, *den Anforderungen einer neuen Zeit gerecht werden zu wollen* und gab *gänzlich frei – auch zum Verkauf als Heilmittel: – sämtliche Verbandsstoffe, alle Zubereitungen zur Herstellung von Bädern und alle medizinischen Seifen.* Zu den freigegebenen »Zubereitungen« traten neu hinzu: Lebertran, Wacholder- und Fichtennadelextrakt, Riechsalz, Salmiakpastillen.[30]

Ausschnitt eines historischen Drogerieregals aus dem Drogerie- und Destillemuseum, Weißenstadt.

Erst am 22. Oktober 1901[31] trat mit der »Kaiserlichen Verordnung, betreffend den Verkehr mit Arzneimitteln«, ein die Drogisten einigermaßen befriedigender Zustand in der Einteilung freigegebener und im Apothekenverkauf verbleibenden Stoffe ein.

Der fast dreißigjährige Kampf der Berufsstände hatte die Struktur der Drogistenschaft aber erheblich beeinflusst. Im Jahre 1895 hatte sich der Anteil der Apothekerdrogisten unter den Drogisten auf nur noch ein Drittel vermindert.[32]

Selbst Mineralwasser gehörte zu den Apothekerwaren. Ein Elbinger Apotheker stellte es her und verkaufte es. Werbeanzeige im »Elbinger Wohnungs-Anzeiger für 1884«.

Bruder Hermann Staesz und Paul Pulewka führen das Geschäft

Ein Jahr nach der Hochzeit von Jacob Staesz jun. und Auguste Staesz kam am 18.9.1882 die Tochter Elsa Staesz zur Welt.[33] Doch der junge Vater konnte sich seines Familienglücks und seiner Unternehmensgründung tragischerweise nicht lange erfreuen. Er starb 33-jährig im Jahre 1886. Eine Abbildung von ihm ist nicht überliefert und auch die Ursache seines frühen Todes konnte in den erreichbaren Archiven nicht festgestellt werden.

Auguste Staesz, die 25-jährige Witwe, heiratete am 3.3.1887[34] Jacobs 27-jährigen Bruder Hermann, ihren Schwager. Mit ihm führte sie den Betrieb fort. Das Geschäft firmierte weiter »J. Staesz jun.«, nun mit der Ergänzung »Inhaber Hermann Staesz«.

Eine bedeutende Veränderung erfolgte wenige Jahre später, als Augustes Schwägerin, die am 13.4.1865 geborene Maria Staesz, einziges Mädchen der elf Staesz-Geschwister, ca. 1890 den vier Jahre älteren Apothekerdrogisten Paul Pulewka aus dem nahegelegenen Städtchen Gilgenburg (poln. Dąbrówno), Kreis Osterode (Ostpreußen), poln. Ostróda), heiratete. Pulewka bezog eine Wohnung in der Königsberger Str. 49/50 und wurde Gesellschafter der Firma Jacob Staesz jun.

Pulewka, Apotheker, Paul, Gef. d. F. Staeß jun., Königsbergerstr. 49/50.

Eintragung im »Elbinger Wohnungs-Anzeiger 1892«

Specialität: Streichfertige Oelfarben.

J. Staesz jun.
(Inh.: Herrmann Staesz und Paul Pulewka).
Drogen-, Farben-, Chemicalien-
und
Parfümerien-Handlung.
en gros. en detail.
Tintenfabrik.
Wasserstrasse 44. Königsberger-Str. 49/50.
Telephon-Anschluß 80.
Großes Lager u. Sortiment in allen feinen u. ordinairen
Maler- und Maurerfarben,
Lacke, Firnisse, Leim.

Specialität: Streichfertige Oelfarben.
Dr. Schönfeld's Oelfarben in Tuben,
Dr. Schönfeld's Chenal-Wasserfarben,
Dr. Schönfeld's Gouache-Farben;
Pinsel für feine Oel- und Wassermalerei, überhaupt für alle Zwecke und Gewerbe.

Hauptlager f. Vaselinlederfett.
Wiederverkäufern bedeutende Rabattgewährung.

Chin. Thees
Holl. und Deutsche Cacaos.
Franz. Gelatine Vanille.
Liebigs und Cibils *Fleischextract.*
Eau de Cologne echt und eigenes Fabrikat.
Toilette- und medicinische Seifen,
Feine Parfümerien in großer Auswahl.
Kopf-, Zahn-, Nagel- und Kleider-Bürsten.
Schwämme.

Artikel zur Wäsche, Bleiche u. Färberei.
Niederlage der echten, dänischen Butter- und Käsefarbe, sowie Käselaab, flüssig u. in trockener Form.
Carbolineum.
Lederlack u. Appretur. Thran, Maschinenöl, Wagenfett.
Viehwaschseife von Herrm. Laages Itzehoe, zweckmäßig, gefahrlos.

Sonnenöl,
feinstes Petroleum, wasserhell, geruchlos, größte Sicherheit gegen Explosion.
Alle Sorten Stearin- und Paraffin-Kerzen.
Wachsstock.
Sämmtliche Mäuse-, Ratten-, Wanzen- etc. Vertilgungsmittel.

Verbandartikel, natürliche u. künstliche Mineralwässer.

Specialität: Streichfertige Oelfarben.
Specialität: Streichfertige Oelfarben.
Specialität: Streichfertige Oelfarben.

Hermann Staesz und Paul Pulewka sind gemeinsam Inhaber der Drogerie »Jacob Staesz jun.« – Anzeige im »Elbinger Wohnungs-Anzeiger 1892«

Offenbar verstanden sich die beiden Staesz/Pulewka-Ehepaare gut. Sie beschlossen, das Geschäft unter der bekannten Firmierung »J. Staesz jun.« in zwei Gebäuden gemeinsam zu betreiben. Auch Paul Pulewka war es trotz abgeschlossenem Pharmazie-Studiums gesetzlich verwehrt, eine Apotheke zu eröffnen. Es blieb auch ihm nur die Möglichkeit, ein Drogeriegeschäft zu führen.

Das Drogerie-Unternehmen Staesz/Pulewka gelangte in die Erinnerung der Nachwelt, weil es im Juli 1897 eine Selbstdarstellung in der »Elbinger Illustrierte Zeitung« veranlasste. Diese Publikation scheint das Programmheft des 19. Provinzial-Sängerfestes in Elbing, veranstaltet vom 4. – 6. Juli 1897, gewesen zu sein. Der Druck dieser »Zeitung« wurde offenbar von Elbinger Geschäftsleuten gesponsert. Als Gegenleistung erhielten sie die Möglichkeit, sich und ihr Gewerbe mit Text und Bild vorzustellen.

Über Staesz/Pulewka heißt es in der »Zeitung«: *J. Staesz jun., von Jacob Staesz im Jahre 1880 gegründet, ist gegenwärtig im Besitze des Kaufmannes Hermann Staesz und des Apothekers Paul Pulewka. Es haben sich hier zwei Herren zu gemeinsamer Arbeit verbunden, welche sich durch die jedem besonders eigenen Fachkenntnisse gegenseitig ergänzen, denn die kaufmännischen Kennt-*

nisse des einen kommen dem Geschäft ebenso zu gut, wie die chemische Wissenschaft des anderen, es ist daher ebenso folgerichtig, daß durch die gemeinsame Sachkenntnis die Leitung der Firma eine vortreffliche ist und daher die beiden Geschäfte […], welchen je einer der beiden Chefs speziell vorsteht, sich das Vertrauen des Publikums, das eine aufmerksame und reelle Bedienung ebenso wie vortreffliche Waren zu schätzen weiß, in vollstem Maße erworben hat.

Welche Vielseitigkeit aber in einem solchen Geschäfte herrscht, ist interessant zu sehen. Da gibt es sämtliche Farben für Maler, Maurer und Künstler, überhaupt für alle Gewerbe und für alle Zwecke, und wie bequem es heute dem Publikum gemacht wird, das sehen wir an den streichfertigen Oelfarben, die es jedermann leicht machen, die erforderliche Anstricharbeit ohne Mühe und Zeitverlust aufzunehmen. Durch die Herstellung im Großen ist der Preis so billig, daß es Zeit- und Geldverschwendung wäre, wollte jemand sich noch die Arbeit machen, die Farben selbst anzureiben. Oele und Fette für technische Zwecke, technische Chemikalien, Artikel zur Photographie und Drogen aller Art werden in vielseitiger Menge auf Lager gehalten. Ein besonderer Artikel, den die Firma pflegt, sind die Feuerwerkskörper und welche herrlichen Feuerwerke von der Firma in den letzten Jahren abgebrannt sind, dessen werden sich gewiß noch viele Mitbürger erinnern. Aus solchen Anlässen ist der Firma J. Staesz jun. von den Vorständen der Bürgerressource, des Vogelsangvereins und der Aktiengesellschaft Seebad Kahlberg sowie auch von Privatpersonen z.B. dem

Abbildungen der Geschäftshäuser der Drogerie J. Staesz jun. in »Elbinger Illustrierte Zeitung« vom Juli 1897
Wasserstraße 44
Königsberger Straße 84

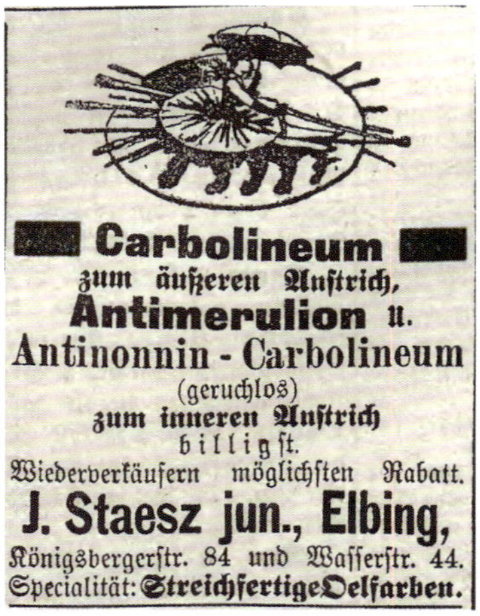

Einige Geschäftsanzeigen (1897 bis 1900) der Drogerie J. Staesz jun. in der »Altpreußischen Zeitung«, Elbing

Herrn Thiessen, Schillingsbrücke ungeteilte Anerkennung zu teil geworden, welche in schriftlichen Empfehlungen zum Ausdruck gebracht worden ist, die dem Publikum zur Ansicht empfohlen werden können. So vielseitig das Geschäft ist, sicherlich werden die weitgehendsten Wünsche aller, die irgend einer Sache bedürfen, Erfüllung finden, und jeder Käufer wird vollkommen befriedigt den Laden verlassen.[35]

Aus heute unbekannten Gründen endete die geschäftliche Zusammenarbeit Staesz/Pulewka in der ersten Dekade des 20. Jahrhunderts. Eine Werbeanzeige im Adress-Buch für Stadt und Landkreis Elbing 1912[36], jetzt nur noch mit der Adresse in der Wasserstraße 44, zeigt, dass Paul Pulewka nicht mehr im Unternehmen ist.[37]

Schon im »Elbinger Wohnungs-Anzeiger 1912« hatte Hermann Staesz vor allem mit seinem Angebot selbst hergestellter Farben geworben.

Der Aufstieg der Familie May in Elbing

Existenzgründung in Elbing: Hermann und Bertha May

1912 wurde das Geschäft »J. Staesz jun.« an Robert May verkauft.[38] Die Ursache, warum sich Hermann Staesz und seine Ehefrau 1912 zur Veräußerung ihres Unternehmens einschließlich des Grundstücks entschlossen hatten, konnte vom Verfasser nicht ermittelt werden. Zurückgehende Umsätze und ausbleibende Kundschaft werden nicht der Grund gewesen sein. Die Drogenhandlung hatte sich bei den Elbingern vor allem mit ihrer Farbenabteilung einen ausgezeichneten Ruf erworben. Gerade das wird Robert May wahrgenommen und für seine gewerblichen Pläne bedacht haben.

Ähnlich wie die Familie Staesz 35 Jahre zuvor, gehörte auch die Familie May nicht zu den alteingesessenen Elbinger Bürgern. Die väterlichen Vorfahren stammten aus Knöppelsdorf, einem 300 Einwohner-Dorf im Landkreis Königsberg. Hermann Julius Eduard May wurde hier am 13. Januar 1855 geboren.[39] Er war evangelischer Konfession. Robert Mays Mutter Anna Bertha, geb. Harms, geb. am 5. April 1862, war ein Kind der Elbinger Niederung. Sie stammte aus Alt Rosengart (poln. Rozany), einem Dorf im Landkreis Marienburg[40]. Sie war mennonitischer Konfession.

Hermann und Bertha heirateten am 30. November 1886 in Elbing, wo sie anschließend auch ihren Wohnsitz begründeten. 1887 wurde Hermann May Bürger der Stadt und mit der Adresse Königsberger Straße 34 als Kaufmann verzeichnet.[41]

Spätere Jahrgänge des Adressbuches zeigen, dass er sein Geschäft in die Königsberger Str. 88/89 verlegt hatte.

Am 27. August 1887 wurde Robert May als erstes Kind der Eheleute geboren. Offenbar war die mennonitische Konfession der Mutter zum religiösen Familienbekenntnis geworden; so ist es jedenfalls in Robert Mays Geburtsurkunde vermerkt.

Nach Robert erblickten noch vier jüngere Geschwister das Licht der Welt. Doch es zog auch Leid in die Familie ein, denn eine Schwester und ein Bruder, geboren 1888 und 1891, starben vor dem Erreichen des

In einer Werbung wies die Beschriftung des Hauses darauf hin, dass es sich bei Hermann Mays Geschäft um eine »Materialhandlung und Destillation« handelte. Mit der von ihm hergestellten Hausspezialität »Citronen-Liqueur« machte er sich die damalige Italiensehnsucht des deutschen Bildungsbürgertums geschickt nutzbar.

Gartenfest der Familie Hermann May mit Verwandten Ende der 1890er Jahre, vordere Reihe links: Bertha May, vordere Reihe rechts: Hermann May, zweite Reihe links: Robert May, daneben seine Schwester Marie Charlotte, genannt Lotte. Die weiteren Personen können nicht mehr benannt werden.

zweiten Lebensjahres. Eine weitere Schwester Marie Charlotte wurde am 20.7.1893 geboren und die jüngste Schwester Edith Bertha am 25.11.1895. Mit diesen beiden jüngeren Schwestern verbrachte Robert May seine Kindheit.

Schon mit 16 Jahren, also ohne Reifezeugnis, verließ Robert May die städtische Oberrealschule in Elbing[42]. Die Gründe für den Schulabbruch sind nicht bekannt.

Robert May schrieb später, dass er das väterliche Geschäft übernehmen sollte.[43]

Um sich auf den Kaufmannsberuf vorzubereiten, kehrte er in die Heimat seines Vaters nach Königsberg zurück und absolvierte hier von 1904 – 1907 eine kaufmännische Lehrzeit bei der Firma Hugo Korn.

Vorbereitung auf den Beruf des Drogisten

In den Beschreibungen seines Lebensweges hat Robert May nicht festgehalten, was ihn anschließend bewogen hatte, es nicht bei der erlangten kaufmännischen Qualifizierung bewenden zu lassen. Er bildete sich weiter, nun in die drogistische Richtung. Vielleicht hatten die durch die »Kaiserliche Verordnung, betreffend den Verkehr mit Arzneimitteln vom 22. Oktober 1901« verbesserten Geschäftsbedingungen der Drogerien eine Rolle gespielt. Der Handel mit Drogerieartikeln eröffnete danach wieder bessere Chancen für einen wirtschaftlichen Erfolg.

Wie hatten sich die geschäftlichen Perspektiven für Drogerien zu Beginn des 20. Jahrhunderts zum Positiven entwickelt? Eine Erläuterung mit einem längeren Zitat des Drogerie-Historikers Johannes Thiessen mag einen Eindruck geben. Die erstaunlich positive Entwicklung der Drogerien wurde von ihm nicht allein mit jener gesetzlichen Neuregelung begründet.

Er formulierte im Jahre 1926 einen geschichtlichen Rückblick auf die Entwicklung und die aktuelle Bedeutung der Drogerien: *Der moderne Drogistenstand verdankt seine Entstehung und Entwicklung [...] einer wirtschaftlichen Notwendigkeit. Aus den 1.000 Drogenkleinhandlungen (Drogerien), die es schätzungsweise 1873 gab, sind im Laufe von 50 Jahren mehr als 10.000 geworden: der Zuwachs hat seine letzte Ursache weder im freien Arzneimittelverkehr noch im Arzneimittelverkehr überhaupt – die Zahl der Apotheken hätte sich in demselben Zeitraum sonst auch verzehnfachen müssen, oder, da sie es nicht getan hat, die glücklichen Apothekenbesitzer hätten immense Reichtümer angesammelt. Der Zuwachs hat seine Ursache vielmehr in dem seit 50 Jahren ständig zunehmendem Bedarf an Verbrauchsartikeln eines in seinen Lebensbedürfnissen anspruchsvoll gewordenen*

Kulturvolkes. Wer 50 Jahre zurückdenkt und sich klar macht, was es in den siebziger Jahren des neunzehnten Jahrhunderts an Nähr- und Stärkungsmitteln, an kosmetischen Präparaten und Artikeln, an Reinigungs- und Putzmitteln, was es, mit einem umfassenden Wort gesagt, an Markenartikeln n i c h t gab, der hat einen Blick getan in die letzten Ursachen, die für die so überaus starke Zunahme der Drogengeschäfte bestimmend waren. Der Drogist ist einer der Träger, vielleicht d e r Träger dieses Kultur- oder, wenn man will, Zivilisationsfortschritts; er hilft, als letztes, aber wichtigstes Glied in der Vermittlerkette, neue Bedürfnisse (zu) befriedigen und neue Bedürfnisse (zu) erwecken. – Man braucht sich nur die Frage vorzulegen, welchen Anteil der Drogist an dem Aufschwung der Zahnpflege gehabt hat, allein dadurch, daß er Zahnpulver, Zahnseifen, Zahnpasten und Zahnbürsten v e r k a u f t; er ist somit seiner Natur nach eingestellt auf das wirtschaftlich Neue, sein Blick geht vorwärts, in die Zukunft, nicht rückwärts, in die Vergangenheit, er knüpft sein Schicksal an die Idee der unaufhaltsam fortschreitenden wirtschaftlichen Entwicklung.[44]

Robert May wird erkannt haben, dass den Drogeriegeschäften inzwischen eine mehr oder weniger »goldene Zukunft« bevorstand und entsprechend wird er seine Karriereplanung geändert haben.

Ab 1907 bereitete er sich auf den Beruf des Drogisten vor. Seine weiteren Ausbildungsstationen in dieser Richtung waren:

- 1907 – 1909 Volontärgehilfe in der Drogerie C. A. Herrmann, Quedlinburg
- 1909 – 1910 Gehilfe in der Drogerie Seeber, Heidelberg
- 1910 – 1911 Besuch der Drogisten-Akademie, Braunschweig
- 1911 – 1912 Gehilfe in der Drogerie Apotheke Schunke, Kolberg/Pommern (poln. Kołobrzeg)
- 1912 SELBSTSTÄNDIG

Der Weg zum Drogistenakademiker in Braunschweig

Nach erfolgreichem Abschluss der Gehilfen-Ausbildung besaß Robert May die Berechtigung zum Besuch der Braunschweiger Drogisten-Akademie. Diese 1880 von Eduard Freise in der Schleinitzstraße 11 in Braunschweig gegründete Privatschule[45] verfolgte den Zweck, *Gehilfen und Eleven sowie solche junge Leute, die sich dem Drogenfach widmen wollen, mit den Disziplinen der Chemie, Physik, Technologie, Warenkunde, Botanik und Buchführung sowie mit den Arbeiten im Laboratorium, soweit diese für das Fach Interesse haben, gründlich bekannt zu machen.*[46]

Den veränderten Anforderungen folgend, waren in den 1890er Jahren einige Unterrichtsfächer hinzugekommen: 1890 Theorie und Praxis der Fotografie, 1891 Handelskorrespondenz und Steuergesetze und 1899 Farbwarenlehre und Schaufensterdekoration.[47]

Am 12. April 1910 nahmen Robert May und 66 weitere Studierende[48], ein Jahrgang

Auch im Wappen der Drogisten-Akademie Braunschweig wird auf den drogistischen Handel mit tropischen Gewürzen Bezug genommen.

durchschnittlicher Größe, das Studium an dieser Einrichtung auf. Jeder erhielt zu Beginn eine schriftliche Aufstellung der Kosten seiner Ausbildung. Für die einjährige Studienzeit hatten die Studierenden ein Schulgeld von rund 1.000 Goldmark zu entrichten.[49]

Trotz der Subventionierung der Akademie durch den Drogistenverband und die Braunschweiger Staatsregierung war der Besuch dieser Fortbildungs-Einrichtung also durchaus kostspielig. Die Schule konnte es sich leisten, hohe Beträge als Schulgeld zu fordern, hatte sie sich doch seit ihrer Gründung einen exzellenten Ruf erworben. Regelmäßig nahmen auch Ausländer an der Ausbildung teil; fünf waren es in Robert Mays Jahrgang.

Gegen Unterschrift und Handschlag erhielten die Neulinge eine Erkennungskarte und eine Schulordnung, lt. der unter anderem Schuldenmachen und Verletzung des Ehrenwortes als frevelhaft galten. Das Ziel der Schule war mehr als der »fachlich geschulte drogistische Kaufmann«. Professor Freise wollte die durch seine Einrichtung ausgebildeten »Drogistenakademiker« auch zu standesbewussten Persönlichkeiten erziehen. Die Pflege der Allgemeinbildung und das Erlernen eines gewandten Benehmens wurden ausdrücklich angesprochen und zu Zielen erklärt. Eine Dauereintrittskarte für den städtischen botanischen Garten musste sogleich mit der Einschreibung erworben werden. Die Schule vermittelte auch ermäßigte Eintrittskarten für das Theater, gab Hinweise zum Besuch Braunschweiger Museen und empfahl den Eintritt in einen Turnverein. Allerdings waren Vereinigungen nach studentischem Muster in der Akademie verboten. Stattdessen fanden jeden Mittwochabend Zusammenkünfte zur Aussprache und zu Vorträgen in Standesfragen statt. Umlaufend hatte hier jeder der Studierenden einen Vortrag zu halten, um sich auch in freier Rede zu üben. Das jeweilige Thema war vorher einzureichen. Jeden Samstagabend wurde gemeinsam in einer Braunschweiger Gaststätte zur Geselligkeit eingekehrt. Es fanden auch Ausflüge zur gemeinsamen Besichtigung von Produktionsstätten und zu botanisch interessanten Zielen statt.[50]

Für die Drogisten-Akademie, die 1914 in die Trägerschaft des Deutschen Drogisten-Verbandes überging und in der ehemaligen Zuckerraffinerie Brunonia in der Pflegehausstraße ein neues Gebäude bezog, galt aber trotz bzw. neben diesen erzieherischen Bemühungen, *daß die Akademie vom Drogistenstand geprüfte Gehilfen in Empfang nimmt, die sie dann nach gehöriger Ausbildung als Meister ihres Faches an den Stand zurückgibt. Die Drogisten-Akademie Braunschweig ist keine Hochschule, keine freie Forschungs- und Lehrstätte im Sinne unserer höchsten wissenschaftlichen Institute, sie ist die Meisterschule für den praktischen Drogisten*[51], so Johannes Thiessen.

Das Abschlusszeugnis und auch eine Giftprüfung schließen die Zeit an der Drogistenakademie ab

Nachdem die Reichsregierung aufgrund der Initiative des Deutschen Apothekervereins am 25. März 1872 die »Kaiserliche Verordnung betreffend den Verkehr mit Apothekerwaren« erlassen hatte, konnten die empörten Drogisten darauf hinweisen, dass dieses Gesetz wohl nicht aus Sorge um die Gesundheit der Menschen erlassen worden war. Als Beleg diente ihnen unter anderem, dass tödliche Gifte, wie u. a. »Höllenstein, Phosphor, Arsenik und Zyankalium« in der Auflistung des Verkaufsmonopols der Apotheken fehlten.

Der Verband versuchte danach eine Zeitlang, den Berufsstand des Drogisten als staatlich anerkannten »Gifthändler« u. a. für Mittel zur Ungeziefer-Vernichtung und Schädlingsbekämpfung, aber auch für Farben, pflanzliche Gifte und Chemikalien hervorzuheben und ihm im Handelsgewerbe damit eine Sonderstellung zu verschaffen. Er meinte, damit auch ein öffentliches Interesse nutzen zu können. *Veranlassung und Grund gab [...] der ganz allgemein als unhaltbar erkannte Mißstand, daß der Giftverkehr nicht nur in den 25 deutschen Bundesstaaten, sondern auch innerhalb einzelner Bundesstaaten verschieden geregelt war, wodurch eine Unsicherheit im Gifthandel bewirkt wurde, die für sämtliche Beteiligte, nicht zuletzt für das Publikum als höchst bedenklich erscheinen musste.*[52]

Doch diese Initiative wurde auf Reichsebene bald nicht mehr weiterverfolgt. Offenbar hatte man erkannt, dass eine Verengung der Wahrnehmung der Drogisten als »Gifthändler« ungünstig gewesen wäre. Es blieb auch dabei, dass die deutschen Bundesstaaten die Gesetzeshoheit über den Handel mit Giften behielten und dazu eigene Verordnungen in Kraft setzten.

In Preußen wurde am 22.2.1906 eine Polizeiverordnung[53] erlassen, die aber keine Bestimmung darüber enthielt, welche persönlichen Voraussetzungen vom Händler für Gifte erfüllt sein mussten. Anstelle des Nachweises von Kenntnissen oder eines guten Leumundes wurden nur Vorschriften zu »Aufbewahrung von Giften« (§§ 2 – 16), »Besondere Vorschriften über Farben« (§ 17) »Ungeziefermittel« (§ 18), und »Gewerbebetrieb der Kammerjäger« (§ 19) in die Verordnung aufgenommen. In den Anlagen der Verordnung finden sich ein Verzeichnis der als Gifte anzusehenden Substanzen sowie Formulare des vorgeschriebenen »Gift-

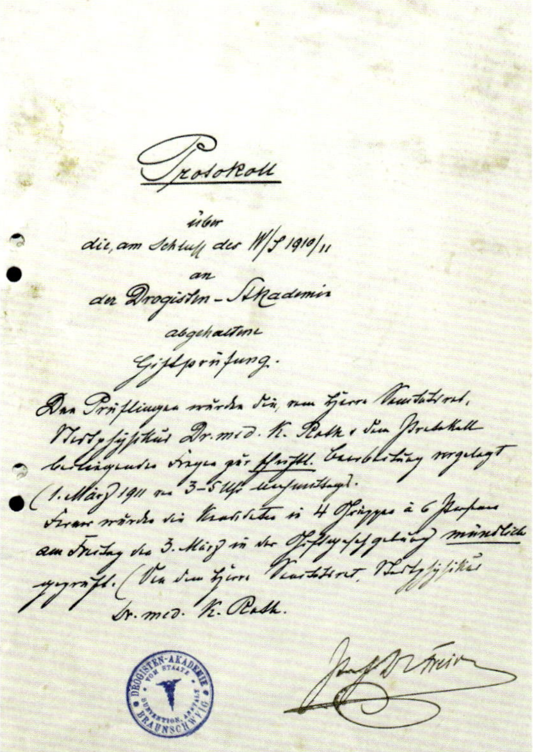

Protokoll

über

die, am Schluss des W/S 1910/11

an

der Drogisten-Akademie

abgehaltene

Giftprüfung.

Den Prüflingen wurden die, vom Herrn Sanitätsrat, Kreisphysikus Dr. med. K. Roth [illegible] dem Protokoll beiliegenden Fragen zur schriftl. Bearbeitung vorgelegt (1. März 1911 von 3–5 Uhr nachmittags). Dann wurden die Kandidaten in 4 Gruppen à 6 Personen am Freitag den 3. März in der Giftgesetzgebung mündlich geprüft. (Von dem Herrn Sanitätsrat, Kreisphysikus Dr. med. K. Roth.)

[illegible]

DROGISTEN-AKADEMIE VOM STAATE SUBVENTION. ANSTALT BRAUNSCHWEIG

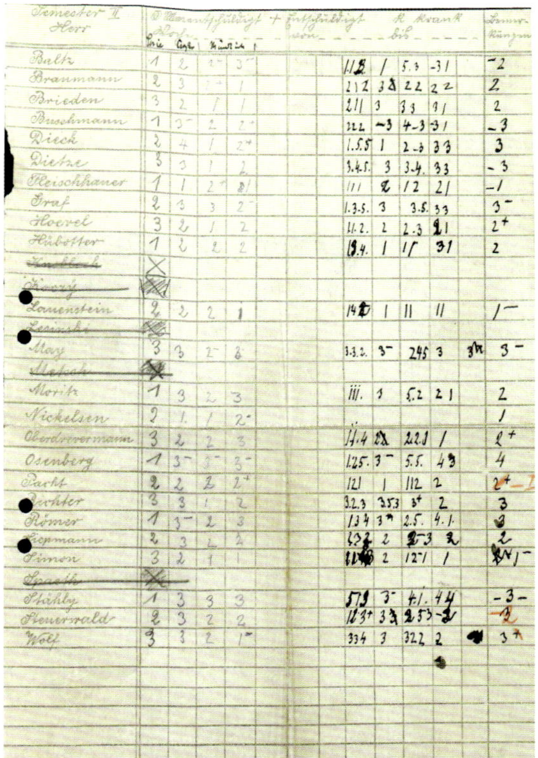

Semester II Herr					Versäumt entschuldigt + unentschuldigt			krank von … bis		Bemerkungen
Baltz	1	2	2⁻	3⁻	112	1	5.3	-31		-2
Braumann	2	3	2+	1	212	38	22	22		2
Brieden	3	2	1	1	211	3	33	31		2
Buschmann	1	3⁻	2	2+	322	-3	4-3	31		-3
Dieck	2	4	1	2+	1.5.5	1	2-3	33		3
Dietze	3	3	1	2	3.4.5.	3	3.4.	33		-3
Fleischhauer	1	1	2+	21	111	2	12	21		-1
Graf	2	3	3	2⁻	1.3.5.	3	3.5.	33		3⁻
Hoevel	3	2	1	2	11.2.	2	2.3	21		2+
Hübotter	1	2	2	2	13.4.	1	15	31		2
~~[illegible]~~	X									
~~[illegible]~~	X									
Lauenstein	2	2	2	1	142	1	11	11		1⁻
~~[illegible]~~	X									
May	3	3	2⁻	2	3.3.2.	3⁻	245	3	3h	3⁻
~~[illegible]~~	X									
Moritz	1	3	2	3	111.	1	5.2	21		2
Nickelsen	2	1.	1	2⁻						1
Oberdreyermann	3	2	2	3	14.4	2	221	1		2+
Osenberg	1	3⁻	3⁻	3⁻	125.	3⁻	5.5.	43		4
Pacht	2	2	2	2+	121	1	112	2		2+ –1
Richter	3	3	1	2	3.2.3	353	3+	2		3
Römer	1	3⁻	2	3	134	3+	2.5.	4.1.		3
Liepmann	2	3	2	2	132	2	2-3	2		2
Simon	3	2	1	1	[illegible]	2	121	1		1⁻
~~[illegible]~~	X									
Stähly	1	3	3	3	573	3⁻	41.	44		-3-
Steuerwald	2	3	2	2	123+	33	253	-2		2
Wolf	3	3	2	1⁻	334	3	322	2		3+

Herr ………… hat in diesem Jahr ………… [illegible]

Das Protokoll der von den Studenten in Robert Mays Jahrgang absolvierten Giftprüfung zeigt, dass sich 24 Studierende des 66 Personen umfassenden Jahrgangs dieser zusätzlichen Prüfung unterzogen hatten.

buches«, des »Erlaubnisscheins« für Giftkunden und der »Giftschein« genannten Quittung des Gifterwerbers.

Die Aufsicht des Staates war aber sichergestellt. Dafür sorgten Bestimmungen in anderen Verordnungen über die Revision solcher Geschäfte und die Pflicht der Betreiber, Lagepläne des Geschäfts und der Betriebsräume an die Aufsichtsbehörde zu übermitteln. Diese Bestimmungen blieben durch Verweise in Kraft.

Natürlich war es für jeden standesbewussten Drogeristen obligatorisch, den Bestimmungen dieser Polizeiverordnung zu entsprechen und in den Geschäftsräumen auch eine Gifthandlung zu betreiben.

Allerdings konnte in der Ausbildungsordnung der Drogisten-Akademie Braunschweig nicht festgestellt werden, dass eine spezielle Wissensvermittlung zur erfolgreichen Absolvierung der Giftprüfung vorgesehen war.

Sofern diese Annahme zutrifft, war es den Studenten nur im Selbststudium möglich, erforderliche Kenntnisse im Giftwesen zu erlangen und diese Prüfung außerhalb des Abschlusses der Akademie zu absolvieren.

Das Protokoll der Prüfung[54] des Jahrgangs (hier und auf der Vorseite als Faksimile dargestellt) hat folgenden Inhalt:

> Protokoll über die am Schluß des W/S 1910/11 an der Drogisten-Akademie abgehaltenen Giftprüfung.

Den Prüflingen wurde die von Herrn Sanitätsrat Stadtphysikus Dr. med. K. Rothe dem Protokoll beiliegenden Fragen zur schriftlichen Bearbeitung vorgelegt.

(1. März 1911 von 3 – 5 Uhr nachmittags)

Ferner wurden die Kandidaten in 4 Gruppen à 6 Personen am Freitag, den 3. März in der Giftgesetzgebung mündlich

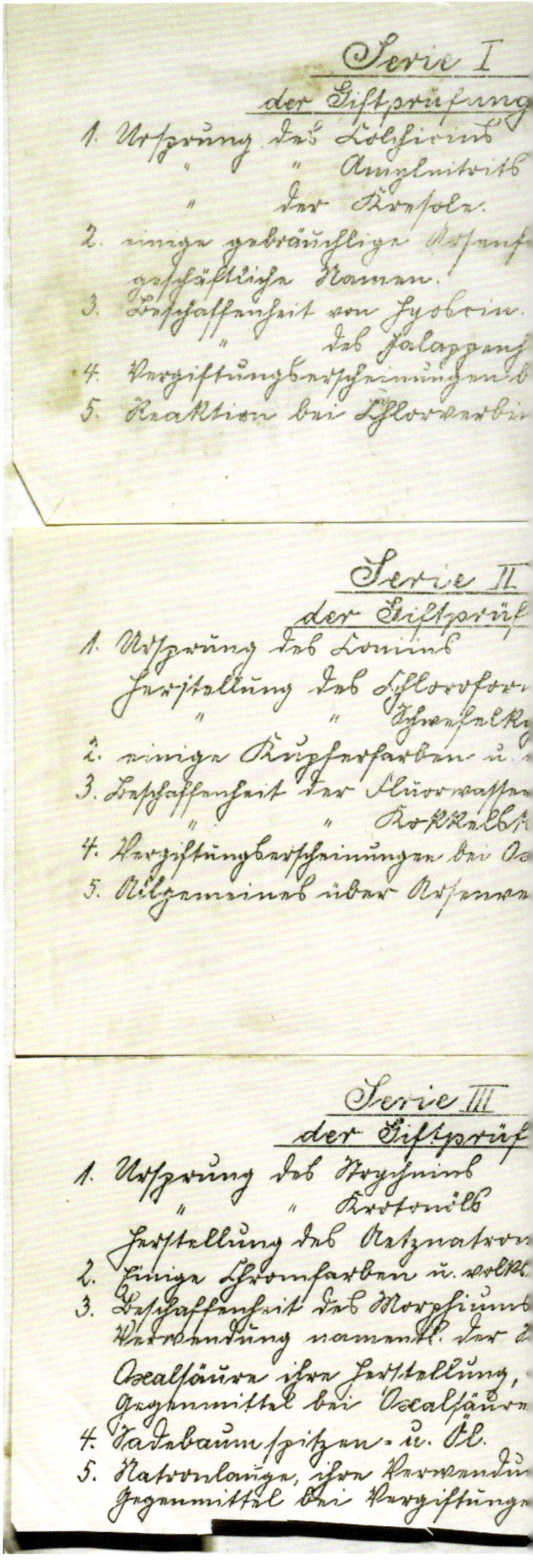
Serie I
der Giftprüfung
Serie II
der Giftprüf
Serie III
der Giftprüf

Das Protokoll der von den Studenten in Robert Mays Jahrgang absolvierten Giftprüfung zeigt, dass sich 24 Studierende des 66 Personen umfassenden Jahrgangs dieser zusätzlichen Prüfung unterzogen hatten.

Nr	Namen d. Prüflings	Geburtsort	Jahr, Tag d. Geburt	Frage Serie	Ergeb. d. schriftl. Prüf.	Ergeb. d. mündl. Prüf.	Ergeb. d. Prüfung
1	Baltz, Erich	Rostock i/Meckl	13. Mai 1888	I	2⁻	3	bestanden
2	Baumann, Martin	Gardelegen	11. Mai 1893	II	2	2⁺	"
3	Brüden, Gustav	Barmen	14. Decemb. 1886	III	2	1	"
4	Buschmann, Max	Duisburg	23. Septbr 1888	I	3⁺	2	"
5	Dicke, Ernst	Königsberg	9. Mai 1891	II	3	2⁺	"
6	Dietze, Walter	Leipzig	1. März 1892	III	3⁻	2	"
7	Fleischhauer, Martin	Treuenbrietzen	15. Feb. 1887	I	1	1⁻	"
8	Graf, Paul	Richterswil (Schweiz)	16. Oct. 1891	II	3	3	"
9	Hoevel, Gustav	Wesel	26. Aug. 1888	III	2⁺	2⁺	"
10	Hübotter, Friedrich	Nordhausen	29. Juli 1889	I	2	2	"
11	Lauenstein, Carl	Petersburg	26. Dec. 1885	II	1⁻	1⁻	"
12	Maÿ, Robert	Elbing	27 Aug. 1887	III	3	3	"
13	Moritz, Georg	Berlin	18. Septbr 1892	I	2	3⁺	"
14	Nickelsen, Sintra?	Friedrichstadt a/d Eider	19. Juli 1889	II	1	2⁺	"
15	Obrdrevermann?, Ernst	Sevinghausen?	23. Nov. 1890	III	2	3⁺	"
16	Osenberg, Hugo	Remscheid	16. Mai 1891	I	4⁺	3⁻	nicht bestanden
17	Pacht, Henry	Lehe	22. Juni 1888	II	1⁻	2	bestanden
18	Richter, Max	Naumburg a/S.	23. Januar 1890	III	3	2	"
19	Römer, Georg	Frankenstein i/Schl	17. Juni 1889	I	3	3⁺	"
20	Siepmann, Heinrich	Günnigfeld	18. Juni 1885	II	2	2	"
21	Simon, Walter	Leisnig i/Sa	4. Dec. 1889	III	1⁻	1	"
22	Stähly, Ferdinand	Rockenhausen	18. Juni 1892	I	3	3	"
23	Steuerwald, Erich	Braunschweig	23. Dec. 1886	II	2⁻	2	"
24	Wolf, Fritz	Auerbach i/Vogtl	29. Aug. 1891	III	3	2	"

geprüft (von dem Sanitätsrat Stadtphysikus Dr. med. K. Rothe)

Serie I der Giftprüfung

1. Ursprung des Colchicins
 – Ursprung des Amylnitrits
 – Ursprung der Kresole
2. einige gebräuchliche Arsenfarben nebst geschäftlicher Namen
3. Beschaffenheit von Hyoscin
 – Beschaffenheit des Jalappenharzes
4. Vergiftungserscheinungen bei Opium und Gegenmittel
5. Reaktion bei Chlorverbindungen

Serie II der Giftprüfung

1. Ursprung des Coniins
 Herstellung des Chloroforms
 Herstellung des Schwefelkohlenstoffs
2. Einige Kupferfarben und volkstümliche Benennungen
3. Beschaffenheit der Fluorwasserstoffsäure
 – Beschaffenheit der Kokkelskörner
4. Vergiftungserscheinungen bei Oxalsäure und Gegenmittel
5. Allgemeines über Arsenverbindungen (Nachweise)

Serie III der Giftprüfung

1. Ursprung des Strichnins
 – Ursprung des Krotonöls
 – Herstellung des Ätznatrons
2. Einige Chromfarben und volkstümliche Bezeichnungen
3. Beschaffenheit des Morphiniums, sein Vorkommen, die Verwendung namentlich der Salze desselben.
- Oxalsaure, ihre Herstellung, Aufbewahrung und Verwendung;
Gegenmittel bei Oxalsäurevergiftungen
4. Jadebaumspitzen und -öl
5. Natronlauge, ihre Verwendung, Aufbewahrung und Gegenmittel bei Vergiftungen durch dieselbe

Robert May wurde in der Frageserie III geprüft. Er bestand sowohl die schriftliche als auch die mündliche Prüfung jeweils mit der Note 3, das bedeutete »Genügend«.[55] Die bestandene Giftprüfung wurde in seinem Abschlusszeugnis als »Bemerkung« erwähnt.[56]

Am 25. März 1911 beendete Robert May die Ausbildung an der Drogisten-Akademie mit gutem Zeugnis (Faksimile rechts) und arbeitete anschließend ein Jahr lang als Gehilfe in der Drogerie-Apotheke Schunke in Kolberg/Pommern.

229

Laufende Nummer 1194 Seite des Journals

Herr Robert May aus Elbing
geboren am 27ten Aug 1887 in "
Staatsangehörigkeit: Preußen
Confession: mennonitisch
Schulbildung: O/III
Adresse des Vaters resp. Vormundes: Kaufmann May, Elbing, Königsberger Str. 5/52
Adresse unter welcher der Genannte stets zu finden ist: " " " "
Eintritt in die Akademie: 12. April 1910
Abgang von derselben: 25. März 1911
Gelernt bei welcher Firma & an welchem Orte: Hugo Korn, Königsberg
Von wann bis wann: 1/IV 1904 – 1/IV 1907
Conditionsstellen: C. A. [illegible], Quedlinburg

Wo eingetreten nach dem Verlassen der Anstalt:
Bemerkungen über Lehr- & Conditionszeugnisse:

Zeugniß der Akademie.

Fleiß: recht gut Betragen: sehr gut
Gesammtversäumnisse 101 Stunden, wovon durch Krankheit 26
anderweitig triftig entschuldigt 20 u. unentschuldigt 55 sind.
absolvirte die Akademie mit gutem Erfolg.

Anorganische Chemie:	2	Buchführung, einfache:	3
Organische Chemie:	2	" doppelte:	4
Chemische Technologie:	2	Kaufmännisches Rechnen:	2
Farbwarenkunde:	2	Gesetzeskunde:	2
Chemikalienkunde:	3	Handelscorrespondenz:	3
Warenkunde Theorie:	3	Chemisches Practicum:	2
" Praxis:	2	Photographie Theorie:	2
Botanik Theorie:	2	" Praxis:	2
" Praxis:	2	Steuergesetzgebung:	3
Physik:	3	Schaufensterdekoration:	

Sonstige Bemerkungen: [illegible]
[illegible]

44/8 = II

Verzicht auf die Übernahme des väterlichen Geschäfts

Seinen lieben May's

zur

Silber-Hochzeit

zugeeignet von **M. A.** und **C.**

30. November 1911.

Mel. Keinen Tropfen im Becher mehr.

Heut' vor 25 Jahr
War'n sie noch ein junges Paar,
Hermann und sein „**Buttchen**". —
Doch wie bald ist hin die Zeit,
Als **Hermann** sich sein **Buttchen** frei't.
[: Schon ein Viertel-Jahrhundert. :]

Der **Hermann** regt von früh bis spät
Wo es irgend nur angeht
Fleißig seine Hände.
Und das **Buttchen** ihm zur Seit'
Macht's Schuften auch sehr große Freud',
Gott wird's ihnen lohnen.

Der **Hermann** schimpft wohl öfter sehr,
Kommt ihm mal etwas in die Quer,
(Der Zorn ist nur von außen).
Innerlich ein „sanfter" Kern,
Wir haben **Hermann** alle gern,
Ihn und sein liebes Buttchen.

Wenn man die **Buttchen** nur ansieht,
Merkt man gleich ihr Goldgemüt!
Wie gut schau'n ihre Augen! —
Von Not und Kummer sie nur hört,
Ihr Mitleid sich sogleich bewährt,
Sie lindert wo es nur möglich!

Drum **Hermann** man auch gut versteht,
Wenn über **Buttchen** nichts ihm geht,
Sie ist sein Glück! — Sein Alles! —
Und gute Kinder ihn'n zur Seit
Wie wird ihm da das Herz so weit —
Kein König dünkt ihm so reich!

Der **Robert**, beider einz'ger Sohn,
Ein ganzer Mann ist er jetzt schon,
Nachdem er fleißig studieret.
Ein liebes Mädchen er sich nahm
Zur Reis' durch's Leben lobesam
Er wird seine Sache schon machen! —

Ein liebes Kind die **Lottchen** ist.
Wohl keine Tugend man vermißt,
Sie ähnt so recht nach Muttchen! —
Sie kocht und bratet, schneidert, flickt!
Die Buchführung macht sie geschickt
Dem Vater, dem lieben, so gerne!

Die **Edith**, dieser lose Wicht,
Hat sie nicht ein verschmitzt' Gesicht? —
Hält's lieber mit dem Vät'chen!
Wenn sie nur flott kutschieren kann!
Die Pferde zügeln wie ein Mann,
Dann ist sie froh und glücklich.

Doch auch der Ernst des Lebens war
Nicht erspart dem Jubelpaar,
Wie kann's auch anders sein. —
Die Sorgen sind, wie man so spricht,
Das „Salz" zum guten Lebensgericht,
Es macht uns die Freude schöner. —

Und nun, Ihr lieben Jubelgäst',
Nehmet Eure Gläser fest
In die Hand, die rechte!
Stoßet an und trinket aus:
Es leb' das ganze **May**'sche Haus
Jetzt und für alle Zeiten!

Liedtext gedichtet, gedruckt und an die Gäste verteilt anlässlich der Silberhochzeit von Hermann und Bertha May am 30. November 1911

Auf dieses große väterliche Geschäftshaus verzichtete Robert May zugunsten seines Schwagers und seiner Schwester Edith. Seine Enkeltochter Ursula erinnert sich: »Das sehr florierende Geschäft war ein großes Eckhaus. Es gab einen Likör der »Mampe« hieß. Zusätzlich gehörte zu dem Geschäft eine Brennstoffhandlung […] für Kohle und Briketts.«[58]

Robert Mays offenbar nach dem Abschluss des Studiums getroffene Entscheidung, die begrenzten Potentiale des väterlichen Geschäfts nicht mehr als ausreichend für seinen bürgerlichen Aufstieg anzusehen, eröffnete seiner Schwester Edith die Möglichkeit, sich selbst im väterlichen Unternehmen zu engagieren.

Anna Bertha May, geb. Harms, genannt »Ochen«, geb. am 5. April 1862 in Alt Rosengart, Ldkr. Marienburg, Sterbedatum unbekannt, Aufnahme ca. im Jahre 1937

May, August, Lehrer i. R., Karl Budorfstr. 37
— Bertha, Kfm.-Wtw., Königsbergerstraße Nr. 88 89
— Friedrich, Ing., Königsbergerstr. 55
— Fritz, Masch.-Schlosser, Georgend. 13
— Gertrud, Leiterin, Hindenburgstr. 59
— & Guhl, Drogen-Großhandel, Alter Markt 46, ☎ 2082
— Hans, Schneider, Königsbergerstr. 45
— Herm. Nachfl., Inh. Ernst Bartsch, Feinkost und Kaffee-Großrösterei, Mampe-Stuben, Königsbergerstraße 88 89, ☎ Nr. 2962 und 3584

Hermann May Nachfl.
Inhaber: Ernst Bartsch Telephon 2962
Königsbergerstraße, Ecke Sternstraße
Kolonialwaren — Feinkost
Restaurant u. Mampestube Tel. 3584
Kohlenhof — Autotankstelle
Kaffee-Gross-Rösterei

— Paul, Inv., Petristraße 3
— Robert, Kaufmann, Fischerstr. 32 33, Inh. der Firmen Rud. Sauffe Nachflg., Alt. Markt 49, ☎ 2007 und Starss J. jun. Drogenhandlung, Wasserstraße 44, ☎ Nr. 2106
— Willy, Glasreinigung, Gr. Hommelstallstraße 15, ☎ 3512

Nach dem Tode des Vaters Hermann May am 25.4.1924 war es seine jüngste Schwester Edith, die ihrer Mutter Bertha bei der Fortführung des Geschäfts behilflich war. Sie heiratete Ernst Bartsch, der dadurch Eigentümer des Grundstücks »Königsberger. Str. 88/89« wurde, eine Kaffeerösterei einrichtete und auch in der Firmierung »Hermann May, Inh. Ernst Bartsch« mit dem Zusatz »Restaurant und Mampestube« in Erscheinung trat.[57]

Heirat mit Helene Barthe und Kauf der Drogerie J. Staesz jun.

Für den 23-jährigen Robert May war die Zeit in Braunschweig nicht nur Studenten- und Akademiezeit. Während des Besuches der Akademie lernte er auch Helene Barthe, seine spätere Ehefrau, kennen. Die damit einhergehenden großen Gefühle hat er zeitlebens mit Braunschweig und seiner Akademiezeit verbunden.[59]

Helene Barthe, Tochter des Schuhwarenhändlers Hermann Barthe, war erst 17 Jahre alt, als sie Robert May erstmals begegnet war. Die Familie stammte aus Hamburg. Der Vater hatte in Braunschweig die »Schuhwarenhandlung (en gros) Fr. Sander« kaufen können. Seit 1898, sie war damals fünf Jahre alt, wohnte Helene Barthe mit ihren Eltern in Braunschweigs Innenstadt, Wilhelmstraße 1. Das Geschäft firmierte unter »Fr. Sander Nachf.« und war offenbar recht erfolgreich.[60]

Die Begegnung mit Helene wird der Grund gewesen sein, dass in Robert Mays Abschluss-Zeugnis erhebliche Fehlzeiten genannt sind: *Gesamtversäumnisse: 101 Stunden, wovon durch Krankheit 26, anderweitig triftig entschuldigt 20 und unentschuldigt 55.* Gleichwohl erhielt er die Abschluss-Gesamtnote: »Gut«. Sein Fleiß wurde mit »Recht gut« und sein Betragen mit »Sehr gut« bewertet.

Schaufensterseite der Drogerie Staesz nach 1924

Robert May und Helene Barthe heirateten am 18. Juni 1912 in Braunschweig. Fünf Tage zuvor hatte die Braut ihren 19. Geburtstag gefeiert.

Offenbar hatte Helene eine angemessene Mitgift in die Ehe eingebracht. Schon gut drei Monate später, am 1. Oktober 1912, erwarb Robert May vom Ehepaar Hermann Staesz und Auguste geb. Claassen die wirtschaftlich florierende Drogerie »J. Staesz jun., Inhaber Hermann Staesz« (*Geschäft für med. und techn. Drogen, Farben und Lacke en gros und en detail*[61]), eingetragen im Handelsregister A Nr. 272 des Amtsgerichts Elbing. Der Kaufpreis betrug 54.000 Reichsmark. Das Haus in der Wasserstraße 44 wurde der erste Wohnsitz des jungen Paares.[62]

Da er das Geschäft nur mit ausreichendem Lagerraum für Drogen, Gewürze, Farben, Oele, Fette etc. betreiben konnte, erwarb er von Hermann Staesz 1924 auch noch dessen Fachwerkspeicher in der Berliner Straße 38, im historischen Elbinger Speicherviertel auf der linken Seite des Elbingflusses. Dieser historische Lagerspeicher »Drei Rosen« war ein circa 200 Jahre alter Fachwerkbau mit Ziegelsteinen in gutem Baustand.[63] Das Gebäude hatte eine Grundfläche von 300 m², außerdem einen Hof von 120 m². Die fünf Etagen ergaben eine Gewerbefläche von 1.700 bis 1.800 m² und waren mit einer elektrischen Winde erschlossen.

Für den Speicher zahlte er weitere 26.000 Reichsmark.[64]

In den Jahren danach wurden am Speicher Ein- und Umbauten für 5.000 Reichsmark vorgenommen, für die beiden hier stationierten kleinen Lieferwagen wurden eine Garage und ein »Benzinschuppen« im Hof errichtet. Der Speicher gehörte wirt-

Der Speicher Robert Mays im Speicherviertel. Das historische Speicherviertel entstand bereits in der ersten Blütezeit Elbings als Stadt der Kaufleute und Mitglied der Hanse im 14. Jahrhundert. 1396 zählte man hier über 250 Speicher und Speichergrundstücke.[66a] © Herder-Institut, Marburg. Bildarchiv, Inv.-Nr. 138454

schaftlich zum Betriebsvermögen der Drogerie in der Wasserstraße; auch die dort benötigte Farbenmischmaschine war hierher verlagert.

Hermann und Auguste Staesz hatten sich 1912 beim Verkauf ihrer Immobilie entgegenkommend gezeigt und Robert May gestattet, einen Betrag von 44.000 Mark zunächst schuldig zu bleiben. Zur Absicherung der Restkaufgeld-Forderung wurden Hypotheken im Grundbuch eingetragen.[65]

Doch schon acht Jahre später waren diese Kaufgeld-Rückstände getilgt. Nach dem Zweiten Weltkrieg wird Robert May in einem Lebensrückblick davon berichten, dass er mit der Drogerie Staesz jun. bei einem damaligen Jahresumsatz von 100.000 Reichsmark einen Reinverdienst von 12.000 Reichsmark erwirtschaften konnte.[66] Der gut beleumdete Firmenname »J. Staesz jun.« des übernommenen Betriebes blieb als sichtbarer Ursprung seiner Unternehmen über sein gesamtes Leben hinweg erhalten. Robert May fügte den eigenen Namen nur als zurückgestellten Inhabervermerk an.

Drogerien hatten zu Beginn des 19. Jahrhunderts ein ganz anderes Angebot, als man es sich heute vorstellen kann. Viele Produkte wurden in den Räumlichkeiten der Drogerie unmittelbar hergestellt, sogar Farben und Schmiermittel. Die dafür erforderlichen Rohstoffe mussten eingekauft und zwischengelagert werden. Lager- und Herstellungsräume wurden vom Handel seinerzeit in weit größerem Maße benötigt, als es heute der Fall ist.

Die Auswahl der Rohstoffe und die richtige Bedienung der für die Herstellung von Drogerieartikeln benötigten Maschinen waren zur damaligen Zeit heute kaum noch vorstellbare Tätigkeitsmerkmale eines Geschäftsinhabers. Sie erforderten vielseitiges Können und Wissen. Doch als Kaufmann konnte er bei allem Fleiß nicht alles selbst erledigen. Daher benötigte er auch Men-

Die Gebäude »Wasserstraße 43/44«, betrachtet von ihrer Rückseite. Sie liegen an achter und neunter Stelle, gezählt ab Hoher Brücke. Im Hintergrund ragt der Turm der St. Nicolaikirche. © Herder-Institut, Marburg. Bildarchiv, Inv.-Nr. 102547

schenkenntnis bei der Auswahl der ihn unterstützenden Mitarbeiter.

Den Aufbau ihres Unternehmens nahm das junge Ehepaar May gemeinsam in Angriff. Die daneben anfallende Hausarbeit werden Helene und Robert May an tüchtige Helfer und Helferinnen delegiert haben. In der damaligen Zeit war es üblich, dass »herrschaftliche Häuser« durch allerhand Hilfspersonal unterstützt wurden. Im Allgemeinen wurden Hausarbeit und Kinderbetreuung in den Haushalten der Mittelschicht durch entsprechendes Personal verrichtet. So hatte die Hausherrin jeden benötigten Freiraum, und auch Helene May wird die Teilnahme am Geschäft ihres Ehemannes und die körperlichen und emotionalen Belastungen, die sie durch Schwangerschaften und Geburten gleichzeitig zu bewältigen hatte, mit dieser personellen Unterstützung in erträglicher Weise gemeistert haben.

Am 24. August 1913 kam als erstes Kind die Tochter Liselotte May zur Welt.

Das jungvermählte Brautpaar

Der Erste Weltkrieg und die Vergrößerung der Familie

Die Ereignisse nach der Ermordung des habsburgischen Thronfolgerpaares in Sarajevo, die im Juli/August 1914 zum Ausbruch des Ersten Weltkrieges führten, entfachten in ganz Europa eine Kriegsbegeisterung, die die jungen Männer an allen Orten freiwillig zu den Waffen eilen ließen.

Obwohl er der mennonitischen Glaubensrichtung des protestantischen Christentums angehörte, die den Militärdienst ablehnt, und obwohl er jung verheiratet war, wollte auch Robert May dabei sein. Er verfügte über keinerlei militärische Ausbildung. Es waren wohl seine drogistischen Kenntnisse, die die Musterungsstellen die Entscheidung treffen ließen, ihn am 1. August 1914 [67] als Gefreiten in den Sanitätsdienst einrücken zu lassen.

Die Last der Geschäftsführung während seiner mehrjährigen Abwesenheit lag auf den Schultern seiner zu Kriegsbeginn erst 21-jährigen Ehefrau, die schwanger war und am 10.12.1914 das zweite Kind Werner May zur Welt brachte.

In der Familienerinnerung wird im Zusammenhang mit den beiden kleinen Kindern bis heute eine Beinahe-Katastrophe erzählt. Enkel Ulrich Krause berichtet: *Ich weiß, dass es kurze Zeit nachdem die Drogerie Staesz in den Besitz meines Großvaters gekommen war, einen Brand im Hause gegeben hat. Ein Lehrling hatte Bohnerwachs zum Aufwärmen auf eine Ofenplatte gestellt und dieses nicht beaufsichtigt. Es fing Feuer, und schnell brannte es im ganzen Haus. Meine Großmutter Helene konnte mit den beiden kleinen Kindern nicht mehr zur Haustür und hat die Kinder nur dadurch retten können, dass sie im obersten Stock eine Bohle von einem zum anderen Haus legte und die Kinder darüber in Sicherheit brachte. Wie das aufgrund der Baulichkeit möglich gewesen ist, weiß ich nicht mehr, aber nur so hat sie die Kinder retten können.*[69]

Gerade in den ersten Kriegswochen wurde der Krieg schnell in die unmittelbare Nähe Elbings getragen. Schon im August 1914 waren russische Truppen in die Gegend um Allenstein vorgerückt. Nach der Schlacht bei Tannenberg Ende August 1914 waren dort Dörfer und Städte verwüstet. Die Bevölkerung war geflohen. Dass die beiden eingedrungenen russischen Armeen anschließend zurückgeschlagen und besiegt werden konnten, bewirkte bei den Menschen eine große Erleichterung und hatte eine patriotische Begeisterung und breite Schichten der Bevölkerung erfassende Hindenburg-Verehrung zur Folge.

In der Familienerinnerung ist allerdings nicht überliefert, dass Robert May in den Frontabschnitten der gerade gewonnenen

Wie sicherlich auch viele andere junge Familien in der gleichen Situation vereinbarten Robert May und seine schwangere Ehefrau Helene wegen der bevorstehenden Kriegsteilnahme einen Termin im Fotostudio des bekannten Fotografen Lorenz Basilius in der Kettenbrunnenstraße 2/3, um sich dort mit ihrer einjährigen Tochter Liselotte fotografieren zu lassen.[68]

Telegraphischer Wetterbericht

der Deutschen Seewarte vom 2. Dezember 1914.

Station	Barometerst.	Wetter	Witterungsverlauf in 24 Stunden	Grad Celsius
Borkum	764	wolkenlos	vorwiegend heiter	7
Keitum	761	halbbedeckt	"	8
Hamburg	765	wolkenlos	Gewitter	7
Swinemünde	765	Dunst	ziemlich heiter	7
Danzig	765	bedeckt	Gewitter	6
Memel	764	"	"	6
Aachen	—	—	—	—
Hannover	—	—	—	—
Berlin	—	—	—	—
Dresden	769	bedeckt	Gewitter	7
Breslau	770	"	vorwiegend heiter	5
Bromberg	—	—	—	—
Metz	—	—	—	—
Frankfurt a. M.	770	bedeckt	meist bewölkt	9
Karlsruhe*	771	"	"	9
München	774	wolkig	vorwiegend heiter	4
Christiansund	—	—	—	—
Kopenhagen	761	Dunst	vorwiegend heiter	8
Haparanda	—	—	—	—
Wien	774	Nebel	vorwiegend heiter	—1
Rom	775	wolkenlos	"	1

Danziger Produktenbörse

vom 2. Dezember.

Wetter: trübe, Temperatur + 3° R., Wind SW.

Weizen unverändert. Gehandelt ist inl. rot 713 Gr. 224 Mk., 747 Gr. 250 Mk.

Roggen unverändert. Gehandelt ist inl. 696 und 708 Gr. 210 Mark.

Gerste unverändert. Gehandelt ist inl. große 692 Gr. 255 Mk.

Hafer unverändert. Gehandelt ist inl. 205 Mk.

Getreidezufuhr per Bahn in Danzig am 2. Dezember 1914.

Danzig-Legetor: Inländisch Weizen 90, Roggen 51, Gerste 217, Hafer 57, Erbsen 25, Kleie 20, Gemenge 10 To.

Danzig-Holm: Inländisch Weizen 20, Roggen 25, Gerste 15, Hafer 13, Oelkuchen 70 To.

Königsberger Produktenbörse

vom 2. Dezember.

Zufuhr 53 Waggon inl. — Weizen inl. 249 Mk. (10,58). Roggen inl. 209 Mk. (8,36). Hafer inl. 204 Mk. (5,10). — Wetter: Regen.

Berliner Produktenbörse

vom 2. Dezember.

Weizen, Roggen, Hafer und Mais geschäftslos. Weizenmehl 36,50—40 Mark, fest. Roggenmehl 30,40—31,50 Mk., fest.

Berliner Viehmarkt

(Amtlicher Bericht der Direktion).

Berlin, 2. Dezember. (Drahtbericht).

Auftrieb: 2444 Rinder (darunter 484 Ochsen, 646 Bullen, 1314 Färsen und Kühe), 2085 Kälber, 1565 Schafe, 16819 Schweine.

Für einen Zentner	Lebendgewicht M	Schlachtgewicht M
Kälber:		
a. Doppellender, feinster Mast . . .	—	—
b. feinste Mastkälber	64—68	107—113
c. mittlere Mast- und beste Saugkälber	52—60	87—100
d. geringe Mast- und gute Saugkälber	40—50	70—88
e. geringe Saugkälber	—	—
Schweine:		
a. Fettschweine über 3 Ztr. Lebendgewicht	62—63	77—79
b. vollfleischige 240—300 Pfund Lebendgewicht	59—61	74—76
c. vollfleischige 200—240 Pfd. Lebendgewicht	58—59	72—74
d. vollfleischige Schweine 160—200 Pfd. Lebendgewicht	52—56	65—70
e. vollfleischige Schweine unter 160 Pfd. Lebendgewicht	46—50	58—63
f. Sauen	54—55	67—69

Marktverlauf:

Von den auf dem öffentlichen Markt stehenden Rindern waren kaum ²/₃ schlachtbar. Der Rest bestand aus ganz magerem Vieh. Maßgebende Preise waren nicht festzustellen. Der Kälberhandel gestaltete sich nur in guter Ware glatt, sonst ruhig und schloß matt. Bei den Schafen war nicht auszuverkaufen. Der Schweinemarkt verlief glatt. — Von den Rindern standen 1752 Stück auf dem öffentlichen Markt.

Chefredakteur: Georg Hoffmann.

Verantwortlich für Politik, Feuilleton und Lokales: Georg Hoffmann; für Provinzielles und den übrigen redaktionellen Teil: Emil Schmidt; für den Inseratenteil: Paul Unruh; sämtlich in Elbing. Rotationsdruck und Verlag von A. Petzold Nachf. Elbing

Für das Rote Kreuz

gingen ferner ein:

Herr Schulz 10 M. Frau Potrafke 3 M. Herr K. K. 20 M. Aus der Vergnügungskasse der Herren Lehrer des Oberlyzeums 12.85 M. Nähstube des Roten Kreuzes 250 M. Ungenannt 5 M. Elbinger Zeitung 263.10 M. Knaben-Mittelschule Klasse 5a 15 M., Klasse 8b 20 M. Frau Werrach-Neustädterwald 10 M. Herr Realgymn.-Direktor Kantel 25 M. Weihnachtsspende. Insgesamt 96 851.61 M.

Spenden für die Wäscheabteilung: Fräulein Maaß 3 Paar Socken, 3 Paar Kniewärmer, 3 Paar Pulswärmer, 6 Nähbeutelchen. Herr Bienko-Notsackmühle 15 Wollhemden, 15 Wollhosen. Frl. E. Lieck, Lehrerin in Erkener bei Berlin, wiederum 50 Paar Socken, 5 Paar Pulswärmer, 5 Paar Ohrenschützer. Ungenannt 1 Leibbinde, 1 Paar Kniewärmer, 1 P. Pulswärmer. Frl. Ließau 2 Pakete Liebesgaben. Frau Nicolaus 7 Brustschützer, 1 Paar Ohrenschützer. Ungenannt-Pr. Rosengart 4 Paar Socken, 4 Paar Pulswärmer, 2 Paar Kniewärmer. Fr. Penner 2 Wollhemden. Käte Penner-Pr. Rosengart 2 Paar Socken, 4 Paar Pulswärmer. Frl. Schmidt 6 Handtücher. Fr. Geheimrat Grall 1 Kopfschützer, 4 Paar Socken, 2 Paar Pulswärmer. Schule Steinort 7 Paar Socken. W. Wartelsky 2 Pakete Liebesgaben. Froese und Kittel-Pr. Rosengart Zuckernüsse, Honigkuchen, 6 Paar Kniewärmer, 6 P. Pulswärmer, 10 Paar Socken, 6 Leibbinden. Ungenannt 2 Pakete Liebesgaben. 6. Mädchenschule 1 Paar Socken. 2. Mädchenschule 1 P. Kniewärmer, 4 Paar Pulswärmer. Fr. Rentiere Wessel 4 Hemden. Ungenannt 2 Pakete Liebesgaben. Smolinski-Ellerwald 2. Trift 2 Pakete Liebesgaben. Ungenannt 1 Paket Liebesgaben. Ungenannt 3 Paar Pulswärmer. A. M. 1—6 6 Pakete Liebesgaben. Gesammelt in der Pfarre Thiensdorf 16 Paar Socken, 1 Paar Pulswärmer. M. W.-Pr. Rosengart 6 Taschentücher, 0 Paar Socken, 1 Schal, 3 Paar Pulswärmer.

Allen Spendern herzlichen Dank.

Weitere Spenden werden recht dringend erbeten.

Bei der Geschäftsstelle der „Elbinger Neuesten Nachrichten" gingen ferner ein: Frl. Janzen 5 M.

Nationalstiftung für die Hinterbliebenen der im Kriege Gefallenen.

Bei der Stadtsparkasse gingen ferner ein:

Knuthi-Freiwalde	30.— M.
Preller, Geheimer Justizrat, 2. Rate	50.— "
Mechlenburg, Oberbaurat, 2. Rate	20.— "
Insgesamt sind bisher eingegangen	13374.20 M.

Nationaler Frauendienst

Elbing, Lustgarten 6.

Sammlung von Herrn Ingenieur Dreyer 12,65 M. Realgymnasialdirektor für Soldaten-Weihnachtspakete 25 M.

Aufruf!

Ein gewaltiger Krieg ist über Deutschland hereingebrochen. Millionen deutscher Männer bieten ihre Brust dem Feinde dar. Viele von ihnen werden auf dem Felde der Ehre ihr Leben lassen.

Unsere Pflicht ist es, für die Hinterbliebenen der Tapferen zu sorgen. Des Reiches Aufgabe ist es, hier zu helfen, aber diese Hilfe muß ergänzt werden.

Unter dem Vorsitz des Ministers des Innern, Herrn Staatsminister von Loebell, ist in Berlin eine

Nationalstiftung für die Hinterbliebenen der im Kriege Gefallenen

begründet worden. Wir Unterzeichneten sind zu einem westpreußischen Zweigkomitee dieser Nationalstiftung zusammengetreten und wenden uns hiermit an den bewährten Opfersinn wie an die vaterländische Gesinnung aller Bevölkerungskreise unserer Provinz mit der Bitte um Beiträge.

Westpreußische Männer und Frauen gebt!
Gebt schnell! Auch die kleinste Gabe ist willkommen!

An die städtischen und an die Kreissparkassen, an alle Bankgeschäfte in unserer Provinz und an die Expeditionen der in Westpreußen erscheinenden Tageszeitungen richten wir gleichzeitig die Bitte, Zahlungen anzunehmen und die vereinnahmten Beträge bis auf weiteres wöchentlich an **unser Girokonto bei der Reichsbank-Hauptstelle in Danzig bezw. an die Reichsbankstellen und Reichsbanknebenstellen in Westpreußen oder an die Landschaftliche Bank der Provinz Westpreußen in Danzig** abzuführen. Alle Annahmestellen bitten wir über die eingezahlten Beträge ein Konto zu führen und wöchentliche Auszüge daraus mit der Ueberschrift

Nationalstiftung für die Hinterbliebenen der im Kriege Gefallenen. Annahmestelle N. N.

an den mitunterzeichneten Landeshauptmann der Provinz Westpreußen in Danzig — ohne Namenadresse — einsenden zu wollen.

Die Namen der Geber werden in der Tagespresse veröffentlicht.
Die Verwendung der eingehenden Gelder werden wir später in der Presse bekannt machen.

Danzig, den 18. August 1914.

Nationalstiftung für die Hinterbliebenen der im Kriege Gefallenen.

Westpreußisches Zweig-Komitee.

Spenden werden in Elbing entgegengenommen

a) **bei der städtischen Sparkasse,**
b) **bei der Kreissparkasse,**
c) **bei der Geschäftsstelle der Elbinger Neuesten Nachrichten,**
d) **bei der Geschäftsstelle der Elbinger Zeitung.**

Soweit die Spenden ausschließlich den Hinterbliebenen des Elbinger Stadt- und Landkreises zugewendet werden sollen, ist dies bei der Zahlung besonders zu vermerken.

Elbing, den 22. September 1914.

Das Orts-Komitee:

Dr. Merten, Oberbürgermeister- Vorsitzender. **Arnold**, Telegraphendirektor. **Auerbach**, Rabbiner. **Berger** Bürodirektor. **Boether**, Geh. Justizrat. **Bury**, Superintendent. **Frau Carstenn**, Mittelschullehrerin. **Dau**, Landgerichtspräsident, Geh Ober-Justizrat. **Diegner**, Justizrat, Stadtverordnetenvorsteher. **Eckhardt**. Kreisschulinspektor. **Funk**, Deichhauptmann. **Gade**, Postdirektor. **Gliemann**, Erster Staatsanwalt, Geh. Justizrat **Dr. Gronau**, Gymnasialdirektor, Geh. Regierungsrat. **Hoffmann**, Chefredakteur. **Jursch**, Stadtrat. **Kantel** ReformRealgymnasialdirektor. **Küßner**, Propst. **Lange**, Obermeister. **Loewenstein**, Kommerzienrat. **Marx**, Stadthauptkassen-Rendant. **Monath**, Ofenfabrikant. **Frau Dr. Neusitzer**, stellv. Vorsitzende des Vaterländischen Frauenvereins für den Stadtkreis Elbing. **Pamperin**, Fabrikdirektor. **Graf von Posadowsky**, Landrat. **Pudor**, Stadtrat. **Rickelt**, Reichsbankdirektor. **Dr. v. Rüts**, Syndikus der Handelskammer. **Frau Professor Schulz**, Vorsitzende des Vaterländischen Frauenvereins für den Stadtkreis Elbing. **Schulze**, Justizrat. **Stach**, Stadtrat. **Straub**, Rentier. **Tornau**, Oberzollinspektor. **Wende**, Redakteur. **Ziese**, Geh. Kommerzienrat.

Ein Hersteller bot Christbäume für Frontsoldaten an, die als Feldpostpäckchen an die Front geschickt werden konnten. Helene May orderte den Artikel und offerierte ihn der patriotisch gesonnenen Kundschaft zum Kauf.[70] Nach dem 16. Dezember 1914 durften diese Christbäumchen aber nicht mehr versandt werden, Die Transportkapazitäten standen danach nur noch für »nützliche und notwendige Gegenstände« zur Verfügung.[70a]

Schlachten eingesetzt war. Stattdessen war er wohl im Sanitätsdienst auf dem Balkan-Kriegsschauplatz.

Die Leitung des Betriebes und die Organisation der Arbeitsabläufe lag in den Händen seiner Ehefrau Helene. Diese zeigte sich ihrem Ehemann in der Geschäftstüchtigkeit ebenbürtig. Die Realität des Krieges und die damit verbundene Chance, gute Geschäfte zu machen, fand danach rasch Einzug in das Angebot der Drogerie J. Staesz jun.[70]

Doch das übliche Angebot an Drogerieartikeln wurde während des Krieges ebenso wenig vernachlässigt, wie die Herstellung und der Verkauf von Farben etc.

Ein anderer Hersteller baute einen Feldkocher »Heiz Fix«. Auch dieser wurde von Helene May in das Verkaufsangebot des Geschäfts aufgenommen und in den »Elbinger Neuesten Nachrichten« vom 10.1.1915 beworben. Die merkwürdige Aufmachung der Anzeige in Kreuzform berührte sicherlich manchen Leser. Die Front bedeutete doch eher Tod und Verderben als die Zubereitung von Verpflegung.

Links:
»Elbinger Neueste Nachrichten« vom 2.12.1914 mit der Werbeanzeige der Drogerie Staesz: »Reizende Christbäume für unsere Krieger im Felde«

Rüböl, roh u. raff.,
Brennöl (nicht qualmend),
Leinöl u. Firnis, Talg, Essigessenz
in Fässern sucht jede Menge zu
kaufen
J. Staesz jun., Elbing.
NB. Nur bemusterte Festofferten
werden berücksichtigt.

Suche zu kaufen:
Borax, Brennöl, Feinseife,
Terpentinersatz, Pfefferminz-
rollen, Zuckerplätzchen, helles
Motorenöl.
I. Staesz jun., Elbing,
Wasserstr. 44.

Ein Waggon Jasmunder
Schlemmkreide
in Fässern zu kaufen gesucht.
Offerten erbeten an
I. Staesz jun.,
Elbing,
Wasserstraße 44.

Berliner Tageblatt, 31.12.1915
Berliner Tageblatt, 7.2.1917
Berliner Tageblatt, 13.9.1917

Werbeanzeigen der Firma »Jacob Staesz jun.« konnten in archivierten Ausgaben des »Berliner Tageblatt« gefunden werden.[71] Sie vermitteln einen Einblick, dass der Betrieb bereits zu jener Zeit breit aufgestellt war und u. a. auch in großem Umfang Farben herstellte. Sonst würde er beispielsweise nicht nach einer Bezugsmöglichkeit für »Einen Waggon Jasmunder Schlemmkreide in Fässern« suchen.[72]

Nach dem Brand im Hause Wasserstraße 44 fanden Helene May und die Kinder eine neue Wohnung in der Straße »Äußerer Mühlendamm 2«.[73]

Als Gefreiter im Sanitätsdienst war Robert May der direkten Gefahr, durch Kampfhandlungen verletzt oder getötet zu werden, nicht so stark ausgesetzt. Doch die Gefahr, einer der weitverbreiteten Kriegsseuchen zum Opfer zu fallen, war umso stärker. Gerade auf dem Balkan-Kriegsschauplatz war auch die Malaria weit verbreitet.[74] Im Bundesarchiv Berlin sind Krankenakten Robert Mays verwahrt, nach denen er seinen Dienst im Reserve-Feld-Lazarett 96 wegen des Verdachts auf Malaria ab Sommer 1918 nicht mehr versehen konnte. Ab August 1918 musste er für längere Zeit im Lazarett aufgenommen werden. Glücklicherweise konnten seine Lazarettzeiten in Elbing und in Bischofsburg absolviert werden, weil sie vor und nach Urlaubszeiten lagen. Am 31.10.1918 wurde er »garnisons-verwendungsfähig« entlassen.[75]

Sechs Wochen zuvor, am 17.9.1918, hatte seine Frau ein weiteres Kind geboren. Doch die Tochter Ilse Ursula starb bereits am 4.11.1918. Obwohl der Krieg zu Ende war, überschattete der Tod des dritten Kindes den Start in das zivile Leben Robert Mays.

Nach der Renovierung der Wohnung in der Wasserstraße 44 war die Familie May nicht wieder dorthin zurückgezogen. Der geschäftliche Erfolg hatte ohnehin mit den Jahren dazu geführt, dass die dortigen Produktions-, Verkaufs- und Wohnräume für sie immer beengter geworden waren.

Das Ehepaar May entschloss sich, in das Haus des Kaufmanns Max Hoffmann in der Fischerstraße 32/33 zu ziehen und dort für mehrere Jahre zur Miete zu wohnen.[76] Auch weil ein viertes Kind zur Welt kam, wurde mehr Wohnraum benötigt. Dieses vierte Kind war Annemarie Roswitha May. Sie wurde am 3.11.1920 geboren.

Alle drei überlebenden Kinder wurden mennonitisch getauft, als sie fünfzehn bzw. sechzehn Jahre alt waren.

Was das Unternehmen betraf, war eine Erweiterung unumgänglich. Sie gelang 1924 einerseits mit dem Erwerb des Fachwerkspeichers und zusätzlich mit dem Ankauf des benachbarten Grundstücks Wasserstraße 43, von der Witwe Söhnert. Die so erweiterte Geschäftsfläche reichte dem expandierenden Betrieb für eine gewisse Zeit.[77]

Grundriß der Altstadt Elbing mit Nennung der Straßennamen, Grundstücks- und Häusernummern sowie Angabe der unbekannten und daher in der Ausstellung fehlenden Häuserfassaden und der dargestellten Varianten.

Plan der Elbinger Altstadt für eine Ausstellung zum Thema Elbinger Hausfassaden, gezeichnet von Waldemar Mallek jr., hier eingefügt zur Orientierung. - © Westpreußisches Landesmuseum

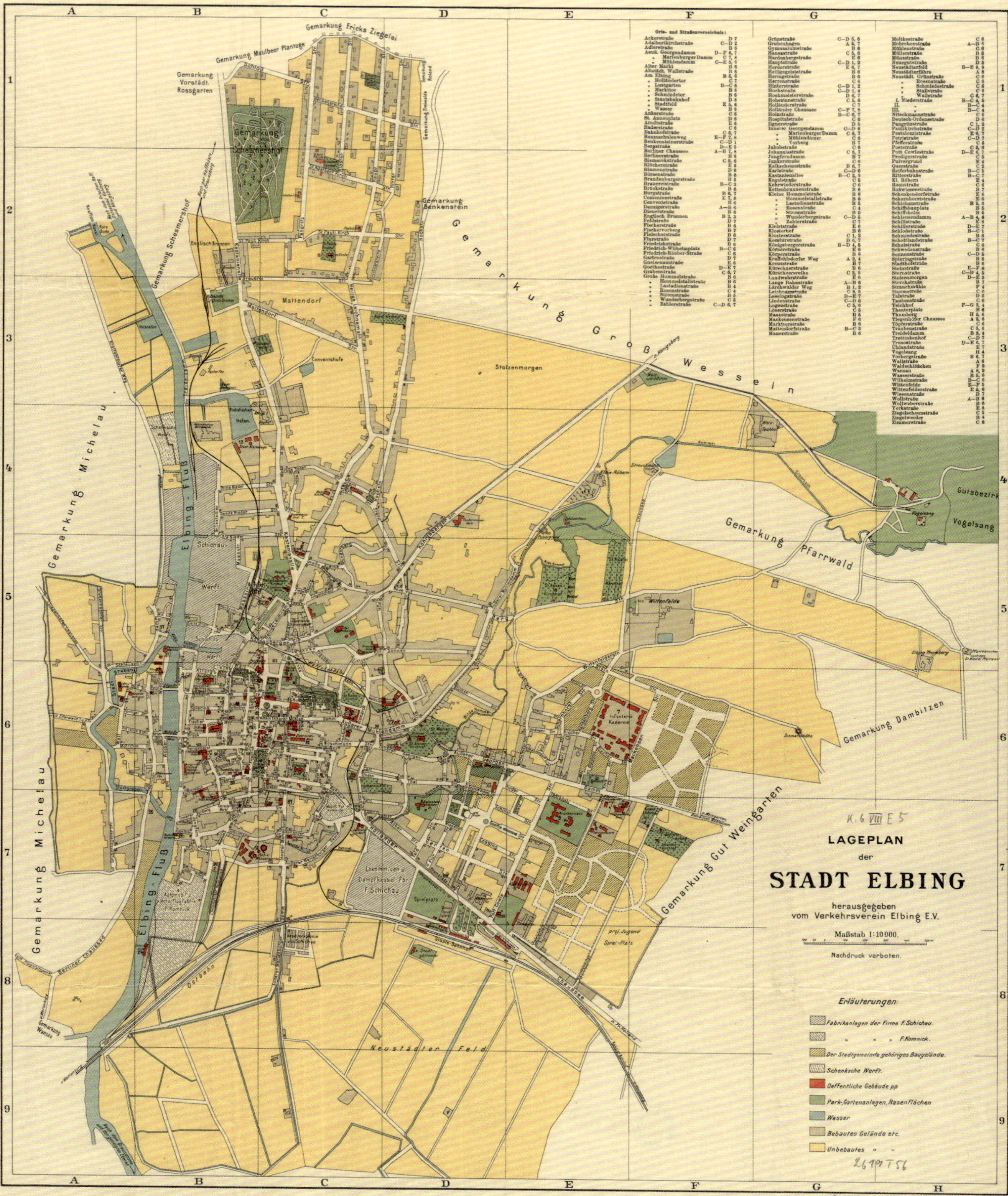

Durchlichtungsdruck: Berliner Lithographisches Institut, Berlin W 35.

Oeffentliche Gebäude und Anlagen:

1.	Rathaus	B—C 6
2.	Kreishaus für den Landkreis Elbing	C 7
3.	Kgl. Land- u. Amtsgericht	C 6
4.	Postamt	B—C 6
5.	Reichsbankstelle	C 6
6.	Hauptzollamt	B 6
7.	Infanterie-Kaserne	E—F 6
8.	Garnison-Lazaret	E 7
9.	Städt. Krankenhaus	E 7
10.	Diakonissen-Krankenhaus	D 7
11.	Städt. Schlachthaus mit Viehhof	E 7
12.	Städt. Gasanstalt	B—C 7
13.	" Kläranlagen	B 4
14.	Kgl. Hauptmeldeamt	C 6
15.	Feuerwache	B 6
16.	Ressource Humanitas	C 6
17.	Loge	C 6
18.	Bürger-Ressource	C 6
19.	Gewerbevereinshaus	B 6
20.	Taubstummenheim	D 4
21.	Theater	B 6
22.	Georgenbrüderhaus	B 6
23.	Markttor	B 6
24.	Schwimmanstalt	B 8
25.	Deutsches Bad	C 6
26.	Kaiser-Wilhelm-Denkmal	C 6
27.	Krieger-Denkmal	C 6
28.	Schichau-Denkmal	B 6
29.	Hermann Balk-Brunnen	C 6
30.	Pfeiffen-Brunnen	B 6
31.	Bootshaus „Nautilus"	B 5
32.	" „Vorwärts"	B 7

Oeffentliche Plätze:

33.	Alter Markt	B 6
34.	Friedrich-Wilhelm-Platz	B—C 6
35.	Gr. Lustgarten	B—C 6
36.	Kl. Lustgarten	B 6
37.	Kl. Exerzierplatz	B 5
38.	Fischmarkt	B 6
39.	Jugendspielplatz	D 7

Kirchen:

40.	Evangel. Hauptkirche zu St. Marien	B 6
41.	Evangel. Heil. Leichnamkirche	C 5
42.	Evangel. Kirche zu den Heil. drei Königen	C 6
43.	Evangel. St. Annenkirche	D 6
44.	" St. Pauluskirche	C 2
45.	" Kirche zum Heil. Geist	B 6
46.	Evangel. Kirche zu St. George	D 6
47.	Kath. St. Nicolaikirche	B 6
48.	" St. Adalbertkirche	C 2
49.	Kirche der reform. Gemeinde	B 6
50.	Mennonitenkirche	B 6
51.	" "	C 5
52.	Kirche der Baptisten-Gemeinde	C 6
53.	Kirche der Baptisten-Gemeinde	C 4
54.	Synagoge	C 6

Schulen:

55.	Königliches Gymnasium	C 5
56.	Städt. Reform-Real-Gymnasium	C—D 6
57.	Kaiserin-Auguste-Viktoria-Schule mit Lehrerinnen-Seminar	B—C 5/6
58.	Evangel. Lehrer-Seminar mit Präparanden-Anstalt	E 7
59.	Kath. Präparanden-Anstalt	E 7
60.	Altst. Knaben-Mittelschule	B 7
61.	" Mädchen- "	B 6
	Elementarschulen:	
62.	Berg-Schule	D 6
63.	Ritter-Schule	C 7
64.	Nicolai-Schule	C 5
65.	Schichau-Schule	C 5
66.	Hansa- "	B—C 5
67.	Annen- "	C 5
68.	Luisen "	C 7
69.	Marien- "	A 6
70.	Elisabeth-Schule	C 5
71.	Margareten- "	C 4
72.	Truso- "	D 6
73.	Paulus- "	C 2
74.	Adalbert- "	C 2
75.	Hilfsschule "	C 6
76.	Städt. Gewerbeschule	D 6
77.	Elbinger Handelsschule	C 6
78.	Städt. Haushaltungsschule I	C 6
79.	Städt. Turnhalle	C 7

Fabrikanlagen:

80.	Schichauwerke a Werftanlage	B 4—6
	b Lokomotiv- und Dampfkesselfabrik	C—D 7
81.	Maschinenfabrik von Komnick	C 7
82.	Automobilfabrik von Komnick	B 7/8
83.	Metallwaren-Fabrik und Emaillierwerk A. H. Neufeldt	C 5/6
84.	Schiffswerft von Schenk & Co.	B 4
85.	Eisengießerei von E. Tiessen	B 5
86.	Metallgußwaren-Fabrik u. Kupferschmiederei L. Wilhelm	B 6
87.	Metallwaren- u. Molkereigeräte Fabrik Zillgitt & Lemke	C 7
88.	Zigarren- und Tabak-Fabrik Loeser & Wolff	C 5
89.	Zigarren- und Tabak-Fabrik von Krafft	B 6
90.	Molkerei H. Schröter	C 6
91.	Brauerei Englisch Brunnen	B 2/3
92.	Elektrizitätswerk	C 6
93.	Holzindustrie Wittkowski	B 4
94.	Orgelbauanstalt von Wittek	B 6
95.	Kunststeinfabrik P. Jantzen	B 7
96.	Kunststeinfabrik Kummer Nchf.	B 5
97.	Kunststeinfabrik C. Matthias	B 5
98.	Seifenfabrik E. Siede	B 6
99.	Kalksandsteinziegelei von Kurt Schmidt	B 3
100.	Melasse-Futterfabrik von G. Holland	B 3
101.	Dachpappenfabrik von Schiller	D 7
102.	Pinsel- und Borstenfabrik von Neumann	E 7/8
103.	Treibriemenfabrik von Scheffler	B 6

Hotels:

104.	Königlicher Hof	C 6
105.	Zentral-Hotel	C 6
106.	Rauchs Hotel	B 6
107.	Deutsches Haus	B 6
108.	Bahnhofs-Hotel	D 7
109.	Englisches Haus	B 6
110.	Hotel Stadt Elbing	D 7
111.	Elbinger Hof	B 6
112.	Zur Hoffnung	B 6
113.	Weißer Löwe	C 6
114.	Reichshof	C 7

Wiener Cafés:

115.	Friedrich-Wilhelm-Café mit Kasino-Bar	B 6
116.	Café Central	B 6
117.	" Kaiserkrone	C 6

Weinstuben:

118.	Mac Donald	B 6
119.	P. H. Müller	B 6
120.	A. Wolff	C 6

Konditoreien:

121.	Mauricio & Co.	B 6
122.	Ligowsky	C 6
123.	Tenke	B 6

Verkehrsverbindungen:

124.	Bahnhof der Ostbahn	D 8
125.	" " Haffuferbahn	B 5
126.	Abfahrtstelle der Vogelsangbahn	B 6
127.	Dampferanlegestelle	B 6
128.	Geschäfts- u. Auskunftsstelle des Verkehrsvereins mit Heimatmuseum Wilhelmstraße 29	B 6

Expansion der Unternehmen Robert Mays in Elbing

Hier beginnt nun die Geschichte des »Staesz-Pfefferkuchengewürz« und dessen, was in der Familienerinnerung als Markenfindung »May's guter Gedanke« bis heute überliefert ist.

Die Beschreibung der Geschäftsidee von Robert und Helene May lässt sich sinnvoll aufteilen in der Wiedergabe **zweier** guter Gedanken.

Auch in der Erinnerung der Familien May/Krause hat es sich so ereignet, dass die beiden guten Gedanken nicht gleichzeitig umgesetzt wurden.

»May's guter Gedanke« – Teil 1

1955 erschien in einigen Zeitungen ein Bericht zum 75-jährigen Geschäftsjubiläum der Firma J. Staesz jun. Darin hieß es u. a.: *Während des Weltkrieges machte May Dienst im Sanitätsdepot, vornehmlich auf dem Balkankriegsschauplatz. Während seiner Abwesenheit wurde er von seiner Ehefrau vertreten, die sich außer der Leitung des Geschäfts vornehmlich der Bedienung der Ladenkundschaft widmete. Es waren dies hauptsächlich Landleute, die nach alter Sitte ihre Gewürze in der Drogerie May nach Lot kauften. Das Abwiegen war sehr zeitaufwändig für das wenige vorhandene weibliche Personal. Die Männer waren an der Front. Und so kam Frau May auf den Gedanken, die Gewürze in dem gewünschten Gewicht schon im Voraus für den nächsten Tag zu packen und bereitzulegen. Ihr Ehemann, der gerade auf Urlaub kam, erkannte die Bedeutung dieses Gedankens, und so entstand der Markenartikel »May's guter Gedanke«.*[78]

Dieser von Robert May formulierte Pressetext führt uns auf die Spur von »May's gutem Gedanken« und zeigt, dass Helene May daran einen großen Anteil hatte.

Schauen wir uns die genannten handelnden Personen an! Laut Robert May waren es: *Landleute, die nach alter Sitte ihre Gewürze […] nach Lot*[79] *kauften.*

Auf diese Kundenbeschreibung kam es also in der Schilderung wesentlich an. Offenbar war es hauptsächlich auf dem Lande üblich, den Pfefferkuchen selbst zu backen. Die Städter, vor allem in den Großstädten, kauften stattdessen wohl eher den fertig gebackenen Lebkuchen. Sie kauften ihn beim Bäcker oder beim Lebküchner, sofern sie nicht sogar den fabrikmäßig gefertigten Lebkuchen vom Kolonialwarenhändler bevorzugten.

Wo waren aber seinerzeit diese, sich von den Städtern unterscheidenden »Landleute« anzutreffen?

Tatsächlich waren sie weit verbreitet. Abgesehen von Königsberg, Danzig und der aufstrebenden Industriestadt Elbing war die Bevölkerung in Ost- und Westpreußen in der breiten Masse eher ländlich strukturiert.

Da gab es die Menschen, die als Handwerker, Tagelöhner und Scharwerker in enger wirtschaftlicher Verbindung mit landwirtschaftlichen Großbetrieben und Gütern

Links:
Stadtplan Elbing von ca. 1912
© Herder-Institut, Marburg. Kartensammlung, Inv.-Nr. K 6 VIII E 5«

standen. Diese Menschen zählten eher nicht zur Kundschaft der Anbieter von Pfefferkuchengewürzen, da sie meist nicht über die finanziellen Mittel verfügten, Zutaten für das Lebkuchen-Gebäck einzukaufen und damit zu backen. Stattdessen wurden sie von den Gütern mitversorgt. Gerade in der Vorweihnachtszeit spielte ihre Verbundenheit mit den Gütern für sie eine wichtige Rolle. Über das Lebkuchenbacken auf den Gütern in Ost- und Westpreußen in alten Zeiten gibt es einige treffliche Veröffentlichungen. Ein Zitat aus einem Zeitungsartikel von Hedwig von Lölhöffel beschreibt die damalige vorweihnachtliche Atmosphäre: *Vom Gut und von den Vorwerken kamen Scharen von Kindern zur Weihnachtsbescherung. Es mußten also mehrere große Schüsseln voll angeteigt werden. Bereits im Oktober standen sie in warmen Räumen, und was darin, von Leben erfüllt, sich hob und dehnte, war fast alles im heimischen Bereich entstanden: in jeder Schüssel 10 Pfund Mehl vom eigenen Weizen, 6 Pfund Honig von Herrn Kantors Bienen, ein Pfund Schmalz aus Mamsellchens Steintöpfen. Nur die 2 Pfund Zucker waren in dicken Brocken von dem riesigen, blau umwickelten Zuckerhut aus der Stadt abgeschlagen worden und im heißen Honig aufgelöst. Zimt, Nelken und Kardamom hatte der Gewürzer auf dem Jahrmarkt verkauft. Von jedem wurden 10 Teelöffel abgestrichen und in das Mehl gerührt, dann kamen der heiße Honig, das flüssige Schmalz und zuletzt 75 g Pottasche – fein gesiebt und in warmem Wasser aufgelöst, und wurden darin verknetet. Lange Zeit hatte der Teig gestanden, um immer lockerer und schöner zu werden, bis an langen Dezemberabenden alle weiblichen Hausbewohner sich um den großen Küchentisch versammelten und daraus Männerchen, Frauchen und Wickelkinder, Reiter, Pferde und Vögelchen formten.*[80]

Daneben gab es aber auch das kleinstädtische bzw. dörfliche Bürgertum. Ihre Vertreter waren es, die in großer Zahl das Brauchtum des ländlichen Backens und Kochens entwickelten und praktizierten. Dieses ländliche Bürgertum backte selbst und das Backen des Lebkuchens hatte in den Familien dieser »Ackerbürger« eine wichtige Tradition und in der Vorweihnachtszeit eine besondere Bedeutung. Die Menschen aus dem Kreis dieser Ackerbürger stellten überwiegend die Kundschaft, wenn in den Geschäften in der Vorweihnachtszeit nach Pfefferkuchengewürz gefragt wurde.

In einem in den 1970er Jahren erschienenen kulturellen Arbeitsheft der Landsmannschaft Ostpreußen heißt es über diese Menschen: *Es ist aber irreführend, ostpreußische Stadt- und Landmenschen getrennt voneinander zu zählen. Unsere Kleinstädter waren zum großen Teil Ackerbürger oder dienten als Freiarbeiter, Handwerker, Händler, Tierärzte und Berater der Landwirtschaft ringsum. Durch dieses Miteinander hat sich ein ländlicher Typ ausgeprägt, der in Wesensart und Ausdrucksformen heute noch bei unseren Landsleuten unverkennbar ist.*[81]

Wie wurden nun diese Ackerbürgerinnen und die übrigen Landleute zu Kunden der Drogerie Staesz, *die ihr Pfefferkuchengewürz nach Lot abgewogen* einkauften? Die Beantwortung dieser Frage gelingt über eine Betrachtung der gesellschaftlichen und wirtschaftlichen Zustände jener Zeit in Ost- und Westpreußen.

Eine Voraussetzung, Kunde in der Drogerie J. Staesz zu sein, war zweifelsohne, dass diese Menschen die Möglichkeit hatten, für ihr eigenes Leben selbstbestimmt entscheiden zu können und dass ihnen die dafür erforderlichen finanziellen Mittel zur Verfügung standen. Daran war aber noch einige Jahrzehnte zuvor gar nicht zu denken gewesen.

In den letzten Jahrzehnten des 19. Jahrhunderts milderten sich aber einige bis dahin sehr krasse Ungleichheiten in der Gesellschaft. Daran hatte vor allem auch die Bewegung für die Gleichberechtigung der Frau und für deren Zugang zu Bildung einen bedeutenden Anteil. Diese immer bedeutender werdende Bewegung führte mehr und mehr zu der Erkenntnis, dass es der gesamten Gesellschaft vor allem dann besser gehe, wenn hier ein Fortschritt erreicht würde.

Begonnen hatte alles zunächst im Bereich des traditionellen Wirkens der Hausfrauen.

Zu den ersten Vorkämpferinnen der Emanzipationsbewegung in Ostpreußen gehörten die Schwestern Margarethe und Elisabeth Doennig. Schon 1891 hatten sie Unerhörtes getan. Anstatt, wie damals auf dem Lande üblich, auf das Erscheinen eines heiratswilligen Mannes zu hoffen oder als »Tante« im Haushalt verheirateter Geschwister zu verbleiben, hatten sie Ende der 1880er Jahre das väterliche Gut im Kreis Rastenburg verlassen und waren gemeinsam nach Königsberg gezogen, um sich ihren Lebensunterhalt selbst zu verdienen. Mit sechs Schülerinnen starteten sie hier ihr gewerbliches Unternehmen einer eigenen Haushaltungsschule. Gegen Zahlung von Schulgeld erteilten sie Unterricht im Kochen sowie auch in den Fächern Nähen, Handarbeiten und Waschen.

Auch die Vermittlung von Kochrezepten war Bestandteil des Unterrichtsstoffes. Anfangs wurden diese Koch- und Backrezepte diktiert, das erwies sich aber als zu zeitraubend und fehlerhaft. Die Doennig-Schwestern entschlossen sich 1902, ihre Koch- und Backanleitungen im Selbstverlag drucken zu lassen. Ob sie Absagen von Verlagen erhielten oder gar nicht erst angefragt hatten, ist nicht bekannt. Auf jeden Fall war das Produkt »Kochbuch« in den Verlagen damals noch nicht üblich.

Überlieferte Rezepte als Buch herauszugeben, erwies sich für die Schwestern umgehend als Erfolg. Die selbst verlegte Erstauflage war rasch vergriffen. Weitere Auflagen folgten schnell in immer größeren Stückzahlen. Schließlich erkannte der in Königsberg renommierte Verlag »Gräfe und Unzer« das Geschäft und übernahm die Herausgeberschaft. Es wurden Bilder eingefügt und das Layout überarbeitet. »Doennigs Kochbuch« entwickelte sich von da an zu dem bis heute immer wieder neu aufgelegten Klassiker.

In der Doennigschen Haushaltungsschule war der Unterricht von Anfang an so angelegt, dass er die Absolventinnen nicht nur in der familiären Haushaltsführung ausbildete. Sie wurden auch in ihrer Persönlichkeit gestärkt und zum eigenverantwortlichen beruflichen Tätigsein befähigt.

Im Jahre 1900 besuchten bereits 250 Schülerinnen die nun »Ostpreußische Haushaltungsschule« genannte Einrichtung. Wegen des großen Zuspruchs wurde schließlich ein neues größeres Haus erforderlich.[82]

Die Ausbildung junger Frauen fand rasch immer mehr Anhänger und insbesondere auch unter den Frauen viele Befürworterinnen. In maßgebenden Milieus wurde die Frauenausbildung schließlich als erforderlich und erstrebenswert anerkannt. Auch wenn die Ausbildungsinhalte einen Schwerpunkt in der hauswirtschaftlichen Wissensvermittlung auswiesen, bedeuteten sie nicht nur eine Verbesserung der Lage der Absolventinnen, sondern auch einen wichtigen gesellschaftlichen Fortschritt.

Gertrud Brostowski, Nachfolgerin der Doennig-Schwestern in der Leitung der Schule, beschrieb den auch durch die Industrialisierung gesteigerten Bedarf an schulischer Bildung für Frauen nicht nur im typisch hausfraulichen Umfeld: *Die Fabriken brauchten mehr billige Arbeitskräfte – das waren zum großen Teil die Frauen. Die Wirtschaft und die fortschreitende Technik verringerten mehr und mehr häusliche Arbeiten. Weil also weniger Mütter in ihren Haushal-*

ten blieben, konnten auch weniger Töchter in den häuslichen Arbeiten unterwiesen werden. Andererseits gingen auch mehr junge Töchter einem fremdartigen Broterwerb nach und konnten sich daher keine hauswirtschaftlichen Kenntnisse aneignen. Aus diesen Gründen mussten Schulen das Fehlende in der Übermittlung an hauswirtschaftlichem Können und an Kenntnissen ergänzen.[83]

Der größte Teil der nun immer besser ausgebildeten Frauen in Ost- und Westpreußen, von denen einige nun als Kundinnen in der Drogerie »Jacob Staesz jun.« nach Pfefferkuchengewürzen fragten, blieb im ackerstädtischen Milieu. Doch diese nun besser ausgebildeten Frauen waren sich ihrer Rolle in der Gesellschaft bewusst geworden.

»May's guter Gedanke« war erfolgreich, weil gleichzeitig und parallel auch die Frauenemanzipation erfolgreich war und weil die Eheleute May in ihrem unternehmerischen Auftreten zu den Vorstellungen der Frauenemanzipation passten.

Helene May durfte innerhalb der Ehe eine Rolle als eigenverantwortliche selbstständige Kauffrau einnehmen und ausfüllen. Während seiner Abwesenheit als Frontsoldat im Ersten Weltkrieg wusste Robert May sein neu begonnenes Geschäft bei ihr in guten Händen. Er ließ ihrer unternehmerischen Initiative in für die damalige Zeit fortschrittlicher Weise jeden Freiraum. Seine Ehefrau konnte ihre kaufmännischen Fähigkeiten in vollem Umfang entfalten.

Helene May hatte herausgefunden, dass es acht meistgefragte Gewürze gab, die in der Vorweihnachtszeit nach Lot auszuwiegen waren. Sie entschied, dass dieses Auswiegen und Abbeuteln in den üblicherweise nachgefragten Mengen schon im Voraus nach Geschäftsschluss des Vortages erfolgte. So konnte

- Arbeit während der Ladenöffnungszeit vermieden und
- die Kundinnen zügiger bedient werden.

Die fertig abgepackten Beutel lagen am Morgen beim Öffnen des Geschäfts zum Verkauf bereit.

»May's guter Gedanke« – Teil 2

Wie konnten Robert und Helene May aber sicher sein, dass sie tatsächlich die üblicherweise gefragten Gewürze und die üblicherweise benötigten kleinen Mengen vorbereiteten?

Woher sollten sie wissen, welche Lebkuchen wirklich populär, typisch und am meisten gebacken wurden?

Am besten würde es sein, die Hausfrauen dazu direkt zu befragen!

Doch wie waren diese zu erreichen?

Kreativität und Aufgeschlossenheit ließ die Eheleute May in dieser Situation eine gute Lösung finden. Sie hatten sich von den um sie herum verlaufenden Veränderungen nicht abgeschottet, sondern nahmen an allem Neuen aufgeschlossen Anteil.

So bezogen sie die gerade neu entstandenen ostpreußischen und westpreußischen Hausfrauenvereine in ihre Überlegungen ein und brachten eine Kooperation mit ihnen auf den Weg. Die Zusammenarbeit mit den erst wenige Jahre zuvor entstandenen jungen Vereinen sollte sich als der zweite Teil von »May's guter Gedanke« erweisen.

Inwieweit waren diese Vereine aber Teil einer Gesellschaftsveränderung?

Die seit 1914 bestehenden Hausfrauenvereine in Königsberg und Elbing hatten sich in wenigen Jahren einen großen Rückhalt bei den Hausfrauen erworben. Wer das erkannte und sich wie das Ehepaar May darauf einstellte, konnte wirtschaftlich erfolgreich sein.

Ein zeitgenössischer Rückblick mag das erläutern:

Exkurs:
Ost- und Westpreußen, ein Zentrum der Frauenemanzipation

Es ist allgemein nur wenig bekannt,

- dass Ost- und Westpreußen Zentren der Frauenemanzipation waren,
- dass es gerade hier maßgebliche Persönlichkeiten der Frauen-Emanzipation gegeben hat und
- dass diese gerade hier beachtliche Erfolge für die Frauen erzielen konnten.[84]

Im Laufe des 19. Jahrhunderts fanden sich vor allem in Ostpreußen zahlreiche Fürsprecher und Fürsprecherinnen der Frauenrechte. Pauline Bohn schreibt: *Ein einschneidendes Ereignis war die Missernte 1843, die zu Unterernährung und Epidemien in der Bevölkerung führte. Schneidermeister Schmidtkes Frau aus Königsberg reagierte darauf, indem sie den ersten »Frauen-Verein für Armen und Krankenpflege« (1843/44) gründete, der Vorbild für spätere Hausfrauenvereine wurde. [...] Weiterhin entwickelte sich der »Vaterländische Frauenverein« (1867/68).*[85]

Im Gegensatz zu Berlin, wo es vor allem gegen Ende des 19. Jahrhunderts zu Auseinandersetzungen und Polarisierungen zwischen radikalen und eher bürgerlichen Tendenzen innerhalb der Frauenbewegung kam, *verlief die Entwicklung im bürgerlich-konservativen Königsberg bzw. in Ostpreußen ganz anders. Hier überwog mehr die gemäßigt pragmatische Frage nach der Anerkennung der Frauenarbeit in Haus- und Landwirtschaft.*[86] Olga Friedemann mit ihrem »Verein Frauenwohl« war hier ein Teil der immer stärker gewordenen Frauenbewegung.

1909 vereinigte sich die »Ostpreußische Haushaltungsschule« der Doennig-Schwestern mit der vom »Verein Frauenwohl« gegründeten »Cecilienschule« zur »Ostpreußischen Mädchengewerbeschule«. Hier fand die vom »Königsberger Hausfrauenbund« initiierte Hausfrauenausbildung ihre Heimstatt. Die Schwestern Doennig blieben dieser Einrichtung als Gewerbelehrerinnen verbunden.

Am 8. März 1914 wurde dann von Olga Friedemann der »Königsberger Hausfrauenbund« gegründet. Er war mit seinen Initiativen ein Teil der hier besonders wirkungsvollen Frauenbewegung.

Im Ersten Weltkrieg wurde der »Gewerkverein der Heimarbeiterinnen« vom »Königsberger Hausfrauenbund« übernommen. 1920 löste Bohn den KVF auf, da der Staat und die Stadt die Mädchenbildung über den »Königsberger Hausfrauenbund« als ihre Aufgabe erkannt hatten.

Der »Königsberger Hausfrauenbund« unter Olga Friedemann strebte nach dem Ersten Weltkrieg erfolgreich die Aufwertung der Hausfrauenarbeit und die Berufsbezeichnung »Hausfrau« an. Im Rahmen dieser Entwicklung zur hauswirtschaftlichen Berufsausbildung bestanden in Königsberg im März 1922 die deutschlandweit ersten beiden Lehrlinge die Prüfung zur staatlich anerkannten Hausangestellten.[87]

Mit klugem Agieren hatten die Frauenvereine somit erheblich zur Verbesserung der Lage der Frauen beigetragen und eine Beteiligung der Frauen am öffentlichen Diskurs herbeigeführt. Ihrem jahrelangen beispielhaften Bemühen um Arbeitsrechte, Tarifabschlüsse, vor allem aber auch um die Anerkennung der Leistungen der von ihnen vertretenen Frauen, war schließlich der Erfolg beschieden. Damit hatten sie Pionierarbeit für die Frauenbewegung im gesamten Deutschen Reich erbracht.

Die Weimarer Verfassung eröffnete den Frauenvereinen und den von ihnen vertretenen Frauen mit der Einführung des Frauenwahlrechts schließlich auch die gleichberechtigte Teilhabe an der politischen Auseinandersetzung.

Bei ihren Mitgliedern genossen die Frauenvereine mit ihren Leistungen und Erfolgen beträchtliche Zustimmung und Glaubwürdigkeit.

Das traditionelle Rollenverständnis der Frau in der Familie und in der Gesellschaft wurde zur damaligen Zeit nicht infrage gestellt. Den neu entstandenen Frauenvereinen war das noch kein Anliegen.

Die bedeutendsten Persönlichkeiten der Frauenbewegung in Ost- und Westpreußen, die auch eng zusammenwirkten

Olga Friedemann (1857 – 1935) konnte als Vorsitzende des Königsberger Hausfrauenbundes erreichen, dass im Februar 1926 erstmals in Deutschland eine staatlich anerkannte Prüfung zur »Meisterin der Hauswirtschaft« abgelegt werden konnte.

Elisabet Boehm (1859 – 1943) hatte das Glück, in einem liberalen elterlichen Gutshaus aufzuwachsen, in dem der Wunsch eines Mädchens nach Entfaltungsmöglichkeiten respektiert wurde. Um allen Landfrauen eine geregelte Aus- und Fortbildung zukommen zu lassen, gründete sie 1898 in Rastenburg den ersten landwirtschaftlichen Hausfrauenverein in Deutschland. 1904 betreute der Verein bereits 14 lokale Untervereinigungen. Es gelang ihr, dem Beruf »Bäuerin« die Anerkennung zu verschaffen und einen »Reichsverband landwirtschaftlicher Hausfrauenvereine« zu gründen, dessen Vorsitzende sie wurde.

Einen »Gewerkverein der Heimarbeiterinnen Deutschlands« gründete die Grafikerin **Helene Neumann (1874 – 1942)** 1904 im ostpreußischen Rauschen/Samland. Sie folgte damit dem Beispiel eines kurz zuvor in Berlin gegründeten Vereins mit gleichem Ziel. Der Verein setzte sich für eine gerechte Bezahlung der im Zeitalter der Industrialisierung neben der Erziehung der Kinder zur Heimarbeit gezwungenen Frauen ein. Im Jahre 1906 konnte dieser Verein den reichsweit ersten Tarifabschluss mit einem Arbeitgeberverband (hier die Schirmindustrie) erreichen.

1890 hatte **Pauline Bohn (1834 – 1926)** einen »Königsberger Verein Frauenwohl« (KVF) gegründet, der aufgrund seiner gemäßigten Einstellung alsbald eine führende Rolle unter den preußisch-deutschen Frauenwohlvereinen einnahm.
Fotoausschnitt aus einer Gruppenaufnahme von 1873 © Herder-Institut, Marburg. Bildarchiv, Inv.-Nr. 127466

Es war daher ein zweiter »guter Gedanke«, dass Robert und Helene May gerade den »Königsberger Hausfrauenverein« sowie den mit ihm verbundenen »Elbinger Hausfrauenverein«[88] und auch alle weiteren angeschlossenen ostpreußischen Hausfrauenvereine um Unterstützung bei der Kampagne zur Etablierung des bestmöglichen Backgewürzes baten.

Die Vereine folgten der Bitte und verbreiteten einen »Aufruf an die Hausfrauen in Ost- und Westpreußen zur Teilnahme an einem Backwettbewerb«.

Dieser Aufruf

- signalisierte den Frauen Respekt und Wertschätzung ihrer Bewegung
- lenkte die Aufmerksamkeit der Frauen auf ein Anliegen, das ihre Lebenswirklichkeit mit dem Geschäftsinteresse Robert Mays geschickt verband.

Die Durchführung und das Ergebnis des Backwettbewerbs waren ein aus dem üblichen Jahreslauf herausragendes Ereignis, das bei denjenigen, die dabei waren und mitmachten, in lebhafter Erinnerung blieb. Der Wettbewerb war zugleich auch eine optimale Werbemaßnahme, die dem Gewürz langfristig zugute kam.

Inhalt des über die Frauenvereine in ganz Ost- und Westpreußen verbreiteten Aufrufs zum Wettbewerb war die Bitte um Einsendung von Pfefferkuchenbackwerk. Das Gebäck wurde von einer Jury verkostet. Die Siegerinnen erhielten wertvolle Sachpreise und hatten dafür ihr Rezept offenzulegen.

Da der Königsberger Hausfrauenverein auch zu den Trägern der Ostpreußischen Mädchengewerbeschule zählte, lag es nahe, dass der Verein und die Schule auch die Jury für die Bewertung des Gebäcks stellten.

Eine Mitwirkende aus dem Königsberger Hausfrauenverein war Margarethe Haslinger. Nach ihrer Flucht 1945 lebte sie mit ihrer Familie in Bremen. Einem Journalisten der Bremerhavener »Nordsee-Zeitung« hat sie 1955 ihre Erinnerungen an den Wettbewerb geschildert. In seinem Bericht gibt er ihre Erinnerung wieder, dass dieser Backwettbewerb ein besonderes Ereignis war, das allen Beteiligten viel Freude bereitete: *Waschkörbeweise wurden ihm* (Robert May – d. Verf.) *die Pfefferkuchen ins Haus geschickt, und die Damen des Hausfrauenverbandes, die Stück für Stück zu kosten und zu prämieren hatten, mußten mit dem sauersten »Mosel« ihren Geschmackssinn neutralisieren.* Der Journalist schließt den Bericht mit dem Satz: *Die Gattin des Konsuls Haslinger, die heute in Bremen lebt und damals zum gestrengen Preisrichterkollegium gehörte, erinnert sich noch gern daran.*[89]

In allen Berichterstattungen über die Geschichte des »Staesz-Pfefferkuchengewürzes« wird auf den Backwettbewerb zu

Die aus dem Wettbewerb entstandenen Backanleitungen und Rezepte in Form eines kleinen Faltblattes wurden jährlich für mehrere Hunderttausend Gewürzbeutel benötigt und gedruckt. Sie sind so das meist veröffentlichte Druckwerk ost- und westpreußischer Hausfrauenrezepte geworden.

Hinweis:
Die Backanleitung, ausgewählte Rezepte und ein Faksimile des aktuellen Rezeptheftchens sind im Anhang dieses Buches abgedruckt.

Der historische Staesz-Beutel mit 8 Einzeltüten in Pergamin und der Backanleitung

Beginn der Herstellung von Staesz-Pfefferkuchengewürz verwiesen.

Im Familiengedächtnis May/Krause wird der Wettbewerb wie folgt erinnert: *Robert May hat das dann gut vorbereitet, indem er ein Preisausschreiben auf den Weg brachte. Dieses Preisausschreiben wurde über die Hausfrauenvereine in ganz Westpreußen und Ostpreußen kundgetan. Es wurden […] aus der Parfümerieabteilung gute Preise zugesagt, wie das beliebte »4711« in guter Verpackung, auch andere Eau-de-Cologne's und Parfüms, die die Frauen ansprachen. […] Dann wurde den Teilnehmern übermittelt, man möge sich zu einem bestimmten Termin zur Verkostung in Elbing treffen. Das geschah, und die gebackenen Kuchen wurden verkostet und prämiert. Wie groß die Beteiligung war, ist nicht mehr bekannt und wie das ablief, weiß man auch nicht mehr. Das muss ein beachtlicher Auflauf gewesen sein.*

Die Gewinnerinnen mussten dann ihre Rezepte offenlegen. Sie wurden durchgesehen, verglichen und fachmännisch vereinheitlicht. Es stellte sich heraus, dass acht Gewürze am meisten gebraucht worden waren. Auch die Mengenverhältnisse dieser Gewürze der gut gelungenen Kuchen wurden beachtet.

Aus diesen Angaben hat Robert May dann ein Rezeptbüchlein mit Backanleitungen geschaffen. Die Rezepte beruhten auf den Durchschnittswerten der meist verwendeten acht Gewürze. Dieses kleine Rezeptheftchen wurde in der Folgezeit jedem Gewürzbeutel beigegeben.[90]

Das Originelle am Staesz-Pfefferkuchengewürz

Eines der Besonderheiten des Staesz-Pfefferkuchengewürzes war, dass jedes der einzelnen acht Gewürze in seiner gebräuchlichen Menge einzeln abgepackt wurde: Pomeranze, Zitrone, Zimt, Nelken, Sternanis, Ingwer, Muskat und Kardamom. Jedes Einzelgewürz wurde aromaschonend in einen kleinen Pergamin-Beutel abgepackt und alles zusammen bildete mit dem Rezeptheftchen in einer Umverpackung das »Staesz-Pfefferkuchengewürz«.

Unternehmerische Weitsicht stand hinter Robert Mays Entscheidung, die Gestaltung der Umverpackung besonders sorgfältig vorzunehmen und die grafische Gestaltung einem Werbegrafiker zu übergeben. Leider ist zu den Hintergründen dieser Entscheidung kein Archivmaterial überliefert und der Name des Grafikers ist nicht bekannt. Es ist auch nicht bekannt, warum entschieden wurde, den eigentlich nur im englischen Sprachraum geläufigen Genitiv »May's guter Gedanke« und nicht die im Deutschen korrekte Form »Mays guter Gedanke« zu wählen. Im Ergebnis steigerte diese »unkorrekte« Schreibweise die Werbewirkung.

Es ist davon auszugehen, dass die Umverpackung von einem professionellen Gebrauchsgrafiker gestaltet wurde. Ihm war die schwierige Aufgabe gestellt, die Einzigartigkeit der Gewürzzusammenstellung (acht einzeln verpackte kleine Gewürzmengen in einer Umverpackung) als besondere Geschäftsidee »May's guter Gedanke« grafisch darzustellen. Er wählte die stilisierte Figur eines Bäckers, der hinter einer geöffneten Leibbinde mit dem Schriftzug »May's guter Gedanke« steht, links und rechts flankiert von den Initialen J und S für Jacob Staesz. Der Künstler platzierte diese grafische Anordnung in einen Kreis, wie ein rundes Emblem.

Der Staeszbeutel, die Umverpackung der Einzelgewürze und des Rezeptheftchens

Robert May wusste, dass er mit dieser irgendwie rätselhaften und erklärungsbedürftigen Darstellung ein Markenzeichen mit einzigartigem Wiedererkennungswert schuf. Das war sein Ziel, denn er strebte eine optimale Werbewirkung an. Das 1877 gegründete Reichspatentamt gab ihm die Möglichkeit, die gestaltete Umverpackung, deren Vorderseite die auffällige Emblem-Figur mit Symbolen und Schriften und deren Rückseite das Grundrezept für Pfefferkuchen aufweist, insgesamt als sogenannte »Wort-Bildmarke« einzutragen und damit zu schützen. Am 13.12.1922 meldete Robert May die gestaltete Umverpackung zur Eintragung an. Am 9.4.1923 wurde der Schutz durch Eintragung unter der Registernummer 300353 gewährt. Die Eintragung besteht bis zum heutigen Tag, jetzt beim Bundespatentamt als Nachfolgebehörde des Reichspatentamts.

Professor Fritz Haase, Mitinhaber des »Atelier für Gestaltung Haase & Knels« in Bremen, hat dem Verfasser im Frühjahr 2019 freundlicherweise eine Einschätzung der von Robert May initiierten Wort-Bildmarke übermittelt:

Die Verpackungstüte verweist durch die verwendete Typographie auf die Jahre 1910 bis ca. Mitte der 20er Jahre. Der Schriftzug »Staesz« hat schon Markencharakter und eine gewisse Unverwechselbarkeit. Er ist einzuordnen in die Reihe z.B. des frühen Nivea Schriftzugs (1912) oder eines Schriftzugs für Pebco Zahnpasta (1914) auch eine Nähe zu Anzeigen von 4711 lässt sich herstellen. Auf jeden Fall ist die Tütengestaltung ein echtes Kind der Zeit. Auf einen bestimmten Entwerfer weist nichts hin. Das Berufsbild des Reklamemalers oder -Graphikers beginnt sich in dieser Zeit gerade erst zu bilden.

Der Berufsverband der Graphiker BDG (Bund Deutscher Gebrauchsgraphiker) wird in diesem Jahr 100 Jahre alt. Die damaligen Entwerfer kamen überwiegend aus dem Kreis freischaffender Künstler oder aus dem graphischen Gewerbe. Es waren Lithographen, Schriftsetzer oder Absolventen von Kunstgewerbeschulen.

Unterscheiden müssen Sie noch in WORTMARKE Staesz oder in BILDMARKE JS mit der Figur eines Bäckers dazu der SLOGAN May's guter Gedanke.[91]

Ob Robert und Helene May bewusst war, dass die Beteiligung des Königsberger Hausfrauenbundes anschließend auch dazu führte, dass die Gewürz-Zusammenstellung als Ganzes in die nächsten Auflagen des Doennigschen Kochbuchs aufgenommen wurde? Es geschah so und dieser Umstand war schließlich der Ritterschlag für seine Idee und dessen ökonomischen Erfolg. Regionale Abweichungen von den veröffentlichten Rezepten verloren danach zunehmend an Bedeutung. Acht Tütchen in einer zusätzlichen Umverpackung wirkten einerseits seriös und eröffneten der Hausfrau andererseits die Möglichkeit, individuelle Rezepturen durch Weglassen des einen oder anderen Tütchens zu praktizieren. So war insgesamt eine bahnbrechende Geschäftsidee »May's guter Gedanke« in die Tat umgesetzt worden.

Bei den acht einzelnen Gewürzen des »Staesz-Pfefferkuchengewürz«, gesamt 20g, handelt es sich um:

Hinweis:
Eine Beschreibung dieser Einzelgewürze, ihrer Herkunft und ihrer Bedeutung ist in den Anhang dieses Buches aufgenommen

5g Pomeranzenschalen	2g Sternanis
3g Zitronenschalen	2g Ingwer
3g Zimt	2g Muskat
2g Nelken	1g Kardamom

Wahrscheinlich wurden die gemahlenen Gewürze in der ersten Zeit, bis 1918, von einer fremden Gewürzmühle bezogen. Vielleicht wurde auch woanders im Lohnauftrag gemahlen. In einer Beschreibung des Aufbaus seines Unternehmens berichtete Robert May: *1918 kam die Gewürzmühle hinzu mit Spezialitäten, die sich über ganz Norddeutschland erstreckten.*[92] Demnach gab es die eigene Gewürzmühle erst am Ende des Ersten Weltkrieges und der Mahlvorgang erfolgte erst ab diesem Zeitpunkt zusammen mit der Vorbereitung der Gewürzbeutel.

Der Absatz steigerte sich rasant. Günter Preuschoff, Redakteur der »Elbinger Nachrichten«, gab 1954 die Erinnerung Robert Mays wie folgt wieder: *Im ersten Jahr waren es nur 1.000 Beutel Pfefferkuchengewürz. [...] Im dritten Jahr waren es 10.000 und im fünften Jahr schon über 70.000 Beutel, deren Inhalt in die Pfefferkuchen vieler Familien in die nähere und weitere Umgebung wanderten. Wenige Jahre später kannte man Mays Pfefferkuchengewürz in ganz Ost- und Westpreußen, Pommern bis nach Berlin hin, und wenn in Elbing in der Wasser- und Schifferstraße bis zum Alten Markt im Spätsommer der Duft der Staesz'schen Pfefferkuchengewürze zog, dann wußten die Elbinger, jetzt geht es auf Weihnachten zu, die »Saison« hat begonnen.*[93]

In Elbing blieb in den 1920er Jahren unvergessen, dass es Helene May war, die den Startschuss zu diesem Erfolg gegeben hatte. Sie wird in der Drogerie »Jacob Staesz jun.« auch nach der Soldatenzeit Robert Mays die Fäden in der Hand behalten haben, und das im Einvernehmen mit ihrem Mann.

Nicht nur in das Pfefferkuchengewürz, sondern auch in die weiteren Geschäftsfelder des Drogerie-Unternehmens wurde investiert. 1924 bis 1928 wurden für 15.000 Reichsmark umfangreiche Umbauten an den Gebäuden Wasserstraße 43/44 vorgenommen. Die Grundstücksfläche war vollständig bebaut. Da die Grundfläche lediglich 128 m² groß war, musste jeder Raum für die Arbeitsabläufe optimal gestaltet werden.

In seinem Antrag auf Lastenausgleich vom 16.2.1953 bezeichnete Robert May die Drogerie J. Staesz jun. als *Einzelhandel mit Drogen mit starkem Anteil von Farben und Lacken mit zusätzlicher Gewürzmühle.*

Die Gewerbeflächen in den Gebäuden beschrieb er wie folgt:

Keller: Drogen- und Farbenlagerraum

Erdgeschoss: Drogen- und Farbenhandlung, Rührmaschine für Farben

1. Etage: Tapetenraum und Kontor

2. Etage: Gewürzmühle und 4 automatische Abfüllmaschinen / Gewürzlager

3. Etage: Lagerraum für Drogen und Farbenabteilung

Bodenraum: Lagerraum für Drogen und Farben

Einem Geschäftspartner berichtete Robert May 1961, dass er den Absatz von »Staesz-Pfefferkuchengewürz« in der Vorkriegszeit schnell auf 400.000 Päckchen, schließlich sogar auf 500.000 Stück gesteigert hatte.«[94]

Im Jahr 1939 waren in der Pfefferkuchensaison ca. 30 Frauen als Saisonkräfte mit der Herstellung, der Abfüllung und dem Versand des Pfefferkuchengewürzes beschäftigt.[95] Für sie muss es in der 2. Etage des Geschäftshauses Wasserstraße 43/44 unbeschreiblich eng gewesen sein.

»Staesz Pfefferkuchengewürz« war demnach ein Markenprodukt geworden, dass man in den 1930er Jahren nicht nur in Drogerien, sondern in jedem Dorfladen Nordost-Deutschlands zu kaufen bekam.

Oswald Rosenkranz, der in den Jahren 1933 bis 1936 bei »J. Staesz jun.« eine Lehre absolviert hatte, erinnerte sich 1956 in einem Brief an Robert May: *Wie schön aromatisch roch es doch immer von Oktober bis Weihnachten in der ganzen Wasserstraße!*[96]

Die Drogerie Staesz versuchte, auch andere Produkte des Lebensmittelsektors am Markt zu plazieren, beispielsweise Backpulver der Marke »Sonne«. Doch blieben deren Markterfolge eher unbedeutend gegenüber dem des Pfefferkuchengewürzes.

Gründung der Pharmazeutischen Großhandlung Fritz Guhl KG

Robert May beschäftigte sich nach der Etablierung des Pfefferkuchengewürzes bereits mit neuen Geschäftsideen. Er hatte während seines Studiums erfahren können, dass zahlreiche Absolventen der Braunschweiger Drogisten-Akademie keine Drogerie betreiben, sondern sich stattdessen als pharmazeutische Großhändler selbstständig machen wollten. Er wird dieses als ein zusätzliches lohnendes Geschäftsfeld erkannt und nicht wieder vergessen haben. Schließlich war der pharmazeutische Großhandel seit dem Jahre 1901 von den Handelsbeschränkungen, denen die Detail-Drogerien hinsichtlich der Apothekerwaren ausgesetzt waren, ausgenommen.[97] Anders als diese durfte ein Großhändler mit allen pharmazeutischen Produkten, Medikamenten etc. uneingeschränkt Handel treiben und sogar die Apotheken damit beliefern.

Ulrich Krause kann bestätigen, dass es zu seinem Großvater passte, eine solche geschäftliche Möglichkeit nicht ungenutzt zu lassen: *Der Großvater hat die unternehmerische Seite im Blick gehabt. Er hat immer und überall seine Fühler ausgestreckt, wo eine Möglichkeit bestand, sich als Anteilseigner oder als Geldgeber einzubringen. Ich weiß, dass mein Großvater sehr viel in Berlin war und dass er dann bis Ende 1944 immer ein Zimmer im »Adlon« bewohnte. Er hatte dort in Berlin einen sehr großen Freundeskreis.*[98]

Robert May wird also intensiv Ausschau gehalten haben, einen zu ihm passenden Kaufmann zu finden, mit dem er zusätzlich einen pharmazeutischen Großhandel im Rahmen der gesetzlichen Möglichkeit aufbauen konnte.

Fritz Guhl war schließlich der Partner, den er für diese Position gewinnen und mit seiner Frau Charlotte zu einem Umzug nach Elbing bewegen konnte.[99]

Wegen des völlig andersartigen gesetzlichen Hintergrundes war es notwendig, das Detailgeschäft »Jacob Staesz jun.« nicht im gleichen Unternehmen mit dem Geschäft des Grossisten Fritz Guhl zu betreiben. Eine gesonderte Unternehmensgründung war erforderlich, auch um Komplikationen bei den Revisionen durch die staatlichen Aufsichtsbehörden zu vermeiden.

Mit Fritz Guhl gründete Robert May daher im Jahre 1924 die »Pharmazeutische Spezialitäten Großhandlung May & Guhl, Elbing«. Das Unternehmen war eine offene Handels-

Bildimpressionen – Elbinger Kindheit und Jugend in den 1920er Jahren

Das Hermann-Balk-Ufer in den 1920er bis 1930er Jahren, fotografiert von der gegenüberliegenden Seite des Elbing-Flusses © Herder-Institut, Marburg. Bildarchiv, Inv.-Nr. 6A2692

Der Tag ihrer mennonitischen Taufe am 24.3.1929 ist für Liselotte May und ihre Eltern ein besonderes Ereignis.

Die Kinder Roswitha, Liselotte und Werner May (von links) ca. 1923: Die Geschwister May präsentieren sich im Stil der Zeit.

gesellschaft (oHG), an der Robert May zu ¾ und Fritz Guhl zu ¼ beteiligt waren.

Diese Gesellschaft wurde später in die »Fritz Guhl KG« umgewandelt, die Größe der Anteile der Gesellschafter wurden aber nicht geändert. Zu den Gründen der Änderungen der Firmierung und der Gesellschaftsform schrieb Robert May: *Herr Guhl sagte mir, er hätte bei den Apothekern Schwierigkeiten, weil mein Name offen in der Firmenbezeichnung erschien. Da ich Drogist (war) und eine Detaildrogerie besaß, so stießen sich die Apotheker aus Konkurrenzgründen daran.*[100]

Mit Fritz Guhl hatte Robert May einen tüchtigen Betriebsleiter gefunden. Die Fritz Guhl KG erwirtschaftete Gewinne, die Robert May im Betrieb beließ.[101] Damit war die Gesellschaft in der Lage, 1934 Grundstück und Gebäude Kettenbrunnenstraße 2/3 als Firmensitz zu erwerben.[102]

Übernahme der konkurrierenden Drogerie »Rudolph Sausse Nachf.«

1927 gelang eine nochmalige Erweiterung der Geschäftsaktivitäten. Robert May kaufte den Betrieb der im Zentrum Elbings gelegenen Drogerie »Rudolph Sausse Nachf.«. So wurde er nun auch Inhaber der ersten und ältesten Drogerie der Stadt Elbing.

Die Drogerie Sausse – ein kurzer Rückblick: Rudolph Sausse sen. hatte dieses Geschäft 1866 in einem historischen Haus der Elbinger Altstadt gegründet.

Als der Gründer zu einem nicht mehr feststellbaren Zeitpunkt vor 1898 starb, entschied sich sein gleichnamiger Sohn Rudolf Sausse jun. gegen die Fortführung des Unternehmens. Er hatte Jura und Volkswirtschaft studiert und wurde 1899 zum stellvertretenden Bürgermeister und Syndikus seiner Heimatstadt Elbing gewählt.[103]

Schon wenige Jahre nach ihrer Gründung, inserierte die »Drogenhandlung Sausse« 1884 im »Elbinger Wohnungsanzeiger«.

Die spätestens anlässlich des Verkaufs vorgenommenen Umbauten nahmen dem Bürgerhaus aber seine denkmalwürdige Schönheit. M. Rendschmidt hat in einer 1933 für die Elbinger Altertumsgesellschaft herausgegebenen Publikation über die verloren gegangene Fassade formuliert, sie sei künstlerisch eine der wertvollsten Renaissance-Fassaden gewesen.

Das Geschäftshaus war an die offenbar von ihren Kapitalerträgen lebende Marie Cohn verkauft worden.[105] Betreiber des Drogeriegeschäftes wurde der Kaufmann Joseph Behrendt, der offenbar ebenfalls vermögend war und Kapital mitbrachte. Er war bald derart erfolgreich, dass er das nebenstehende Gebäude »Alter Markt 50« kaufen, ebenfalls umbauen und Marie Cohn darin eine Wohnung überlassen konnte, so die Auskunft der Adressbücher. Joseph Behrendt und die Witwe Marie Cohn waren wechselseitig Mieter und Vermieter ihrer benachbarten Immobilien geworden.

In dem Ladengeschäft in seinem Haus Alter Markt 50 entstand ab ca. 1910 das Herrenkonfektionsgeschäft »Jockey-Club«, Inhaber Paul Abrahamowsky. Dessen gehobenes

Drogerie Sausse -rechts- und das Eckhaus »Alter Markt 50«. M. Rendschmidt schreibt über das Gebäude Alter Markt 50: »Ein schlichter ruhiger Giebel in den klassischen Elbinger Formen von 1580. 1901 durch einen Neubau ersetzt«. Über das auf dem Bild erkennbare, für Elbing nicht ungewöhnliche, sogenannte »Taschengebäude« schreibt er: »Der Laubenanbau auf dem Beischlag an den Eckhäusern führt zum Entstehen einer Bude. Die seitlichen Taschengebäude an den Eckhäusern verdanken der Annektierung des Beischlaggeländes an den Querstraßen ihre Entstehung.[106] Bild 106320 aus dem © Bildarchiv Ostpreußen, www.bildarchiv-ostpreussen.de (Foto: L. Basilius)

Angebot sprach eine Kundschaft an, die Joseph Behrendt wohl auch für die Parfümerie Sausse gewinnen wollte.

Angesichts des Renommees der Firma Sausse war es für Joseph Behrendt selbstverständlich, den bekannten Geschäftsnamen beizubehalten. Das Publikum erwartete, dass ein Unternehmensnachfolger alles tat, um sich des übernommenen Namens würdig zu erweisen. Auf Joseph Behrendt traf das zu. Ihm gelang die erfolgreiche Fortführung der Drogerie. Auch das Tee-Sortiment und eine Lack- und Tintenfabrikation wurden weiterhin im Einwohnerbuch Elbings beworben. Schließlich konnte er selbst Eigentümer auch der Immobilie Alter Markt 49 werden.

Soweit der Rückblick. Die Gründe, warum er sich im Jahr 1927 zum Verkauf dieses Hauses entschloss, konnten in den erreichbaren Unterlagen nicht festgestellt werden. Vielleicht war der angebotene Kaufpreis ausschlaggebend. Robert May erinnerte sich, dass er für den Kauf des Hauses Alter Markt 49 120.000 RM aufwenden musste. Für das Inventar habe er 10.000 RM und für das Warenlager weitere 20.000 RM gezahlt.[107]

In den Jahren 1930/31 wurde die Drogerie Sausse mit einem Kostenaufwand von 40.000 RM umfassend aus- und umgebaut. Auch das angrenzende Grundstück »Kettenbrunnenstraße 1« wurde erworben und in den Geschäftshauskomplex einbezogen.[108] Oskar Fischer war der Architekt, den Robert May mit solchen Arbeiten beauftragte. Die Neugestaltung der Hausfassade war eine herausfordernde Aufgabe, die ihm offensichtlich sehr gut gelang.

Nach diesen Investitionen hatte Robert May ab 1932 ausreichend Wohnraum für seine Familie. 14 Zimmer standen für Wohnzwecke zur Verfügung, einige bildeten eine weitere gesonderte Wohnung, die anfangs vermietet wurde. Die Kinder Liselotte, Werner und Roswitha waren inzwischen 18, 17 und 11 Jahre alt. Der Umzug erfolgte aber erst im Jahre 1935, da war Tochter Liselotte bereits aus dem Haus und hatte ihre eigene Familie gegründet.[109]

Die im Jahr 1935 geborene erste Enkeltochter Ursula erinnert sich an spätere Jah-

Eine Ansicht aus dem Jahr ca. 1910 zeigt die Straßenecke Kettenbrunnenstraße/Alter Markt. 1901 war das Eckhaus »Alter Markt 50« durch einen Neubau ersetzt und dabei die Seitenfassade mit einer großformatigen Werbung der benachbarten Drogerie Rudolph Sausse bemalt. worden.
Dieses sehr bekannte Foto, das sich u. a. auch als Wandschmuck im derzeitigen Rathaus der Stadt befindet, wird L. Basilius zugeschrieben, gebürtig aus Tiegenhof in der Weichselniederung. Er hatte im Haus Kettenbrunnenstraße 2/3 sein Fotostudio.

Das Ensemble Alter Markt 50/ Alter Markt 49 in den 1930er Jahren. Robert May hatte das benachbarte Haus »Alter Markt 50« nicht gekauft. 1937 war Günther Behncke neuer Inhaber des dortigen »Jockey-Clubs«, ein sehr guter Freund Robert Mays.

Im Fotoalbum Liselotte Krauses wurden diese Innen-Aufnahmen der Wohnung der Eltern Robert und Helene May, Alter Markt 49, gefunden.

re im Haus »Alter Markt 49«: *Zu meinem Großvater bin ich nicht so gerne gegangen. Ich habe lieber meine Omi aufgesucht, die traf ich dort immer im »Lager 12«, so hieß ihr Kontor, und hatte immer einen weißen Kittel an. Sie war sehr elegant, hatte wunderschöne Locken und hinter dem Ohr immer eine brennende Zigarette.*

Die Großeltern waren sehr elegant eingerichtet. Es hat mir sehr gefallen, wie die Fenster so riesig waren und doppelt und dreifach verglast. Auf den Fensterbrettern lagen dicke Polster aus dem gleichen Stoff, mit dem auch die Sessel bezogen waren. Im Arbeitszimmer von Opi gab es Chippendale-Möbel mit dunkelblauem Samt bezogen.

Es gab auch viel Personal, ich erinnere mich vor allem an die Wirtschafterin »Frieda«.

Zu bedeutenden Festen wurde die gesamte Familie eingeladen. Zu Weihnachten stand ein riesiger geschmückter Weihnachtsbaum im großen eleganten Herrenzimmer. Dort waren dann für alle extra Tischchen mit den Geschenken.

Durch die räumliche Erweiterung auf 700 m^2 Gewerbefläche konnte sich Robert May einem Geschäftsfeld zuwenden, das in den 1920er Jahren zunehmend an Bedeutung gewonnen hatte und äußerst profitabel zu sein schien: »Handel und Dienstleistungen rund um die Fotografie«.

Aktuelle Ereignisse und das Aussehen vor allem von Personen für die Zukunft festzuhalten, stieß bei den Menschen seit Beginn der Entwicklung der Fotografie auf großes Interesse. Die Branche entwickelte sich rasant.

Natürlich waren nun, zusätzlich zum Handel mit Filmen und deren Entwicklung, auch Kameras im Hause Sausse erhältlich. Im Zuge der Modernisierung des Hauses entstand ein hochmodernes Fotolabor, was einen weiteren Kostenaufwand von 25.000 RM erforderte. Für das Labor stellte Robert May einen Foto-Meister und sechs Labor-Gehilfen ein.

Da es bereits das Stammhaus J. Staesz jun. mit den üblichen Drogerieartikeln gab, wurde das Angebot der beiden Drogeriehäuser der Familie May unterschiedlich aufgebaut. Helene May, Chefin der »Drogerie Sausse«, spezialisierte deren Waren- und Dienstleistungsangebot im We-

Zur Geschichte der Fotografie für Jedermann

Eastman begann mit der Kodak Nr. 1 und dem vereinfachten Verarbeitungsfahren, […] der Fotografie einen Massenmarkt zu erschließen. Sein Entwicklungsdienst war der erste Schritt, die Fotografie für jedermann zu erschließen. Die Meilensteine in diesem Prozess waren:

(Ab 1884) wurden fotografische Platten ersetzbar. Mit dem Ersetzen des Papiers durch Zelluloid als Trägermaterial […] wurde ab 1889 die Verarbeitung von Filmen vereinfacht.

Die Einkapselung des Rollfilms (1891) ermöglichte es, den Entwicklungsdienst durch die Möglichkeit des Filmwechsels bei Tageslicht zu umgehen.

Ab 1900 stellte die deutsche Aktien-Gesellschaft für Anilin-Fabrikation (kurz AGFA) Rollfilme für die Tageslichtwechslung in industrieller Produktion her.

Verbesserungen der Schärfe und Verringerung der Körnigkeit der fotografischen Emulsionen ermöglichten die Verkleinerung des Filmformates.

Die Amateurfotografie ist ab Ende des 19. Jahrhunderts gekennzeichnet durch die so genannten Boxkameras. Das Konzept wurde ursprünglich in den USA entwickelt: eine möglichst einfach zu bedienende, preiswert herzustellende Kamera, die mit Rollfilm arbeitete. […]

In Deutschland gelang es ungefähr ab 1915, konkurrenzfähige Rollfilme herzustellen. Circa 1916 tauchten deutsche Box-Vorläufer […] auf. Der Siegeszug der Boxkameras setzte in Deutschland etwa zehn Jahre später ein.[110]

sentlichen auf Fotoerzeugnisse, Parfümerie, Seifen und feine Geschenkartikel.[111] Außer den Fotoartikeln sollten die Kundinnen und Kunden bei ihr fast ausschließlich ein gehobenes Angebot an Luxusartikeln vorfinden.

Offenbar schätzte Helene May die Nachfrage richtig ein. Für die Elbinger Kundschaft wurde jährlich Ware im Werte von 10.000 RM allein beim Kölner Parfümerie-Unternehmen »4711« bestellt. Das Geschäftliche lag Helene May derart, dass der Jahresumsatz des Hauses von 70.000 RM bei der Übernahme auf 360.000 RM im Jahr 1939 gesteigert werden konnte. Die Elbinger Drogerie »Rudolph Sausse Nachf.« gehörte bald zu den 30 umsatzstärksten Detail-Drogerien im Deutschen Reich. Acht Verkäuferinnen und Verkäufer standen für den Kundenverkehr bereit, außerdem wurden vier Angestellte im Kontor und vier Arbeiter im Lagerbereich beschäftigt. Der ständige Mindest-Warenbestand betrug rd. 120.000 RM.[112] Die zentrale Lage im Herzen der Stadt Elbing war sicherlich auch ein Grund für den Geschäftserfolg.

Helene May ca. 55 Jahre alt

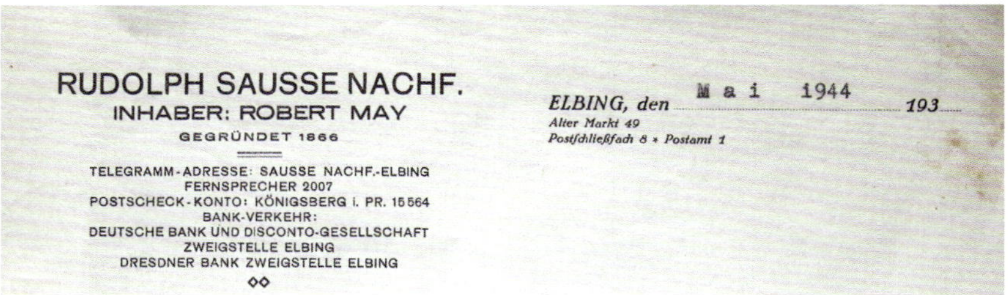

RUDOLPH SAUSSE NACHF.
INHABER: ROBERT MAY
GEGRÜNDET 1866

TELEGRAMM-ADRESSE: SAUSSE NACHF.-ELBING
FERNSPRECHER 2007
POSTSCHECK-KONTO: KÖNIGSBERG I. PR. 15564
BANK-VERKEHR:
DEUTSCHE BANK UND DISCONTO-GESELLSCHAFT
ZWEIGSTELLE ELBING
DRESDNER BANK ZWEIGSTELLE ELBING

ELBING, den Mai 1944 193
Alter Markt 49
Postschließfach 8 • Postamt 1

Briefkopf Sausse

Aus dem »Farben-Staesz« wird die »Jurolin-Lackfabrik«

Diese Abbildung des bei allen alten Elbingern bekannten Pfeifenbrunnens zeigt eindrücklich, in welch einer hervorragenden Geschäftslage sich das Foto- und Drogeriegeschäft Sausse (im Hintergrund) seinen Kunden präsentierte.© Herder-Institut, Marburg. Bildarchiv, Inv.-Nr. 148917a

Von Anfang an hatten die Produktion und der Vertrieb von Farben einen bedeutenden Anteil an den Geschäftsaktivitäten der Drogerie »J. Staesz jun.« gehabt. Schon Hermann Staesz, sein Vorgänger, hatte die Produktion von Farben zu einem Schwerpunkt seiner drogistischen Aktivitäten gemacht.

Heute lässt sich die damals nicht ungewöhnliche Kombination der Gewerbezweige

- Gewürzmühle
- Farbproduktion
- Drogerie

in einem Unternehmen nur schwer vorstellen.

Wenn keiner dieser traditionellen Geschäftszweige vernachlässigt wurde, wie es bei »J. Staesz jun.« offenbar der Fall war, wird es auch bei der Drogerie »J. Staesz jun.« immer wieder Raumprobleme gegeben haben.

Robert Mays in verschiedenen Farben hergestellte »Juro«-Fußboden-Emaille[113] war für das breite Publikum ein zentrales Produkt seines Betriebes. Sie und die verschiedenen weiteren Farbprodukte konnten aber nur in den beengten Gebäuden an der Wasserstraße produziert werden, in denen auch die Gewürze gemahlen wurden und der Einzelhandel mit Drogerieartikeln stattfand.

Für die Steigerung der Produktion brauchte er dringend weiteren Platz, denn in seiner Tüchtigkeit wird es ihm nicht entgangen sein, dass nicht nur Privatleute Farben für Haus und Hof benötigten. Daneben war auch noch ein viel bedeu-

— J. jun., Inh. Robert May, Drogenhandlung, Wasserstr. 44, ☎ 2103

J. Staesz jun.
Öl- u. Lackfarben-Fabrik
genannt: „Farben-Staesz"
Detailgeschäft: Wasserstraße Nr. 43-44
Fernsprecher Nr. 2103
Spezialität: „Juro" Fußboden-Emaille
dunkelbraun, braun, hellbraun, gelb, grau

Anzeige im »Einwohnerbuch von Elbing 1930«: Robert May baute die Farbherstellung der Fa. Staesz konsequent aus, entwickelte eine eigene Marke und warb mit dem Namen »Farben-Staesz«.

tenderer industrieller Bedarf vorhanden. Den potentiellen Kunden aus diesem gewerblichen Milieu, beispielsweise der Elbinger Schichauwerft, konnte er sich als Lieferant von Farben, Lacken, Leim, Firnis und Karbolineum[114] aber nur dann empfehlen, wenn er auch über entsprechende Produktionskapazitäten verfügte. In deren Erweiterung zu investieren, bedeutete, ein weiteres geschäftliches Risiko einzugehen. Robert May war der Unternehmer, der dieses nicht scheute.

Noch während der Modernisierung der Drogerie Sausse entschloss er sich, diesen Geschäftsbereich aus dem bisherigen Drogerie-Unternehmen hinauszuführen. Er erinnerte sich später: *1931 zweigte ich meine Lackfabrikation unter der Fa. J. Staesz ab und gründete die Lackfabrik »Jurolin«, Elbing.*[115]

Bereits 1926 hatte er versucht, das neue Unternehmen in einem von der Firma C. F. Raether an der Berliner Chaussee gemieteten Gebäude zu starten, offenbar erfolglos.[116] In der Berliner Straße, an der sich mit der Hausnummer 38 auch sein Speicher befand, endeten die Hausnummern laut Elbinger Addressbuch des Jahres 1930 mit der Nummer 42. Dieses hatte offenbar den Grund in der Tatsache, dass das weitere Gelände an dieser Straße aufgrund der Beschaffenheit des Untergrundes nicht mehr zu bebauen war. Der Uferbereich des Elbingflusses war schließlich nicht weit.

Eigentümerin des Geländes war die Stadt Elbing, die sich im Jahr 1932 bereitfand, die Erweiterungspläne Robert Mays mit dem Verkauf einer Fläche von zunächst 5.000 m² für 16.000 RM zu unterstützen. Die Schaffung von Arbeitsplätzen wird auch zur damaligen Zeit ein Gesichtspunkt gewesen sein, den die Stadtväter zu bedenken hatten, schließlich werden die Auswirkungen der Weltwirtschaftskrise mit vielen Arbeitslosen auch in Elbing viele Familien in Not gebracht haben.

Um an diesem Platz bauen zu können, musste Robert May im großen Maße Aufschüttungen vornehmen lassen. Allein für die Baugrundvorbereitung investierte er 12.000 RM. Der Neubau der Fabrik erfolgte 1934/35 und kostete 65.000 RM. Später erweiterte er das Grundstück um rd. 2.500 m², baute weitere Gebäude, Schuppen, ein Schmelzhaus, ein Lacklager, zahlreiche

Das historische Fachwerkgebäude im Speicherviertel, das Robert May nach der Übernahme der Drogerie zusätzlich erwarb, wird in der Logistik der Geschäftsabläufe in jener Zeit eine wichtige Rolle gespielt haben. © Herder-Institut, Marburg. Bildarchiv, Inv.-Nr. 148909

Seitenansicht des Hauptgebäudes der Jurolin-Lackfabrik (von R.obert May auf der Rückseite vermerkter Bildtitel)

Tanks, richtete ein Laboratorium ein und kaufte modernste Maschinen, Apparate und zahlreiche Fahrzeuge. Hierfür und für die anschließende Umzäunung mit einem Bretterzaun, die Pflasterung, die Herstellung einer überdachten und betonierten Rampe und für die festverbundenen Gebäudeausstattungen waren weitere 143.000 RM nötig.[117]

Auch bei dieser Investition blieb sich Robert May treu und übernahm die Betriebsleitung nicht selbst. Er vertraute sie Herbert Sternitzky an, den er als Prokurist und Betriebsleiter der »Jurolin-Lackfabrik« von Beginn an verpflichtete. Herbert Sternitzky war ein tüchtiger Unternehmensleiter, der Robert May bis zur Flucht 1945 und auch danach verbunden blieb.

Die Produktion wurde kontinuierlich gesteigert. In seinem Lastenausgleichsantrag vom 16.2.1953 schrieb Robert May: *Die Firma »Jurolin« nahm in Ostpreußen unter den gleichartigen Betrieben eine führende Stellung ein. Die durchschnittlichen Jahresumsätze vor dem Krieg betrugen 1 ¼ Millionen RM und hielten sich auch während der Kriegsjahre an der Millionengrenze. Die Firma war u. a. Vertragslieferant der Reichsbahn, Reichspost, Wehrmacht und anderer Behörden. Da sämtliche Behörden angewiesen waren, die Fa. Jurolin zu unterstützen, erhielt ich in den Kriegsjahren zur Vorratswirtschaft erhebliche Sonderkontingente an Rohstoffen zugewiesen. Das Warenlager war aus diesem Grunde im Zeitpunkt der Vertreibung sehr hoch und hatte einen Wert von ca. 275.000 RM.*

Im Jahre 1939 wurde folgendes Personal beschäftigt: 1 Prokurist, 1 Reisender, 2 Chemiker, 2 Kraftfahrer, 1 Lacksieder, 1 Farbenmeister, 3 Bürokräfte, 18 – 20 Arbeiter.

Offenbar war es Robert May gelungen, die neu aufgebaute Lack- und Farbenfabrik in dem seit der NS-Machtübernahme installierten Wirtschaftssystem der NS-Kommandowirtschaft gut zu vernetzen. Es handelte sich nach 1933 nicht mehr um eine »Freie Marktwirtschaft«. Besonders seit sich das Deutsche Reich ab Oktober 1936 auch wirtschaftlich auf einen Krieg vorbereitete und dazu die »Vierjahresplanbehörde« unter Hermann Göring einrichtete, musste eine gute Verbindung zu staatlichen Stellen hergestellt und gehalten werden. Dies erreichte der Firmeninhaber auch ohne, dass er dazu Mitglied der NSDAP wurde.

Zu den Kunden der »Jurolin« Lackfabrik zählten auch die bedeutenden Schiffbau- und Maschinenbetriebe der Firma F. Schichau in Elbing, Königsberg und Danzig.

Hinweis: Einige weitere Fotos der Produktion, der Auslieferung und aus den Laboren werden auf der Folgeseite und im Anhang dieses Buches gezeigt.

Gebäude der Jurolin-Lackfabrik, errichtet in der für Robert May typischen kostensparenden Bauweise, nur mit Flachdach

Briefkopf Jurolin

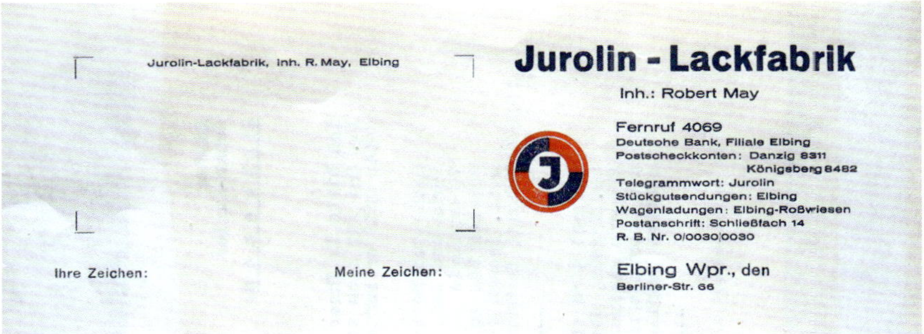
Jurolin-Lackfabrik, Inh. R. May, Elbing

Jurolin - Lackfabrik
Inh.: Robert May

Fernruf 4069
Deutsche Bank, Filiale Elbing
Postscheckkonten: Danzig 8311
Königsberg 8482
Telegrammwort: Jurolin
Stückgutsendungen: Elbing
Wagenladungen: Elbing-Roßwiesen
Postanschrift: Schließfach 14
R. B. Nr. 0/0030/0030

Ihre Zeichen: Meine Zeichen:

Elbing Wpr., den
Berliner-Str. 66

Warenauslieferung mit eigenen Lastkraftwagen und Güterzügen der Reichsbahn

Familiäre Verhältnisse

Reisen und Entspannen

1932 gab es wieder einmal ein Familientreffen im größeren Kreis, den 70. Geburtstag von Anna Bertha May, geb. Harms, der Mutter von Robert May.

Robert May wusste seinen wirtschaftlichen Erfolg und seinen Vermögenszuwachs zu genießen. Gelegentlich unternahm er weite Reisen, beispielsweise zu den Pyramiden nach Ägypten oder auf die Kanarischen Inseln. Außerdem hielt er sich oft in der Reichshauptstadt Berlin auf, wo er einen Freundeskreis um sich versammelte. Während seiner dortigen Aufenthalte wohnte er im feinsten und teuersten Hotel, dem »Adlon«. Dort war ihm ein Zimmer reserviert, das er bei jedem Aufenthalt in Berlin bewohnte.[118]

Das Ehepaar Helene und Robert May auf Silberhochzeitsreise nach Teneriffa 1937

Ursula Moser identifiziert folgende Gäste des 70. Geburtstages ihrer Urgroßmutter »Ochen« im April 1932: von links nach rechts: 1 und 2 unbekannt, 3 Liselotte Krause geb. May, 4 Ernst Bartsch, 5 Helene May, 6 Robert May, 7 unbekannt, 8 Tante Brigitte Pauls, 9 unbekanntes Kind, 10 Urgroßmutter Bertha May, 11 Roswitha May, Schwester von Liselotte May, 12 unbekannt, 13 Edith Pauls, 14 Hermann Pauls, 15 Edith Bartsch, 16 und 17 unbekannt.

Das Sommerhaus in der Wittenfelder Straße, ein Ort der Entspannung im Kreise der Familie

Helene May

Roswitha Aschmoneit geb. May, Liselotte Krause geb. May, Ursula Krause

Liselotte Krause und Robert May

Doch die Entspannung und Erholung sollte auch zuhause in Elbing einen Ort haben. Es verwundert, dass dafür erst 1940 ein Grundstück gekauft wurde. Das passende Areal von ca. 20.000 m² Größe konnte am Stadtrand, an der Wittenfelder Straße 11 von Dr. Kurt von Jarmerstedt, einem Augenarzt, der in der Heilig-Geist-Straße in Elbing praktizierte, für 20.000 RM erworben werden. Im Folgejahr, 1941, kaufte Robert May weitere angrenzende 5.000 m² aus kirchlichem Eigentum hinzu und errichtete im gleichen Jahr auf massiven Fundamenten ein doppelwandiges, winterfestes Wochenendhaus mit den Maßen 6 m x 10 m. Es bot in zwei Räumen ausreichend Platz, war zur Hälfte unterkellert und mit Wasser, Elektrizität und einer Abwasserleitung erschlossen. Auf dem Grundstück wurde eine Obstplantage angelegt. Da auch eine Umzäunung errichtet wurde, beliefen sich die Gesamtkosten auf 45.000 RM.[119]

Offizielle Gäste wurden hier nicht empfangen.[120] Das Sommerhaus wurde mit einer bescheidenen Einrichtung möbliert: Herd, Kühlschrank, Gartengarnitur, Schrank, Buffet, zwei Betten, Tische, Stühle, Liegestühle, Teppiche, Radiogerät im Gesamtwert von zusammen rund 5.000 Reichsmark.[121]

Ursula Moser, Enkeltochter Robert Mays, erinnert sich, dass es ein parkähnliches bewaldetes Grundstück war, auf dem sich auch ein prähistorisches Hünengrab befunden habe. Hier habe sie mit ihrem Kindermädchen Geburtstage gefeiert.

Robert Mays Tochter Liselotte und Schwiegersohn Werner Krause

Robert Mays älteste Tochter Liselotte passte idealtypisch in die Kaufmannsfamilie May. Von beiden Eltern hatte sie eine kaufmännische Begabung mit in die Wiege gelegt bekommen. Schon als junge Frau war sie allem Neuen gegenüber aufgeschlossen. Obwohl es zu jener Zeit ungewöhnlich war, dass minderjährige Frauen selbst am Steuer eines Autos saßen, erwarb die 18-Jährige am 17. Juni 1932 ihre Fahrerlaubnis. Zusammen mit ihrer Freundin Liselotte Rückert machte sie fortan Ausflüge mit den Kraftfahrzeugen ihres Vaters.[122]

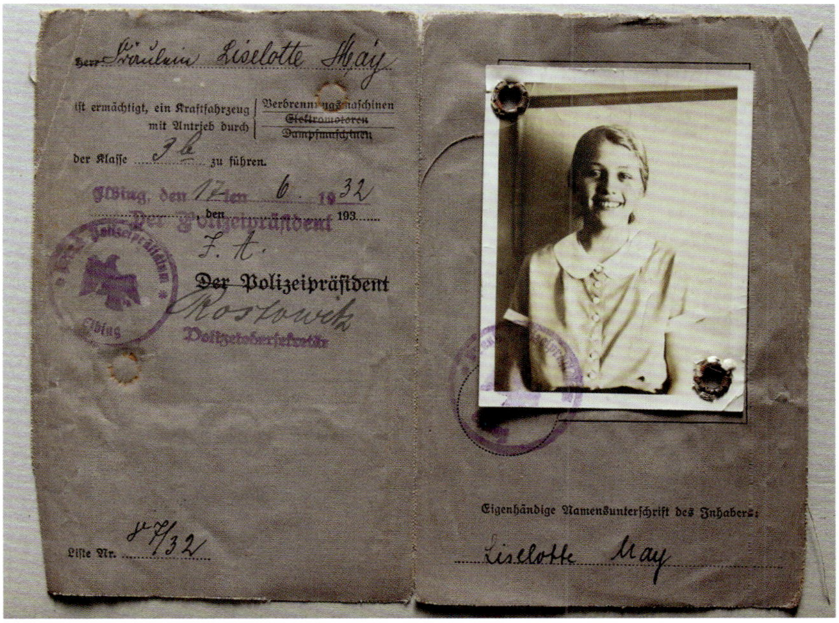

Führerschein Liselotte May

Es ist anzunehmen, dass es in der gar nicht so kleinen Stadt Elbing Stadtgespräch war und Aufsehen erregte, wenn die jungen Damen mit den Limousinen der Fabrikate Horch und Maybach, deren Benutzung Robert May gestattet hatte, durch die Stadt fuhren.

Auch der 12 Jahre ältere, erfolgreiche und noch ledige Getreidekaufmann Werner Krause wird auf sie aufmerksam geworden sein. Er machte der jungen Liselotte bei einem Casinoball den Hof. Sie verliebten sich ineinander und ein Jahr später, zu Pfingsten 1933, war Verlobung in Bad Pyrmont.[123]

Werner Krause, ihr Verlobter, geboren am 27.3.1901, hatte das Elbinger Gymnasium besucht und dort 1919/20 das Abitur bestanden. Sein Vater war in der Elbinger

Helene Mays Vater Hermann Barthe war ebenfalls Gast bei der Tauffeier seiner Urenkeltochter Ursula.

Auch Erich Kownatzki (oben rechts mit Ehefrau) ist zur Familienfeier anlässlich der Taufe von Ursula Krause im Dezember 1935 eingeladen. Urgroßmutter Bertha May geb. Harms und Großvater Robert May sind dabei (unten Mitte und rechts), außerdem Robert Mays Nichte Doris Luttermöller, geb. Pauls, mit Ehemann Gustav (links).

Sonnenstraße ein vermögender Fuhrunternehmer gewesen. Er hatte aber nach dem Ersten Weltkrieg den Fehler begangen, den größten Teil seiner Ländereien an die Stadt Elbing zu verkaufen. Die Inflation, die sich als Kriegsfolge bald darauf einstellte, machte alles Geldvermögen und damit auch seinen Verkaufserlös wertlos.

Werner Krause empfand diesen Verlust als einen sozialen Abstieg, der ihn sehr belastete. In einer Kolonialwarenfirma machte er noch eine Lehre zum Kaufmann, doch anschließend, im Jahr 1926, wollte er Deutschland verlassen.

Er rüstete sich zur Auswanderung nach Afrika. Beim Abschiednehmen begegnete er seinem alten Freund Erich Kownatzki. Dieser ermutigte ihn, in Elbing zu bleiben und schlug eine gemeinsame Firmengründung vor.[124]

Werner Krause ließ sich überzeugen, und 1928 gründeten beide mit einem Stammkapital von jeweils 15.000,- RM die Getreide-, Saaten-, Futter- und Düngemittelhandlung »Kownatzki & Krause OHG«.

Der Geschäftssitz des Unternehmens befand sich in der Junkerstraße 34/35. Im Elbinger Speicherviertel wurde unter der Anschrift »Am Lübecker Ufer 2« ein alter Fachwerkspeicher zunächst gemietet und dann gekauft.[125]

Da sich beide Gesellschafter gut verstanden und tüchtig waren, hatten sie rasch Erfolg. Erich Kownatzki kümmerte sich um die innerbetriebliche Abwicklung und das Rechnungswesen. Werner Krause ging zu den Landwirten, Gütern, Molkereien und Lieferanten. Er war ein begeisterter Reiter, Pferdekenner und Züchter, das kam bei seinen Kunden besonders gut an. Diesen gefiel es, wenn sie im Getreidekaufmann im Außendienst auch einen versierten Pferdeexperten als Gesprächspartner vor sich hatten. Das florierende Handelsunternehmen der Freunde Krause und Kownatzki hatte sich nach wenigen Jahren gut etabliert.

Die Gründung einer Familie mit der jungen Liselotte May wurde nun allseits als freudiger Start in eine harmonische familiäre Zukunft empfunden. Allerdings war Liselotte May noch minderjährig und bedurfte zur Eheschließung der Zustimmung ihres Vaters. Robert May gab sie, wenn auch widerstrebend, denn der von seiner Tochter erwählte Schwiegersohn war ihm nicht auf Anhieb sympathisch. Am 27. April 1934 wurde geheiratet und Liselotte wird von ihrem Vater mit einer standesgemäßen Mitgift ausgestattet worden sein.

Werner und Liselotte Krause bekamen fünf Kinder:

- Ursula, geb. am 29.6.1935
- Gotthard, geb. am 25.12.1936; 1939 verstorben.
- Ulrich, geb. am 23.9.1938
- Elisabeth, genannt Betty, geb. am 15.6.1941
- Sabine, geb. am 19.4.1943

Alle Kinder wurden schon im Babyalter evangelisch getauft.

Sohn Gotthard erlitt als Zweijähriger eine tragische Darmverschlingung, die von keinem erreichbaren Arzt behoben werden konnte. Ein jüdischer Medizin-Professor der Universität Königsberg wurde den Eltern empfohlen. Als sie ihn um Hilfe bitten wollten, mussten sie feststellen, dass er kurz zuvor aus Deutschland emigriert war. Nach Gotthards Tod ging Liselotte Krause ein ganzes Jahr in Schwarz und besuchte immer wieder dessen Grab. Gegenüber den Kindern haben die Eltern allerdings wenig über dieses Ereignis gesprochen. Diese sollten mit der Tragik nicht zu sehr belastet werden.[126]

Tochter Ursula erinnert sich an eine schöne Kindheit in Elbing. Die Familie sei dort gut situiert und bekannt gewesen. Sie habe zahlreiche Gesellschaften gegeben oder sei selbst eingeladen worden. Sonntags seien beide Eltern oft ausgeritten und hätten Güter ihrer Kunden besucht. Mit dem Auto sei die Mutter nach der Eheschließung kaum noch gefahren. Im Sommer sei man mit der Mutter in das Ostseebad Kahlberg am Frischen Haff gereist, wo die Familie ein Apartment im »Kaiserhof« bewohnte. Am Wochenende sei dann auch der Vater dazugekommen.[127]

Werner und Liselotte Krause mit Tochter Ursula – Weihnachten 1936

Liselotte Krause mit den Kindern Ursula und Ulrich im November 1939

Ulrich und Ursula Krause ca. 1940 in Kahlberg, Frische Nehrung

Mündlich berichtet sie dem Verfasser:

Ich kann dazu nur sagen, da ich 9,5 Jahre mit meinen Eltern in der Heimat gelebt habe, dass die Verhältnisse meiner Eltern immer großbürgerlich waren. […] Vati war im Grunde genommen ein Gutsherr. Werner Krause sei eine Zeit lang Eigentümer eines landwirtschaftlichen Betriebes, gelegen im 160-Einwohnerdorf Meislatein, auf halber Strecke zwischen Elbing und der benachbarten Kreisstadt Preußisch Holland gewesen. Hier habe er sich mit Begeisterung der Trakehner Pferdezucht gewidmet. Der Betrieb sei aber vor der Heirat mit Liselotte May verkauft worden, weil Kapital benötigt wurde, um unter der Anschrift »Amtsfreiheit 57« eine Zweigniederlassung der Getreidehandlung in Preußisch-Holland zu erwerben. *Diese Firma ging sehr, sehr gut, weil sie umgeben war von lauter Gütern, ebenso unser Elbinger Geschäft […]. Vati fuhr mit seinem Mercedes zwischen den Firmen hin und her und hatte ja auf den Gütern der Verwandten und auf den Ländereien, die er noch besaß, seine berühmte Trakehner Pferdezucht. Er war auf allen Gütern zuhause und regulierte daher auch den Einkauf auf den Gütern.*[128]

Zu seinem nur 14 Jahre älteren Schwiegervater Robert May hatte Werner Krause ein distanziertes Verhältnis. Jener zeigte ihm, dass er sich auf einem besseren kaufmännischen Niveau bewegte. Das lag wohl in den Eigentümlichkeiten und Ertragsmöglichkeiten der Branchen begründet, in denen sie jeweils gewerblich tätig waren. Werner Krause war aber nach der Erinnerung seiner Tochter Ursula durchaus gut situiert. Doch als Getreidehändler war er einer von mehreren in Elbing. Die Konkurrenzsituation ließ sowohl ihm als auch seinen Kollegen nur kleine Verdienstmargen. Bei Robert May war das anders. Staesz- Pfefferkuchengewürz und die Produkte der Jurolin Lackfabrik waren zu Markenartikeln geworden, die Robert May Ende der 1930er Jahre zu einem sehr vermögenden Kaufmann gemacht hatten. Entsprechend selbstgewiss trat er seinem Schwiegersohn entgegen. Auch dessen Pferdebegeisterung konnte er nichts abgewinnen.

Werner Krause war aber auch ein ganz anderer Menschentyp als sein Schwiegervater. Dem ruhigen abwägenden Wesen Robert Mays stand die Begeisterungsfähigkeit, Emotionalität und rasche Entschlusskraft Werner Krauses gegenüber. Dieses war schon am Verlauf des Auswanderungsvorhabens erkennbar gewesen.

Der Erwartung seines künftigen Schwiegervaters, dass jedermann ihm, dem ehrbaren erfolgreichen Kaufmann, mit Respekt und geziemender Achtung begegnen müsse, setzte Werner Krause das Selbstbewusstsein entgegen, es auch zu etwas gebracht zu haben. Sein Sohn Ulrich hat dem Verfasser eine Erinnerung wiedergegeben, die sein Vater gerne erzählt hat. Ulrich Krause erinnert sich bei der Wiedergabe besonders an den tiefen schweren Tonfall in der ostpreußischen Mundart seines Vaters:

Mein Vater hatte über die Trakehner Pferdezucht eine gute Verbindung zu Louis Ferdinand Prinz von Preußen und man besuchte sich auch mit den Familien.

Es begab sich zu der Zeit – zwischen 1940 und 1943 – dass mein Vater wieder mit seinem Zweispänner und Trakehner Passern[129] *auf dem Sommerweg von Elbing nach Cadinen zum Prinzen unterwegs war. Mein Vater hat mir über die Begegnung erzählt: »Na, da hör ich doch so'n Geräusch hinter mir vom Kutschbock aus – Nu, ich dreh mich um und sehe Deinen Großvater im »Horch«*[130] *auf dem Kopfsteinpflaster kommen und wir (die Pferde und ich) hatten den schönen leisen Sand unter die Hufe – na Jung was soll ich Dir sagen – ich zeig ja meinen beiden nur fromm die Peitsch und da sausten sie nur so dahin – was meinst wer Erster war – na wir drei – Trakehnerblut jejen dem Horch!« – Eine schöne Geschichte, die auch dem Prinz und seiner Gemahlin gefiel.*[131]

Seine Schwester Ursula erinnert sich: *Ich habe nie richtig Gefühle für meinen Großvater Robert May gehabt. Ich habe zwar versucht, mich über Begegnungen mit ihm zu freuen, wenn wir uns nach langer Zeit sahen. Dann konnte es aber sein, dass er zur Begrüßung sagte: »Kind, an Deinem Mantel fehlt ein Knopf.« Das war seine Begrüßung, auch wenn wir uns zuvor Monate nicht gesehen hatten. Von sich selbst erzählte er nichts und fragte auch nicht, wie es mir geht. Man konnte mit ihm gut Karten spielen, vor allem Rommé, aber im Grunde hatten wir wenig Kontakt. Er ist auch nicht zu uns zu Besuch gekommen.*[132]

Nächste Seite:
Oben: In der Nachbarschaft zum Zollamt (Mitte) befand sich der Fachwerkspeicher (links) des Handelsunternehmens »Kownatzki & Krause«.

Unten: Leegebrücke mit Hauptzollamt und Speicher Kownatzki & Krause; Bild 127349 aus dem © Bildarchiv Ostpreußen, www.bildarchiv-ostpreussen.de

Fahrkarten-Verkauf
nach Kahlberg
Elbing Dampfer-Anlegestelle

Der Weg in die Katastrophe und der Neuaufbau im Westen (1939-1949)

1939 – Glanzzeit der Unternehmen

Wegen der kriegswirtschaftlichen Bedeutung des Betriebes wurde Werner Krause bei Kriegsausbruch 1939 zunächst unabkömmlich gestellt. Sein Geschäft florierte, doch seine Stellung ermöglichte ihm auch einen Einblick in die fragile Versorgung der deutschen Wirtschaft. Er erkannte abseits der Parteipropaganda, dass der Krieg nicht zu gewinnen war. In seinem Bekanntenkreis wurde ab 1943 offen darüber gesprochen, dass die Sowjetarmee nicht mehr aufzuhalten sei und dass insbesondere Ost- und Westpreußen überrollt werden würden.[133]

Der Überfall Nazi-Deutschlands auf das benachbarte Polen bedeutete eine Zäsur, die die Lebensläufe aller Menschen auch in Deutschland von Grund auf veränderte. Für viele war sie die logische nächste Stufe in das Verderben nach der 1933 erfolgten Machtübernahme durch die Nationalsozialisten. Doch erst mit diesem Schritt war eine Ereigniskette in Bewegung gesetzt, die Tod und Elend nicht mehr nur über diejenigen brachte, die innerhalb des Deutschen Reiches nicht zur sogenannten »Volksgemeinschaft« zählten, sondern auch über diejenigen, die der deutschen Kriegsmaschinerie in den überfallenen Ländern ausgesetzt waren. Bald würde sie auch das eigene Volk erfassen und es ins Verderben ziehen.

Robert May wird gespürt und vielleicht sogar vorausgeahnt haben, dass der Krieg kein siegreiches Ende nehmen würde. Mit engen Freunden wird er da-

Logenhaus der Freimaurerloge »Constantia zur gekrönten Eintracht« in Elbing

rüber gesprochen haben. Beispielsweise war er im Vorstand des »Elbinger Drogistenvereins«.[134]

Eine andere Vereinigung, die ihm am Herzen gelegen und der er gerne angehört hatte, war die 1934 wie alle Freimaurerlogen verbotene und aufgelöste Loge »Constantia zur gekrönten Eintracht«. Robert May war ihr am 18.4.1920 beigetreten[135]. Die dort entstandenen Freundschaften waren ihm in vielen Situationen nützlich gewesen. Auch Prinz Louis Ferdinand von Preußen gehörte zu diesem Kreis.

Mit wem hatte Robert May in Elbing sonst noch einen guten freundschaftlichen Kontakt? Da waren natürlich seine leitenden Mitarbeiter. Dann gab es vertrauenswürdige Personen, an die er sich wandte, wenn er Rechtsrat brauchte oder Baumaßnahmen plante. Aber natürlich benötigte Robert May wie jeder Kaufmann auch ein funktionierendes Netzwerk an guten Beziehungen.

Der NSDAP war Robert May nicht beigetreten.[136] Natürlich konnten sich weder er noch sonst jemand offen gegen die Partei stellen, das wäre geradezu lebensmüde und existentiell gefährdend gewesen. Auch im Interesse seiner Firmen und seiner Mitarbeiter musste Robert May sich anpassen. Das wirtschaftliche System beruhte einerseits auf dem Kommandoprinzip. Doch gleichzeitig war es auch eine »Beziehungswirtschaft«[137], die auf einem System gegenseitiger Abhängigkeiten beruhte. Daher musste sogar gelegentlich »mit den Wölfen geheult« und eine öffentliche Unterstützung gezeigt werden, um eine oppositionelle Haltung verbergen zu können. In diesem Sinne leisteten die Unternehmen Robert Mays beispielsweise auch Spenden an das »Winterhilfswerk«.[138]

Den Firmen Robert Mays ging es in diesen Jahren sehr gut. Nach der Machtüber-

Als Robert May in den 1950er Jahren den Lastenausgleich beantragte, benannte er etliche Personen, die seine Angaben bestätigt hätten. Es kann angenommen werden, dass die von ihm erstellte Liste einerseits den Kreis der früheren leitenden Mitarbeiter umfasste, andererseits aber auch die damals noch lebenden Personen seines Freundeskreises bezeichnete:

Herbert Sternitzky, Bismarckstraße Elbing	Prokurist der Firma »Jurolin Lackfabrik«
Frl. Lotte Broosch	Prokuristin der Firma »J. Staesz jun.«
Frieda Gendreißig	Buchhalterin d. Firma »Rud. Sausse Nachf.«
Paul Krüger	Steuerberater
Kaufmann Hermann Pauls	Ehemann v. Robert Mays Schwester Lotte
Franz Praß, Handelsgeschäft Albert Dyck	
Kaufm.Günther Behnke, Jockey-Club Elbing	
Kaufmann Pappey	
Kaufmann Heinrich Penner	Spirituosen u. Feinkost Geschäft, Mennonit
Kaufmann Gebrüder Sieg, Kurt u. Erich Sieg	Enge Freunde, auch von Werner Krause
Bankdirektor Hans Wolff	Enger Freund
Apotheker Dr. Herzfeld	Für Drogerie J. Staesz jun.
Kaufmann Hugo Öhlschläger	
Dr. Rudi Passarge	Mein Rechtsanwalt
Oskar Fischer	Mein Architekt
Alfred Müller	Mein Baumeister

Die Belegschaft der Drogerie J. Staesz jun. ca. 1935 bis 1939 mit Werner May (3. von links)

nahme durch die Nationalsozialisten im Jahre 1933 profitierten sie, wie die gesamte Wirtschaft im Deutschen Reich, von den für fast alle Unternehmer wesentlich verbesserten Rahmenbedingungen. »Ihre Ertragslage verbesserte sich so schnell und gründlich, die Gewinne stiegen in vergleichsweise kurzer Zeit in einer solchen Weise, wie (es) die Unternehmen bei allem Optimismus wohl nicht vorausgesehen hatten.«[139]

Eukalyptuswerbung vom 17.11.1925 (Elbinger Tageblatt), Lieferzettel der Polizei-Flugwache vom 25.6.1934; Kassenzettel vom 29.6.1934, Werbung »Staesz Nagetierbrot«, Westpr. Zeitung vom 21.2.1939

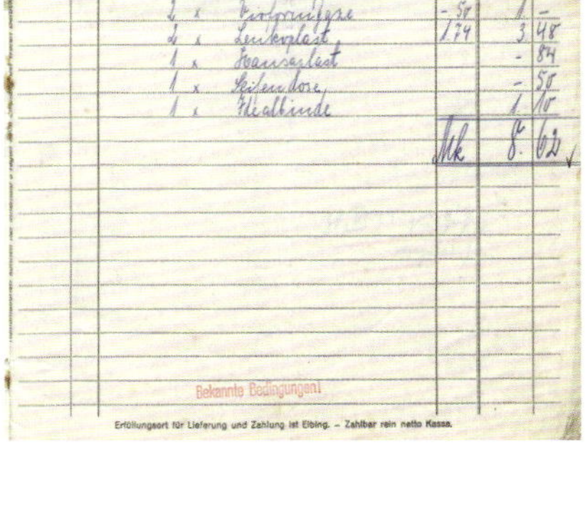

J. STAESZ JUN.

INHABER: ROBERT MAY

Gewürzmühle, Drogen-, Farben-, Firnis-Großhandlung

№ 2672

ELBING

Wasserstr. 44

Firma Polizei Flugwache - Wickwalde Soll

Bekannte Bedingungen!

Erfüllungsort für Lieferung und Zahlung ist Elbing. – Zahlbar rein netto Kasse.

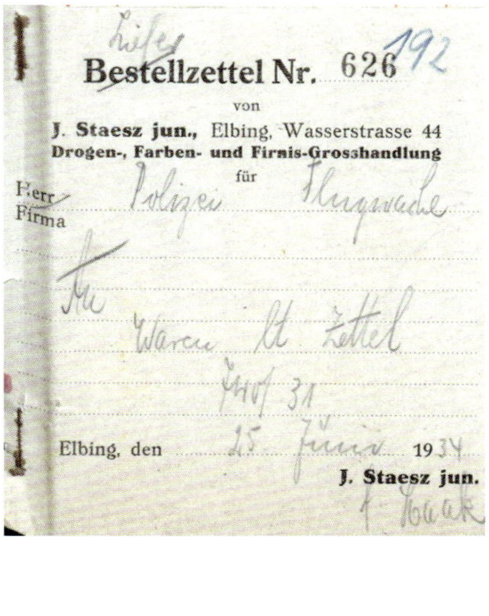

Bestellzettel Nr. 626

von

J. Staesz jun., Elbing, Wasserstrasse 44

Drogen-, Farben- und Firnis-Grosshandlung

für

Herr / Firma Polizei Flugwache

Elbing, den 25. Juni 1934

J. Staesz jun.

Die Firmengruppe Robert May bei Kriegsausbruch 1939:[140]

	Betriebsleiter/in	Mitarbeiter	Umlaufvermögen
Drogerie J. Staesz jun.	Lotte Broosch Prokuristin	30 zzgl. 30 Saisonkräfte	165.000 RM
Pharmazeutische Großhandlung Guhl KG	Fritz Guhl Kommanditist	?	98.000 RM (Anteil Robert May)
Rudolph Sausse Nachf.	Helene May	28	150.000 RM
Jurolin Lackfabrik	Herbert Sternitzky Prokurist	33	523.000 RM

Nach Kriegsausbruch und in den Jahren danach stellten Robert Mays Unternehmen in seiner Heimatstadt Elbing einen bedeutenden und stabilen Wirtschaftsfaktor dar. Mehr als 100 Menschen waren bei ihm beschäftigt und konnten so ihre Familien ernähren.

An öffentlichen Auftritten als erfolgreicher Gewerbetreibender war Robert May aber nicht gelegen. Das mag der Grund sein, dass seine Unternehmen in veröffentlichten Porträts seiner Heimatstadt bis heute nicht erwähnt werden.

Erst sehr viel später schrieb Robert May über seine finanziellen Verhältnisse: *1943 betrug mein Einkommen lt. Bilanz ca. ¾ Million Umsatz, Reingewinn: 265.000 Mk. 1944 war der Umsatz absinkend, Reingewinn ca. 190.000 Mk.*[141] Über sein Geschäftsgebaren, das ihm bis 1945 einen derartigen Erfolg ermöglichte, konnten im Familienarchiv Krause und im Firmenarchiv Staesz keine aussagefähigen Unterlagen ermittelt werden.

Am 5.12.1942 heiratet Werner May in Ballenstedt die 20jährige Gisela Taubenheim, Tochter des Kaufmanns und Fabrikanten Dr. jur. Heinrich Taubenheim.[146]

Dass er seine Ehefrau Helene mit der Leitung der Drogerie Sausse betraute und der 1924 zunächst als Buchhalterin eingestellten Lotte Broosch[142] Prokura für die Drogerie J. Staesz jun. erteilte, zeigt, dass Robert May sich von den zeitgenössischen Rollen-Zuweisungen für Frauen nicht hat beeindrucken lassen. Mehr noch: Wenn sich seine Enkeltochter Ursula im Rückblick auf Helene May an eine von geschäftlicher Erfordernissen getriebene Großmutter erinnert, »sehr elegant und hinter dem Ohr immer eine brennende Zigarette« (S. 72), dann zeigt dies, dass auch Helene May über ein Selbstbewusstsein entgegen dem Zeitgeist verfügte. Den »deutschen Frauen, die nicht rauchten und sich nicht schminkten«, so das propagierte »Ideal«, verkaufte sie mit großem Erfolg die von diesen gewünschten Parfümartikel. Es ist anzunehmen, dass die vom üblichen Klischee abweichende Haltung des Ehepaars May bei den maßgebenden NS-Größen nicht gerade positiv aufgefallen ist.

Nach dem Krieg stellte Robert May rückblickend fest: *Die Unternehmen entwickelten sich, wenn auch nicht sprunghaft, so doch planmäßig weiter, obwohl ich durch die NSDAP manche Einbuße erlebte.*[143] Hinweise, in welcher Weise und wie umfangreich die Einbußen eintraten, haben sich im Archivmaterial nicht finden lassen.

Robert May entschloss sich im Jahre 1939, für die Zeit nach seinem Tode vorzusorgen und sein Testament zu machen. Vom Inhalt

Die Familie May mit den erwachsenen Kindern nach der Einberufung Werner Mays zur Wehrmacht.

ist nur bekannt, dass die Drogerie Sausse an seine jüngste Tochter Roswitha fallen sollte.[144] Sie heiratete am 30. März 1941 Erich Aschmoneit[145], einen tüchtigen Fotografen, der so ganz nach dem Geschmack seines Schwiegervaters war. Die junge Familie bezog anschließend eine Wohnung neben den Schwiegereltern May im Haus der Drogerie Sausse. 1943 und 1944 wurden zwei Söhne geboren.

Seinen Sohn Werner wird er sich als Nachfolger für alle übrigen Betriebe vorgestellt haben. Doch würde Werner den Krieg überleben und die Nachfolge antreten können? Seine Einziehung zur Wehrmacht erfolgte schon kurz nach Kriegsausbruch. Am 1.8.1940 wurde Werner May Leutnant und machte den Krieg gegen die Sowjetunion von Anfang an mit. Am 1.8.1942 wurde er zum Oberleutnant befördert.[147]

Erfassung und Auslagerung von Vermögenswerten etc. zum Kriegsende

Robert May wird gespürt haben, dass seinem weit im Osten des Deutschen Reiches gelegenen Besitz eine immer größer werdende Gefahr drohte. Die Gefahr durch von weither anfliegende Bomber war dabei nicht das Bedrohlichste. Es stand vielmehr alles auf dem Spiel: Besitz, Gesundheit, Leben, sogar das Verbleiben in der Heimat.

Offenbar hatte Robert May Informationen, dass die Sowjetarmee weit in das Deutsche Reich hinein vorstoßen könne und er wusste, dass es bei diesem Szenario zu einem Inferno kommen würde. Den Beteuerungen der NS-Führung, dass die Wehrmacht jeden Angriff zurückschlagen und dass deutsches Reichsgebiet niemals erobert werde, wird er nicht geglaubt haben. Nicht zuletzt von seinem an der Ostfront eingesetzten Sohn Werner hatte er Informationen über die Art und Weise der Kriegsführung der Wehrmacht und der sogenannten Einsatzgruppen erhalten und konnte sich ausmalen, wie eine Rache der Roten Armee ausfallen könne.[148]

Dem NS-System war Robert May zu keiner Zeit verfallen. Auch sein Freundeskreis bestand überwiegend aus nüchtern denkenden Köpfen, die dem Nationalsozialismus ebenso fern standen wie er selbst. Sie konnten die tatsächliche Lage richtig einschätzen und sich untereinander austauschen, dass das Vordringen der Roten Armee Rache befürchten ließ.

Robert May zog daraus seine Schlussfolgerung. Es galt, sich auf das schlimmste Szenario einzustellen. Er tat dies zunächst auf seine eigene, ungewöhnliche Weise. Im Mai 1944 beauftragte er den beim Elbinger Amtsgericht tätigen Obergerichtsvollzieher Schwarz, ein »Inventar-Verzeichnis« für sich und seine Ehefrau anzufertigen.

Die Anfertigung eines »Inventar-Verzeichnisses« oder einer »Inventur« war für einen Kaufmann auch zur damaligen Zeit eigentlich nichts Außergewöhnliches. Die Vorschrift des § 240 Abs. 1 HGB lautete damals wie heute: *Jeder Kaufmann hat zu Beginn seines Handelsgewerbes seine Grundstücke, seine Forderungen und Schulden, den Betrag seines baren Geldes sowie seine sonstigen Vermögensgegenstände genau zu verzeichnen und dabei den Wert der einzelnen Vermögensgegenstände und Schulden anzugeben.* Nach § 240 Abs. 2 HGB hatte er dieses zum Ende eines jeden Geschäftsjahres zu wiederholen.

Werner und Gisela May, geb. Taubenheim – ein kurzer Fronturlaub mit wenigen Tagen des glücklichen Zusammenseins

Inwieweit war das Vorhaben der Eheleute May gleichwohl ungewöhnlich? Drei Aspekte kommen hier ins Spiel:

- Es ging nicht nur um Vermögensgegenstände, die zu den May'schen Firmen, sondern um Vermögensgegenstände, die den Eheleuten May persönlich gehörten, nämlich »deren Mobiliar, Hausrat, Wäsche- und Kleidungsstücke«.
- Das Verzeichnis wurde vom Obergerichtsvollzieher als Amtsperson angefertigt, offiziell im Dienstregister erfasst (D.R. II 50a/44) und mit einer Kostenrechnung versehen (Wert: 59.350 RM – Betrag der Kostenrechnung: 55,25 RM).
- Auf der Titelseite des Verzeichnisses wurde auch eine Begründung für die Erstellung des Inventar-Verzeichnisses genannt, nämlich »aus Anlass befürchteter Kriegsschäden«.

Eine solche öffentliche Begründung erscheint mit Blick auf die Atmosphäre, die den öffentlichen Diskurs beherrschte, ungewöhnlich.

- Eine Privatperson ließ ihre Zweifel am siegreichen Ausgang des Krieges von einer Amtsperson öffentlich niederschreiben.
- Bestand nun nicht die Gefahr, dass Robert May wegen Defätismus belangt werden konnte?

Robert May musste seine Aktion unverfänglich darstellen, sonst wäre sie nicht möglich

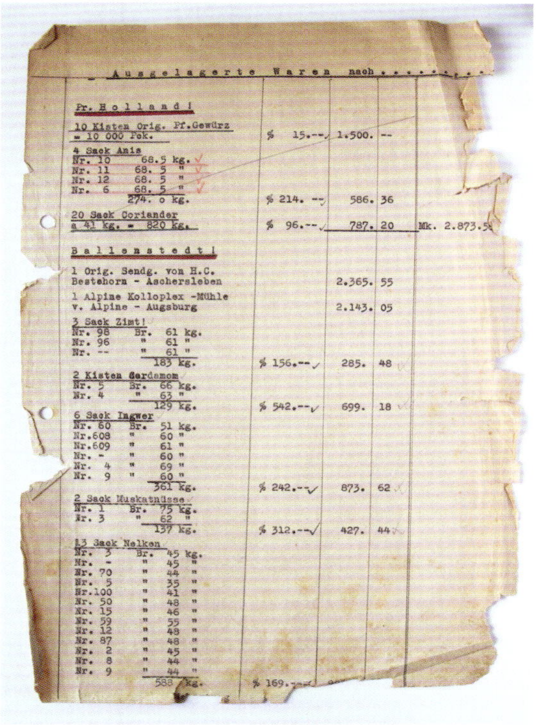

Ausgelagerte Waren nach ....

Pr. Holland!				
10 Kisten Orig. Pf.Gewürz				
= 10 000 Pok.	% 15.--	1.500.	--	
4 Sack Anis				
Nr. 10 68.5 kg.				
Nr. 11 68. 5 "				
Nr. 12 68. 5 "				
Nr. 6 68. 5 "				
274. o kg.	% 214. --	586.	36	
20 Sack Coriander				
a 41 kg. = 820 kg.	% 96.--	787.	20	Mk. 2.873.5[illegible]
Ballenstedt!				
1 Orig. Sendg. von H.C.				
Bestehorn - Aschersleben		2.365.	55	
1 Alpine Kolloplex -Mühle				
v. Alpine - Augsburg		2.143.	05	
3 Sack Zimt!				
Nr. 98 Br. 61 kg.				
Nr. 96 " 61 "				
Nr. -- " 61 "				
183 kg.	% 156.--	285.	48	
2 Kisten Cardamom				
Nr. 5 Br. 66 kg.				
Nr. 4 " 63 "				
129 kg.	% 542.--	699.	18	
6 Sack Ingwer				
Nr. 60 Br. 51 kg.				
Nr.608 " 60 "				
Nr.609 " 61 "				
Nr. - " 60 "				
Nr. 4 " 69 "				
Nr. 9 " 60 "				
361 kg.	% 242.--	873.	62	
2 Sack Muskatnüsse				
Nr. 1 Br. 75 kg.				
Nr. 3 " 62 "				
137 kg.	% 312.--	427.	44	
13 Sack Nelken				
Nr. 3 Br. 45 kg.				
Nr. - " 45 "				
Nr. 70 " 44 "				
Nr. 5 " 35 "				
Nr.100 " 41 "				
Nr. 50 " 48 "				
Nr. 15 " 46 "				
Nr. 59 " 55 "				
Nr. 12 " 48 "				
Nr. 87 " 48 "				
Nr. 2 " 45 "				
Nr. 8 " 44 "				
Nr. 9 " 44 "				
588 kg.	% 169.--	[illegible]		

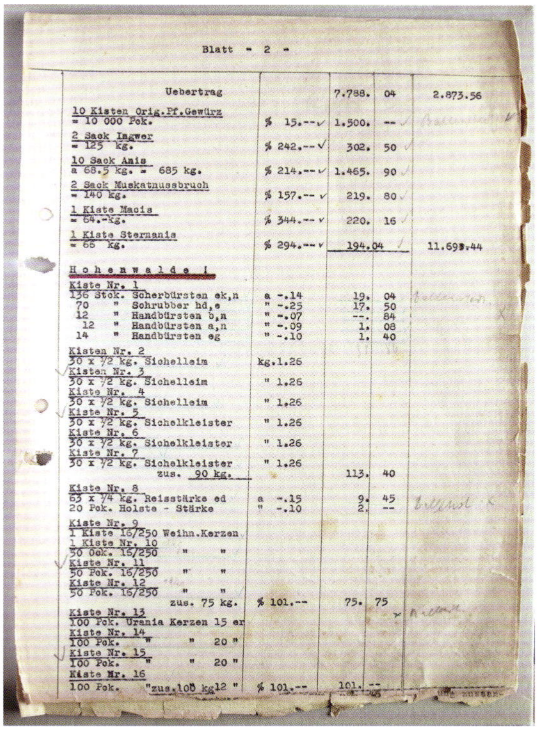

Blatt - 2 -

Uebertrag		7.788.	04	2.873.56
10 Kisten Orig.Pf.Gewürz				
= 10 000 Pok.	% 15.--	1.500.	--	
2 Sack Ingwer				
= 125 kg.	% 242.--	302.	50	
10 Sack Anis				
a 68.5 kg. = 685 kg.	% 214.--	1.465.	90	
2 Sack Muskatnussbruch				
= 140 kg.	% 157.--	219.	80	
1 Kiste Macis				
= 64.-kg.	% 344.--	220.	16	
1 Kiste Sternanis				
= 66 kg.	% 294.--	194.04		11.693.44
Hohenwalde!				
Kiste Nr. 1				
136 Stck. Scherbürsten ek,n	a -.14	19.	04	
70 " Schrubber hd,e	" -.25	17.	50	
12 " Handbürsten b,n	" -.07	--.	84	
12 " Handbürsten a,n	" -.09	1.	08	
14 " Handbürsten eg	" -.10	1.	40	
Kisten Nr. 2				
30 x 1/2 kg. Sichelleim	kg.1.26			
Kisten Nr. 3				
30 x 1/2 kg. Sichelleim	" 1.26			
Kiste Nr. 4				
30 x 1/2 kg. Sichelleim	" 1.26			
Kiste Nr. 5				
30 x 1/2 kg. Sichelkleister	" 1.26			
Kiste Nr. 6				
30 x 1/2 kg. Sichelkleister	" 1.26			
Kiste Nr. 7				
30 x 1/2 kg. Sichelkleister	" 1.26			
zus. 90 kg.		113.	40	
Kiste Nr. 8				
63 x 1/4 kg. Reisstärke ed	a -.15	9.	45	
20 Pok. Holste - Stärke	" -.10	2.	--	
Kiste Nr. 9				
1 Kiste 16/250 Weihn.Kerzen				
1 Kiste Nr. 10				
50 Ook. 15/250 " "				
Kiste Nr. 11				
50 Pok. 16/250 " "				
Kiste Nr. 12				
50 Pok. 16/250 " "				
zus. 75 kg.	% 101.--	75.	75	
Kiste Nr. 13				
100 Pok. Urania Kerzen 15 er				
Kiste Nr. 14				
100 Pok. " " 20 "				
Kiste Nr. 15				
100 Pok. " " 20 "				
Kiste Nr. 16				
100 Pok. "zus.100 kg12 "	% 101.--	101.	--	

Ausschnitte aus den Verlagerungslisten Ballenstedt und Hohenwalde

gewesen. Auch Museen und Archive handelten in Hinblick auf mögliche Verluste wie Robert May. Sie ließen vor der Verlagerung ihrer Sammlungen ebenfalls Inventarlisten erstellen.

Vielleicht hat auch Robert May eine Bedrohung durch Bombenangriffe als Motivation seines Vorgehens angegeben. Den Verlust seines Eigentums durch vorrückende Truppen wird er als Begründung sicher nicht genannt haben können.

Das Verzeichnis umfasste den Familienbesitz in der Wohnung »Alter Markt 49«, dem Gebäude, in dem sich auch die Drogerie Sausse befand.[149] In der 13-seitigen Liste sind auch Angaben zum Zeitwert enthalten. Die Beträge addieren sich auf 62.076,96 Mark.

Robert May war ein umsichtiger und weitblickender Unternehmer. Nach der Anfertigung des Verzeichnisses wollte er für den erwarteten schlimmsten Fall vorsorgen. Der Inventarisierung folgte die Verlagerung. Soviel privates Eigentum, aber auch soviel Rohstoffe und Betriebsmittel wie nur möglich mussten aus Elbing weggeschafft und ins vermeintlich sichere innere Reichsgebiet verfrachtet werden.

Dr. Heinrich Taubenheim, in Ballenstedt am nordöstlichen Rand des Harzes wohnender Schwiegervater seines Sohnes, war ihm ab August 1944 bei der Verlagerung und Sicherung des Besitzes behilflich. Etliche Kisten und Pakete gelangten in seine Verwahrung. Weitere Aufbewahrungsorte wurden in den benachbarten Städten des Harzvorlandes, u. a. in Gernrode und Wernigerode gefunden.[150]

Offenbar war auch der Freundeskreis, den sich Robert May während seiner Aufenthalte in Berlin aufgebaut hatte, bei der Zwischenlagerung behilflich. Aus den aufbewahrten Listen ergibt sich, dass 49 Kisten im Gesamtwert von mehr als 120.000 Reichsmark gepackt und dass davon ein Teil auch an Adressaten in Kolberg/Hinterpommern, Landsberg/Warthe und Friedersdorf im Kreis Sorau gesandt wurde.

Es wurden nicht nur Hausrat, Kleidung, und persönliche Wertgegenstände verlagert. Auch Vorräte an Waren und Rohstoffen aus den Betrieben wurden in diese vermeintlich sicheren Gebiete gebracht. So wurden deutsche und französische Parfums, Gewürze und Lackleinöl im Gesamtwert von 28.500 RM in Räume der Ziegelei Vollrath in Ballenstedt eingelagert, in die Kegelbahn von Frau Binder in Bockenem und in die Dampfwäscherei Neumann in Kolberg/Hinterpommern wurde Ware aus der Drogerie Sausse geschafft und die Japasin Lackfabrik in Erfurt übernahm von der Jurolin-Lackfabrik Rohstoffe zur Herstellung von Lacken.[151]

Ein besonders großes Lager wurde in Hohenwalde in der Uckermark geschaffen. Insgesamt 220 Kisten mit Drogerieartikeln, Rohstoffen und Werkzeugen wurden hierher gebracht, dazu zahlreiche gefüllte Fässer, Ballone etc.

In der Auflistung verlagerter Artikel finden sich auch 64 Säcke und Kisten mit einzelnen Gewürzen zur Befüllung der Pfefferkuchenbeutel, 245.400 Außenbeutel »Original-Staesz« und 1.628.000 Innenbeutel für die einzelnen Gewürze.

Auch die Kolloplex-Mühle der Firma Alpine zur Herstellung von Staesz-Pfefferkuchengewürz und einige andere Maschinen konnten in Sicherheit gebracht werden. Die für das Weihnachtsgeschäft 1944 benötigte Menge war bereits im Spätsommer hergestellt und eingelagert worden.[152]

Robert Mays Enkel Ulrich Krause vergleicht die Sicherungsaktionen mit einem eingängigen Bild aus der Natur: *Großvater Robert May verlagerte seinen Besitz nach überall, wie ein Eichhörnchen vor dem Winter.*[153]

Mit diesen Vorsichtsmaßnahmen verhielt sich Robert May in überraschender Weise anders als die meisten seiner Zeitgenossen. Dem Verfasser ist kein weiterer Fall bekannt, in dem es Gewerbetreibende aus dem historischen Ostdeutschland in einer derart konsequenten Weise versucht haben, ihren Besitz und ihr wirtschaftliches Überleben durch eine rechtzeitige Verlagerung von Maschinen und Produktionsmitteln zu sichern.

Auch Schwiegersohn Werner Krause ahnte, was den Elbingern bevorstand, und sorgte für sich und seine Familie vor. Ulrich Krause erinnert sich an Erzählungen seines Vaters: *Kritisch haben viele die damalige Situation eingeschätzt. Mein Vater – Pferdemann –, anders programmiert als Robert May, – ließ sich gummibereifte Pferdefuhrwerke bauen, versteckte diese in der Strauchmühle bei Karl Holm (dessen Frau Traute Holm, geb. Suschke, war Mutters beste Freundin). Ihr Vater stellte dann am 22. Jan. 1945 auch den LKW zur Flucht zur Verfügung. Der Karl Holm sagte einmal spöttisch: Na wenn die Russen nicht bald kommen, verrosten Krauses neue Wagen!*[154]

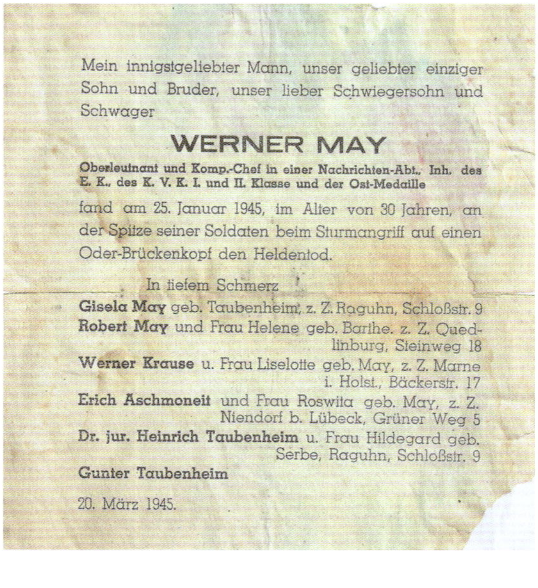
Mein innigstgeliebter Mann, unser geliebter einziger Sohn und Bruder, unser lieber Schwiegersohn und Schwager

WERNER MAY

Oberleutnant und Komp.-Chef in einer Nachrichten-Abt., Inh. des E. K., des K. V. K. I. und II. Klasse und der Ost-Medaille

fand am 25. Januar 1945, im Alter von 30 Jahren, an der Spitze seiner Soldaten beim Sturmangriff auf einen Oder-Brückenkopf den Heldentod.

In tiefem Schmerz

Gisela May geb. Taubenheim, z. Z. Raguhn, Schloßstr. 9
Robert May und Frau Helene geb. Barthe. z. Z. Quedlinburg, Steinweg 18
Werner Krause u. Frau Liselotte geb. May, z. Z. Marne i. Holst., Bäckerstr. 17
Erich Aschmoneit und Frau Roswita geb. May, z. Z. Niendorf b. Lübeck, Grüner Weg 5
Dr. jur. Heinrich Taubenheim u. Frau Hildegard geb. Serbe, Raguhn, Schloßstr. 9
Gunter Taubenheim

20. März 1945.

Todesanzeige Werner May, aufbewahrt von seiner Schwester Roswitha, die kurze Zeit nach dem Tod ihres Bruders auch um ihren Ehemann Erich Aschmoneit trauern musste.

1945 – Tod und Verlust

Tod und Verderben im engeren Familienkreis waren an Helene und Robert May bis zu den letzten Kriegsmonaten weitgehend vorbeigegangen. Doch nach dem Jahreswechsel 1944/45 traf es beide umso härter.

Ihr Sohn Werner war fast seit Beginn des Krieges Soldat gewesen. Den Krieg gegen

Das zerstörte Elbing in einer Ansicht des Hermann-Balk-Ufers von 1957. Die polnische Stadtverwaltung entschied sich nach dem Krieg anders als in Danzig gegen den Wiederaufbau der historischen Altstadt. Bis in die 1970er Jahre waren weite Teile des Zentrums von Trümmern bedeckt. Der danach begonnene Wiederaufbau in moderner Formensprache bemühte sich teilweise, an die historische Architektur zu erinnern.

die Sowjetunion hatte er ununterbrochen mitgemacht. Am 25. Januar 1945, wenige Tage nachdem die Kämpfe auch in Schlesien reichsdeutsches Gebiet erreicht hatten, fand er beim Angriff der Sowjettruppen auf einen Brückenkopf an der Oder den Tod. Seine erst zwei Jahre zuvor geschlossene Ehe war noch kinderlos geblieben.

Nun standen nur noch seine beiden Schwestern für die Unternehmensnachfolge zur Verfügung.

Der 24-jährigen Schwester Roswitha Aschmoneit war mit den beiden kleinen Söhnen die rechtzeitige Flucht nach Schleswig-Holstein gelungen. Sie war hochschwanger. Am 25.4. wurde ihre Tochter als drittes Kind geboren.

Ihr Ehemann Erich Aschmoneit war Soldat bei der Marine. Er sandte der Wöchnerin am 2. Mai einige Lebensmittel und schrieb dazu: *Hoffentlich können wir unseren Kindern eine bessere Zukunft geben [...].*[155] Am nächsten Tag, als es einen großen britischen Luftangriff auf Schiffe in der Ostsee gab und u. a. die »CAP ARCONA« mit 4.000 bis 6.000 KZ-Häftlingen aus Neuengamme bei Hamburg versenkt wurde, erlitt er beim Angriff eines britischen Tieffliegers durch einen Granatsplitter tödliche Verletzungen. Tragischerweise war er bei diesem Angriff der einzige Gefallene seines Schiffes.

Schließlich ging auch die Heimat im Osten verloren. Die Stadt Elbing wurde Ende Januar beim Angriff der vorrückenden Sowjettruppen in großen Teilen zerstört. Ihre deutschen Bewohner, die nicht rechtzeitig hatten flüchten können, erlebten schlimmste Torturen. Viele von ihnen kamen zu Tode.

Robert und Helene May konnten sich gerade noch rechtzeitig in Sicherheit bringen.[156] Seinem Freund berichtete er die wesentlichen Daten in einem Brief: *Am 24.1.45 bin ich zu Fuss herausgegangen. [...] Meine Frau und meine Kinder waren 1 Tag zuvor*

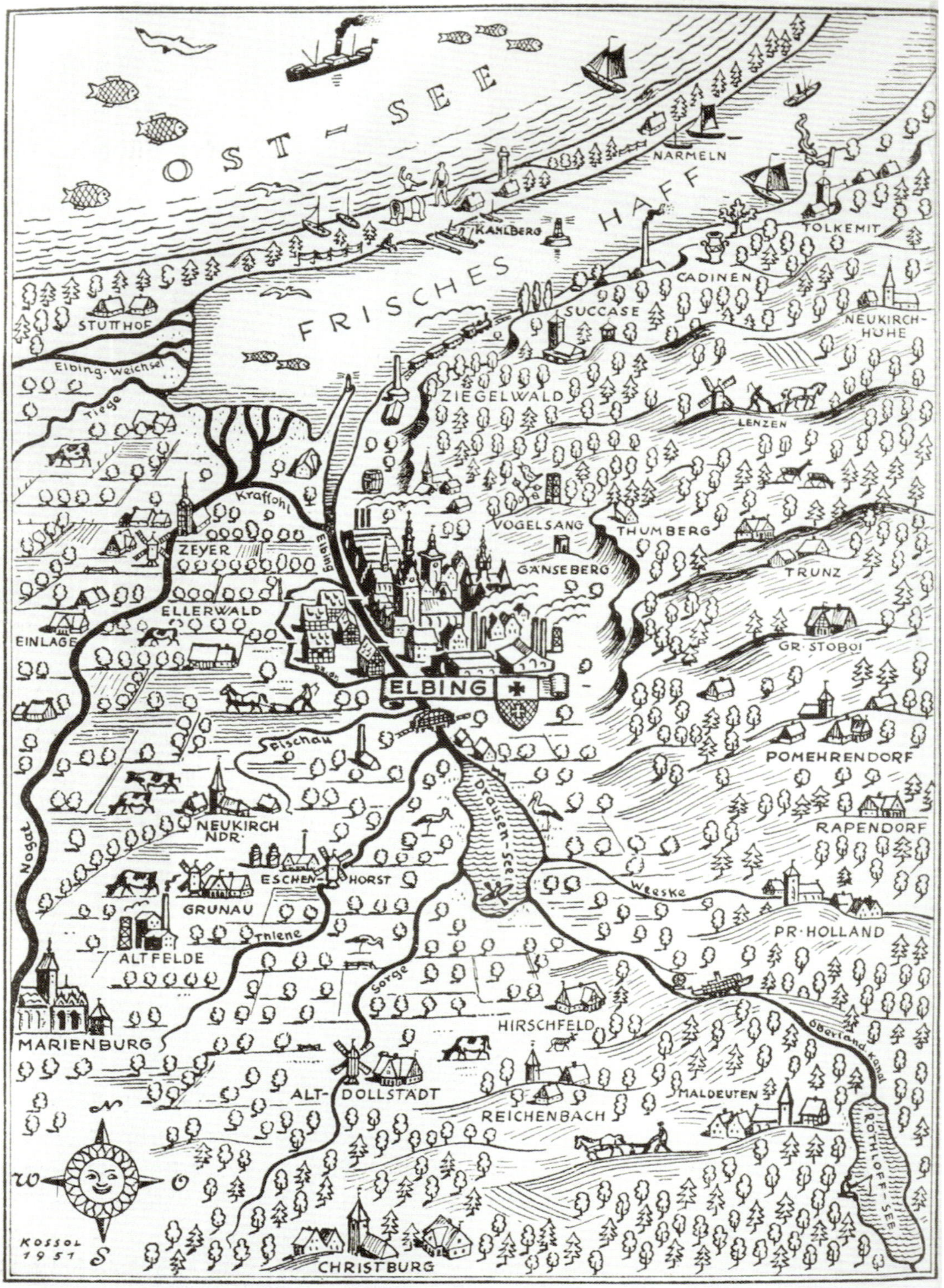

Elbing und seine Landschaft
Federzeichnung von Ernst Kossol

Traute Darstellungen, wie diese idyllische Panorama-Karte von Elbing und seiner Umgebung waren in den Jahren unmittelbar nach Flucht und Vertreibung populär. (Vorblatt in Heft 9 der Schriftenreihe »Elbinger Hefte«)

mit dem Zug (Güterwagen) sehr schlecht herausgekommen. 40 Stunden sind sie bis Stolp gefahren. Nach einigen Irrfahrten landete ich Anfang Februar in Berlin und fand meine Frau [anschließend] in Quedlinburg vor. [...] In Q. blieben wir bis Ostern 45. Als wir die Nachricht von dem Tode unseres Sohnes erhielten, erlitt meine Frau einen Nervenzusammenbruch. Wir zogen nach Marne in Schleswig-Holstein, wo wir meine älteste Tochter mit Kindern antrafen.[157]

In Marne, im holsteinischen Dithmarschen, wohnte Robert May nach der Flucht bis August 1945 bei einer Frau Vogelsang in der Bürgermeister-Plambeck-Straße.[158] Die Flucht aus der Heimat hinterließ bei ihm, wie auch bei allen anderen, die dieses Schicksal teilten, ein traumatisches Verlustgefühl. Es war nicht nur der verlorene Besitz, der die Menschen belastete. Die verlorene Heimat in den Ostgebieten des Deutschen Reiches bedeutete auch den Verlust von sozialen Beziehungen und ein Aussperren aus Räumen des bisher gelebten Lebens.

Hinweis: Der von Robert May im Jahr 1947 verfasste Fluchtbericht befindet sich im Anhang, die erläuternde Karte im Nachsatz dieses Buches.

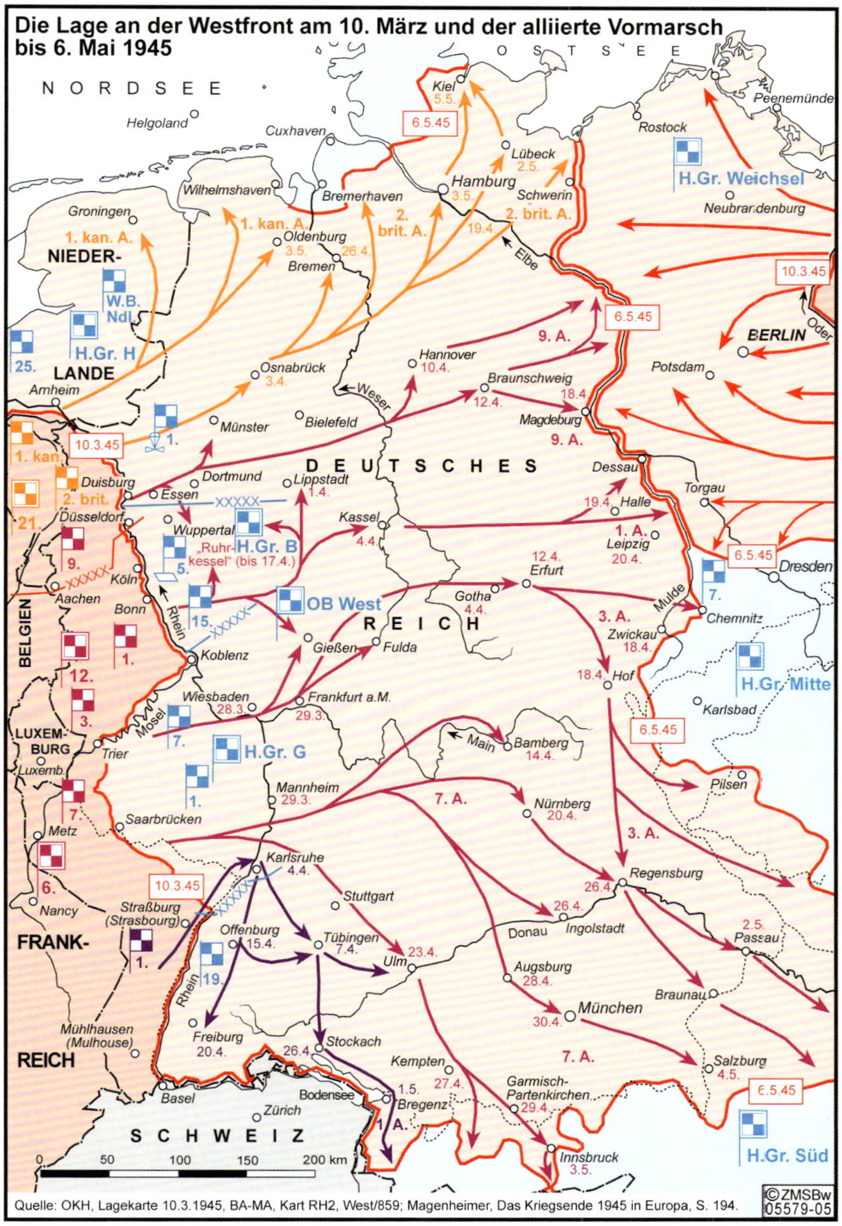

Vorstöße der Alliierten und der Roten Armee - © Zentrum für Militärgeschichte und Sozialwissenschaften der Bundeswehr, Potsdam

Rettung des verlagerten Hausrats, einiger Maschinen und Waren

Nach dem Inferno zum Ende des Krieges mit Millionen Toten, Flüchtlingen und Vertriebenen war das nach Kolberg, Landsberg/Warthe und in den Kreis Sorau verlagerte Besitztum Robert Mays verloren. Diese Städte, gelegen in den nun polnisch verwalteten Gebieten östlich der Oder-Neiße-Linie, waren für ihn unerreichbar geworden.

Besser stand es um Möbel, Hausrat, Maschinen und Vorräte, die nach Erfurt und in Orte des Harzvorlandes gebracht worden waren. Diese Region war in den letzten Wochen des Krieges von Truppen der Amerikaner und Briten besetzt worden. Doch waren sie dort sicher?

Robert May verfolgte die Berichterstattung über die von den Alliierten geplante Aufteilung Deutschlands in Besatzungszonen mit großer Aufmerksamkeit. So erfuhr er rechtzeitig, dass Großbritannien, die USA und die UdSSR am 12.9.1944 in London ein Zonenprotokoll vereinbart hatten, wonach u. a. die preußischen Gebiete östlich Braunschweigs sowie die Gebiete des ehemaligen Freistaates Anhalt zur sowjetischen Besatzungszone gehören sollten und dass daher ein Rückzug der westlichen Truppen aus diesen von ihnen vorläufig besetzten Gebieten bevorstand. Robert May reagierte und konnte in einer gewaltigen logistischen Kraftanstrengung eine große Menge an Besitztümern aus den dortigen Lagern in die Westzonen bringen.

Den aufbewahrten Akten ist zu entnehmen, dass er sich am 23./24. Juni zusammen mit anderen einen Lkw besorgt und von Marne nach Ballenstedt und in dessen Nachbarorte des Harzvorlandes gefahren war. Er wird eine Vielzahl an Schwierigkeiten zu bewältigen gehabt haben, denn unmittelbar nach Kriegsende waren solche Transporte durch schlechte Straßenverhältnisse, ständige Straßensperren und Kontrollen der Besatzungsmacht extrem zeitaufwendig.

Seinem Freund Dr. König schrieb er später: *Es gelang mir, über das Generalkommando einen Lastzug zu bekommen, mit dem ich 1 Tag vor Einzug der Russen die von mir im August 1944 ausgelagerten Möbel, Teppiche, Gardinen, Anzüge, Wäsche etc. holte, desgleichen einige Gewürze und die Gewürzmühle.1*[59]

Das Herrenzimmer Robert Mays, eine Tischlerarbeit aus Elbing, bestehend aus mehreren zueinander passenden Möbelstücken (hier eine Anrichte), ist bis heute aufbewahrt und wird von Ulrich Krause in seinen Büroräumen genutzt.

Mit seinem entschlossenen Einsatz konnte Robert May Privatbesitz im Wert von rd. 42.000 Reichsmark in Sicherheit bringen, darunter Gemälde und Möbel. Das war dem Wert nach ein Drittel des verlagerten Besitzes.[160]

Einige Rohstoffe und Maschinen der Jurolin Lackfabrik waren an die »*Japasin*-Lackfabrik Dr. Schmitz & Walter« in *Erfurt* übersandt worden und gingen dort teilweise in die Produktion. Robert May erhielt hierfür einen Betrag von 32.357,25 Reichsmark ausbezahlt. Er schrieb später: *Dieser Herr Dr. Schmitz hielt es für notwendig, meine geretteten Lackrohstoffe für sich selbst zu verarbeiten und gab mir dafür das Geld. Ich habe weiterhin einige Maschinen ausgelagert, und (so) war es mir möglich, diese vor wenigen Wochen von Erfurt nach hier zu holen.*[161]

Durch die rechtzeitige Verlagerung seines Besitzes und die anschließende Rückholung in seine Verfügungsmacht konnte sich Robert May bis zur DM-Einführung am 20.6.1948 eigene Vermögenswerte im Betrag von 124.400 DM sichern.

Doch die Rückholung ging anschließend noch weiter: Weitere nach Erfurt verlagerte Maschinen und Rohstoffe für die Lack- und Farbenproduktion waren dort offenbar bestens aufbewahrt. Hermann Dollenberg, sein in Bremen neu gewonnener Freund, Inhaber der Bremer Lack- und Farbenfabrik C. H. Voigt, war ihm behilflich, diese aus der sowjetischen Besatzungszone nach Bremen zu holen. Aus einem Brief der Firma C. H. Voigt, der nach dem Tode Robert Mays, am 20.9. 1966 an das Bremer Lastenausgleichsamt übersandt wurde, ergeben sich dazu nähere Informationen. Hermann Dollenberg, Inhaber der Firma, schreibt darin: *daß unsere Firma von Robert May in den ersten Monaten des Jahres 1949 für DM 45.000 Maschinen und Lackrohstoffe übernommen hat. Es steht fest, daß diese Rohstoffe von Herrn May von Elbing nach Thüringen ausgelagert worden sind, von*

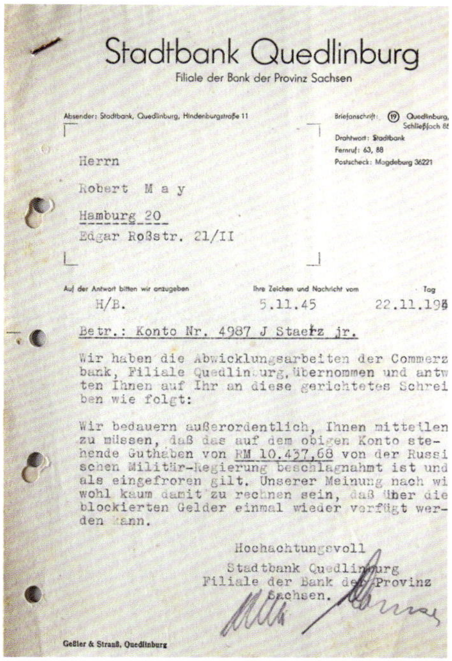

Stadtbank Quedlinburg
Filiale der Bank der Provinz Sachsen

Absender: Stadtbank, Quedlinburg, Hindenburgstraße 11

Briefanschrift: (19) Quedlinburg, Schließfach 8…
Drahtwort: Stadtbank
Fernruf: 63, 88
Postscheck: Magdeburg 36221

Herrn
Robert M a y
Hamburg 20
Edgar Roßstr. 21/II

Auf der Antwort bitten wir anzugeben: H/B.
Ihre Zeichen und Nachricht vom: 5.11.45
Tag: 22.11.194…

Betr.: Konto Nr. 4987 J Staerz jr.

Wir haben die Abwicklungsarbeiten der Commerzbank, Filiale Quedlinburg, übernommen und antw… ten Ihnen auf Ihr an diese gerichtetes Schreiben wie folgt:

Wir bedauern außerordentlich, Ihnen mitteilen zu müssen, daß das auf dem obigen Konto stehende Guthaben von RM 10.437,68 von der Russischen Militär-Regierung beschlagnahmt ist und als eingefroren gilt. Unserer Meinung nach wi… wohl kaum damit zu rechnen sein, daß über die blockierten Gelder einmal wieder verfügt werden kann.

Hochachtungsvoll
Stadtbank Quedlinburg
Filiale der Bank der Provinz
Sachsen.

Geßler & Strauß, Quedlinburg

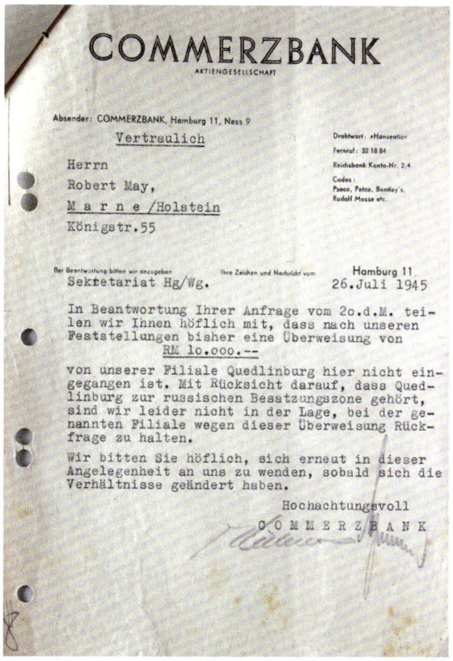

COMMERZBANK
AKTIENGESELLSCHAFT

Absender: COMMERZBANK, Hamburg 11, Ness 9

Vertraulich

Drahtwort: »Hanseatic«
Fernruf: 32 18 84
Reichsbank Konto-Nr. 2/4
Codes:
Pseco, Petco, Bentley's,
Rudolf Mosse etc.

Herrn
Robert May,
M a r n e /Holstein
Königstr.55

Bei Beantwortung bitten wir anzugeben: Sekretariat Hg/Wg.
Ihre Zeichen und Nachricht vom
Hamburg 11, 26.Juli 1945

In Beantwortung Ihrer Anfrage vom 2o.d.M. teilen wir Ihnen höflich mit, dass nach unseren Feststellungen bisher eine Überweisung von

RM 1o.ooo.--

von unserer Filiale Quedlinburg hier nicht eingegangen ist. Mit Rücksicht darauf, dass Quedlinburg zur russischen Besatzungszone gehört, sind wir leider nicht in der Lage, bei der genannten Filiale wegen dieser Überweisung Rückfrage zu halten.

Wir bitten Sie höflich, sich erneut in dieser Angelegenheit an uns zu wenden, sobald sich die Verhältnisse geändert haben.

Hochachtungsvoll
C O M M E R Z B A N K

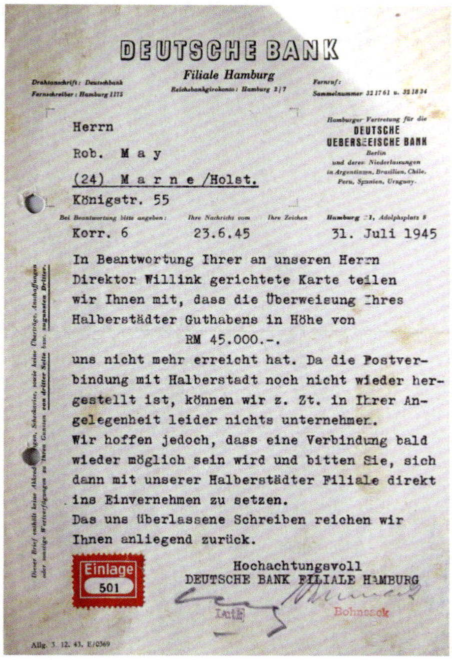

DEUTSCHE BANK
Filiale Hamburg

Drahtanschrift: Deutschbank
Fernschreiber: Hamburg 1175
Reichsbankgirokonto: Hamburg 2/7
Fernruf: Sammelnummer 32 17 61 u. 32 18 34

Hamburger Vertretung für die
DEUTSCHE UEBERSEEISCHE BANK
Berlin
und deren Niederlassungen in Argentinien, Brasilien, Chile, Peru, Spanien, Uruguay.

Herrn
Rob. M a y
(24) M a r n e /Holst.
Königstr. 55

Bei Beantwortung bitte angeben: Korr. 6
Ihre Nachricht vom: 23.6.45
Ihre Zeichen
Hamburg 1, Adolphsplatz 8
31. Juli 1945

In Beantwortung Ihrer an unseren Herrn Direktor Willink gerichtete Karte teilen wir Ihnen mit, dass die Überweisung Ihres Halberstädter Guthabens in Höhe von

RM 45.000.-.

uns nicht mehr erreicht hat. Da die Postverbindung mit Halberstadt noch nicht wieder hergestellt ist, können wir z. Zt. in Ihrer Angelegenheit leider nichts unternehmen.
Wir hoffen jedoch, dass eine Verbindung bald wieder möglich sein wird und bitten Sie, sich dann mit unserer Halberstädter Filiale direkt ins Einvernehmen zu setzen.
Das uns überlassene Schreiben reichen wir Ihnen anliegend zurück.

Einlage 501

Hochachtungsvoll
DEUTSCHE BANK FILIALE HAMBURG

Bohnsack

Allg. 3. 12. 43. E/0369

Diese Dokumente zeigen, dass sich selbst die örtlichen Filialen überregionaler Großbanken den Anordnungen der sowjetischen Administration nicht verweigern konnten.

wo sie mit unserer Hilfe nach Bremen gebracht wurden. Einen weiteren Teil Lackrohstoffe hat Herr May ebenfalls nach Bremen gebracht, die an verschiedene andere Firmen etc. verkauft wurden.[162]

Da Robert May in späteren Jahren gelegentlich erwähnte, dass er mit 45.000 DM an der Firma C. H. Voigt beteiligt sei, wurde diese Lieferung offenbar nicht bezahlt, sondern als stille Beteiligung am Unternehmen seines Freundes verabredet. Bei diesem Gewerbe Hermann Dollenbergs handelte es sich damals um ein schon seit Jahrzehnten bestehendes Bremer Unternehmen, das Schifffahrtsunternehmen und Firmen im Ruhrgebiet mit Spezialfarben belieferte.[163] Inhaber war der mit Robert May befreundete Bremer Kaufmann Hermann Dollenberg.[164]

Offenbar hatte Robert May in Ballenstedt, Quedlinburg und Halberstadt im März 1945 Konten angelegt, als er hier mit seiner Ehefrau für einige Tage Zwischenstation gemacht hatte. Mit diesen Bankguthaben hatte er weniger Glück. Als die Region Anfang Juli 1945 von Briten und Amerikanern vereinbarungsgemäß geräumt wurde, beschlagnahmte die an deren Stelle eingerückte sowjetische Besatzungsmacht sogleich alle Bankguthaben. Bereits in der kurz davor liegenden Zeit war es nicht mehr möglich gewesen, die eingezahlten Beträge von der ADCA-Bank in Ballenstedt, der Commerzbank in Quedlinburg und der Deutschen Bank in Halberstadt in die Westzonen zu überweisen. Im November 1945 erkannte Robert May, dass diese Gelder verloren waren. Er fragte noch bei der Bank in Quedlinburg an, ob es möglich sei, sich mit diesem Kapital an einer ortsansässigen Lackfabrik zu beteiligen, offenbar vergeblich. Seinem Freund Dr. Krüger schrieb er: *RM 75.000,-, die ich in Halberstadt noch von Danzig überwiesen bekam, sind leider dort festgefroren.*[165]

Noch etliche weitere Jahre gelang es Robert May aber, Teile der verlagerten Güter in die Westzonen zu transferieren. Einige Warenlager konnten auch durch freihändigen Verkauf oder durch Abtretung vor Ort verwertet werden.[166] Noch im August 1947 erhielt Robert May verlagerte Waren aus der Sowjetzone. Der Text einer entsprechenden Postkarte lautet: *Betr.: 17 Kolli Papierwaren usw. 969 kg, Abs. R. Knyrim Co., Magdeburg – Wir bestätigen den Empfang Ihres Schreibens vom 4.8.47. Die oben angeführte Sendung haben wir am 4. 8. per Sammelladung empfangen und zunächst zu Lager genommen. Mit unserem nächsten Sammeltransport nach Bremerhaven werden wir Ihre Sendung verladen und Ihnen entweder frei Haus zurollen oder bei der Firma Ad. Brauns, Bremerhaven, Rickmersstr. (Roter Sand) abliefern.*[167]

Seine Tochter Liselotte hat beobachtet, dass Robert May in der Zeit als er noch in Marne wohnte, immer eine Rolle aufgewickelten Goldes bei sich führte. Davon wurde bei Bedarf mit einer Nagelschere ein Stückchen abgeschnitten und zur Bezahlung verwendet.[168] Damit war er bei den Dithmarscher Bauern ein gern gesehener Kunde. Nach zweimal erlebter Geldentwertung hatte er das Gold als einzig verlässliches Zahlungsmittel offenbar besonders schätzen gelernt.

»Drogenhandlung May u. Dependörp« OHG – ein Neustart

Nach der Rettung eines Teiles seiner Besitztümer aus der Sowjetzone versuchte Robert May, seine unternehmerische Existenz neu aufzubauen.

Im Familienarchiv Krause konnte dieser Entwurfstext für ein Inserat vorgefunden werden: *Durch die notwendig gewordene Rückführung bin ich seit dem 24. Januar 1945 ohne Grundbesitz und Erwerb. Politisch unbelastet, da ich nicht der NSDAP noch einer Gliederung angehört habe.*

Briefkopf der »May und Dependörp OHG«

MAY UND DEPENDORP
Drogengroßhandlung
Pharmazeut. - kosmet. - chem.-techn. Spezialitäten
Telefon: 760 a
Bankkonten: Städtische Sparkasse Wesermünde
Deutsche Bank Wesermünde
Postscheckkonto: Hamburg 19421
Wesermünde-Lehe, den ....
Unterweserwerft

Ich suche geeignete Beschäftigung oder Beteiligung, auch Kauf eines Unternehmens mit einem Kapitel von 80.000 Mark plus Warenlager in Drogen, Gewürzen, Lackrohstoffen im englisch besetzten Gebiet lagernd, ferner ist eine komplette Gewürzmühle, auch Mischmaschine und Abfassmaschine vorhanden.

Ich beschäftigte früher ca. 100 Angestellte in meinen Betrieben. Das ganze Unternehmen einschließlich Warenläger war schuldenfrei in meiner Hand, es repräsentierte einen Wert von ca. 1.000.000 Mark.

Einige Angaben zu meinem Lebensweg: (es folgen autobiografische Ausführungen).[169]

Die Formulierungen des Inserats zeigen, dass Robert May trotz des gerade erlittenen wirtschaftlichen Totalverlustes nach vorne schaute und bereit war, noch einmal neu zu beginnen. Er enthielt sich jeder Klage über das erlittene Unrecht. Instinktiv ahnte er wohl, dass er gegenüber Einheimischen bessere Chancen haben könnte, wenn er sein gerade erlittenes Fluchtschicksal nicht beim Namen nannte, sondern stattdessen von »Rückführung« sprach. Auch wies er ausschließlich auf seine mitgebrachten Vermögenswerte und seine persönlichen Fähigkeiten hin. Mit diesen sah er sich in der Lage, einen Neuanfang zu beginnen. Das Inserat wurde veröffentlicht und erbrachte vier Zuschriften, die Robert May aber alle nicht zusagten.[170]

Seinem guten Freund Dr. Heinrich König in Karlsruhe teilte er im Jahre 1947 im Rückblick mit, dass er nicht, wie zunächst beabsichtigt, in Hamburg eine neue Existenz aufgebaut habe. Stattdessen sei er dort weggezogen und in Bremerhaven ansässig geworden. In dem Brief heißt es dazu auszugsweise: *Durch Zufall besuchte mich ein früherer Angestellter […], ein Herr Dependörp aus Bremerhaven, und da der ehemalige Oberbürgermeister, Herr Dr. Koch, ein Bekannter von mir war, so erhielt ich Zuzug für Wesermünde und Handelserlaubnis für eine pharmazeutische Großhandlung.*

Ich habe ein sehr schweres Aufbaujahr hinter mir. Hier in Bremerhaven sind nur meine Frau und ich. Wir bewohnen 1 Zimmer von 16 qm. […] Ich sitze hier in Bremerhaven in einer Baracke mit meiner Firma, der sich zwei Holzschuppen anschließen und beschäftige ca. 8 Leute. Mein ganzer Verdienst war knapp RM 300.-- im Monat, aber ich brauchte nicht weiter mein Kapital anzugreifen. Allerdings muss ich meine Töchter stark unterstützen und so wird auch mein Kapital nicht mehr, sondern eher weniger. Desgleichen habe ich vor, die Gewürzmühle irgendwie in Gang zu bringen.[171]

Was sich hier recht unkompliziert liest, bedarf der näheren Erläuterung und auch der zeitgenössischen Einordnung. Es war in jener Zeit nicht einfach, den Wohnsitz zu wechseln und von Hamburg, wo das Ehepaar May in der Donnerstraße 5 offenbar eine erste Wohnung gefunden hatte, nach Bremerhaven umzuziehen. Das damalige Wesermünde[172] war durch Bombenangriffe schwer zerstört und von den verbliebenen Wohnungen war eine große Zahl von der US-Besatzungsmacht zur Unterbringung von Militärangehörigen beschlagnahmt worden. Im September 1945 musste die Stadtverwaltung dem Beispiel Bremens folgen und auch für Wesermünde eine Zuzugsperre verhängen. Selbst die Rückkehr der in den umgebenden Landkreis evakuierten Einwohner bedurfte der Genehmigung der amerikanischen Dienststellen.[173] Die Zuzugsgenehmigung wurde nur für entlassene Wehrmachtsangehörige und für Personen erteilt, die einen Mangelberuf ausübten. Offenbar erlangte Robert May diese Genehmigung eher nicht, weil er mit dem Oberbürgermeister bekannt war, sondern vor allem deshalb, weil er ein Unternehmen gründen und Arbeitsplätze schaffen wollte.

Das Wiedersehen mit Otto Dependörp[174], der offenbar bereits in Elbing bei ihm beschäftigt gewesen war, eröffnete ihm die Möglichkeit, ein Unternehmen wie die ehemalige »Pharm. Spezialitäten- und Drogen-Grosshandlung May & Guhl GmbH« erneut zu betreiben. Bis zur Flucht am 24.1.1945 hatte er diese in Elbing fortgeführt. Doch sein früherer Gesellschafter Fritz Guhl war am 2. Februar 1945 während der Flucht in Köslin/Pommern ums Leben gekommen.[175]

Zu Beginn des Jahres 1946 wurde die Zusammenarbeit mit Otto Dependörp mündlich vereinbart. Ein Gesellschaftsvertrag wurde noch nicht geschlossen. Vorher musste die Realisierungsmöglichkeit erkundet werden, denn die Hindernisse waren in jener Zeit gewaltig und vieles wurde eher provisorisch probiert. Auch wenn Robert May und Otto Dependörp, anders als die Mehrzahl der Flüchtlinge und Vertriebenen, die nichts gerettet hatten, über Barmittel, eventuell gerettete Handelswaren und vielleicht über einige erforderliche Gerätschaften verfügten, fehlte es ihnen an der für Unternehmer unbedingt erforderlichen Bekanntheit mit anderen Gewerbetreibenden und dem langjährig erworbenen Renommee, um Vereinbarungen mit der ortsansässigen Wirtschaft abzuschließen. Offenbar konnten sie diesen Mangel aber durch ihr Auftreten ausgleichen. Am 27. Juli 1946 schlossen sie einen Mietvertrag mit Vertretern der angesehenen »Schiffbau-Gesellschaft Unterweser AG«.

Durch das Potsdamer Abkommen war auch diesem Unternehmen, einer der bedeutendsten Werften Norddeutschlands, der Neubau von Schiffen untersagt worden. Die Werft konnte sich daher nach der Beseitigung der Bombenschäden lediglich mit Reparaturen und Umbauten über Wasser halten.[176] Dafür wurde aber offenbar nicht das gesamte vorhandene Gewerbeareal benötigt.

Eine Büro- und Lager- bzw. Arbeits-Baracke, zwei Lagerschuppen, ein altes Deckshaus sowie das notwendige noch zu umzäunende Gelände[177] wurden der Firma May & Dependörp ab dem 1.7.1946 zum monatlichen Mietpreis von RM 80,-- vermietet. Die Postanschrift des Unternehmens lautete »Bei der Unterweserwerft«.

Der Mietvertrag atmete den Geist der Verunsicherung durch die alliierte Hoheit über alle Lebensbereiche nach dem Kriege. Er enthielt Bestimmungen für den Fall des Einspruchs der alliierten Behörden, erwähnte die Möglichkeit des Verlangens eines Sondereinganges für diese sowie die Genehmigungshoheit der alliierten Behörden für Umbauten. Er sah ferner eine sechswöchige Kündigungsmöglichkeit zum Quartalsende vor und erwähnte, dass die Alliierten jederzeit gegen eine Fortsetzung des Vertrages Einspruch erheben konnten.

Erst im September 1946 wurde der Gesellschaftsvertrag der OHG »Drogenhandlung May und Dependörp« abgeschlossen. Zweck der Gesellschaft, deren Beginn rückwirkend auf den 1.1.1946 festgelegt wurde, war: »Herstellung und Vertrieb von Drogen und pharmazeutischen Spezialerzeugnissen jeglicher Art«. Robert May beteiligte sich mit einem Kapital von 40.000 RM und Otto Dependörp mit 20.000 RM. Robert May war am Gewinn zu 60 %, Otto Dependörp zu 40 % beteiligt. Beide Gesellschafter versprachen sich, der Gesellschaft die volle Arbeitszeit zu widmen; allerdings war Robert May lt. Vertrag berechtigt, auch für seine früheren Firmen »J. Staesz jun. Gewürzmühle« und »Jurolin Lackfabrik« tätig zu sein, wenn und sobald ihm ein Wiederaufbau dieser Firmen möglich sei.

Die OHG May und Dependörp existierte gut zwei Jahre bis in das Jahr 1948. Wie Robert May bereits im April 1947 gegenüber seinem Freund Dr. König feststellte, waren es aus Unternehmersicht schwierige Jahre.[178]

Am 20.6.1948 trat in den westlichen Besatzungszonen die Währungsumstellung in Kraft. Ab dem 21.6.1948 wurde die D-Mark das allein gültige gesetzliche Zahlungsmittel. In den Wochen nach diesem Währungsschnitt entschieden sich die Gesellschafter der Drogenhandlung May und Dependörp, ihr Unternehmen nicht fortzuführen. Am 6.8.1948 vereinbarten sie die Auflösung der Gesellschaft und die Fortführung der Firma allein durch Robert May. Der Gesellschafter Dependörp erhielt sein anteiliges Kapital als Ausscheidungsguthaben, einen Teil der noch vorhandenen Ware sowie eine weitere betragsmäßig bestimmte Vergütung.

Tatsächlich wurde das Unternehmen von Robert May aber nicht fortgeführt. Am 1.10.1948 wurde es von ihm aufgegeben, da er in Dr. Hans-Wilhelm Kurjo einen Partner gefunden hatte, mit dem er das am gleichen Tag neu begonnene Gewerbe unter der Firma »J. Staesz jun.« zur Herstellung des »Staesz-Pfefferkuchengewürzes« wieder aufleben lassen konnte.[179]

Helene May – Geschäftsführerin und Großmutter

Dr. Rudolf Passarge, bis zur Flucht 1945 freiberuflicher Rechtsanwalt und Notar in Elbing und zugleich auch Justitiar für die Firmen Rudolf Mays, beantwortete am 11.12.1953 eine Nachfrage der Heimatauskunftsstelle 26 in Lübeck zu Robert Mays Antrag auf Feststellung von Vertreibungsschäden u. a. wie folgt: *Robert May war und ist ein sehr tüchtiger und fleißiger Geschäftsmann, der sich im Laufe eines Menschenalters aus kleinen Anfängen ein recht ansehnliches Vermögen erarbeitet hat. Unterstützt wurde er hierbei durch seine Ehefrau, deren geschäftliche Tüchtigkeit vielleicht noch größer war, und die sich, in dem Geschäft aufgehend, gesundheitlich ruiniert hat. Es arbeitete von den Ehelauten May jeder auf seinem Platz. Während Frau May die tüchtige Detaillistin war, war Herr May der Planer und schwungvolle Initiator im großen. […].«*[180]

Außer dieser Erklärung ist über Helene May so gut wie kein Archivmaterial überliefert.

Die Erinnerungen ihrer Enkelkinder beschreiben eine liebevolle Großmutter, die aber anders war, als die meisten anderen

Links:
Großmutter Helene May im Jahr 1942 mit der 1jährigen Enkeltochter Elisabeth Krause im Garten der Familie Krause in Elbing

Großmütter in der damaligen Zeit, zumal sie eine überaus starke Raucherin war. Enkeltochter Elisabeth Breeze erinnert sich: *Großmutter Helene war immer hilfsbereit, großzügig, und hatte dann auch unserer Mutter geholfen mit Lebertran und allem.*

Ursula Moser geb. Krause, älteste Enkeltochter, erinnert sich: *Nach der Flucht habe ich meine Großmutter in den Ferien oft besucht und benutzte für die Hinfahrt die Fähre von Brunsbüttelkoog nach Cuxhaven. Omi holte mich dort ab. Sie war, ob in Elbing oder in Bremerhaven, stets eine hochelegante Dame, was mir sehr imponiert hat. Sie war lieb, aber sehr modern, eben nicht wie man sich eine Omi vorstellt. Ich weiß gar nicht, wo mein Opi war, wenn ich sie besuchte.*[181]

Am 31. Oktober 1950 verstarb Großmutter Helene May im Alter von 57 Jahren an einem Schlaganfall. Die Wiederbegründung der Herstellung von »Staesz-Pfefferkuchengewürz« hatte sie zuvor noch erleben können.

Was sie für und mit Robert May geleistet hatte, war bereits 1928 formuliert worden. In einer Bescheinigung der Wirtschaftsauskunftei Spieker vom 3.2.1928[182] hieß es über ihren Anteil am Erfolg der Drogerie Staesz: *Dank […] der eminenten Tüchtigkeit seiner Ehefrau, die während des Krieges das Geschäft völlig allein leitete und großen Gewinn erzielen konnte […].* Diese Einschätzung wurde in einer Betrachtung zum 75-jährigen Jubiläum der Firma J. Staesz jun. im Jahre 1955 würdigend wiederholt. Dort hieß es u. a.: *War (Robert) May der Erbauer seiner Firma gewesen, so war seine Frau Helene, geb. Barthe, die Seele des zentralen Betriebes auf dem Alten Markt. Die Wirksamkeit der beiden Eheleute ergänzte sich in so hervorragender Weise, daß ihre gegenseitigen Grenzen dem rückschauenden Betrachter heute nicht mehr erkennbar sind. Allzu früh verstarb die treue Helferin in Bremerhaven, wo May jetzt wiederum eine Fabrik zur Herstellung seiner Gewürze betreibt […].*[183]

Mit Dr. Hans-Wilhelm Kurjo wird die Herstellung des Staesz-Pfefferkuchengewürzes wieder ermöglicht

Das ganze Bestreben Robert Mays war auf die Wiederbegründung seiner in Elbing verloren gegangenen Firmen gerichtet. Mit der pharmazeutischen Großhandlung »May und Dependörp OHG« hatte er sein gerettetes Reichsmark-Kapital gut durch den Währungsschnitt gebracht und konnte es danach neu investieren.

Mit 40.000,-- DM beteiligte er sich beispielsweise an der »Pharmazeutischen Großhandlung Julius Bergmann«, Horner Straße 109/115, Bremen.[184]

Es waren langfristig gedachte finanzielle Engagements, in die er den größten Teil seiner liquiden Mittel einbrachte. Für Robert May setzten sie vermutlich die Tradition der verlorenen Firmen »Jurolin Lackfabrik« und »Fritz Guhl KG« fort.[185]

Die Wiederbegründung der verlorenen Firma »J. Staesz jun.«, Keimzelle seiner unternehmerischen Betätigung, blieb für Robert May

Rechts:
Der ehemalige Ziegeleibetrieb Heinrich Wohlers im Bogen der Lune aus verschiedenen Blickwinkeln – durch einen Kreis hervorgehoben: das als Gewürzmühle genutzte ehemalige Meisterhaus.

ein Ziel, das er weiterhin anstrebte. Dieser ideelle Kern seiner früheren Unternehmungen konnte aber nicht durch eine Beteiligung an einer fremden Firma reanimiert werden.

Da aber eine große Menge Gewürze, eine Abfüllmaschine und sogar die Kolloplex-Gewürzmühle, Marke »Alpine«, aus Elbing gerettet worden waren, bestand eine gewisse Hoffnung, dass das von »J. Staesz jun.« hergestellte Staesz-Pfefferkuchengewürz eine Zukunft haben könnte. Dafür war es aber erforderlich, Betriebsräume zu finden, in denen es mit seinen Maschinen hergestellt und abgefüllt werden konnte.

An einen Neubau war nicht zu denken, dazu fehlten Kapital bzw. Sicherheiten für einen Kredit.

Gewerbeanmeldung vom 2. Juni 1948

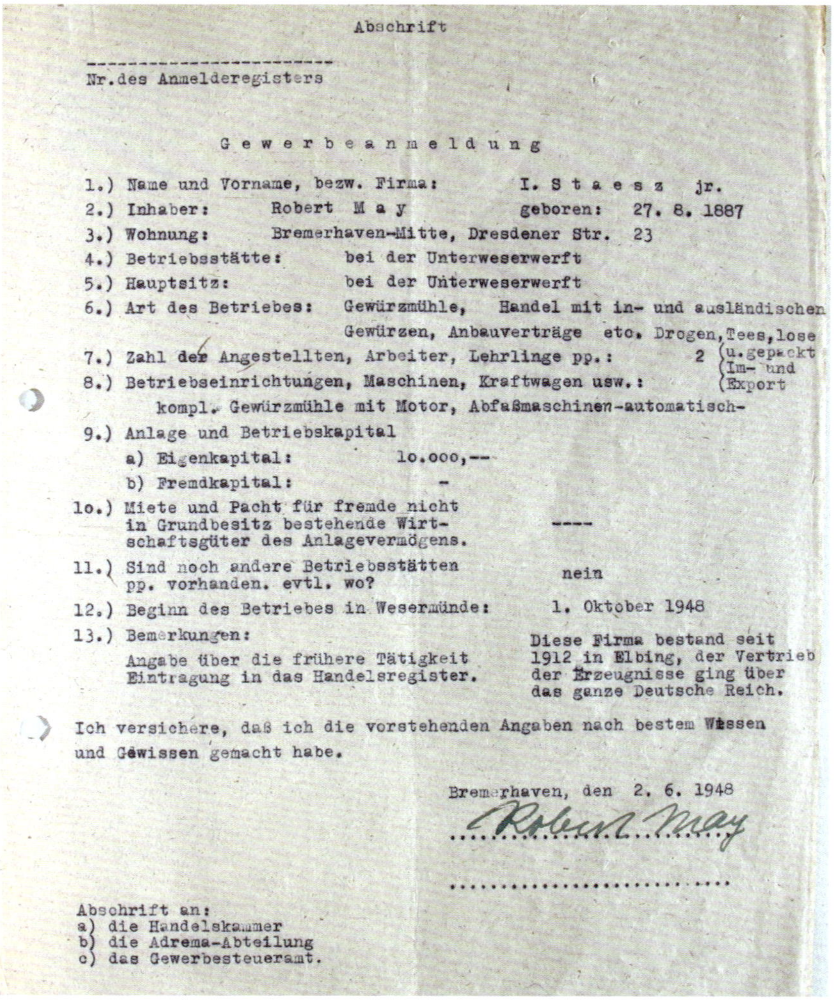

Abschrift

Nr.des Anmelderegisters

Gewerbeanmeldung

1.) Name und Vorname, bezw. Firma: I. Staesz jr.
2.) Inhaber: Robert May geboren: 27. 8. 1887
3.) Wohnung: Bremerhaven-Mitte, Dresdener Str. 23
4.) Betriebsstätte: bei der Unterweserwerft
5.) Hauptsitz: bei der Unterweserwerft
6.) Art des Betriebes: Gewürzmühle, Handel mit in- und ausländischen Gewürzen, Anbauverträge etc. Drogen, Tees, lose u.gepackt Im- und Export
7.) Zahl der Angestellten, Arbeiter, Lehrlinge pp.: 2
8.) Betriebseinrichtungen, Maschinen, Kraftwagen usw.:
kompl. Gewürzmühle mit Motor, Abfaßmaschinen-automatisch-
9.) Anlage und Betriebskapital
a) Eigenkapital: 10.000,--
b) Fremdkapital: -
10.) Miete und Pacht für fremde nicht in Grundbesitz bestehende Wirtschaftsgüter des Anlagevermögens. ----
11.) Sind noch andere Betriebsstätten pp. vorhanden. evtl. wo? nein
12.) Beginn des Betriebes in Wesermünde: 1. Oktober 1948
13.) Bemerkungen:
Angabe über die frühere Tätigkeit Eintragung in das Handelsregister. Diese Firma bestand seit 1912 in Elbing, der Vertrieb der Erzeugnisse ging über das ganze Deutsche Reich.

Ich versichere, daß ich die vorstehenden Angaben nach bestem Wissen und Gewissen gemacht habe.

Bremerhaven, den 2. 6. 1948
Robert May

Abschrift an:
a) die Handelskammer
b) die Adrema-Abteilung
c) das Gewerbesteueramt.

Robert May fand aber trotzdem einen Weg und erreichte sein Ziel, die Wiederbegründung von »Staesz«. Damit bewies er erneut seine Fähigkeit, sich in einer veränderten Situation schnell zurechtzufinden.

Er entdeckte einen potentiellen Partner und konnte diesen für eine Zusammenarbeit gewinnen.

Bevor er aber den ersten Schritt unternahm und dem potentiellen Partner das Angebot einer unternehmerischen Zusammenarbeit unterbreitete, meldete er am 2. Juni 1948 die alte Firma »J. Staesz jun.« bei den zuständigen Stellen in Bremerhaven als Gewerbe an. In der Anmeldung wies er darauf hin, dass diese Firma bereits seit 1912 in Elbing bestanden hatte. Als Beginn der neuen gewerblichen Betätigung gab er den 1.10.1948 an, einen Termin in vier Monaten.[186]

Der in Aussicht genommene Partner war der aus Schlesien geflüchtete Dr. Hans-Wilhelm Kurjo. Dieser war ein Jahr zuvor, im Sommer 1947, in das sechs km südlich von Bremerhaven gelegene 1.000-Einwohner-Dorf Nesse gekommen. Mit der Bremerhavener Firma »H. F. Kistner Baugesellschaft« hatte er für sein Unternehmen einen Zwölf-Jahres-Mietvertrag für das direkt an der Lune gelegene ehemalige Meisterhaus der Ziegelei Heinrich Wohlers (heute Wulsdorfer Straße 18) abgeschlossen.

Dieses Gebäude diente ihm als Wohnung für seine Familie und als Betriebsstätte für die von ihm begründete Firma »Norddeutsche Heilpflanzen Verwertung Dr. Kurjo KG«. Das Unternehmen hatte neben Dr. Hans-Wilhelm Kurjo als persönlich haftenden Gesellschafter noch drei weitere Teilhaber als Kommanditisten bzw. als stille Gesellschafter[187]. Es bemühte sich um einen wirtschaftlichen Erfolg mit der Lizenzproduktion von Heilmitteln. 1948 hatte Dr. Kurjo den Betrieb um eine Gewürzpackerei erweitert.

Auch wenn er in seinem Unternehmen gewissermaßen »von der Hand in den Mund« lebte, hatte Dr. Hans-Wilhelm Kurjo beim Kennenlernen offenbar einen überzeugenden Eindruck auf Robert May machen können. Was er als Unternehmer bisher geschaffen hatte, war bemerkenswert und zeigte, dass er ein tüchtiger Kaufmann sein musste. Für Robert May waren wohl auch die gemieteten Gewerberäume, die angemessene Büroeinrichtung und das vorhandene Kraftfahrzeug attraktiv. Außerdem hatte Dr. Kurjo tüchtige Mitarbeiter eingestellt, unter anderem Richard Block als Betriebsleiter.

Robert May erkannte:

- In diesen Räumlichkeiten würde auch noch Platz für die Herstellung des Pfefferkuchengewürzes sein. Hier könnten beide Firmen nebeneinander arbeiten.
- Auch Robert May hätte etwas zu bieten. Mit seinen Maschinen, insbesondere der Mühle, könnte er Dr. Kurjo eine verbesserte Verarbeitung seiner Heilpflanzen ermöglichen.
- Das von Dr. Kurjo eingestellte Personal könnte besser ausgelastet und auch für die gemeinschaftliche Firma tätig sein. Eine Kooperation des Schlesiers Dr. Kurjo und des Westpreußen May würde daher beiden zugute kommen.

Robert May und Dr. Hans Wilhelm Kurjo machten sich miteinander bekannt und besprachen die Möglichkeit der Zusammen-

NORDDEUTSCHE HEILPFLANZEN-VERWERTUNG
Dr. Kurjo KG
EIGENER ANBAU
Anbau, Sammlung, Aufbereitung u. Verarbeitung von Heil- u. Gewürzpflanzen sowie echten Gewürzen. - Hersteller des Kur- u. Kreislaufmittels „PETRAGEN"
(23) Nesse, Post Loxstedt über Bremerhaven

Fernruf Stotel 263
Telegramm-Adresse: Heilpflanzen Nesse Kreis Wesermünde

Briefkopf der Norddt. Heilpflanzen-Verwertung Dr. Kurjo KG

Dr. Hans-Wilhelm Kurjo mit Ehefrau Ursula beim Gesang

Der Lebensweg von Dr. Hans-Wilhelm Kurjo

Hans-Wilhelm Kurjo wurde im Jahre 1914 im Kreis Liegnitz in Schlesien geboren.[188] Er verlebte seine Kindheit auf dem großen väterlichen Bauernhof. Anschließend besuchte er das Realgymnasium in Wahlstatt, Kreis Liegnitz. Nach der Reifeprüfung, die er »mit Auszeichnung« bestand, studierte er Jura in Rostock, Freiburg und Breslau. 1939 promovierte er über »Ausgleichsabgaben in der ernährungswirtschaftlichen Marktordnung« und hospitierte dazu u. a. bei sämtlichen schlesischen Wirtschaftsverbänden. Ebenso wie Robert Mays Sohn Werner war er vom Frühjahr 1940 bis zum Kriegsende Angehöriger der Nachrichtentruppe der Wehrmacht, zuletzt als Oberleutnant. Er überlebte den Krieg und wurde nach kurzer britischer Gefangenschaft bereits im August 1945 bei der Landwirtschaftskammer Hannover eingestellt. Im April 1946 verließ er den öffentlichen Dienst und war bei verschiedenen Unternehmen tätig. Er erwarb eine Lizenz zur Herstellung eines Heilmittels auf Knoblauchbasis, genannt »Petragen«.[189]

Seit 1943 war Dr. Kurjo verheiratet mit Ursula, geb. Schmidt, der Tochter des früher Fürstlich Pless'schen Generaldirektors Dr. Ing. Schmidt aus Waldenburg in Schlesien. Das Ehepaar hatte zwei Kinder.[190]

Oben:
Zumeist waren es vertriebene Frauen und sogenannte »Kriegerwitwen«, die von Dr. Kurjo bzw. seinem Betriebsleiter Richard Block eingestellt wurden. Sie hatten nicht nur ihre Heimat verloren, auch die Ehemänner vieler Frauen waren gefallen.

Links:
Das Ehepaar Kurjo mit den Mitarbeiterinnen

arbeit. Robert May erbat und erhielt von Dr. Kurjo einen Lebenslauf und ein Empfehlungsschreiben.[191]

Aus dem vorhandenen Schriftverkehr geht hervor, dass beide zum Jahreswechsel 1948/49 über die Zusammenarbeit und deren mögliche Form beraten und verhandelt haben. Die Geschichte und die Geschäftserfolge des Staesz-Pfefferkuchengewürzes in Elbing, wie sie ihm von Robert May geschildert wurden, werden Dr. Kurjo beeindruckt haben. Selbst Vertriebener, wusste er um das gewerbliche Potential des im Osten verloren gegangenen Wirtschaftsunternehmens. Die Beschreibungen werden ihm plausibel gewesen sein. Einige Zeit später, im April 1951, wird er sich erinnern, dass Robert May ihm in Aussicht stellte, »dass der Artikel über die Fertigungs-, Vertriebs- und sonstigen Kosten hinaus vertrage:

- eine Lizenzgebühr von bis zu 6 Pfennig je Beutel
- einen der Firma verbleibenden Mehrgewinn von 10 Pfennig je Beutel«[192]

Es spricht manches dafür, dass Dr. Kurjo angesichts dieser Aussichten beglückt war, von Robert May das Angebot einer Zusammenarbeit erhalten zu haben. Seinem Naturell folgend ließ er sich auch in anderen Situationen immer wieder schnell für eine Sache begeistern. Hinzu kam, dass es ihm in seinem hier neugegründeten Unternehmen offenbar sowohl an einer leistungsfähigen Mühle als auch an einer Abpackmaschine mangelte. Das waren aber genau die Maschinen, die Robert May ihm im Rahmen einer Zusammenarbeit zur Mitbenutzung anbieten konnte.

Am 19.3.1949 waren sie sich offenbar einig geworden. Dr. Kurjo schrieb Robert May an diesem Tag, *daß die beiden Maschinen bereits in der zweiten Hälfte der kommenden Woche arbeitsfähig aufgestellt sein werden, die Mühle [sei] auf dem mitgekommenen Eisenträgertisch fest an der Wand im Lagerraum montiert. Die Abfüllmaschine [...] wird auf einen Tisch montiert und in dem Raum eingesetzt werden, in dem Sie zuletzt das Abfüllen mit der Hand sahen [...].* Es folgen in dem Brief weitere Erwägungen zur zukünftigen Zusammenarbeit. Unter anderem heißt es gefühlsbetont: *Ich habe mir gestern in einer bildhaft schematischen Darstellung das Nebeneinander der Firma Staesz und der Kurjo KG verdeutlicht und bin dabei zu dem Ergebnis gekommen, dass die Ergänzung und Arbeitsteilung in einer wirklich sehr glücklichen Weise möglich ist, wenn nach Außen getrennt marschiert und*

Gleich zu Beginn der Zusammenarbeit Dr. Kurjos mit Robert May wurde dieser Ausstellungsstand zur Präsentation der Produkte erstellt. Er zeigt, dass unter dem schützenden Dach eines Niedersachsenhauses (gekreuzte Pferdeköpfe) die Zusammenarbeit eines schlesischen und eines westpreußischen Unternehmens 14 Heimatvertriebenen aus Pommern, Schlesien und Ostpreußen eine Arbeit gibt. Das Foto entstand anlässlich der Präsentation des Standes bei einem Flüchtlingstreffen im nordöstlich von Bremerhaven gelegenen Ort Langen am 7. August 1949. Foto entnommen aus: Die Nesser Chronik, Bildband III, S. 8.

innen gemeinsam gearbeitet wird, ohne dass mein Herz durch Interessen-Kompetenz-Konflikte beschwert ist. […] Vielleicht haben Sie die Liebenswürdigkeit, diese Vorschläge […] auch ggfls. mit Herrn Knoblehar durchzusprechen. Ich würde es außerordentlich begrüßen, wenn dieses heiße Eisen schon mit geschmiedet werden könnte – gleichzeitig mit dem Abschluss unseres OHG-Vertrages.

Am 23. Mai 1949 schlossen sie miteinander den Gesellschaftsvertrag.[193] Den »Vertragsschmied«[194] A. Knoblehar, der als Bücherrevisor und Helfer in Steuersachen firmierte, hatte Robert May ausgewählt. Dr. Kurjo nahm zu der Zeit an, dass er unparteiisch sei und vertraute ihm entsprechend.

Tatsächlich verstanden sich die Gesellschafter von Anfang an sehr gut. Robert May wird sich gegenüber dem jüngeren Dr. Kurjo, dieser war im Alter seines gefallenen Sohnes, väterlich und erfahren gegeben haben. Er ließ ihn teilhaben an seinen unternehmerischen Erfahrungen, bot ihm das »Du« an und gestattete es, dass dieser ihn verkürzt mit »Rob« anredete.

Betriebe von Vertriebenen hatten es in jener Zeit aus unterschiedlichen Gründen unendlich schwer, an Investitionskapital zu kommen. Für Dr. Kurjo waren 16.000 DM, die Robert May als Kapital in die Gesellschaft einbrachte, ein weiteres attraktives Argument für eine Zusammenarbeit.

Anlässlich der Gründung der »J. Staesz jun. OHG« stellte Dr. Kurjo als weitere Mitarbeiterin eine Buchhalterin ein (Frau Schumacher). Richard Block und sie arbeiteten für beide Unternehmen. Zunächst wurden bei »Staesz« auch noch Mischgewürze für den Fischereihafen und die Fleischer hergestellt.[195]

Vermutlich wird es Dr. Kurjo geschmeichelt haben, dass Robert May ihm die Produktion des altbewährten »Staesz-Pfefferkuchengewürzes« anvertraute. Wie schon bis 1945 in Elbing mischte er sich auch jetzt in die praktische Betriebsleitertätigkeit nicht ein. Im Gegenteil: Jetzt und in den Folgejahren war er oft auf Reisen, auch aus gesundheitlichen Gründen, legte aber Wert darauf, monatlich die aktuellen Betriebsergebnisse zu erfahren.

Auftritt des Betriebschores zur Weihnachtsfeier 1949

Die Produktion des Staesz-Pfefferkuchengewürzes begann im Juli 1949. Zwölf Frauen aus den Orten Stotel und Nesse erhielten dadurch die Möglichkeit, sich hier von Juli bis Dezember stundenweise etwas Geld zu verdienen.

Für jede der zwölf Frauen muss es ein großes Glück gewesen sein, für die Mitarbeit ausgewählt zu werden. Wenn sie auch nicht viel Geld verdienten, so war es eine sehr willkommene Gelegenheit, einmal aus beengten provisorischen Wohn- und Lebensverhältnissen herauszukommen. Die Tätigkeit der Gewürzabfüllung war körperlich nicht schwer, konnte in Geselligkeit verrichtet werden und inspirierte wegen der durch das Mahlen der Gewürze entstandenen wunderbaren Düfte zu angenehmen Träumereien von fernen Ländern, die damals als unerreichbar galten.

Die Freisetzung der ätherischen Öle mit ihren intensiven charakteristischen Düften erklärt Ulrich Krause wie folgt: *Bei der damals üblichen Vermahlungstechnik wurden die gereinigten Gewürze in das*

Verkaufsbaracke des Gemeinschaftslagers Wehdenweg in Kiel-Wellingdorf. Betrieben wurde das Ladengeschäft von Josef Rösner und seiner Frau. © Dr. Uwe Carstens, Dänischenhagen, dem auch der Hinweis auf das Betreiber-Ehepaar zu verdanken ist.

Schlegelwerk einer Hammermühle gegeben, die als sogenannter »Brecher« eine saubere Grobvermahlung bewirkte. Danach folgte ein Arbeitsgang in einer »Alpine Contraplex-Mühle« mit schnell rotierenden gegeneinander laufenden Scheiben. Über Trichter und Siebe wurde schließlich die Separierung unterschiedlicher Mahlprodukte vorgenommen. Seinerzeit gab es noch nicht das später übliche Kaltmahlverfahren. Die Reduzierung des Gehalts an ätherischen Ölen infolge der Erwärmung des Mahlgutes wurde in Kauf genommen.[196]

Das Ehepaar Kurjo schien für die beschäftigten Frauen ein angenehmer und großzügiger Arbeitgeber gewesen zu sein, sonst wäre es nicht zur Gründung eines Betriebs-Chores und zu einer Weihnachtsfeier am 22.12.1949 mit exotischem Kostüm-Auftritt im Gasthaus »Grafenhof« in Stotel gekommen. Jede der Damen erhielt als Zugabe zur Kaffeetafel eine Flasche Sekt geschenkt.[198]

Herausforderungen im Vertrieb

Mit der Werbung und dem Vertrieb wurden von Anfang an Großhandelsfirmen[199] und Vertreter betraut.

Vertreter wurden auch deshalb benötigt, weil nur über sie alle Verkaufsstellen für die vielfach in Notbehausungen untergekommenen Vertriebenen erreichbar waren. Daneben konnte jedermann aber auch direkt bestellen und Pfefferkuchengewürz beziehen.

Gewürzmühle

I. STAESZ JUN.

früher Elbing

sucht für Schleswig-Holstein zum Vertrieb von „Staesz-Pfefferkuchengewürz" beim Lebensmittelgroß- und Einzelhandel gut eingeführte

Provisions-Vertreter

I. Staesz jun.

Nesse über Bremerhaven.

Anzeige in »Wir Ostpreußen« vom 1.6.1949

Schleswig-Holstein war eines der Hauptaufnahmeländer der geflüchteten und vertriebenen Ostpreußen und Pommern und damit ein wichtiger Markt für Robert May. Nach der Volkszählung vom 13.9.1950 lebten in Schleswig-Holstein 301.027 Ostpreußen und 307.101 Pommern.[200] Bereits im Juni 1949 wurden Vertreter für diesen Raum gesucht.

Welche Vereinbarungen der Zusammenarbeit mit Großhandelsfirmen zugrunde gelegt wurden, zeigt der im Firmenarchiv Krause aufbewahrte Vertrag, der mit der Großhandelsfirma GEDELAG abgeschlossen wurde.[201]

Durch solche Abmachungen war sichergestellt, dass es ab Herbst 1949 mindestens in ganz Norddeutschland wieder Staesz-Pfefferkuchengewürz in den Geschäften zu kaufen gab.

Hinweis: Der Vertrag mit dem Großhändler GEDELAG ist im Anhang dieses Buches abgedruckt.

Staesz-Pfefferkuchengewürz ist wieder erhältlich

Vor allem für die Ost- und Westpreußen, aber auch für alle anderen Vertriebenen, die das Pfefferkuchengewürz noch aus der Zeit vor 1945 aus ihrer Heimat kannten, muss das Wiederauftauchen dieses altbekannten Gewürzes ein bewegendes Erlebnis gewesen sein. In den vier vergangenen Jahren seit der Flucht oder der Vertreibung war bei vielen Flüchtlingen und Vertriebenen die Erinnerung an die Vorweihnachtszeit 1944 präsent geblieben. Erinnert wurde die Zeit, als das Leben noch in weitgehend vertrauten Bahnen verlaufen war. Die Menschen hatten ihre Pfefferkuchen gebacken und Weihnachten gefeiert, oft in Erinnerung oder in Trauer um Väter und Ehemänner an der Front. Doch der Zusammenbruch der Fronten und die Flucht hatte bei ihnen selbst und um sie herum alles im Inferno versinken lassen. In den allermeisten Fällen lebten sie seither nur in Provisorien, in not-

Anzeige in »Wir Ostpreußen« vom 5.12.1949

Karl Edmund Schmidt, Bremer Pressefotograf, hat nach dem Zweiten Weltkrieg auch zahlreiche Fotos von der Not der Vertriebenen in Bremen aufgenommen und mit Beschriftungen versehen. Diese Aufnahme hat den schlichten Titel »Flüchtlingslager am Halmerweg 1946« erhalten.

Anzeige in »Wir Ostpreußen« vom 1.11.1949

dürftigen Unterkünften, eng beieinander, mit nur sehr wenig gerettetem Besitz.

Nach den traumatischen Fluchterlebnissen hatten sie hier im Westen in vielen Fällen nur wenig Verständnis, dafür aber meistens Zurückweisungen und Kaltherzigkeit erlebt. In vier aufeinander folgenden Wintern war seither von Weihnachtsstimmung kaum noch etwas zu spüren gewesen.

Und nun gab es plötzlich wieder »Staesz-Pfefferkuchengewürz« und es kam sogar in der altvertrauten Verpackung daher, als sei alles wie früher!

Aber es kostete 70 Pfennig und die Vertriebenen hatten in den meisten Fällen kaum Geld zur Verfügung! Viele hatten keine Arbeit und lebten von finanziellen Nothilfen. Familien, in denen der Vater gefallen war, bekamen noch nicht einmal eine Kriegsopferversorgung.[202] Früher, in der Heimat, hatte die Tüte 50 Pfennig gekostet, aber das waren Reichspfennig gewesen.

Konnte eine Familie für dieses Gewürz, jetzt in der Notzeit, soviel Geld ausgeben oder war der Preis von Robert May zu hoch festgesetzt worden?

Nein, das war er nicht, und der geforderte Preis ist ein gutes Beispiel, dass es bei einer Preisbildung neben den Herstellungskosten, die sich aus den Lohn- und den Materialkosten ergeben, noch auf weitere Faktoren ankommt.

Es kommen die Aufschläge für den Groß- und den Einzelhandel hinzu und schließlich besteht der Wert eines Produktes auch noch aus einem immateriellen Teil, nämlich der Wertschätzung, die der Käufer ihm entgegenbringt.

Die Wertschätzung bildet sich im Bewusstsein des Käufers. Ein Produkt kann ihm über den Gebrauchswert hinaus auch noch Lebensgefühl, Emotionen und Erinnerungen bringen. Auch diese benötigt er und ist bereit, dafür einen über den Gebrauchswert hinausgehenden Preis zu bezahlen.

Beim Staesz-Pfefferkuchengewürz setzte sich der Gegenwert für den Kaufpreis erwiesenermaßen aus dem Gewürz, mit dem sich wunderbares Gebäck herstellen ließ, und aus sehr vielen Erinnerungen an glückliche Kindheiten und Geborgenheit zusammen. Der materielle und der immaterielle Gegenwert werden vor allem in den Notjahren nach dem Krieg annähernd gleichwertig gewesen sein.

Meist waren es in der damaligen Zeit die Frauen, die das Gewürz kauften. Ihre Entscheidung, dafür so viel Geld auszugeben, brachte dem Inhalt der acht einzelnen Beutel mit Mengen von je 1g bis 5g eine Wertschätzung fast wie für Goldstaub entgegen. Jeder Beutel wurde nach dem Öffnen ausgiebig und lange an die Nase gehalten, um die Exotik der Düfte zu genießen.

Die alte Entscheidung, jedem Gewürz eine Einzelverpackung zu geben, bewies in jenen Jahren erneut ihre Genialität. Der Umstand des achtmaligen Öffnens einzelner Tütchen schuf ein Prozedere, dass diesen Arbeitsgang des Backens zur Handhabung von etwas entscheidend Kostbarem machten.

Der Augenblick des Öffnens und Schnupperns eröffnete einen Horizont für

Die hier im ehemaligen Kriegsgefangenenlager Sandbostel, Kreis Bremervörde, mit ihren Söhnen Günter, Manfred und Burkhard (von links) untergebrachte Vertriebene Charlotte Weiß aus Bartenstein/Ostpreußen wartet auf die Rückkehr ihres Ehemannes und Vaters aus der Kriegsgefangenschaft. Sie hat auf der Rückseite des Bildes vermerkt: *Die Jungens vor unserer Baracken-Villa. Das erste Fenster ist die Waschküche. Die nächsten 4 Fenster sind unsere. Davor Heckenrosen und dann die Gärten. Sandbostel, 7.11.1948.*

gute alte Zeiten. Während der Zubereitung des Teiges und des Backens im Ofen wurden sie gegenwärtig. Sie erweiterten den Erinnerungsraum und ließen die Trostlosigkeit der Gegenwart für eine Weile zurücktreten.

Der Erfolg des Produkts zeigte, dass der Preis von 70 Pfennig je Tüte von den Hausfrauen als angemessen bewertet wurde. Robert May und Dr. Kurjo erhielten von nun an alljährlich körbeweise begeisterte Dankschreiben. So konnten sie teilhaben an der großen Freude, die sie mit dem traditionellen Pfefferkuchengewürz in die Familien ihrer Kundinnen und Kunden gebracht hatten.

Obwohl Großhändler und Einzelhandelsgeschäfte dem neuen Produkt anfangs wahrscheinlich mit Zurückhaltung und größter Vorsicht begegneten, konnten im Anfangsjahr 1949 folgende Mengen verkauft werden:

- bis zum 1.9.1949 40.000 Packungen
- bis zum 1.10.1949 weitere 45.000 Packungen
- bis zum 1.11.1949 weitere 50.000 Packungen
- bis zum 1.12.1949 weitere 69.000 Packungen und schließlich
- bis zum 20.12.1949 restliche 36.000 Packungen,

insgesamt also im ersten Geschäftsjahr 242.000 Packungen.[203]

Um solche Mengen zu produzieren und zu den geforderten Lieferterminen abzufüllen, musste noch während der ersten Saison eine zweite Abfüllmaschine »auf Pump« gekauft werden.[204]

Da eine große Menge der einzelnen Gewürze noch aus Elbing gerettet und daher für die Produktion verfügbar war, wird Dr. Kurjo im ersten Geschäftsjahr kein Problem damit gehabt haben, seinem Mitgesellschafter, wie gewünscht, 60 % des Gewinns zu überlassen. Robert May verdiente von Anfang an prächtig.

Gesellschaftsvertrag Robert May – Dr. Hans-Wilhelm Kurjo

Die Herstellung des Staesz-Pfefferkuchengewürzes erfolgte in den von Dr. Kurjo angemieteten Räumlichkeiten, aber nicht durch die von ihm begründete Kommanditgesellschaft. Stattdessen wurde eine neue von Robert May dominierte Offene Handelsgesellschaft (OHG) neben die von Dr. Kurjo betriebene Kommanditgesellschaft gestellt.

Zugleich wurde auch ein neuer gemeinsamer Gesellschaftsvertrag für Dr. Kurjos Firma »Norddeutsche Heilpflanzen Verwertung Dr. Kurjo KG« geschlossen. Robert May wurde in dieser KG Kommanditist mit einem Gesellschaftsanteil von 750,- DM.[205]

Die Zusammenarbeit zwischen Robert May und Dr. Hans-Wilhelm Kurjo schien zu funktionieren und beide waren mit dem Ergebnis ihrer Zusammenarbeit zufrieden. Sie glaubten, weiterhin gut miteinander zurechtzukommen und wirtschaftlich erfolgreich zu sein.

Das erste Geschäftsjahr war aber noch gar nicht abgerechnet, da setzte es Robert May durch, dass die Zusammenarbeit am 13. Januar 1950 mit einem neu formulierten Gesellschaftsvertrag neu geregelt wurde. Der Hintergrund, warum er die genaue Abrechnung des ersten Geschäftsjahres nicht abwartete, kann nur spekuliert werden. Wollte er eine bei Dr. Kurjo bestehende Euphorie nutzen, die vielleicht nach der genauen Abrechnung verflogen sein würde?[206]

Neu vereinbart wurde ein für Robert May sehr vorteilhafter Vertrag, der die Zusammenarbeit der Gesellschafter neu regelte und den Gesellschaftsvertrag vom 23. Mai 1949 rückwirkend ersetzte. Die Lizenzgebühr »Staesz-Pfennig« sollte von nun an ein wesentlicher Einnahmeposten für Robert May werden.

Das ehemalige Meisterhaus der Ziegelei Heinrich Wohlers – jetzt: Gewürzmühle Nesse

Gesellschaftsvertrag zwischen Robert May und Dr. Hans-Wilhelm Kurjo vom 23. Mai 1949

§ 1 Der Kaufmann Robert May hat unter der Firma J. Staesz jun. in Elbing eine Gewürzmühle betrieben. Infolge des Kriegsausganges musste der Betrieb in Elbing eingestellt werden. Herr May hat diese Firma im Handelsregister beim Amtsgericht Bremerhaven wieder eintragen lassen. Er nimmt den Kaufmann Dr. jur. Hans-Wilhelm Kurjo als Gesellschafter auf. Die durch diese Aufnahme entstandene Offene Handelsgesellschaft führt das Unternehmen unter der bisherigen Firma weiter.

Der Betrieb wird in gemieteten Räumen der früheren Ziegelei Nesse bei Bremerhaven eingerichtet.

§ 2 Der Gesellschaftsvertrag beginnt am 1. April 1949 und wird zunächst bis zum 31. März 1959 geschlossen. Er verlängert sich um weitere drei Jahre, sofern er nicht spätestens am 1. April 1958 von einem der Gesellschafter aufgekündigt wird. [...]

§ 3 Herr May bringt in die Gesellschaft das Unternehmen der Firma J. Staesz jun. mit einem Maschinenbestand von DM 3.000,-- (Dreitausend) sowie einem Barkapital von DM 16.000,-- (Sechzehntausend) ein.

Herr Dr. Kurjo bringt in die Gesellschaft den von der Firma Norddeutsche Heilpflanzenverwertung Dr. Kurjo KG bisher betriebenen Grosshandel mit Gewürzen, die von dieser Firma gemieteten Räumlichkeiten, Personal und Verkaufsorganisation und seine persönliche Arbeitskraft ein. Eine Kapitalbewertung dieser Einlage erfolgt nicht.

§ 4 Im ersten Geschäftsjahr ist Herr May mit sechzig Prozent und Herr Dr. Kurjo mit vierzig Prozent am Gewinn und Verlust beteiligt.

Ab 1. April 1950 sind Herr May und Herr Dr. Kurjo am Gewinn und Verlust zu gleichen Teilen, also jeder mit fünfzig Prozent beteiligt.

Herr Dr. Kurjo erhält ab 1. April 1950 als Entschädigung für seine Arbeit in der Geschäftsführung ohne Anrechnung auf den Gewinnanteil auf jedes Hunderttausend Beutel des in einem Geschäftsjahr hergestellten Original-Staesz-Pfefferkuchengewürzes DM 1.500,-- (Tausendfünfhundert) bei einem Verbraucherpreis von DM -,70 je Beutel. Ändert sich der Verbraucherpreis, so ändert sich auch entsprechend diese Entschädigung und zwar im gleichen Verhältnis, wie sich gemäß § 8 der Staesz-Pfennig des Herrn May ändert.

Die Arbeitsentschädigung beträgt mindestens DM 3.000,-- (Dreitausend) in jedem Geschäftsjahr, zahlbar in monatlichen Raten von DM 250,-- (Zweihundertfünfzig). Sie kann jedoch nur aus dem Gewinn gezahlt werden. Reicht der Gewinn nicht aus, so ist die Arbeitsentschädigung entsprechend zu ermäßigen. Tritt ein Verlust ein, so fällt die Arbeitsentschädigung in Fortfall. [...].

Die Arbeitsentschädigung geht im Range vor der Kapitalverzinsung.

Herr May erhält ohne Anrechnung auf seinen Gewinn für repräsentative Zwecke, insbesondere zur weiteren Einführung des Original-Staesz-Pfefferkuchengewürzes einen Unkostenzuschuss von monatlich DM 150,-- (Hundertfünfzig)

Herr Dr. Kurjo kann nach Fertigstellung und Genehmigung der Jahresbilanz aus der Geschäftskasse bis zu fünfzig Prozent seines Gewinnanteils und die auf seinen Gewinnanteil entfallenden Einkommensteuern entnehmen. Diese Beschränkung gilt solange, bis das Kapital des Herrn Dr. Kurjo die gleiche Höhe erreicht hat, wie das Kapital des Herrn May. Von da ab gilt die gleiche Beschränkung wie bei Herrn May.

Herr May kann nach Fertigstellung und Genehmigung der Jahresbilanz aus der Geschäftskasse bis zu fünfundsiebzig Prozent seines Gewinnanteils entnehmen […].

Die eingebrachten und durch Einlage oder Stehenlassen des Gewinns erhöhten Kapitalanteile der Gesellschafter werden vorweg mit vier Prozent jährlich verzinst.

§ 5 Die Geschäftsführung liegt im wesentlichen in den Händen des Herrn Dr. Kurjo. Herr May ist zur Geschäftsführung nicht verpflichtet; er unterstützt Herrn Dr. Kurjo mit seinen Kenntnissen und kaufmännischen Erfahrungen.

§ 6 [enthält Bestimmungen zur Vertretungsberechtigung]

§ 7 Herr Dr. Kurjo hat seine ganze Arbeitskraft, soweit er sie nicht für die Geschäftsführung der Norddeutschen Heilpflanzen-Verwertung Dr. Kurjo KG benötigt, der Gesellschaft zu widmen.

§ 8 Auf das in Elbing als Spezialität entwickelte Staesz-Pfefferkuchengewürz erhält Herr May bei einem Verbraucherpreis von 70 Dpfg. je Beutel 5 Dpfg. vergütet, (sog. Staesz-Pfennig), worüber je zur Hälfte am 15. Januar und 15. April abzurechnen ist. Diese Sondervergütung beträgt bei Änderung des Verbraucherpreises jeweils 10% des Kleinhandelseinkaufpreises für einen Beutel Staesz-Pfefferkuchengewürz. Die Sondervergütung entspricht einer Lizenzgebühr, die Herrn May unabhängig vom Gewinn oder Verlust ohne Anrechnung auf den Gewinnanteil im Range vor allen anderen Vergütungen an die Gesellschafter zu zahlen ist.

§ 9 [Konkurrenzklauseln], § 10 [Kündigungsbestimmungen],

§ 11 [Bestimmungen für den Todesfall], § 12 [Schiedsgericht],

§ 13 Dieser Gesellschaftsvertrag tritt anstelle des zwischen den Beteiligten geschlossenen Vertrages vom 23. Mai 1949.

Bremerhaven,
den 13. Januar 1950 K/V[207]

Konsolidierung und neuer Aufstieg

Die weiteren Geschäftsjahre

Wenige Wochen später lag der Jahresabschluss des ersten Geschäftsjahres vor. Entgegen der Erwartung war nach Abzug des an Robert May ausgeschütteten »Staesz-Pfennigs« nur ein kleiner Gewinn von 3.538,96 DM erzielt worden. Am 27.2.1950 meldete Dr. Kurjo lakonisch an Robert May: *Hier haben die Herren May und Kurjo geirrt.* Und er führte weiter aus, dass es im nächsten Jahr nicht viel besser werden würde, denn: *Erhöhungen für Lohn und Gehälter werden sich in der nächsten Saison nicht vermeiden lassen, da wir in beiden Fällen nur Mindestsätze gezahlt haben.*[208]

Robert May hatte wahrscheinlich nicht ernsthaft erwartet, seinen »Staesz-Pfennig« in voller Höhe erhalten zu können. Um den Neustart der Gewürzherstellung nicht sogleich abzuwürgen, hatte er sich mit dessen Reduzierung auf 3 Pfennig je Päckchen einverstanden erklärt. Trotz dieser Reduzierung erhielt er eine beachtliche Auszahlung von 8.587 DM (»Staesz-Pfennig« -7.260 DM / 60%iger Gewinnanteil: 1.327 DM). Dr. Kurjo konnte sich von seinem 40%igen Gewinnanteil zzgl. zu seinem Arbeitslohn einen Betrag von 590 DM auszahlen. 1.622 DM Gewinn blieben in der Kasse der Gesellschaft.

Nach Fertigstellung des Abschlusses ging Dr. Kurjo daran, die nächste Saison vorzubereiten. Am 24.5.1950 erstellte er dazu die nachstehende Arbeits- und Finanzierungsplanung, in der er auch die Zahlen der Vorsaison als Vergleichswert vermerkte:[209]

Die Geschäftsbriefe der neu gegründeten Gesellschaft zeigten eine Erinnerung an die Herkunft ihres Produktes. Dazu wurde das Elbinger Markttor in das Logo aufgenommen.

Staesz-Saison 1950/51

Zeit	Plan
Bis 15. 6.	Überholen der beiden Abfüllautomaten – Anschließend:
15.6. – 30.8 60.000 Btl. 1949: 42.000 verkauft	Abfüllung von 60.000 Pakete durch drei neu eingestellte Hilfsarbeiterinnen – Bedarf an Gewürzen und Schalen hierzu für 2.350,- DM, Bedarf für Löhne: 900,- DM Finanzierung: Darlehen [...], Verkaufswert: rd. 24.000 DM
1.9. – 30.9. 70.000 Btl. 1949: 45.000 verkauft	Bedarf: Gewürze und Verpackungsmittel für 100.000 Beutel, – a) 9.000,- DM b) 5.000,- DM c) Löhne: 4.000,- DM d) eine Beutelverschließmaschine: 1.400,- DM Finanzierung: a) und b) durch 3-Monats-Akzepte c) aus Verkauferlösen oder gedecktem Bankkredit Verkaufswert; rd. 28.000 DM
1.10. – 31.10. 70.000 Btl. 1949: 50.000 verkauft	Bedarf und Finanzierung wie zu II, eventuell nach Verkaufslage, Auftragsbestand und Geldeingängen – nur 10-Wochen-Akzepte
1.11. – 30.11. 30.000 Btl. 1949: 69.000 verkauft	Entschlußbildung: Aus dem Auftragsbestand (1949: 137.000) am 1.11. ergibt sich, ob a) ein dritter 100.000 Btl. gepackt oder b) ein dritter 100.000 Btl als Rohware und Verpackung für 51/52 auf Lager zu legen ist.
1.12 – 20.12. 1949: 36.000 verkauft	

Robert May war viel auf Reisen, wollte aber immer zeitnah über aktuelle Fragen informiert werden, vor allem über die finanzielle Entwicklung.

Bei Dr. Kurjo war die anfängliche Euphorie inzwischen einer Ernüchterung gewichen. Er stellte fest, dass »Vertragsschmied« A. Knoblehar nicht unparteiisch war, sondern im Auftrag Robert Mays beaufsichtigend und kontrollierend auftrat. Einen zweiseitigen Antwortbrief an A. Knoblehar beschloss Dr. Kurjo am 15.7.1950 mit dem gereizten Hinweis, *dass bereits im 1. Geschäftsjahr eine ca. 50 %ige Verrentung des durch R. May eingesetzten Kapitals vorliegt, damit kann R. May zufrieden sein, auch wenn die Entwicklung niemals zu den Erfolgen führen kann, die Herr May aus der guten alten Elbinger Zeit [...] zu erwarten glaubte.*

Dr. Kurjo sah seinen Anteil am Erfolg Robert Mays nicht angemessen gewürdigt. Er lud A. Knoblehar zu einem Besuch des Betriebes ein, *um zu sehen, dass hier in kürzester Zeit nicht eine jener kläglichen Flüchtlingsbruchbuden aufgebaut worden ist, sondern ein leistungsfähiger Betrieb, der jeder Umsatzausweitung bereits jetzt technisch gewachsen ist. Das wird leider von Herrn May stets verkannt, der im 1. Jahr bereits ein Kalb melken möchte. Bei einigermaßen objektiver Betrachtung muss festgestellt werden, dass dieses Kalb sich für ihn innerhalb ganz weniger Monate tatsächlich bereits zu einer ganz leistungsfähigen Milchkuh entwickelt hat.*

Im Oktober 1950 machte Dr. Kurjo die Erfahrung, dass der zu Jahresbeginn geschlossene Vertrag eine weitere ihn dauerhaft belastende Zahlungsverpflichtung des gemeinsamen Unternehmens enthielt, nämlich die Zahlung von 150 DM monatlich gemäß § 4 Abs. 5 des Gesellschaftsvertrages. Offenbar war Dr. Kurjo davon ausgegangen, dass dieser sogenannte »Unkostenzuschuß«, den Robert May *für repräsentative Zwecke, insbesondere zur weiteren Einführung des Staesz-Gewür-*

Ein schmales breites Werbeplakat für die Einzelhändler – 12 cm hoch, 59 cm breit

zes erhielt, zeitlich befristet sei. Er wurde von Knoblehar darauf hingewiesen, dass die gewählte Formulierung *zur weiteren Einführung* bedeute, dass keine zeitliche Befristung vorliege. Die Auszahlung an Robert May sei über die gesamte Vertragsdauer zu leisten.

Das zweite Geschäftsjahr 1950/51 verlief schließlich überaus glänzend. Inzwischen hatte es sich bei vielen Vertriebenen herumgesprochen, dass es das altvertraute Gewürz wieder gab. Auch die in den Zeitungen der vielfältigen Vertriebenenpresse veröffentlichte Werbung wird diese Menschen erreicht haben. Fast 391.000 Beutel des »Staesz-Pfefferkuchengewürzes« wurden verkauft. Dr. Kurjo konnte am 14.4.1951 an Robert May schreiben, dass ein Gewinn von 27.549,09 DM erreicht worden sei.

Ein Werbeplakat für d e Öffentlichkeit zeigte in der Banderole die Namen der einzelnen Gewürze.

In diesem Brief berichtete er aber auch, dass *die Kolloplexmühle nur noch mit einem Wert von 1 DM zu Buche steht.* Erst drei Jahre später erwähnte ein Schreiben des von Dr. Kurjo beauftragten Rechtsanwalts Dr. Denzel indirekt die Tatsache des Ausfalls. Entweder wurde sie überlastet oder sie hatte ihre höchstmögliche Betriebsdauer erreicht. Es heißt in der Rückschau: *Als 1950 die von Herrn May eingebrachte kleine Mühle entzwei ging, nahm Herr Dr. Kurjo auf seine Firma einen Investitionskredit aus Bundesmitteln (Flüchtlingsdarlehen) über 15.000 DM und weitere Mittel aus der Familie seiner Frau darlehensweise auf. […] Das Unternehmerrisiko hat allein bei Herrn Dr. Kurjo gelegen, die nicht kleinen Zins- und Tilgungsverpflichtungen aus den genannten Krediten (gingen) ebenfalls zu seinen und seiner Firma Lasten.*[210]

Der Totalverlust der von Robert May aus Elbing mitgebrachten Mühle wird seltsamerweise in der archivierten laufenden Korrespondenz nicht weiter erwähnt.

Offenbar hatte es sich für Dr. Kurjo gerächt, dass im Gesellschaftsvertrag keine Ausführungen zum Alter und zum Zustand der von Robert May eingebrachten Mühle gemacht worden waren. Robert May war lt.

Vertrag auch nicht verpflichtet, für werterhaltende Reparaturen aufzukommen, bzw. gegebenenfalls für Ersatz zu sorgen.

Als die Mühle nun einen irreparablen Schaden erlitten hatte, sorgten weder Robert May noch die Firma »J.Staesz jun.« für Ersatz. Es blieb allein Dr. Kurjo überlassen, zur Fortdauer des Betriebes und zur Sicherung seines persönlichen Einkommens eine neue Mühle zu kaufen, die dann auch die nötige Mahlarbeit für das Staesz Pfefferkuchengewürz zu leisten hatte. Er veranlasste dies offenbar ohne zu murren. Die vorhandenen Akten geben über einen daraus entstandenen Konflikt zwischen den Gesellschaftern keine Auskunft.

Dr. Kurjo gelang es, bei der Kreissparkasse Wesermünde eine günstige Finanzierung des Kaufs der neuen Mühle zu vereinbaren. Da er die relativ hohe Summe von 15.000 DM als nicht zweckgebundenes Darlehen erhielt, war er in der Lage, für unterschiedliche Anforderungen sogar zwei Mühlen zu kaufen.

- Eine Alpine Contraplex-Weitkammermühle 250 CW-L, mit der jährlich ca. 6,5 t Mahlgut: Pfeffer, Piment, Nelken, Muskatnuss, Muskatblüte, Kardamom, Zimt, Zitronen- und Orangenschalen sowie auch Senfkörner gemahlen werden sollten.
- Eine Alpine Omniplex-Hammermühle 40/29, mit der jährlich ca. 3 t Zimtstangen, Muskatnuss, Zitronen und Orangenschalen gemahlen werden sollten.[211]

Im April 1951, nach Abrechnung der zweiten Staesz-Saison, stand für Dr. Kurjo fest, dass auch der erheblich gestiegene Gewinn längst noch nicht das Ausmaß erreicht hatte, das ihm von Robert May zu Beginn der Zusammenarbeit in Aussicht gestellt worden war.

Robert May hatte daher erneut nur 3 Pfennig als »Staesz-Pfennig« fordern können, woraus sich in der Summe ein Betrag in Höhe von 11.727 DM errechnete, der ihm ausgezahlt wurde.

In einem Schreiben vom 27.4.1951 an Robert May schilderte Dr. Kurjo, dass die ehedem prognostizierten Gewinnspannen in Wirklichkeit gar nicht erreichbar waren. Er deutete an, dass ihm die Ergebnisse der ersten zwei Jahre zu Überlegungen Anlass gäben, die abgeschlossenen Verträge anzufechten. Er erwähnte, dass ein Geschäftsführer der Industrie- und Handelskammer ein Missverhältnis zwischen Kapital und Lizenz auf der einen und Arbeit und Verantwortung auf der anderen Seite erkannt hätte. Die Jahressumme an Löhnen und Gehältern liege unter dem Gewinn des nicht im Betrieb tätigen Gesellschafters May.

May wies in seiner von A. Knoblehar formulierten Antwort auf die Bestimmungen des abgeschlossenen Gesellschaftsvertrages hin und lehnte dessen Änderung aufgrund des Nichterreichens der in Vorkriegszeiten erzielten Gewinne ab, *da die Inaussichtstellung Elbinger Verdienstspannen nicht in den Vertrag aufgenommen worden ist. [...] Herr May verkennt nicht, dass Sie durch Ihre Arbeitskraft und durch Ihr Organisationstalent einen guten Anteil am Erfolg des Unternehmens haben, [...]. Herr May wünscht Ruhe in seinen gesellschaftlichen Beziehungen zur Firma J. Staesz jun. Er ist nicht bereit, auf der einen Seite Verträge zu schließen, die ihn zehn Jahre verpflichten und auf der anderen Seite diese Verträge zu Ungunsten seiner Gewinnverteilung jährlich abzuändern.*

Damit war die Sache für Robert May erledigt, doch das Verhältnis der Gesellschafter zueinander war sicherlich von nun an getrübt.

Der Verkaufserfolg aus 1951 konnte im dritten Geschäftsjahr bei Weitem nicht erreicht werden. Immerhin wurden aber noch 270.000 Päckchen »Staesz Pfefferkuchengewürz« verkauft. Dr. Kurjo schrieb im April

1952 an Robert May: *Die Bilanz ist fertiggestellt und weist [...] einen Gewinn von DM 19.800,- DM aus, der sich 13 : 7 zwischen uns verteilt.* Im Anteil Robert Mays war der »Staesz-Pfennig« enthalten.

Inzwischen war das Staesz-Gewürz nicht mehr unangefochten. Das aus Schlesien stammende Pfefferkuchengewürz »Hayma Neunerlei«, eine Gewürzmischung, die wesentlich günstiger verkauft wurde, war ebenfalls überall erhältlich. Mancher hatte inzwischen probiert, den Pfefferkuchen damit zu backen und war mit dem Ergebnis zufrieden.

Dr. Kurjo hatte darüber hinaus festgestellt, dass er in der Zeit von Februar bis Juli eines Jahres wenig gefordert war. Außer ihm waren noch Richard Block und die Buchhalterin im Betrieb. Zusammen konnten die beiden die anfallende Arbeit in dieser außerhalb der Staesz-Saison liegenden Zeit fast allein bewältigen. Dr. Kurjo wollte diese Monate daher nutzen, um sich anderen Aufgaben, nämlich dem Torfabbau und der Verwertung des aus den Mooren stammenden Rohstoffes zu widmen.

Am 8. Januar 1952 machte er einen Besuch bei Robert May, um ihm seine Eindrücke und Erwägungen vorzustellen. In einem schriftlichen Vermerk hielt er anschließend fest, dass Robert May im Hinblick auf § 7 des Staesz-Gesellschaftsvertrages, der ihn verpflichtete, seine Arbeitskraft ausschließlich der Firma »Staesz jun.« zu widmen, keine Bedenken gegen die beabsichtigte Tätigkeit »im Torf« angemeldet habe.[212] Er habe Verständnis gezeigt und würde seine Planungen sogar unterstützen, indem er sich selbst aktiver in die Geschäftsführung bei »Staesz jun.« einbrächte, denn inzwischen war der Ost-West-Gegensatz infolge des Korea-Krieges in aller Schärfe entbrannt. Robert May mache sich Sorgen, dass er und sein Vermögen auch hier im Westen nicht sicher sein könnten. Dr. Kurjo führte in dem o.g. Vermerk wörtlich weiter aus: *Herr May hielt eine eigene Mitarbeit für zweckmäßig für den Fall, wenn eines Tages die Russen kämen, er dann nicht nur »Kapitalist« sondern tatsächlich tätiger Firmeninhaber wäre.*

Dr. Kurjo nahm Robert May sogleich beim Wort und gründete am selben Tag, also am 8. Januar 1952, die »Torfwerk Silesia GmbH« mit Sitz in Nesse.[213]

Doch Robert May war nach einigem Überlegen gar nicht mehr mit der von Dr. Kurjo herbeigeführten Situation einverstanden. Die Auseinandersetzung zwischen beiden Gesellschaftern wurde umgehend heftiger. In der zweiten Märzhälfte kam es zu einem Schriftwechsel, in dem May klarstellte, die Unterredung vom 8.1.52 enthalte für ihn keine bindende Erklärung, er habe nur Verständnis für Dr. Kurjo geäußert, doch dessen Tätigkeit »im Torf« schade Staesz.

Robert May konfrontierte Dr. Kurjo im Einzelnen mit nicht ausreichend bedachten Haftungsrisiken, die auch ihn belasteten. Er hielt ihm nun doch vor, dass er mit diesem Engagement seiner Verpflichtung aus § 7 des Vertrages über die Staesz OHG zuwidergehandelt habe. May sah in dieser Tätigkeit eine Belastung für die Staesz OHG und führte deren aktuell sinkende Umsätze auf die »fehlende Einsatzbereitschaft« Dr. Kurjos zurück.

Dr. Kurjo hielt dagegen und vertrat den Standpunkt: *Wir müssen davon ausgehen, dass die Geschäftserfolge im Westen aus meiner Aufbauarbeit herrühren.* Erstmalig brachte er die Auflösung der zwischen beiden vereinbarten Gesellschaft ins Gespräch.

Doch soweit kam es noch nicht. Beide einigten sich auf den Fortbestand der Verträge.

In der folgenden Saison 1952/53 kam es aufgrund eines Planungsfehlers zu einem noch schlechteren Saisonergebnis. Die produzierte Menge von nur 250.000 Beuteln war bereits am 20.11. vollständig verkauft.

Dieses Werbeblatt wurde als »Jahresangebot 1952« an die Geschäfte des Einzelhandels verteilt.

Nachbestellungen im Wert von 20.000,- DM konnten nicht geliefert werden.

Mangel an Eigenkapital hatte in jedem Jahr dazu geführt, dass die wesentlichen Ausgabepositionen, nämlich Rohgewürze und Verpackungsmittel, mit Fremdmitteln vorfinanziert werden mussten.

Im Frühjahr 1953 gelang es Dr. Kurjo, die dadurch immer wieder notwendigen Zinsaufwendungen mit einem »Saisonkredit« der Kreissparkasse Wesermünde beträchtlich zu senken. In seinem Antrag an die Sparkasse vom 18.4.1953 hatte er das Erfordernis des Darlehens geschildert und dazu u. a. die folgenden Argumente formuliert:

- *Diese Finanzierungslücke musste bisher durch das Eingehen von Wechselverbindlichkeiten bei Lieferanten (12 % Zinsen) und dem Kunden Gedelag (24 % Zinsen) besorgt werden.*
  - 1950/51 wurden dafür 542,03 DM,
  - 1951/52 2.376,06 DM und
  - 1952/53 1.527,74 DM Zinsen gezahlt.
- *Haupt und Vertragsabnehmer der Firma Staesz waren*
  - 1950/51: Gedelag 31 %, Edeka 16 %
  - 1951/52: Gedelag 33 %, Edeka 19 %
  - 1952/53: Gedelag 36 %, Edeka 23 %
- *Die Gesamtumsätze betrugen:*
  - 1950/51: 180.530,94 DM
  - 1951/52: 133.003,09 DM
  - 1952/53: 116.560,57 DM
- *Der bilanzmäßig ausgewiesene Gewinn betrug:*
  - 1950/51: 25.989,19 DM
  - 1951/52: 19.214,41 DM
  - 1952/53: 16.647,27 DM
- *Die Packsaison 1953/54 beginnt mit der Einstellung von 12 Packerinnen wieder am 15. Juli. Gewürze und Verpackungsmittel für eine Produktion im Verkaufswert von 165.000,- DM sind gekauft […].*
- *Da der Großhandel Staesz-Pfefferkuchengewürz als ausgesprochenen Weihnachtsartikel erst in den Monaten Oktober/Dezember abruft, die Produktion aber in der Zeit vom 15. Juli bis 15. November abgewickelt sein muss, bitten wir unter Berücksichtigung der Geschäftserfolge der letzten drei Jahre und unsere ausschließlich mit der Kreissparkasse getätigten Umsätze um Einräumung eines Saisonkredits über 10.000,- DM für die Zeit vom 1.8.bis 30.11.1953.*[214]

Da die J. Staesz jun. OHG sich inzwischen eine Kreditwürdigkeit erarbeitet hatte, wurde dem Antrag bereits fünf Tage später stattgegeben, ein Erfolg Dr. Kurjos, der dafür auch sogleich den Beifall Robert Mays erhielt: *Es ist ja erfreulich, dass es Dir gelungen ist, 10 Mille bei der Sparkasse freizumachen.*[215]

Das Ende der Zusammenarbeit mit Dr. Kurjo

Dr. Kurjo entschied sich im Laufe des Jahres 1953 gegen die Fortsetzung der Tätigkeit bei der »J. Staesz jun. OHG« sowie überhaupt gegen eine weitere gewerbliche Tätigkeit. Die Leitung seiner *Norddeutsche Heilpflanzen Verwertung Dr. Kurjo KG* sollte seine Ehefrau übernehmen. Er selbst suchte und fand eine Stelle im öffentlichen Dienst. Am 15.11.1953 wurde er Stadtrat für Wohlfahrts-, Jugend- und Gesundheitswesen in Braunschweig.[216]

Rasch merkten aber sowohl Robert May als auch Dr. Kurjo, dass sie sich ohne juristische Unterstützung nicht einvernehmlich über die Beendigung und Abwicklung ihrer Zusammenarbeit würden einigen können. Schließlich musste die Fortführung des Betriebs in den von Dr. Kurjo gemieteten Räumen trotz aller Meinungsverschiedenheiten ordentlich verabredet und vereinbart werden. Beide Parteien suchten und fanden anwaltlichen Beistand. Ab Dezember 1953 bevollmächtigte Robert May den Bremerhavener Rechtsanwalt Dr. Friedrich Wolfgang Hagedorn mit der Wahrnehmung seiner Interessen. Dr. Kurjo wählte Rechtsanwalt Dr. E. Denzel aus Langen bei Bremerhaven.

Robert May meinte, dass ihm durch das vorzeitige Ausscheiden Dr. Kurjos ein von diesem zu verantwortender Verlust entstehen würde, den er mit 10.000 DM bezifferte. Für das bisherige *Hineintragen von Arbeit und ideeller Werte in den Wiederaufbau der Firma* bot er ihm gleichwohl 2.000 DM an.

Dr. Kurjo forderte die Zahlung branchenüblicher Mahllöhne für die zukünftige Nutzung der ihm gehörenden Mühlen.

Rechtsanwalt Hagedorn stellte grundsätzlich fest, dass Dr. Kurjo manches geleistet und an dem augenblicklichen Stand der Dinge seinen Anteil habe. Die »glückliche« Entwicklung der Firma Staesz beruhe aber auf dem guten alten Namen der Firma »Staesz«, *der in Kreisen der Heimatvertriebenen seinen guten Klang behalten habe.* Diesen ideellen Wert habe May mitgebracht. Das vorzeitige Ausscheiden Dr. Kurjos schädige May und dieser Schaden müsse ausgeglichen werden, mindestens habe May Anspruch auf weitere Beratung, die aber im Hinblick auf die eingetretene Schädigung nicht honoriert zu werden brauche.

Dr. Kurjo erklärte sich zur Annahme des 2.000 DM-Angebots bereit. May möge aber darauf verzichten, zu Lasten von Dr. Kurjos Gewinnanteil einen halben »Staesz-Pfennig« mehr für das letzte Geschäftsjahr zu fordern. Rechtsanwalt Dr. Denzel erinnerte für Dr. Kurjo daran, dass Robert May in vier bisherigen Geschäftsjahren insgesamt 50.000 DM in bar entnehmen konnte, zzgl. den erwarteten Gewinn für 53/54. Dr. Kurjo habe 20.000 DM bekommen *und musste das Wagnis auf sich nehmen von 1949 bis 1953 77 Akzepte der Firma Staesz über zusammen 162.000 DM zu unterschreiben, weil anders in den drei Saisonmonaten vor Weihnachten der beim Zehnfachen der Kapitaleinlage des Herrn May gelegene Umsatz nie zu finanzieren gewesen wäre.*[217]

In einer Beratungsrunde der Parteien und ihrer Anwälte am 16.1.1954 setzte Robert May durch, dass ihm der »Staesz-Pfennig« für die Saison 53/54 in Höhe von 3,5 Pfennig je Gewürztüte bezahlt wurde.

Es gab weitere Streitpunkte, die einen umfangreichen Schriftwechsel erzeugten. Am 5. April 1954 waren dann anscheinend alle Punkte geregelt und der Auseinandersetzungvertrag konnte unterschrieben werden:

Auseinandersetzungsvertrag vom 5.4.1954 zwischen dem Kaufmann Robert May und dem Stadtrat, bisher Kaufmann, Dr. jur. Hans-Wilhelm Kurjo

Herr May und Herr Dr. Kurjo sind aufgrund Gesellschaftsvertrages vom 13. Januar 1950 Gesellschafter der OHG in Firma I[218]. Staesz jun. in Nesse.

Außerdem ist Herr May Kommanditist der KG Norddeutsche Heilpflanzenverwertung Dr. Kurjo KG in Nesse, deren persönlich haftender Gesellschafter Herr Dr. Kurjo ist und an der neben Herrn May als weiterer Kommanditist der praktische Arzt Dr. med. Armin Wandel in Dedesdorf beteiligt ist.

Herr Dr. Kurjo hat neuerdings eine Tätigkeit im öffentlichen Dienst übernommen.

Die Fortführung der bezeichneten Firmen in der bisherigen Form ist infolgedessen nicht mehr zweckmäßig. Aus diesem Grunde wird vereinbart:

I

Herr Dr. Kurjo scheidet mit Wirkung zum 31. März 1954 aus der OHG in Firma I. Staesz aus[219]. Die Firma wird von diesem Augenblick ab von Herrn May allein fortgeführt.[220]

Zum gleichen Zeitpunkt scheidet Herr May als Kommanditist aus der Firma Dr. Kurjo KG aus. Im Einzelnen soll für diese Regelung das nachstehende gelten, wobei Herr Dr. Kurjo es übernimmt, die erforderliche Zustimmung des zweiten Kommanditisten der Firma Kurjo KG, des Herrn Dr. med. Wandel in Dedesdorf herbeizuführen.[221]

II

[...] Der Staesz-Pfennig ist in Abweichung von dem Gesellschaftsvertrag der Firma Staesz, in der er mit 5 Pfg festgelegt worden ist, mit 3 1/2 Pfennig anzusetzen.

Die sich so ergebenden Kapitalkonten per 31. März 1954 sind durch bare Zahlung an den jeweils ausscheidenden Gesellschafter auszugleichen.

Herr Dr. Kurjo erhält darüber hinaus für sein Ausscheiden aus der Firma Staesz eine einmalige Abfindung von DM 2.000, die aus dem Geschäftsgewinn der Firma Staesz im Jahre 1954/55 zu zahlen ist und spätestens bis zum 31. März 1955 beglichen sein muß [...].

III

Die Firmen Staesz jun. und Dr. Kurjo KG. haben in Nesse in Betriebsgemeinschaft in Räumen gearbeitet, die fremdes Eigentum sind und die Dr. Kurjo gemietet hat. Diese Betriebsgemeinschaft soll bis auf weiteres, grundsätzlich jedoch bis mindestens Ende 1959 fortbestehen. Insbesondere soll der bisherige gemeinsame Betriebsleiter, Herr Richard Block in Nesse seinen bisherigen Arbeitsplatz und Wirkungsbereich grundsätzlich bis zur Erreichung seines 65. Lebensjahres behalten. Diese Regelung gilt unter der Voraussetzung, daß nicht besondere Umstände [...] eine vorzeitige Auflösung geboten erscheinen lassen. Der Ausgleich der sonstigen Betriebsunkosten soll grundsätzlich auch für die Zukunft in der Art und Weise gehandhabt werden, wie es sich in der Zusammenarbeit der letzten fünf Jahre bereits entwickelt hat.

Die Firma I. Staesz jun. trägt mit Rücksicht darauf, daß sie die Betriebsräume räumlich und zeitlich stärker in Anspruch nimmt, 66 2/3 % der Miete sowie der Kosten für Heizung. Außerdem übernimmt sie 66 2/3 % vom Gehalt des Betriebsleiters Block sowie von den Kosten für eine abschlußsichere Buchhaltungskraft. [...]. Fernsprechgebühren, Instandhaltungskosten und die sonst durch die Betriebsgemeinschaft entstehenden kleineren allgemeinen Unkosten werden von den beiden Firmen zu gleichen Teilen getragen.

Sollte die Firma Dr. Kurjo KG. die von der Betriebsgemeinschaft zur Zeit benutzten Räume für sich selbst aufgeben, so verpflichtet sie sich, diese entweder der Firma Staesz vollen Umfangs unterzuvermieten oder aber sich dafür einzusetzen, dass diese Räume von dem Vermieter der Firma I. Staesz überlassen werden.

Die Firma I. Staesz will auch in Zukunft die der Firma Dr. Kurjo KG. gehörigen Mahlanlagen benutzen. Die Firma Dr. Kurjo KG [...] wird die der Firma I. Staesz gehörigen Abfüllanlagen verwenden. Für die Benutzung der Mahlanlagen wird die Firma I. Staesz jun. Mahllöhne in Höhe von 75 % der üblichen Hamburger Mahllöhne bezahlen.[222] Eine Vergütung von Seiten der Firma Dr. Kurjo an die Firma Firma I. Staesz jun. für die Benutzung von deren Abfüllanlagen erfolgt nicht, da der Umfang der Mitbenutzung dieser Abfüllanlagen durch die Firma Dr. Kurjo KG. nicht erheblich ist. Durch diese Regelung ist zugleich der in der Betriebsgemeinschaft anfallende Verbrauch an elektrischem Strom ausgeglichen.

Die Vereinbarung über die Betriebsgemeinschaft beruht darauf, daß Herr May Inhaber der Firma I. Staesz jun. bleibt und daß auf der anderen Seite in der Firma Dr. Kurjo KG kein anderer Geschäftsführender Gesellschafter auftritt, als Herr Dr. Kurjo oder an seiner Stelle seine Ehefrau oder Herr Block. Es soll ausgeschlossen sein, daß Herr May in der Betriebsgemeinschaft mit einem ihm fremden Geschäftspartner arbeiten muß.

Obwohl Robert May und die Dr. Kurjo KG, diese nun vertreten durch Frau Ursula Kurjo, weiterhin in Betriebsgemeinschaft zusammenarbeiteten, begann nach Abschluss des Auseinandersetzungsvertrages eine Zeit streitiger Nachbarschaft zwischen den ehemaligen Gesellschaftern.

Es ergaben sich z.B. Unstimmigkeiten wegen der gemeinsamen Nutzung der Büroräume. Dr. Denzel schrieb: *Normalerweise können irgendwelche Störungen durch diese Mitnutzung gar nicht auftreten, weil Frau Kurjo bereit ist, sich in Bezug auf die Zeiteinteilung weitgehendst nach den Gepflogenheiten von Herrn May zu richten und dieses auch dadurch bewiesen hat, daß sie den Arbeitsplatz um 10.00 Uhr räumte, zu einer Zeit, als Herr May bisher noch nie im Büro zu erscheinen pflegte. Dass es bei dieser Regelung verbleiben kann, sofern sich Herr May bereit findet, den Sonnabendvormittag Frau Kurjo zur ausschließlichen Benutzung zur Verfügung zu stellen.*

Probleme der Zuordnung der Arbeitszeit der beiden Angestellten für zwei Arbeitgeber sind aus dem folgenden Schreiben Dr. Denzels an Dr. Hagedorn im Jahr 1954 ersichtlich: *Hierzu gehört insbesondere die sich fast täglich mehr bemerkbar machende Tatsache, dass die (gemeinsamen) Betriebsangehörigen Block und Frl. Fligge durch Herrn May so stark in Anspruch genommen werden, dass es ihnen nicht mehr zugemutet werden kann, das vereinbarte Arbeitsdrittel auch noch für die Firma Dr. Kurjo zu leisten.*

Im Laufe des Jahres 1954 wurden Schriftsätze zur Frage der Abrechnung der Stromkosten gewechselt. Im Januar 1955 folgte eine Auseinandersetzung, weil Betriebsleiter Richard Block den Packfrauen zu Weihnachten 1954 Gewürzpäckchen als Deputat gratis überreicht hatte. May stellte Dr. Kurjo in Aussicht, ihm diese Kosten in Rechnung zu stellen, da er zu solchen Geschenken nicht bereit und nicht gefragt worden sei. Dr. Kurjo entgegnete, dass Block von May angewiesen sei, alles »wie gehabt« fortzuführen, nur das habe er getan, daher müsse May sich dieses zurechnen lassen.

Robert May und der Lastenausgleich

Robert May hatte in Elbing/Westpreußen in wenigen Jahren mit großer unternehmerischer Begabung und Tatkraft ein beachtliches Vermögen erwirtschaftet. Die Dimension seines wirtschaftlichen Erfolges ist den aufbewahrten Unterlagen im Familienarchiv Krause zu entnehmen. Es konnte darin eine Bilanz über das Gesamtvermögen Robert Mays eingesehen werden. Per Stichtag 31.12.1943 belief es sich auf fast 1.000.000 RM.[223]

Mit Geschick und Entschlossenheit hatte er einen Teil davon bis zum 21.6.1948 in den Westen Deutschlands retten können. In seinem Antrag auf Feststellung von Vertreibungsschäden bezifferte Robert May den Gesamtwert dieses geretteten Vermögens auf umgerechnet 124.000 DM.[224]

Doch, wie alle anderen mehr als 10 Millionen Vertriebenen[225], hatte Robert May den größten Teil seines Vermögens durch die Abtrennung der Oder-Neiße-Gebiete für immer verloren.

Der Deutsche Bundestag beschloss in der ersten Legislaturperiode am 14. August 1952 das Lastenausgleichsgesetz (LAG), um den Betroffenen wie Robert May, aber auch den Flieger- und Währungsgeschädigten, einen finanziellen Ausgleich zu ermöglichen.

Die Entschädigungssummen sollten nicht durch Steuermittel aufgebracht werden. Vielmehr wurden die benötigten Gelder im Wege einer Umverteilung von denjenigen eingezahlt, deren Grund- und Betriebsvermögen im Westen Deutschland intakt geblieben war, also von den Gewerbetreibenden und den Eigentümern von Immobilien in der Bundesrepublik Deutschland. Die Höhe dieser Abgabe wurde auf 50 % des Vermögenswertes mit Stand vom 21. Juni 1948, dem Tag der Währungsumstellung auf D-Mark, festgelegt. Sie konnte in 120 vierteljährlichen Raten, also verteilt auf 30 Jahre, erbracht werden.

Das LAG hatte nicht berücksichtigt, dass es einige wenige Vertriebene gab, die trotz ihres großen Verlustes im Osten zum Zeitpunkt der Währungsumstellung bereits über neues Betriebsvermögen im Westen verfügten.

Da Robert May zum Stichtag der Währungsumstellung bereits wieder Betriebsvermögen im westlichen Deutschland besaß, gehörte auch er zum Kreis derer, die nach dem Lastenausgleichsgesetz mit der 50 %igen Vermögensabgabe belastet wurden.

Hatte sich Robert May noch erleichtert gezeigt, dass sein gerettetes Reichsmark-Kapital 1948 durch betriebliche Investitionen in voller Höhe erhalten geblieben war, so musste er jetzt erkennen, dass das Gesetz seine unternehmerische Tüchtigkeit ignorierte und dass es keine Möglichkeit gab, sein im Westen neu erworbenes Betriebsvermögen mit dem erlittenen Verlust zu verrechnen.

Die Vermögensabgabe belastete Teile der Wirtschaft erheblich, entzog es ihr in vielen Fällen dringend benötigtes Kapital für Investitionen. Dies betraf nun auch Robert May. In einem Schreiben an das Finanzamt Bremerhaven vom 18. August 1955 stellte er den Antrag, den bis dahin gezahlten Betrag der Soforthilfe- und Vermögensabgabe in Höhe von 15.406 DM befristet zurückzuerstatten, da er das Kapital für beabsichtigte Investitionen benötigte.[226] Ob diesem Ersuchen entsprochen wurde, konnte in den Akten nicht festgestellt werden.

Die abschließende Bearbeitung seines Antrags auf Hauptentschädigung und die Auszahlung des Lastenausgleichs wurde zu Lebzeiten Robert Mays nicht abgeschlossen. Robert May hatte zum Zeitpunkt seines Todes noch keine Entschädigung für sein in Elbing verlorenes Vermögen erhalten. Seine Erben mussten dieses Verfahren an seiner Stelle zu Ende führen.[227] Die Vermögensabgabe auf das Westvermögen hatte er aber ab Inkrafttreten des Gesetzes am 1. September 1952 in Raten zahlen müssen.

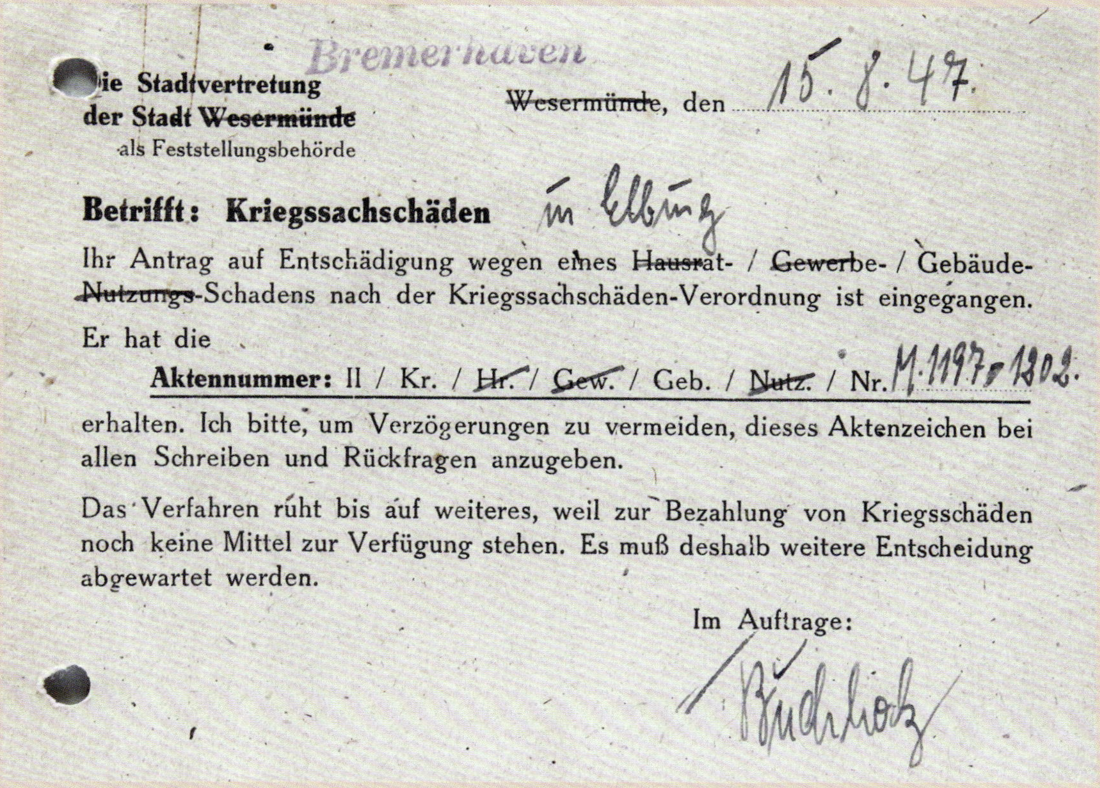

Die Stadtvertretung
der Stadt ~~Wesermünde~~ Bremerhaven
als Feststellungsbehörde

~~Wesermünde~~, den 15. 8. 47.

Betrifft: Kriegssachschäden in Elbing

Ihr Antrag auf Entschädigung wegen eines ~~Hausrat~~- / ~~Gewerbe~~- / Gebäude-~~Nutzungs~~-Schadens nach der Kriegssachschäden-Verordnung ist eingegangen.
Er hat die

Aktennummer: II / Kr. / ~~Hr.~~ / ~~Gew.~~ / Geb. / ~~Nutz.~~ / Nr. M. 1197 – 1202.

erhalten. Ich bitte, um Verzögerungen zu vermeiden, dieses Aktenzeichen bei allen Schreiben und Rückfragen anzugeben.

Das Verfahren ruht bis auf weiteres, weil zur Bezahlung von Kriegsschäden noch keine Mittel zur Verfügung stehen. Es muß deshalb weitere Entscheidung abgewartet werden.

Im Auftrage:
Buchholz

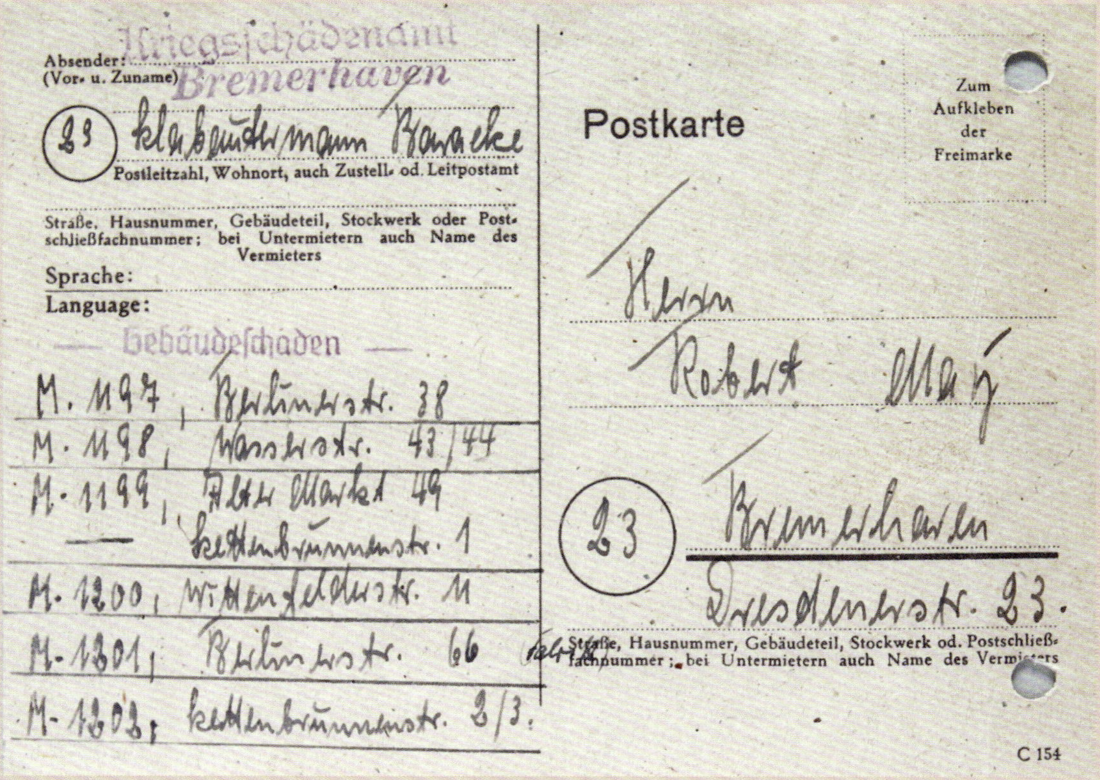

Kriegsschädenamt Bremerhaven

Absender:
(Vor- u. Zuname)

23 Klabautermann Baracke
Postleitzahl, Wohnort, auch Zustell- od. Leitpostamt

Straße, Hausnummer, Gebäudeteil, Stockwerk oder Postschließfachnummer; bei Untermietern auch Name des Vermieters

Sprache:
Language:

— Gebäudeschaden —

M. 1197, Berlinerstr. 38
M. 1198, Wasserstr. 43/44
M. 1199, Alter Markt 49
— Kettenbrunnenstr. 1
M. 1200, Wittenfelderstr. 11
M. 1201, Berlinerstr. 66
M. 1202, Kettenbrunnenstr. 3/3.

Postkarte

Zum Aufkleben der Freimarke

Herrn
Robert May
23 Bremerhaven
Dresdenerstr. 23.

Straße, Hausnummer, Gebäudeteil, Stockwerk od. Postschließfachnummer; bei Untermietern auch Name des Vermieters

C 154

Mit einer Postkarte vom 15.8.1947, versehen mit der Absenderadresse »Klabautermann Baracke«, wurde Robert May bestätigt, dass er für erlittene Gebäudeschäden entschädigt werden wollte.

Robert May führt das Nachkriegsgeschäft allein

Nach dem Tode seiner Ehefrau Helene hatte Robert May bald eine neue Partnerin gefunden. Am 2. Februar 1952 heiratete er Wilhelmine Margarethe, geb. Heitling.[228] Sie war die Tochter eines Mühlenbesitzers aus Melle bei Osnabrück. Innerhalb der Verwandtschaft wurde sie anschließend »Tante Gretel« genannt.

Als Anfang April 1954 die Auseinandersetzung mit Dr. Kurjo weitgehend abgeschlossen war, lud Robert May die »Elbinger Nachrichten – Heimatzeitung der vertriebenen Elbinger« zu sich ein. Redakteur Günter Preuschoff besuchte ihn in Nesse. Er war gerade vor Ort, weil sich die Stadt Bremerhaven entschlossen hatte, die Patenschaft für den Stadt- und den Landkreis Elbing zu übernehmen. Auch Robert May beteiligte sich an der Vorbereitung der Festveranstaltungen.

Einige Wochen später erschien Preuschoffs Bericht in der Zeitung: *Wer hätte gedacht, daß »May's guter Gedanke« aus dem ersten Weltkrieg ihm nach dem zweiten Weltkrieg Grundlage für eine neue Existenz in Westdeutschland sein würde. Am allerwenigsten wohl Robert May selbst, der heute, 67jährig, mit Umsicht und kaufmännischem Geschick seine neue Firma in Nesse bei Bremerhaven leitet. […] »Über 3.000 Zuschriften erhielt ich in den vergangenen Jahren«, berichtete uns Robert May, »alle wollten sie Staesz-Pfefferkuchengewürz haben.« Sogar abends um zehn Uhr rief im vergangenen Jahr aus Verden/Aller eine Arztfrau in Bremerhaven an und bestellte einen Beutel Pfefferkuchengewürze. Im Spätsommer beginnt wieder die Saison. Zwölf Frauen arbeiten dann von früh bis spät im Betrieb an den Abfüllmaschinen, während in dem gegenüberliegenden Gebäude die Gewürzmühle arbeitet, in der die acht Original-Pfefferkuchengewürze gemahlen werden. In dem großen Lager stehen die Säcke mit Zimt aus Ceylon, Sternanis aus China, Nelken aus Madagaskar, den Zitronen-, Orangen- und Pomeranzenschalen und vielen anderen Gewürzen aus fernen Ländern. Zuerst werden sie gebrochen. Dann wandern sie Sack um Sack in die laut kreischende und heulende Mühle. »Machen Sie die Augen zu«, rief uns der Meister entgegen. Zu spät. Das Beißen, Jucken und Niesen wollte kein Ende nehmen. Neben den Abfüllma-*

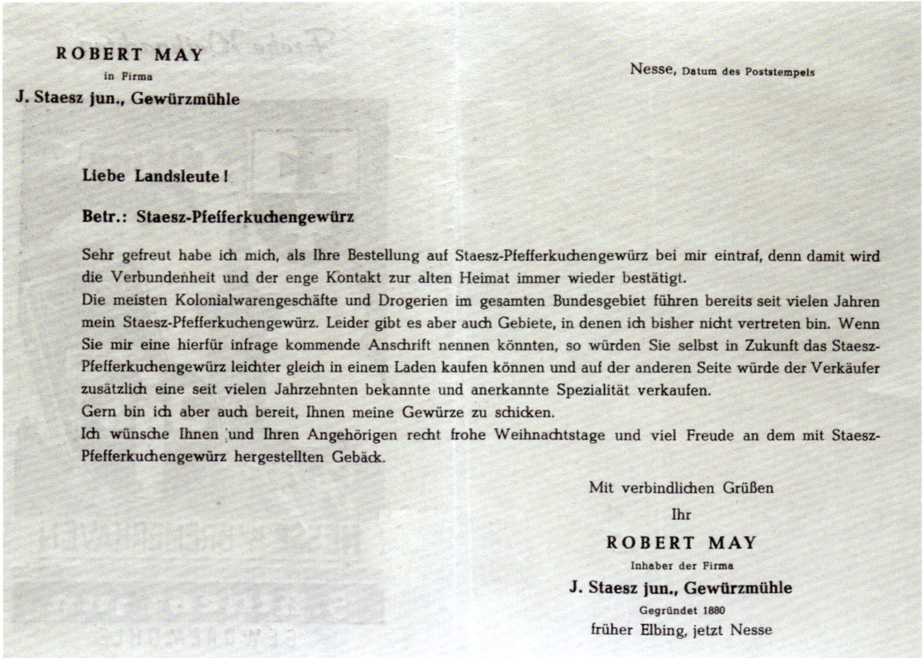

ROBERT MAY
in Firma
J. Staesz jun., Gewürzmühle

Nesse, Datum des Poststempels

Liebe Landsleute!

Betr.: Staesz-Pfefferkuchengewürz

Sehr gefreut habe ich mich, als Ihre Bestellung auf Staesz-Pfefferkuchengewürz bei mir eintraf, denn damit wird die Verbundenheit und der enge Kontakt zur alten Heimat immer wieder bestätigt.
Die meisten Kolonialwarengeschäfte und Drogerien im gesamten Bundesgebiet führen bereits seit vielen Jahren mein Staesz-Pfefferkuchengewürz. Leider gibt es aber auch Gebiete, in denen ich bisher nicht vertreten bin. Wenn Sie mir eine hierfür infrage kommende Anschrift nennen könnten, so würden Sie selbst in Zukunft das Staesz-Pfefferkuchengewürz leichter gleich in einem Laden kaufen können und auf der anderen Seite würde der Verkäufer zusätzlich eine seit vielen Jahrzehnten bekannte und anerkannte Spezialität verkaufen.
Gern bin ich aber auch bereit, Ihnen meine Gewürze zu schicken.
Ich wünsche Ihnen und Ihren Angehörigen recht frohe Weihnachtstage und viel Freude an dem mit Staesz-Pfefferkuchengewürz hergestellten Gebäck.

Mit verbindlichen Grüßen
Ihr
ROBERT MAY
Inhaber der Firma
J. Staesz jun., Gewürzmühle
Gegründet 1880
früher Elbing, jetzt Nesse

Diese zweiseitige Klappkarte (Titelbild rechts) wurde den Einzelzusendungen als freundlicher Weihnachtsgruß beigefügt.

schinen liegen später bei der Saisonarbeit über eine Million Papierbeutel, in die die zu feinem Staub gemahlenen Gewürze von Frauen verpackt werden. Auf den Sortiertischen kommen nun Nelken, Macisblüten, Kardamom, Muskat und andere Gewürze in den »Staesz-Pfefferkuchenbeutel«. Anschließend beginnt die Reise über den Großhändler und Kaufmann zum Verbraucher. Im Augenblick herrscht noch Ruhe in der Gewürzmühle in Nesse. Aber wenige Monate später beginnt die Saison wieder, zu der wir Herrn May, der auf diesem Wege alle Elbinger grüßen läßt, guten Geschäftserfolg wünschen.[229]

Nach den Festlichkeiten zur Patenschafts-Übernahme galt es, die nächste Gewürzsaison vorzubereiten. Dazu ist eine Planungsnotiz, gewissermaßen ein Einkaufszettel, im Firmenarchiv überliefert.

350.000 Beutel Staesz-Pfefferkuchengewürz sollten gefüllt und zum Verkauf vorbereitet werden. Dafür, aber offenbar auch für anderen Bedarf, sollte der folgende Gewürzeinkauf bei Hamburger Händlern erfolgen:

- C. Techow: 1.000 kg Pomeranzen-, 400 kg Orangen-, 1400 kg Zitronen(schalen);
- C. Ed. Blume: 837 Kg Nelken, 836 kg Sternanis 809 kg Muskatnuß 1047,5 kg Cassia vera, 500 kg Cassia Lignea, 400 kg Macisblüte, 400 kg Cardamom
- Menke: 420 kg Macisblüte
- An Verpackungsbedarf wurden geplant:
- bei Schröder & Wagner u. a. 2.800.000 kleine Beutel und 350.000 große Beutel;
- bei Boehl & Oppermann: 350.000 Rezeptheftchen
- bei der Altonaer Wellpappenfabrik: Große und kleine Umkartons.

Tatsächlich wurden die danach für 1954 vorbereiteten Umsätze aber bei weitem nicht erreicht. War der Umsatz 1953 mit 172.300 DM noch zufriedenstellend gewesen, sank er 1954 auf 123.658 DM.[230]

Der Leiter der Edeka-Zentrale in Hamburg, ein Großabnehmer, schrieb Robert May auf seine Frage nach den Gründen: *Der Umsatzrückgang gegenüber dem Vorjahr in Ihrem Gewürz ist bei der Edeka-Zentrale wesentlich mehr als 25%. Auch ich habe versucht, hierfür eine Erklärung zu finden. Nach Ihrem kürzlichen Besuch habe ich alle diejenigen Genossenschaften angesprochen, die gegenüber dem Vorjahr mit ihren Bestellungen ganz oder teilweise im Rückstand waren. [...] Verschiedene haben berichtet, dass sie noch aus dem Vorjahr Bestände hätten. [...] Auch Göttingen, die nebenbei auch Hayma führt, hatte noch einen Bestand in Staesz-Gewürz. [...] Es wird Sie beruhigen, zu erfahren, dass wir einen ähnlichen Umsatzrückgang in Hayma-Gewürz zu verzeichnen haben.*[231]

Robert May mit einer Mitarbeiterin an der Abfüllmaschine (Aufn. Preuschoff).

Doch auch in den Folgejahren blieb der Absatz hinter den Erwartungen zurück. Folgende Umsätze sind dokumentiert:

1955: 150.032 DM,
1956: 125.716 DM.[232]

Ein Grund war sicherlich, dass der Verkaufspreis an die Endverbraucher inzwischen auf 75 Pfennig erhöht worden war. Doch das allein konnte den Einbruch nicht erklären.

Robert May wird aber einen bisher nicht erwähnten wichtigen Grund des Umsatzrückgangs gekannt haben. Er bekam von seinen Kunden viele Postsendungen und las darin, dass sie umgesiedelt worden waren und danach das Staesz-Pfefferkuchengewürz beim neuen Kaufmann nicht mehr bekommen konnten. Robert May musste es ihnen dann einzeln übersenden.

Nicht nur die innerdeutschen Umsiedlungen werden zum Problem

Das verhängnisvolle Wort »Umsiedler«

Die Umsiedlungen und Räumungen von Flüchtlingslagern, von beschlagnahmten Hotels und Gaststättenbetrieben waren zu Beginn der 1950er Jahre ein wichtiges gesellschaftliches Anliegen. Besonders prekär waren die Wohnverhältnisse in Bayern, Niedersachsen und Schleswig-Holstein, wo prozentual die meisten Heimatvertriebenen in Erstaufnahmeeinrichtungen untergekommen waren. 1950 betrug ihr Anteil an der Bevölkerung z. B. in Schleswig-Holstein fast 35 %. Nach der Gründung der Bundesrepublik Deutschland 1949 sah es der 1. Bundestag als eine seiner vordringlichsten Aufgaben an, die Menschen auf freiwilliger Basis in solche Bundesländer umzusiedeln, die eine bessere Versorgung, vor allem mit Wohnraum und Arbeitsplätzen, ermöglichen konnten. Von 1949 bis 1956 wurden aus den Ländern der Erstaufnahme rund 1,5 Millionen Heimatvertriebene auf freiwilliger Basis in weniger mit Flüchtlingen frequentierte Bundesländer umgesiedelt.[233] Allein im Jahre 1950 waren es 250.000 Menschen.[234]

Ein Bundesgesetz aus dem Jahre 1951 bestimmte die Umsiedlung weiterer 300.000 Vertriebener, vor allem nach Nordrhein-Westfalen.

Aus dem Bundesgesetz vom 22.5.1951

§ 1

Aus den Ländern Bayern, Niedersachsen und Schleswig-Holstein (Abgabeländer) sind in der Zeit vom 1. Januar 1951 bis 31. Dezember 1951 insgesamt 300 000 Heimatvertriebene, und zwar aus dem Lande Schleswig-Holstein 150 000, aus Niedersachsen 85 000 und aus Bayern 65 000 Heimatvertriebene in die übrigen Länder des Bundesgebietes (Aufnahmeländer) umzusiedeln.

§ 2

(1) Die Länder Baden, Bremen, Hamburg, Hessen, Nordrhein-Westfalen, Rheinland-Pfalz, Württemberg-Baden und Württemberg-Hohenzollern haben bis zum 30. September 1951 vorerst 200 000 Heimatvertriebene aufzunehmen, und zwar

aus dem Lande Bayern	40 000
aus dem Lande Niedersachsen	60 000
aus dem Lande Schleswig-Holstein	100 000.

(2) Von der Gesamtzahl der nach Absatz 1 aufzunehmenden Heimatvertriebenen entfallen auf die Länder

Baden	16 000
Bremen	2 000
Hamburg	5 000
Hessen	5 000
Nordrhein-Westfalen	115 000
Rheinland-Pfalz	18 000
Württemberg-Baden	25 000
Württemberg-Hohenzollern	14 000.

(aus dem Bundesgesetz vom 22. 5. 1951)

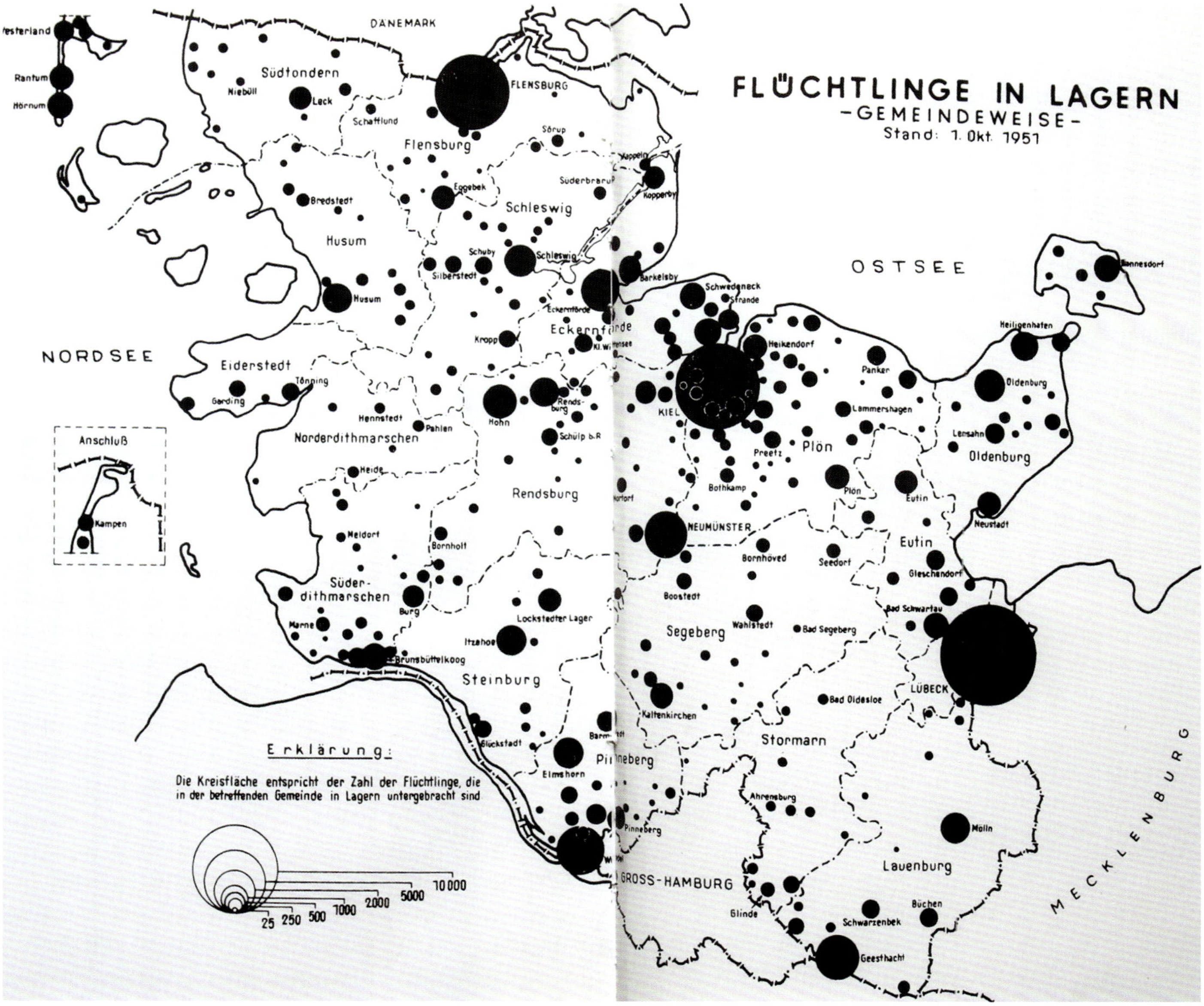

Übersichtskarte entnommen aus: »Statistische Monatshefte Schleswig-Holstein«, März 1952; Statistikamt Nord.

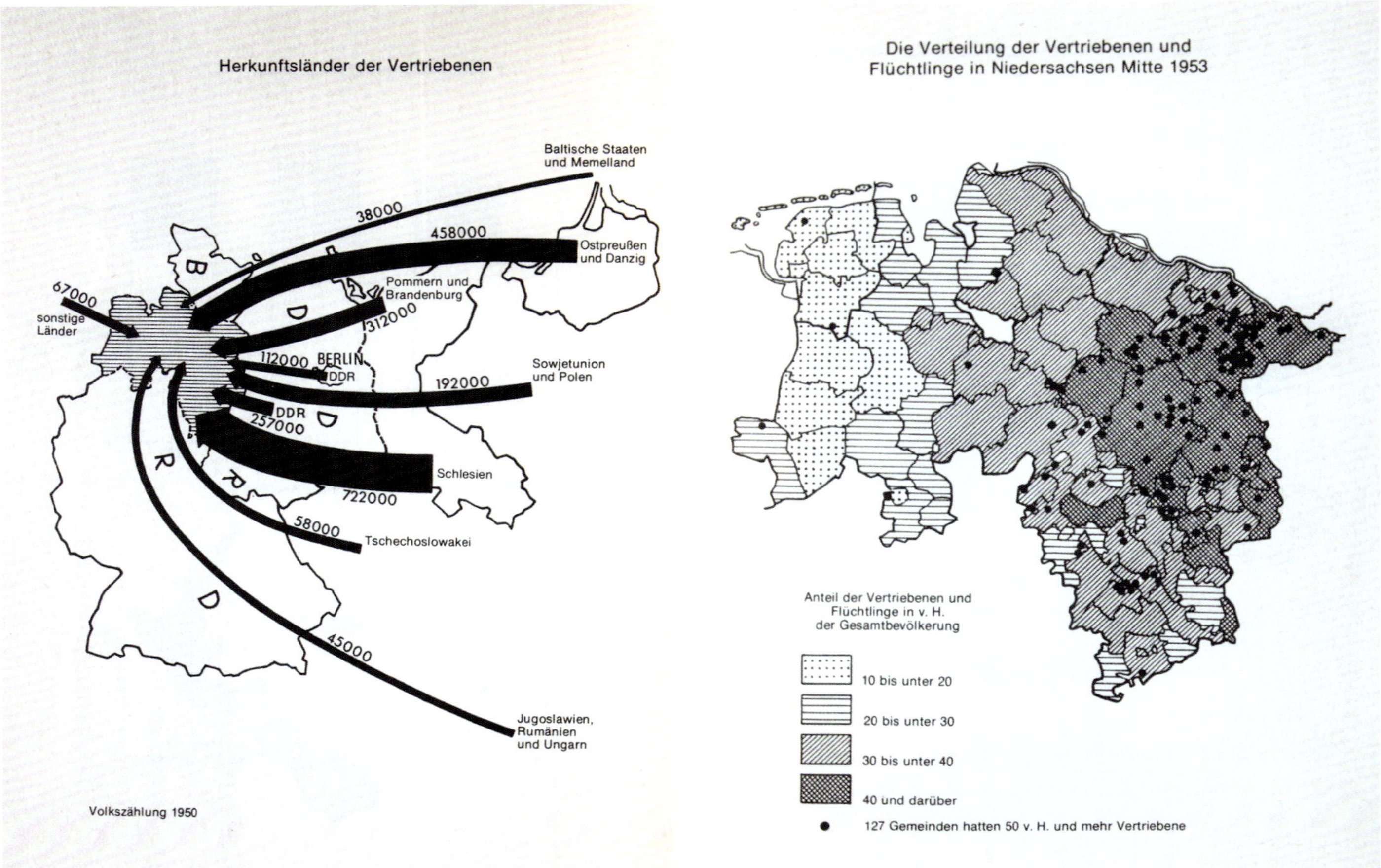

Diese beiden Grafiken zeigen, in welchem Ausmaß Niedersachsen Vertriebene aufgenommen hatte und dass für sie aufgrund ungleichmäßiger Verteilung kein ausreichender Wohnraum zur Verfügung gestellt werden konnte. (Grafiken entnommen aus Hansgeorg Loebel, Neue Heimat in Niedersachsen, Hrsg. Landeszentrale für Politische Bildung, Hannover 1979, S.52f.)

In den Umsiedlungen jener Jahre erkannte Robert May zu Recht ein großes Problem für sein Unternehmen. In den Einzelhandelsgeschäften der Bundesländer, die seine bisherigen Kunden neu aufnahmen, war er nur unzulänglich vertreten. In Nordrhein-Westfalen hatte er 1956 nicht einen einzigen Vertreter für das Pfefferkuchengewürz.[235] Besonders im Ruhrgebiet glaubte er eine schwierige Region und ein für ihn ungünstiges Lebensgefühl der Menschen zu erkennen. Das Selbstbacken schien dort nur wenig verbreitet. Ein in Dortmund ansässig gewordener früherer Mitarbeiter hatte ihm das in einem Brief bestätigt: *Leider ist der Absatz von Gewürzen hier im Ruhrgebiet gleich Null. Schätzungsweise sind es kaum 5 %, welche sich noch mit der Hausbäckerei abgeben. Die übrigen 95 % kaufen sich ihr fertiges Gebäck in den Geschäften.«*[236]

Robert May entschloss sich, neue Kunden durch eine gezielte Anzeigenkampagne auch in den Umsiedlungs-Zielländern zu gewinnen. Mit der Durchführung beauftragte er ein externes Büro. Es wurde von Otto Seidler, einem Vertriebenen aus Pommern, geführt.[237] Den archivierten Unterlagen ist zu entnehmen, dass Otto Seidler aber lediglich die praktische Umsetzung der Werbemaßnahmen oblag. Die Ideen und die Gestaltung behielt Robert May sich selbst vor.

1953, im Jahr zuvor, hatte Dr. Kurjo das Problem der Umsiedlung in der Werbung noch nicht berücksichtigt und eine Anzeige in Auftrag gegeben, die nur das Produkt »Staesz-Pfefferkuchengewürz« in Erinnerung rief.

Robert May wollte die Leser nun zusätzlich dazu bewegen, bei Händlern einen Nachfragedruck aufzubauen, wenn diese

Links:
Anzeige im Ostpreußenblatt Ausgabe vom 7.11.1953, aufgegeben von Dr. Kurjo

Rechts:
Werbung im »Ostpreußenblatt«: Ausgabe vom 4.12.1954

sein Produkt nicht gelistet hatten. Auch seine Vertreter sollten für diese Problematik sensibilisiert werden. Er schrieb ihnen im Herbst 1954 folgenden Brief:

Auch aus Ihrem Bezirk erreichten mich in diesen Wochen und Tagen Postkarten und Briefe, die zusammengefaßt immer lauteten: «Bei meinem Kaufmann bekam ich Ihr Pfefferkuchengewürz nicht; schicken Sie mir daher doch bitte einen Beutel«. Öfters waren es auch zwei, fünf oder mehr, die angefordert wurden.

Die »Brandbriefe« veranlaßten mich, nachträglich meine Anzeigen noch mit dem Zusatz »Umsiedler, verlangt Euer STAESZ-Pfefferkuchengewürz auch bei Eurem neuen Kaufmann! Falls er es noch nicht führt, zeigt ihm diese Anzeige!« zu versehen. Einen Abzug dieser Anzeige habe ich hier beigelegt. Sie erscheint ab Oktober bis einschließlich der ersten Dezemberausgabe in folgenden Zeitungen der ostdeutschen Landsmannschaften – spricht also in erster Linie alle meine früheren Kunden an:

»Das Ostpreußenblatt«
»Der Westpreuße«
»Elbinger Nachrichten«
»Die Pommersche Zeitung«
»Der Schlesier«

Sie ersehen daraus, daß von meinen ostdeutschen Landsleuten – nicht nur den West- und Ostpreußen, sondern auch den Pommern und Schlesiern – nach meinem Pfefferkuchengewürz immer wieder gefragt wird, und ich außerdem durch umfangreiche Werbung daran erinnere. Mich wundert es daher, daß Sie keine Aufträge hereinbringen. Auch der größte Teil derjenigen Herren, die erst in diesem Jahr den Vertrieb übernahmen, haben mir bereits erfreuliche Aufträge übermittelt.

Anzeige im »Ostpreußenblatt« vom 8.12.1956

Zeitung	Auflage rd.	Zahl der Anzeigen	Preis DM
Ost-West-Kurier	100.000	3	118,50
Ostpreußenblatt	120.000	3	174,60
Der Schlesier	45.000	3	109,11
Pommern-Zeitung	30.000	3	161,34
Der Westpreuße	20.000	3	93,12
Ostpreußen-Warte	15.000	2	60,76
Memeler Dampfboot	6.000	3	53,43
Elbinger Nachrichten	4.000	3	56,25
Gesamt	340.000		821,11

Weshalb klappt es bei Ihnen denn nicht? Mir sind die Schwierigkeiten, mein Pfefferkuchengewürz bei einem alteingesessenen Kaufmann einzuführen, bestens bekannt. Auch deshalb mein oben schon erwähnter Zusatz in meinen Anzeigen. Damit will ich erreichen, daß die Kunden selbst ihren Kaufmann veranlassen, mein und damit auch Ihr Pfefferkuchengewürz zu bestellen. Wenn Sie als mein Vertreter nun noch ein übriges tun, müßte der Absatz auch in Ihrem Bezirk anlaufen und mit der Zeit gesteigert werden können. Die Zeiten billiger Gewürze sind vorbei. Auch die Hausfrau, die mein Qualitätserzeugnis vorher noch nicht kannte, kauft es, einmal probiert, immer wieder. Ich kann dieses zur Genüge an Hand der auch in diesem Jahr eingegangenen Bestellungen beweisen. Aber mir liegt daran, daß es nicht nur stets dort zu haben ist, wo es einmal eingeführt ist, sondern bei jedem Kaufmann. Dieses sollte mit Unterstützung meiner inzwischen angelaufenen Zeitungswerbung Ihre Aufgabe sein. Und da bis heute von Ihnen noch keine Bestellungen eingegangen sind, wollte ich Sie hiermit nur noch einmal an Ihre Aufgabe erinnern und Sie mit diesem Schreiben bitten, sich verstärkt für den Vertrieb meines Pfefferkuchengewürzes einzusetzen – Der Monat November ist der wichtigste Monat hierfür. – Es würde mich freuen, wenn mir meine alten Kunden bald mitteilen können, daß Ihr STAESZ-Pfefferkuchengewürz jetzt endlich auch bei ihrem Kaufmann zu haben ist.

Die Zeitungsanzeigen, die Robert May zur deutschlandweiten Werbung unter allen Vertriebenen inserierte, sprachen in ihrer Aussage in den Jahren 1954 und 1955 hauptsächlich die innerhalb der Bundesrepublik umgesiedelten Heimatvertriebenen an. Die traditionelle Stammkundschaft geriet dabei etwas aus dem Blick. Sie hatte aber meist kein Problem, das gewohnte Gewürz beim Kaufmann zu erstehen.

Als aber mit den Jahren der Kalte Krieg zwischen Ost und West eskalierte und die Menschen in der Bundesrepublik Deutschland in den Medien regelmäßig über immer neue und schärfere Bedrängnisse informiert wurden, mit denen den Menschen unter kommunistischer Herrschaft das Leben schwergemacht wurde, entstand ein neues Bewusstsein. Die Vertriebenen in der damaligen Sowjetzone, darunter viele Verwandte der im Westen aufgenommenen Ost- und Westpreußen, Pommern und Schlesier, durften sich nicht einmal »Vertriebene« nennen. Bei den Machthabern in Ost-Berlin wurde für sie die Bezeichnung »Umsiedler« erdacht und damit der gewaltsame Heimatverlust aufgrund politischer Rücksichtnahme auf die sozialistischen Partnerländer ausgeblendet. Das Mitgefühl für die bedrängten »Brüder und Schwestern« im Osten war bei den Menschen in der Bundesrepublik Deutschland überwiegend aufrichtig. Es führte dazu, dass die in der Sowjetzone politisch motivierte Bezeichnung »Umsiedler« im Westen zu einem Unwort wurde.

Die Staesz-Saison 1956/57 wurde vom Werbebüro Otto Seidler daher mit einer geänderten Anzeige geplant. Die Menschen wurden nun nicht mehr mit »Umsiedler« angesprochen. Als »Heimatvertriebene, die umgesiedelt sind«, sollten sie als Kunden zutreffend angesprochen werden.

Am 18.10.1956 legte Otto Seidler die neu gestaltete Anzeige vor. Er fügte eine Übersicht der zu beauftragenden Zeitungen bei, informierte über die aktuelle Auflagenhöhe und teilte die Anzahl der geplanten Anzeigen und die dadurch entstehenden Kosten mit.[238]

Die schlesische Konkurrenz

Rückblende: Das Geschäftsjahr 1953 war für Robert May zufriedenstellend verlaufen – rund 350.000 Gewürzbeutel wurden verkauft. Es sprach eigentlich alles dafür, dass dieser Erfolg anhalten und sich die erreichte Absatzmenge halten würde. Schließlich erfuhren immer mehr Menschen, vor allem aus Ost- und Westpreußen, dass das von zuhause bekannte und beliebte Pfefferkuchengewürz wieder zu kaufen sei. In großer Menge kamen fast täglich Briefe und Postkarten, in denen frühere Kunden begeistert und dankbar schrieben, dass mit diesem Gewürz in der traditionellen Verpackung wieder Erinnerungen an die guten Jahre in der Heimat in ihr Leben zurückgekehrt seien. Gerade in der Vorweihnachtszeit zeigten sich die Menschen für solche Emotionen empfänglich.

»Hayma« bediente sich anders als »Staesz« einer mütterlich fürsorglichen Werbesprache.

Doch im nächsten Jahr brach der Verkauf unerwartet ein. 1954 wurden, wie schon 1952, nur rund 250.000 Beutel verkauft. Das war auch ein einschneidender finanzieller Rückschlag.

Robert May erkannte, dass die Umsiedlung der Vertriebenen in andere Regionen der Bundesrepublik zu diesem Einbruch geführt hatten. Doch dieses war nicht der einzige Grund. In seinem Antrag auf Zahlungserleichterung, den sein Steuerberater an das Finanzamt stellte, nannte er einen weiteren Grund des Absatzrückgangs. Er schrieb, dass *auf diesem Gebiet eine große, junge und aktive Konkurrenz erwachsen ist, die bei Ausnutzung aller Möglichkeiten, […] die Absatzgebiete von Jahr zu Jahr mehr beliefert.[…].«* [239]

Bei dieser »jungen, aktiven Konkurrenz« handelte es sich um das in Bückeburg wieder begründete »Haymawerk«, das »Hayma Neunerlei« herstellte, das konkurrierende Pfefferkuchengewürz, das ihm schon aus der Vorkriegszeit bekannt war.

Robert May wusste um einen Wettbewerbsvorteil dieser Konkurrenz, das war vor allem der Preis. In einem vorgefundenen Brief schrieb er seiner Beraterin für grafische Fragen: *Ich schicke Ihnen das schlesische Pfefferkuchengewürz, das sich sehr verbreitet hat, besonders in dem Raum um Göttingen, Bielefeld u.s.w., wo die meisten Schlesier sitzen. Aber auch in den Gegenden, die früher von mir allein beherrscht wurden, findet man jetzt das »Hayma Neunerlei«. Es kostet nur 35 Pfg. und meins dagegen 75 Pfg.*[240]

Flucht und Vertreibung am Ende des Zweiten Weltkrieges und danach hatten in vielen Fällen dazu geführt, dass Menschen aus Herkunftsregionen, die weit voneinander entfernt lagen, nun Tür an Tür wohnen mussten. Den westdeutschen Aufnahmeorten war es anfangs von den Alliierten untersagt, beispielsweise nur Schlesiern oder nur Ost- und Westpreußen ein Obdach zu gewähren. So trafen sich u. a. Schlesier und Ostpreußen auch beim Einkaufen und jeder wünschte, dort vertraute Zutaten zum Kochen und Backen vorzufinden.

Vor allem bei den Schlesiern vertraut: »Hayma Neunerleii«

Natürlich versuchte der Handel, die unterschiedlichen Nachfragen zu befriedigen. Als die beiden Pfefferkuchengewürze »Hayma« und »Staesz« verfügbar waren, lagen sie in den Geschäften oft nebeneinander im Angebot. Der günstige Preis des »Hayma Neunerlei« lockte dann auch manchen Ost- oder Westpreußen, dieses Backgewürz einmal zu probieren. Klugerweise waren im beigefügten »Hayma«-Rezeptheftchen auch Anleitungen für Gebäck aus Ost- und Westpreußen vom Hersteller aufgenommen worden, beispielsweise für »Ostpreußischen Pfefferkuchen«. Und mancher Kunde fand auch das Öffnen von acht einzelnen Tüten aus dem »Staesz«-Beutel etwas mühsam. In manchen Familien hieß es: *»Bis man das alles raus gesucht hat, was man dann gerade nehmen will! Es ist toll, dass es so eine Mischung gibt, wo schon alles drin ist.«*[241]

»Hayma« und »Staesz« kamen eben ganz unterschiedlich daher. »Hayma« war eine fertige Mischung von 12 unterschiedlichen Gewürzzutaten, die seinerzeit nicht einmal auf dem Beutel genannt werden mussten. Dazu gab es einen separaten Beutel mit der »Hayma-Treibkraft«. Das »Staesz«-Gewürz war eine Umverpackung, die acht einzelne Gewürztütchen enthielt, die einzeln geöffnet werden mussten. Ein Treibmittel war nicht dabei, es musste laut Rezeptheftchen gesondert von einem fremden Hersteller erworben und dem Teig zugegeben werden.

Robert May spürte, dass er bisher treue Kunden verlor und heimatverbundene Schlesier nicht, wie gewünscht, als neue Kunden hinzugewinnen konnte. Sie blieben ihrer gewohnten Gewürzmischung treu. Was war zu tun?

Er überlegte, den Konkurrenten zu übernehmen und dem Inhaber einen Verkauf des Unternehmens anzubieten. Doch die direkte Anfrage schien unklug zu sein. Günstiger war es, dabei nicht selbst in Erscheinung zu treten. Sein guter Freund Hermann Dollenberg, Inhaber der »Bremer Lack- und Farbenfabrik C. H. Voigt«, erklärte sich bereit, einen Bekannten in Bückeburg um Unterstützung zu bitten. Am 30.9.1955 sandte er ihm die folgende Anfrage nach Bückeburg: *Für einen Geschäftsfreund versuche ich, eine Gewürzmühle anzukaufen. Da ich von befreundeter Seite auf Sie aufmerksam gemacht wurde, möchte ich mich erkundigen, ob Sie einmal feststellen können, ob die in Bückeburg existierende Gewürzmühlen-Firma käuflich zu erwerben ist. Ich darf wohl voraussetzen, dass vorerst für Ihre Auskunftseinholung für mich lediglich die Rückerstattung angemessener Aus-*

lagen in Frage kommt. Ich wäre Ihnen sehr verbunden, wenn Sie die Angelegenheit recht bald in Angriff nehmen könnten und möchte um eine besonders vertrauliche Behandlung [...] bitten.[242]

Schriftverkehr über den Fortgang dieses im Ergebnis unerfüllten Interesses hat in den Akten nicht festgestellt werden können.

1955 – Ein Jubiläumsjahr

1955 waren 75 Jahre seit der Gründung der Firma J. Staesz jun. in Elbing vergangen. Robert May legte Wert darauf, dass die Presse dieses Jubiläum mit redaktionellen Artikeln würdigte und übersandte den Redaktionen Informationen zur Geschichte und der Tradition seines Betriebes. Mehrere Zeitungen entsprachen seiner Bitte. Selbst das monatlich erscheinende »Drogisten-Fachblatt« in Darmstadt erklärte sich zu einer Gratulation in der Januarausgabe 1956 bereit.[243]

Gerade in diesen Tagen erhielt der Jubilar eine besondere Bestellung. Sie kam aus seiner Heimatstadt Elbing von einer der wenigen dort verbliebenen deutschen Bewohnerinnen. Die Bremerhavener »Nordsee-Zeitung« beschrieb die anrührenden Umstände dieser Bestellung in ihrem Bericht über das Firmenjubiläum. Hier ein Auszug aus dem Bericht:

Dem 68jährigen Pfefferkuchengewürzfabrikanten Robert May, der aus Elbing vertrieben wurde und in der Patenstadt Bremerhaven, Am Leher Tor 1b wohnt, ist an Schicksalsschlägen im Leben nichts erspart geblieben, aber als er vor gut einer Woche zwischen der Frühpost eine Karte seiner ehemaligen Angestellten Frieda Schuld las, stiegen ihm doch die Tränen in die Augen. »Schicken Sie mir bitte«, hieß es in dem Schreiben, »einige Pakete »Staesz-Pfefferkuchengewürz«. [...] Wie eingangs gesagt, wurde May nach dem Kriege nach hier verschlagen. In Nesse, sozusagen vor der »Haustür« Bremerhavens, baute er sich eine neue Existenz auf, mit zwölf Mitarbeiterinnen und Mitarbeitern. Am Umsatz konnte er bald spüren, daß es noch genug Liebhaber für seine Spezialität gab. Als in diesen Tagen sogar ein Exportauftrag von der »Oakville Food Agencies« in Ontario, Kanada, einging, vermutete er, und seine Vermutung hat sich bestätigt, daß sich dort Menschen aus seiner alten Heimat niedergelassen haben. Aber selbst diese ermutigende Nachricht wird noch überstrahlt von der Freude darüber, daß ausgerechnet sein Pfefferkuchengewürz zum Weihnachtsfest 1955 Brücken schlagen soll, Brücken von Bremerhaven nach Elbing.[244]

Robert May erfuhr in seiner Korrespondenz mit der früheren Mitarbeiterin, dass es noch einige deutsche Familien im jetzt polnischen Elbing gab. Darüber und die von ihm veranlasste Unterstützung berichteten

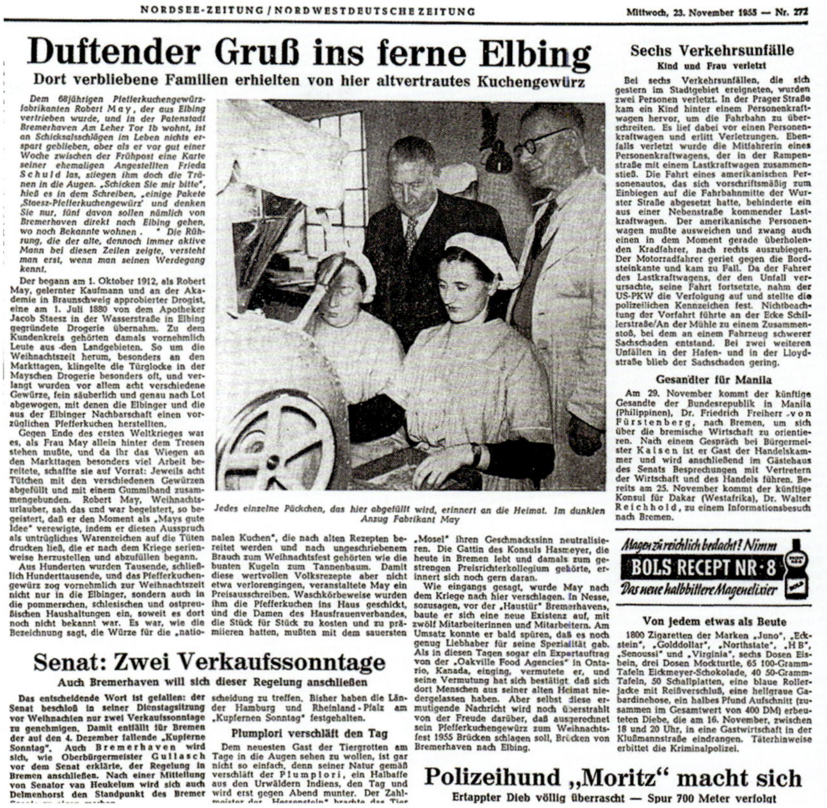

NORDSEE-ZEITUNG / NORDWESTDEUTSCHE ZEITUNG — Mittwoch, 23. November 1955 — Nr. 272

Duftender Gruß ins ferne Elbing

Dort verbliebene Familien erhielten von hier altvertrautes Kuchengewürz

Dem 68jährigen Pfefferkuchengewürzfabrikanten Robert May, der aus Elbing vertrieben wurde, und in der Patenstadt Bremerhaven Am Leher Tor 1b wohnt, ist an Schicksalsschlägen im Leben nichts erspart geblieben, aber als er vor gut einer Woche zwischen der Frühpost eine Karte seiner ehemaligen Angestellten Frieda Schuld las, stiegen ihm doch die Tränen in die Augen. „Schicken Sie mir bitte", hieß es in dem Schreiben, „einige Pakete ‚Staesz-Pfefferkuchengewürz' und denken Sie nur, fünf davon sollen nämlich von Bremerhaven direkt nach Elbing gehen, wo noch Bekannte wohnen." Die Rührung, die der alte, dennoch immer aktive Mann bei diesen Zeilen zeigte, versteht man erst, wenn man seinen Werdegang kennt.

Der begann am 1. Oktober 1912, als Robert May, gelernter Kaufmann und an der Akademie in Braunschweig approbierter Drogist, eine am 1. Juli 1880 von dem Apotheker Jacob Staesz in der Wasserstraße in Elbing gegründete Drogerie übernahm. Zu dem Kundenkreis gehörten damals vornehmlich Leute aus den Landgebieten. So um die Weihnachtszeit herum, besonders an den Markttagen, klingelte die Türglocke in der Mayschen Drogerie besonders oft, und verlangt wurden vor allem acht verschiedene Gewürze, fein säuberlich und genau nach Lot abgewogen, mit denen die Elbinger und die aus der Elbinger Nachbarschaft einen vorzüglichen Pfefferkuchen herstellten.

Gegen Ende des ersten Weltkrieges war es, als Frau May allein hinter dem Tresen stehen mußte, und da ihr das Wiegen an den Markttagen besonders viel Arbeit bereitete, schaffte sie auf Vorrat: Jeweils acht Tütchen mit den verschiedenen Gewürzen abgefüllt und mit einem Gummiband zusammengebunden. Robert May, Weihnachtsurlauber, sah das und war begeistert, so begeistert, daß er den Moment als „Mays gute Idee" verewigte, indem er diesen Ausspruch als untrügliches Warenzeichen auf die Tüten drucken ließ, die er nach dem Kriege serienweise herzustellen und abzufüllen begann.

Aus Hunderten wurden Tausende, schließlich Hunderttausende, und das Pfefferkuchengewürz zog vornehmlich zur Weihnachtszeit nicht nur in die Elbinger, sondern auch in die pommerschen, schlesischen und ostpreußischen Haushaltungen ein, soweit es dort noch nicht bekannt war. Es war, wie die Bezeichnung sagt, die Würze für die „nationalen Kuchen", die nach alten Rezepten bereitet werden und nach ungeschriebenem Brauch zum Weihnachtsfest gehörten wie die bunten Kugeln zum Tannenbaum. Damit diese wertvollen Volksrezepte aber nicht etwa verlorengingen, veranstaltete May ein Preisausschreiben. Waschkörbeweise wurden ihm die Pfefferkuchen ins Haus geschickt, und die Damen des Hausfrauenverbandes, die Stück für Stück zu kosten und zu prämiieren hatten, mußten mit dem sauersten „Mosel" ihren Geschmackssinn neutralisieren. Die Gattin des Konsuls Hasmeyer, die heute in Bremen lebt und damals zum gestrengen Preisrichterkollegium gehörte, erinnert sich noch gern daran.

Wie eingangs gesagt, wurde May nach dem Kriege nach hier verschlagen. In Nesse, sozusagen, vor der „Haustür" Bremerhavens, baute er sich eine neue Existenz auf, mit zwölf Mitarbeiterinnen und Mitarbeitern. Am Umsatz konnte er bald spüren, daß es noch genug Liebhaber für seine Spezialität gab. Als in diesen Tagen sogar ein Exportauftrag von der „Oakville Food Agencies" in Ontario, Kanada, einging, vermutete er, und seine Vermutung hat sich bestätigt, daß sich dort Menschen aus seiner alten Heimat niedergelassen haben. Aber selbst diese ermutigende Nachricht wird noch überstrahlt von der Freude darüber, daß ausgerechnet sein Pfefferkuchengewürz zum Weihnachtsfest 1955 Brücken schlagen soll, Brücken von Bremerhaven nach Elbing.

Jedes einzelne Päckchen, das hier abgefüllt wird, erinnert an die Heimat. Im dunklen Anzug Fabrikant May

Senat: Zwei Verkaufssonntage

Auch Bremerhaven will sich dieser Regelung anschließen

Das entscheidende Wort ist gefallen: der Senat beschloß in seiner Dienstagsitzung vor Weihnachten nur zwei Verkaufssonntage zu genehmigen. Damit entfällt für Bremen der auf den 4. Dezember fallende „Kupferne Sonntag". Auch Bremerhaven wird sich, wie Oberbürgermeister Gullasch vor dem Senat erklärte, der Regelung in Bremen anschließen. Nach einer Mitteilung von Senator van Heukelum wird sich auch Delmenhorst den Standpunkt des Bremer [...]scheidung zu treffen. Bisher haben die Länder Hamburg und Rheinland-Pfalz am „Kupfernen Sonntag" festgehalten.

Plumplori verschläft den Tag

Dem neuesten Gast der Tiergrotten am Tage in die Augen sehen zu wollen, ist gar nicht so einfach, denn seiner Natur gemäß verschläft der Plumplori, ein Halbaffe aus den Urwäldern Indiens, den Tag und wird erst gegen Abend munter. Der Zahl[...]

Sechs Verkehrsunfälle

Kind und Frau verletzt

Bei sechs Verkehrsunfällen, die sich gestern im Stadtgebiet ereigneten, wurden zwei Personen verletzt. In der Prager Straße kam ein Kind hinter einem Personenkraftwagen hervor, um die Fahrbahn zu überschreiten. Es lief dabei vor einen Personenkraftwagen und erlitt Verletzungen. Ebenfalls verletzt wurde die Mitfahrerin eines Personenkraftwagens, der in der Rampenstraße mit einem Lastkraftwagen zusammenstieß. Die Fahrt eines amerikanischen Personenautos, das sich vorschriftsmäßig zum Einbiegen auf die Fahrbahnmitte der Wurster Straße abgesetzt hatte, behinderte ein aus einer Nebenstraße kommender Lastkraftwagen. Der amerikanische Personenwagen mußte ausweichen und zwang auch einen in dem Moment gerade überholenden Kradfahrer, nach rechts auszubiegen. Der Motorradfahrer geriet gegen die Bordsteinkante und kam zu Fall. Da der Fahrer des Lastkraftwagens, der den Unfall verursachte, seine Fahrt fortsetzte, nahm der US-PKW die Verfolgung auf und stellte die polizeilichen Kennzeichen fest. Nichtbeachtung der Vorfahrt führte an der Ecke Schillerstraße/An der Mühle zu einem Zusammenstoß, bei dem an einem Fahrzeug schwerer Sachschaden entstand. Bei zwei weiteren Unfällen in der Hafen- und in der Lloydstraße blieb der Sachschaden gering.

Gesandter für Manila

Am 29. November kommt der künftige Gesandte der Bundesrepublik in Manila (Philippinen), Dr. Friedrich Freiherr von Fürstenberg, nach Bremen, um sich über die bremische Wirtschaft zu orientieren. Nach einem Gespräch bei Bürgermeister Kaisen ist er Gast der Handelskammer und wird anschließend im Gästehaus des Senats Besprechungen mit Vertretern der Wirtschaft und des Handels führen. Bereits am 25. November kommt der künftige Konsul für Dakar (Westafrika), Dr. Walter Reichhold, zu einem Informationsbesuch nach Bremen.

Von jedem etwas als Beute

1800 Zigaretten der Marken „Juno", „Eckstein", „Golddollar", „Northstate", „HB", „Senoussi" und „Virginia", sechs Dosen Eisbein, drei Dosen Mockturtle, 65 100-Gramm-Tafeln Eickmeyer-Schokolade, 40 50-Gramm-Tafeln, 50 Schallplatten, eine blaue Rollerjacke mit Reißverschluß, eine hellgraue Gabardinehose, ein halbes Pfund Aufschnitt (zusammen im Gesamtwert von 400 DM) erbeuteten Diebe, die am 16. November, zwischen 18 und 20 Uhr, in eine Gastwirtschaft in der Klußmannstraße eindrangen. Täterhinweise erbittet die Kriminalpolizei.

Polizeihund „Moritz" macht sich

Ertappter Dieb völlig überrascht — Spur 700 Meter verfolgt

Das Schicksal der einsam in Elbing verbliebenen Deutschen interessiert die Leser der in Bremerhaven erscheinenden Nordsee-Zeitung. Das veröffentlichte Foto zeigt rechts stehend auch den Betriebsleiter Richard Block.

anschließend mehrere Zeitungen, indem sie den folgenden von Robert May veranlassten Pressetext veröffentlichten: *Staesz-Pfefferkuchengewürz nach Elbing – Zehn Jahre nach der Vertreibung werden mehrere in Elbing/Westpreußen zurückgebliebene Familien in diesem Jahr zu Weihnachten wieder ihre beliebten Pfefferkuchen, gebacken mit ihrem heimatlichem »Staesz-Pfefferkuchengewürz«, essen können. Allerdings können sie es nicht wie ehedem in Elbing selbst erstehen, sondern sie mußten jetzt in der Bundesrepublik wohnende Bekannte bitten, ihnen das altbewährte heimatliche Gewürz zuzuschicken. Robert May, der Inhaber der Firma Staesz jun., die vor der Vertreibung ihren Sitz in Elbing hatte, und der seinen Betrieb jetzt in Nesse bei Bremerhaven wieder aufgebaut hat, war über diese Nachricht, die ihm eine langjährige Angestellte seines früheren Elbinger Betriebes in diesen Tagen zuschickte, sehr erfreut. Es handelt sich um sechs Elbinger Familien, die in Elbing unter polnischer Herrschaft eng zusammenhalten, um sich durch gegenseitige Hilfe das kärgliche Dasein einigermaßen erträglich zu gestalten. Selbstverständlich stellte May die gewünschten Päckchen sofort zur Verfügung und bat seine frühere Mitarbeiterin, den Elbinger Familien herzliche Heimat- und Weihnachtsgrüße zu übermitteln.*[245]

Das Ende der »Dr.-Kurjo-KG« – Gibt es eine Alternative zum Standort Nesse?

Anfang Juni 1956 erhielt Robert May in einem Brief des Ehepaars Kurjo die Mitteilung, dass man beabsichtige, die Dr. Kurjo KG aus gesundheitlichen Gründen zum 31.12.1956 stillzulegen. Lediglich die Wohnung in dem Gebäude solle weiter genutzt werden, alle Betriebsräume würden freigemacht. Den beiden Mitarbeitern, Herrn Block und Frau Schumacher, werde man zum 31.12.1956 kündigen. Die von der Firma J. Staesz jun. bisher im Mahllohn-Verfahren genutzte Mahlanlage könne von Robert May zu einem Schätzwert erworben werden.

Die Mitteilung setzte Verhandlungen in Gang, die im August 1956 zu dem Ergebnis führten, dass Robert May die Mahlanlage zum 1. Januar 1957 für den von einem Gutachter ermittelten Schätzpreis von 6.400 DM erwarb.

Auf die bisherigen Angestellten der Dr. Kurjo KG konnte er auch nicht verzichten. So war Betriebsleiter Block in der Weise »Leitender Angestellter«, dass es ihm oblag, die Saisonkräfte auszuwählen, einzustellen und wieder zu entlassen, den gesamten Schriftwechsel zu führen und sämtliche Betriebsvorgänge zu beaufsichtigen.[246]

Die Kündigung der Zusammenarbeit seitens der Dr. Kurjo KG bedeutete das Ende einer Zusammenarbeit, die in schwierigsten Zeiten die Wiedererstehung einer Traditionsmarke nach der Katastrophe des Zweiten Weltkriegs ermöglicht hatte. Inzwischen hatte sie sich wieder etabliert.

Doch Robert May hatte auch Nachteile des Produktionsorts Nesse erleben müssen. Insbesondere vermisste er ein eigenes Grundstück. Die Kündigung verstärkte nun schon seit längerem bestehende Überlegungen, den Standort Nesse aufzugeben. Einige Wochen zuvor, im März 1956, hatte er einem Vorkriegsmitarbeiter im Hinblick auf das für 1959 regulär verabredete Ende der Zusammenarbeit mit Dr. Kurjo den folgenden Brief geschrieben:

Mein Wunsch für die Zukunft gesehen ist nun folgender: Wie Sie wissen, bin ich ja auch nicht mehr der Jüngste. Mir wäre es lieb, wenn ich bis 1959 einen Menschen gefunden hätte, dem ich mein volles Vertrauen schenken könnte und der mich und meine Art schätzt. Da ich einiges von Elbing her über den Währungsschnitt retten konnte, bin ich nicht ganz unbemittelt und möchte mir gerne ein Grundstück kaufen, am liebsten mit schon bestehender Drogerie. Die Räume des Grundstücks müßten mindestens 200 qm groß sein, da ich diesen Platz unbedingt für die Gewürzmühle benötige. Die Lübecker Gegend wäre mir sehr angenehm, jedoch kommt auch jeder andere Platz in Frage. Es müßte auch nicht unbedingt eine Drogerie dabei sein, ich hatte sie nur evtl. als Kostenträger gedacht.[247]

Die Suche nach einem Partner und Unternehmensnachfolger beschäftigte ihn während des gesamten Jahres 1956. Nach Erhalt der Kündigung des Ehepaares Kurjo wandte er sich am 31.7.1956 mit einem Brief an den »Fachverband der Gewürzindustrie« in Bonn: *Im Vertrauen und in der Hoffnung, daß Sie mir in Ihrer exponierten Stellung helfen können, wende ich mich als Siebzigjähriger mit folgenden Sorgen, die mich ständig beschäftigen, an Sie. Ich habe keine Nachkommen, die mein sehr gut eingeführtes und bewährtes Unternehmen »J. Staesz jun. Pfefferkuchengewürze« übernehmen können. Daher beabsichtige ich nunmehr, auf Grund meines Alters mein Geschäft zu verkaufen, bzw. zu verpachten. Weil es schwer fällt, einen jungen, aufstrebenden Menschen zu finden, der neben Unternehmergeist auch die altbewährten kaufmännischen Regeln von Treu und Glauben besitzt, wende ich mich vertrauensvoll an Sie, ob Sie nicht in der Lage sind, mir einen solchen Menschen zu empfehlen, bzw. mir eine Stelle zu benennen, an die ich mich […] wenden kann. Ich darf in diesem Zusammenhang erwähnen, daß mein Geschäft einen sehr guten Umsatz und ebenfalls Gewinn erzielt. Besonders bevorzugen möchte ich solche Personen, die gleichzeitig in der Lage sind, ein Betriebsgrundstück bzw. ausbaufähiges Grundstück in Größe von mindestens 250 qm stellen zu können. Bedingung ist dieses jedoch nicht. Sie verstehen, daß man mit den Jahren nicht mehr so beweglich ist, wie man es in den besten Mannesjahren war. Wenn ich eine solche aufstrebende junge Person als Nachfolger meines Geschäftes finden könnte, wäre auch meine Schaffenskraft, vor allem im Hinblick auf Grundstückserwerbung und Erweiterung des Betriebes angeregter und größer. Ja, ich hätte sogar meine Freude in meinem Alter daran, daß meine seinerzeit gegründete Firma wieder in eigenen Räumen und in großem Umfang erstehen würde. Ihnen ist ja bekannt, daß ich ein Millionenunternehmen in Elbing verloren habe. In meinem Betrieb stelle ich die in den betreffenden Hausfrauenkreisen bekannten Pfefferkuchengewürze her. Diese Produktion läßt sich leicht mit anderen Fertigungen bzw. Handlungen von Gewürzartikeln oder pharmazeutischen Artikeln verbinden. Es läßt sich ebenfalls eine Einzelhandlung koppeln. Dazu gehört aber eine junge unternehmerische Kraft, der ich sehr gern meine Erfahrungen zur Verfügung stellen würde. Da ich heute in der Wirtschaft so viele negative Kräfte kennengelernt habe, möchte ich in der Wahl der Person des Nachfolgers sehr vorsichtig sein. Meine bisherigen Bemühungen in Bremerhaven sind negativ verlaufen. Ob nun gegen Kapitalabfindung oder auf Rentenbasis verkauft wird oder eine Gesellschaftsform gewählt wird, bleibt im Falle der Ermittlung einer w.o. geschilderten Person näheren mündlichen Besprechungen vorbehalten.*[248]

Dem Brief ist zu entnehmen, dass Robert May nicht nur daran dachte, einen Ausweg aus der für ihn unerfreulichen Mietkonstellation in Nesse zu finden. Auch sein eigenes fortgeschrittenes Alter und seine nachlassende Gesundheit wurden ihm mehr und mehr bewusst.

Vor allem sah er aber zu der Zeit in der Familie keine geeignete Persönlichkeit für die Unternehmensnachfolge.

Dies änderte sich, als die Familie seiner Tochter Liselotte Krause wenig später seine Hilfe benötigte.

Weichenstellungen für das Erbe Robert Mays

Ein Blick zurück – Die Familie Werner und Liselotte Krause im Jahr 1945

Schon in den letzten Wochen des Jahres 1944 hatten sich Werner und Liselotte Krause mit ihren vier Kindern im Alter von zwei bis neun Jahren auf eine Flucht ohne Wiederkehr vorbereitet. Sohn Ulrich erinnert sich: *Mein Vater hatte der Propaganda der Partei nicht geglaubt. Er ahnte zu Recht, dass mit den militärischen Erfolgen der Roten Armee eine Katastrophe bevorstand. Er ließ gummibereifte Fluchtwagen bauen. Mit diesen wollten er und seine Mitarbeiter gen Westen fliehen. Nach Fertigstellung wurden sie bei seinem Bekannten Karl Holm versteckt. Der Bau dieser Wagen war so rechtzeitig erfolgt, dass Holm nach einiger Zeit mit makabrem Humor meinte: »Na, wenn die Russen nicht bald kommen, verrosten Krauses neue Fluchtwagen!«*

Ulrichs ältere Schwester Ursula kann sich besonders gut an die dann folgende Flucht erinnern, die ohne die neuen Fluchtwagen und ohne den Vater erfolgte: *Wir machten uns heimlich auf den Weg, denn wir hatten keine Genehmigung zur Flucht. Wir sind am Tag vor der Einnahme Elbings durch die Russen versteckt auf einem Lastwagen, den der Vater von Mutters bester Freundin Gertraud Holm zur Verfügung gestellt hatte, bis nach Danzig gefahren. Dann ging es zu Fuß weiter. Meine Mutter hat während der Flucht mit uns Kindern Großes geleistet. Wir hatten unsere Wirtschafterin Martha mit, die hielt meine kleine 3jährige Schwester an der Hand. Mutti hatte die Sabine im Wolltuch vorgebunden, die war etwas über 1 Jahr, und ich hatte meinen 6jährigen Bruder Ulrich an der Hand, der unterwegs oft weinte. Wir hatten alle einen Rucksack auf dem Rücken. Nach einer Übernachtung bei Freunden in Wonneberg bei Danzig ging es mit dem Zug nach Kolberg zur Tante Kläre, das war die Schwester von Oma May. Bei ihr waren wir erst einmal gut untergebracht. Nach einigen Tagen mussten wir aber weiter, denn die russische Front kam immer näher. Obwohl sich meine Eltern in Magdeburg verabredet hatten, ließ sich meine Mutter von ihrer Freundin überzeugen und floh mit ihr zu ihren Verwandten nach Marne in Dithmarschen. Das geschah in verschiedenen Zügen der Reichsbahn. Wir durchlebten dabei Situationen voller Todesangst, wenn Tiefflieger unterwegs waren und unseren Zug beschossen. Dabei gab es Tote und Verletzte. War die Lokomotive getroffen, mussten wir stundenlang auf eine Ersatzlok warten. In Marne wurden wir provisorisch im sogenannten »Heimathaus« untergebracht. […] Die anderen Bewohner im »Heimathaus« behandelten uns sehr schlecht, nannten uns Polacken etc. Nach einiger Zeit gelang es aber, eine 2-Zimmer-Wohnung (Küche, Wohnzimmer zzgl. Abseite) in der Bäckerstraße zu beziehen.*[249]

Werner Krause wollte mit zwei der neugebauten Fluchtwagen nachfolgen. Angesichts der Wetter- und Straßenverhältnisse zeigte sich aber, dass die vorgespannten Pferde nicht in der Lage waren, diese zu ziehen. Es lag extrem hoher Schnee und die Temperatur betrug -24° Celsius. Sie kamen nur bis Wonneberg bei Danzig, wo Werner Krause bei Freunden verabredet war. Die Pferde, es waren Trakehner, waren mit ihren Kräften am Ende. Durch glückliche Umstände gelangte Werner Krause auf ein Schiff, das ihn in einen sicheren pommerschen Hafen brachte. Von dort aus lief er weite Strecken zu Fuß und erreichte erst im April 1945 nach vielen Schwierigkeiten schwerkrank seine Familie in Marne. Ein längerer Krankenhausaufenthalt folgte, doch die Familie war vereint und sah optimistisch in die Zukunft.

Werner Krause blieb seiner Passion für Pferde verbunden, kaufte ein Pferdegespann und begründete damit einen Busersatzdienst von Marne nach Brunsbüttel und Brunsbüttelkoog.

Die älteste Tochter Ursula erinnert sich deutlich an diese Zeit. Sie beschreibt aber auch, dass das kleine Glück nicht lange andauerte: *Mein Vater hat dann gleich wieder Pferde und sonstiges gekauft, er war von Natur aus wirklich kein guter Kaufmann, aber er war ein absoluter Pferdezüchter, ein absoluter Großgrundbesitzer in seinem Denken, in seinem Fühlen und von äußerst großzügiger Art.* [...]

Wegen schwerer Kriegsverbrechen suchten die Briten einen »Obersturmbannführer Krause«. Unser Nachbar Saffraneck sagte den Briten: »Da wohnt ein Krause und der war bei der SS«. Vati war, wie viele Bauern im Elbinger Umland, bei der Reiter-SS gewesen, er war aber kein Obersturmbannführer. Trotzdem wurde er in ein Internierungslager verbracht, wo er bis zum Februar 1947 blieb.[250]

Ulrich Krause ergänzt, dass sein Onkel Eduard Krause die Pflege der Pferde zu Beginn der Internierung für eine gewisse Zeit übernommen hatte. Besuche des Vaters seien nicht erlaubt gewesen. Es hätten aber Päckchen geschickt werden können. Dem Vater seien selbstgebackene Kuchen gesandt worden, in denen Tintenkulis der Rotringwerke des Onkels Erich Barthe geschmuggelt wurden. Mit diesen Tintenkulis

Werner Krause, 1937

habe der Vater etwas Tauschhandel betreiben können.

Im Laufe seiner Internierung wurde Werner Krause in das Lager »Eselsheide« bei Stukenbrock in der Nähe von Bielefeld verlegt. Dort zur Untätigkeit bestimmt, verfasste er 1946 ein Gedicht für seine schmerzlich vermisste Ehefrau: »Camp-Gedicht an mein Lottchen«.

Jetzt weiß ich erst, wie ich dich liebe:,
die Liebe ist ein Wertmaß mir
Nun erst hab' ich zutiefst empfunden,
was ich an Glück besitz' in Dir.
Ich weiß, Du wirst mein Denken spüren,
des Tages Not steht auch bei Dir.

Die Stunde unsres Wiedersehens
schafft aus dem »Du« + »Ich« das »Wir«.
Es ist die Krönung unsres Lebens,
das tropfenweis' nun abwärts fällt,
beleuchtet in des Herbstes Sonne,
der Herrgott selbst die Schale hält.[251]

Die älteste Tochter Ursula berichtete dem Verf., die Eltern hätten sich niemals boshaft und verletzend gestritten. Sie hätten sich auch beim Eingeständnis begangener Fehler, wie der Bürgschaftsübernahme, die einen Absturz in die Armut zur Folge hatte, in der Geborgenheit des Partners sicher sein können.

Dass es der Familie vor der Währungsreform finanziell zunächst gut ging, hatte besondere Gründe. Werner Krause hatte während des Krieges Getreide per Schiff auch nach Schleswig-Holstein geliefert. Ab 1943 hatte er mit den Empfängern in Rendsburg, Schleswig und Flensburg vorausschauend die Stundung der Bezahlung vereinbart. In einigen Fällen hatte er auch Konten bei Banken in Schleswig-Holstein eingerichtet und die Beträge auf diesen Konten einzahlen lassen. Diese Reichsmark-Guthaben standen der Familie während der Abwesenheit Werner Krauses zunächst zur Verfügung.

Mit dem Geld konnte 1946/47 sogar ein kostspieliger einjähriger Internats-Aufenthalt der Kinder Ursula und Ulrich im »Kinderheim Sonnenhang« in Oberstdorf bezahlt werden. Einzige Schwierigkeit war die fehlende Genehmigung zur Einreise in die amerikanische Besatzungszone. Beide Kinder erinnern sich, dass Großmutter Helene May unbelichtetes Filmmaterial, das sie aus Elbing gerettet hatte, gegen ein großes Fass Salzheringe eintauschte. Zusammen mit diesem Fass seien sie mit der Mutter auf einem Lkw Richtung Frankfurt gefahren. Beim Grenzübertritt von der britischen zur amerikanischen Zone hätten sie sich kurz vor Kassel hinter dem Heringsfass versteckt. Dass sie so nach Frankfurt geschmuggelt wurden und von dort aus mit dem Zug weiterfuhren, hat sich der ältesten Schwester Ursula unvergesslich eingeprägt. Nach Ablauf eines Jahres wurden die beiden Internatsplätze von den beiden jüngeren Geschwistern Elisabeth und Sabine eingenommen.[252]

Ursula Moser geb. Krause erinnert sich an die Nachkriegsjahre: *Es war für unseren Vater nach der Entlassung aus der Internierung sehr schwer, eine selbständige Existenz neu zu begründen. Mutter hatte die Reichsmarkguthaben nach Vaters Internierung leider einem Treuhänder anvertraut. Warum sie das tat, ist nicht bekannt. Dieser »Treuhänder« veruntreute das gesamte Geld, sodass wir nach Vaters Entlassung nichts mehr besaßen.*

Gerne wäre unser Vater danach im landwirtschaftlichen Bereich tätig gewesen und hätte mit Pferden zu tun gehabt. Angesichts der bisherigen Rückschläge kam die benachbarte mennonitische Familie Regier mit der Idee, gemeinsam nach Paraguay auszuwandern. Dort bestehende deutsche mennonitische Gemeinden stellten günstige Konditionen zum Erwerb von Flächen und zur Begründung eines landwirtschaftlichen Betriebes in Aussicht. Unser Vater war zur Auswanderung bereit und begann mit den Vorbereitungen. Einzige Bedingung war das mennonitische Bekenntnis. Da unsere Mutter bereits mennonitisch war, fiel es ihm nicht schwer, diese Voraussetzung zu erfüllen und sich ebenfalls mennonitisch taufen zu lassen. Dass dann aber doch nicht ausgewandert wurde, lag wohl an unserer Mutter. Aber auch ich weigerte mich mitzugehen. Ich wurde gerade evangelisch konfirmiert und wollte nicht mennonitisch werden. Ich wäre auf jeden Fall in Deutschland geblieben.[253]

Der Mutter Liselotte, die die kaufmännischen Fähigkeiten beider Elternteile in sich hatte, gelang es, in Marne ein Einzelhandelsgeschäft für Tapeten und Farben zu etablieren. Es erfuhr guten Zuspruch und schuf eine sichere Einkommensgrundlage für die Familie.

Aus der Zeit in Marne sind den Kindern der Familie Krause auch Erlebnisse mit dem Großvater Robert May im Gedächtnis geblieben. Enkel Ulrich erinnert sich: *Als mein Großvater in einem kalten Winter einmal zu uns nach Marne kam, fragte er nach mir: »Wo ist der Junge?« und ist dann durch die Straßen gegangen. Er hat uns gefunden, wie wir in kurzen Hosen im Schnee spielten. Er hat mich gefragt:*

»Hast Du denn keine lange Hose?« Ich antwortete: »Nein, Opi!«, worauf er nur sagte: »Naja, das geht ja wohl auch so.« Das war das ganze Gespräch, das er mit mir führte, und dann ging er wieder seiner Wege, zurück zur Bäckerstraße. Ich weiß, daß er sich bei uns immer wieder ausruhte, wenn ihn Krankheitsschübe seiner Malaria plagten.«

Seine jüngere Schwester Elisabeth Breeze ergänzt: *Zuneigung und Empathie zu zeigen, lag unserem Großvater nicht, dafür war unsere Großmutter zuständig. Sie war immer hilfsbereit und großzügig. Ich habe wenige Erinnerungen an den Großvater, ich weiß nur, dass er geizig war. Er machte zum Beispiel »großzügige« Geschenke mit Briefmarken für 3,- DM, die er aus dem Firmenbestand der Gewürzmühle genommen hatte. Das waren bei ihm dann Weihnachtsgeschenke: Briefmarken für 3,- DM.*

Die Kinder erinnern sich an zehn wunderschöne Kindheitsjahre in Marne im sehr ländlichen Dithmarschen. Ulrich Krause besonders an das Sammeln von kleinstem Holz und Tannenzapfen (sogenanntem »Sprock«) in der ersten Zeit nach dem Krieg. Damit sei die »Brennhexe« in der Küche geheizt worden. 1953 sei er auch Schützenkönig gewesen und sei auf dem Balkon der Marner Apotheke inmitten der großen Festgesellschaft geehrt worden.

Er erinnert sich auch, wie es mit seinen Eltern weiterging und wie sie schließlich in finanzielle Not gerieten: *»1955 zog die Familie nach Nordhastedt. Unser Vater hatte dort ab 1954 endlich einen Mühlenbetrieb von der Familie Horn übernommen und einen Landhandel betreiben können. Er lagerte auch Dünger in Kommission und schloss mit den Bauern Anbauverträge über Gemüse und Kartoffeln. Die Ware wurde nach der Ernte mit einem Mercedes-Lkw, Baujahr 1938, und mit der Bahn verschickt.*

Zu einem großen finanziellen Schaden kam es durch eine Bürgschaft für einen Gutsbesitzer, der selbst Flüchtling war. Das Geschäft betraf den Ankauf von Fleckvieh in der Schweiz. Es konnte von ihm nicht bezahlt werden, sodass die Bürgschaft meines Vaters voll in Anspruch genommen wurde.

Auch die Belieferung einer Harburger Konservenfabrik mit Bohnen aus den Anbauverträgen mit den Bauern endete mit Totalverlust, da die Fabrik nach Empfang der Ware ihre Zahlungsunfähigkeit erklärte. Als dann 1956 auf der Transitstrecke nach Berlin auch noch der neue Lkw samt Ladung verunglückte, ging unser Vater in die Insolvenz und erlitt danach eine schwere Depression.

Liselotte und Werner Krause versuchten, ihre Kinder so wenig wie möglich unter den wirtschaftlichen Problemen leiden zu lassen. Als ihre 15-jährige Tochter Elisabeth den Wunsch äußerte, in der Tradition ihrer Familie mennonitisch getauft zu werden, wurde ihr dieses nicht verweigert. Am Himmelfahrtstag 1957 fuhr Elisabeth mit der ganzen Familie zum zentralen mennonitischen Tauf- und Abendmahlsgottesdienst in Schleswig. Die anschließende Feier mit den Verwandten fand zuhause statt. Robert May war verhindert, schenkte seiner Enkelin aber einen Ring sowie Kaffee für die Feier und etwas Geld. Im erhalten gebliebenen persönlichen Schriftverkehr zur Taufe befindet sich sein Brief an die Enkeltochter: *Liebe Elisabeth! – Dein Opi und Tante Grete bedauern es sehr, daß wir am*

Ostern 1953 – Die 17-jährige älteste Tochter Ursula verlässt das Elternhaus und wird am Bahnhof in Marne von den Eltern Liselotte und Werner Krause sowie der jüngsten Schwester Sabine verabschiedet. In Isny/Allgäu wird sie ein Studium beginnen.

Robert May und Enkeltochter Elisabeth Krause beim Brunnen am Leher Tor in Bremerhaven

Tage Deiner Taufe nicht bei Dir sind, zumal Du an diesem Tage als vollwertiges Mitglied der mennonitischen Gemeinde Aufnahme findest. – Wie schmerzlich ist es für uns alle, daß diese heilige Handlung nicht vollzogen wird in unserem schmucklosen, aber doch so anheimelnden Kirchlein, das sich […] in unserer lieben alten Heimat- und Geburtsstadt Elbing befand.[254] – Dort wären wir alle versammelt gewesen […] – Das Kirchlein wäre gefüllt, denn es fasste ja kaum mehr wie 100 Seelen. Ich weiß nicht, ob Du überhaupt noch eine Erinnerung an sie hast. – Schmucklos weiß, grauweißes Gestühl, grüne Vorhänge. Schien die Sonne während der Andacht, dann blinzelte sie in der einen oder anderen Fensterecke. – Nach dem Gottesdienst, der schlicht und einfach verlief, begrüßte man sich, weil alle miteinander bestens bekannt waren. [„,] An hohen Tagen war die Kirche voll besetzt. – Dort wurde bereits Deine Uromi getraut. […] – Deine Uromi nannte man die Kirchen-Harm`sche, sie wohnte in der alten größeren Mennon.- Kirche, die neben dem Kramer-Zunfthaus sich befand.[255] Sie verwaltete das Haus, wie sie verarmt war.– Sie kam aus Christburg, wo ihr Mann eine Brauerei hatte,[256] später dann ein Gasthaus in Rosenort/Niederung. – Wenn Du das oder ähnliches hören möchtest, mußt Du mich mal besuchen. – Ich habe noch vieles im Gedächtnis, […]. Gerne gäbe ich Dir einen Spruch mit auf den Weg, aber trotz Bibel finde ich nichts was mir selbst entspricht. Deshalb sage ich Dir: Meinem Gott war ich in unserem Gotteshaus ebenso nahe wie im Wald, in der Natur. –

Ein Ringlein als Andenken dieses Tages, trage es lange im Gedächtnis an Deinen Opi. – Unsere besten Segenswünsche begleiten Dich.- Herzlichst Opi u. Tante Grete –

Bleibe ein braver Mensch mit einem guten Charakter und verzettele Dich nicht.[257]

Hinweis:
Zu den Ausführungen Robert Mays zur Verbundenheit seiner Familie mit den Elbinger Mennoniten s. a. den Aufsatz Christian Heges aus dem Jahr 1938 zur ältesten Mennonitenkirche Deutschlands, als Faksimile abgedruckt im Anhang dieses Buches.

Robert May und sein Schwiegersohn Werner Krause finden zueinander

Als das Handelsunternehmen seines Schwiegersohnes im Laufe des Jahres 1956 in wirtschaftliche Not geriet und schließlich insolvent wurde, beendete dies alle Überlegungen Robert Mays, das bestehende Unternehmen an eine familienfremde Person zu verkaufen oder zu verpachten. Vom »Fachverband der Gewürzindustrie« hatte er überdies im Frühjahr 1957 eine Absage auf seine Anfrage nach einem potentiellen Nachfolger erhalten.

War er bis dahin Untermieter bei Dr. Kurjo gewesen, schloss Robert May zum 1.10.1957 nun in eigenem Namen einen Mietvertrag mit der H. F. Kistner Baugesellschaft ab. Das Mietverhältnis mit der Eigentümerin der ehemaligen Ziegelei Wohlers wurde bis zum 31.12.1959 befristet. Für eine Jahresmiete von jährlich 1.520 DM wurden folgende Räumlichkeiten und Flächen gemietet:

a) die Erdgeschossräume des zweistöckigen Maschinenhauses
b) das kleine gemauerte Stallgebäude nördlich davon

c) den als Mahlraum abgeteilten Raum im Südwestteil des Ziegeleigebäudes
d) das Gelände (westlich) zwischen Maschinenhaus und Lune
e) das daran nördlich anschließende Gelände [...] einschließlich des Gärtchens.[258]

Seiner Tochter Liselotte und seinem Schwiegersohn Werner Krause bot er an, Betriebsleiter bei ihm zu werden. Am 20.11.1957 schlossen sie miteinander den nachstehenden Anstellungsvertrag zu einem ganz geringen Salär.

Tochter und Schwiegersohn nahmen ihre Wohnung im Haus des früheren Ziegeleibesitzers Wohlers in Nesse. Wegen der innerfamiliären Besetzung des Arbeitsplatzes musste dem bisherigen Betriebsleiter Richard Block leider gekündigt werden.

Werner Krause, der zuvor noch den damals so genannten »Offenbarungseid« hatte leisten müssen, bekam nur das Gehalt, das er verdienen durfte, ohne Anteile an seine Gläubiger auskehren zu müssen. Von seinem Schwiegervater wurde ihm daneben auch nichts »unter der Hand zugesteckt«.[259]

Ulrich Krause erinnert sich, dass sein Großvater ihm oft seinen Grundsatz wiederholt hatte: *Gehe nie eine Bürgschaft ein! Entweder Du schenkst oder Du machst gar nichts!* In der Erinnerung des Enkels war er ein korrekter Geschäftsmann, der als eine seiner Tugenden gerne seine »Steuerfreudigkeit« benannte. Spekulationen gehörten nicht zu seinen geschäftlichen Prinzipien.

Finanziell unterstützt wurde die Familie Krause in den folgenden Jahren von »Onkel« Erich Barthe, Gesellschafter der Hamburger Rotring-Werke. Dieser gehörte, wie Großmutter Helene May, zur Hamburger Barthe-Familie.[260]

Robert May und sein Schwiegersohn stellten sich rasch aufeinander ein und ihre Arbeitsabläufe funktionierten ohne große Reibereien.

Über das Verhältnis zu seinem Schwiegervater schrieb Werner Krause seiner Tochter Ursula zu deren 24. Geburtstag am 27. Juni 1959 u. a.:

Auch hier läuft im Grunde genommen die bessere Zeit für uns schon an. Schön, wir ärgern uns über Opi's Geiz und seine Überheblichkeit, aber andererseits macht er nichts ohne meine Zustimmung und vertraut geschäftlich auf meine Leistungen.[261]

Ulrich Krause erinnert sich, dass die neue Konstellation für seinen Großvater, aber auch für seine Eltern und für den praktischen Produktionsablauf in Nesse von Vorteil war: *Großvater eignete sich nicht als Betriebsleiter und wusste das auch. Das konnte mein Vater besser. Mein Vater hatte in der Beziehung eine ganz andere Vorgehensweise, der hat die ganze praktische Arbeit gemacht. 75 – 80kg-Jutesäcke 12 Stufen zum Trichter der Mühle hoch tragen, das hat er mit 56 Jahren alles allein gemacht. Andere hätten sich Hilfe für solche Arbeiten geholt. Außer ihm und seinem Schwiegervater waren zu der Zeit nur ein Lehrling für Groß- und Außenhandel sowie eine Buchhalterin und sieben Saisonkräfte in dem Unternehmen tätig. Geschäftsführer blieb mein Großvater.*

Robert May war mittlerweile nach Bremen – St. Magnus verzogen, wo er unter der Adresse Mühlental 7 einen Bungalow

Weihnachtliche Kaffeetafel der Ehepaare May und Krause mit Sabine Krause.

der Eheleute Werner K r a u s e und Liselotte K r a u s e, geb. M a y,

mit Robert M a y, Inhaber der Firma J. Staesz jun. N e s s e b/Bremerhaven.

Liebe Kinder!
Ich bestätige die verschiedenen stattgefundenen Unterhaltungen und freue mich, daß ich durch Eure Zustimmung in der Lage bin, Euch eine neue Existenzgrundlage zu schaffen.

Ich hoffe, daß Ihr diesen meinen Schritt ehrt und achtet. – Denkt bei den nachstehenden Abmachungen bitte daran, daß Ihr zunächst für mich die technische Leitung der Firma J. Staesz jun. übernehmt, die ja später einmal als Erbe in den Besitz meiner Tochter L i s e l o t t e übergehen soll.

Wie vorgesehen, tretet Ihr zu einem noch abzusprechenden Zeitpunkt als Ehepaar gemeinsam die Betriebsleitung der Firma J. Staesz jun. in Nesse an.

Mit dieser Betriebsführung habt Ihr das Recht und die Pflicht, alles für die Firma Notwendigerscheinende zu erledigen. – Die Richtlinien der Firmenführung verbleiben bei mir, ebenso der Einkauf der Gewürze sowie die Aufsicht über den Verkauf, Buchhaltung usw.

Ihr dürft gewiss sein, daß ich aufgrund meiner jahrzehntelangen Erfahrungen, gerade auch jetzt nach dem 2. Weltkrieg, in Norddeutschland vorläufig noch am besten weiß, wie und was getan werden muss.

Ihr dürft aber ebenso überzeugt sein, daß ich Euch so viel Handlungsfreiheit wie möglich lasse. –

Für Eure Tätigkeit erhaltet Ihr gemeinsam ein am Letzten des Monats fällig werdendes Gehalt in Höhe von DM 600,-- (Sechshundert) brutto.- Darüber hinaus erhaltet Ihr, falls uns eine Steigerung des Umsatz gelingt, für jedes Paket Staesz Pfefferkuchengewürz, das wir über 300 000 Stück verkaufen in einem Betriebsjahr, pro Stück eine Tantieme von 2 Pfg.-

Alle weiteren infrage kommenden Abmachungen sollen in einer späteren mündlichen Unterhaltung besprochen und dann schriftlich festgelegt werden. –

Die vorstehend spezifizierten Abmachungen gelten ab 15. Februar 1958 und enden am Schluss des Jahres 1959, indem sechs Monate vor dessen Ablauf das Verhältnis von Euch und mir schriftlich aufgekündigt werden kann. –

Da Ihr aber von diesem Zeitpunkt an bereits das meiner Tochter L i s e l o t t e zugedachte Erbe verwaltet, betrachte ich den vorstehenden Passus selbstverständlich als eine Formsache, die in jede Absprache hineingehört. –

Bremen-St. Magnus 20.11.57
Mühlental 7

gez. Robert May
gez. Werner Krause
gez. Liselotte Krause, geb. May

erworben hatte. Es war schon länger sein Bestreben gewesen, nach Bremen zu ziehen. Dort wohnte sein enger Freund Hermann Dollenberg, dem er behilflich sein wollte.

Enkel Ulrich Krause erkennt die Gewürz-Tradition seiner Familie

Es war nicht nur der Wechsel seines Schwiegersohnes als Betriebsleiter nach Nesse, der dem Wirken Robert Mays neuen Schwung gegeben hatte. Eine nicht unbedingt erwartete weitere neue Perspektive wurde ihm auch durch seinen mittlerweile 18-jährigen Enkel Ulrich eröffnet, der Deutschland den Rücken gekehrt hatte und zur See gefahren war. Aus Andalusien hatte er ihm am 4. August 1957 einen Brief geschrieben:

Lieber Opi!

Es ist schon spät, aber die Menschen in Spanien gehen nicht vor 12 Uhr nachts schlafen. Es ist noch zu heiß. Ein Brief läßt sich aber schreiben.

Kam heute Abend in Granada an. Die Stadt liegt mitten in der Sierra Nevada. Bis jetzt hatte ich von Spanien den Eindruck eines trockenen Hügellandes. Von Lorca bis Granada übertraf (es) aber meine Vorstellungen. Die Sahara kann nicht viel anders aussehen, als diese Gegend. Anhand von Bildern kann ich Dir eine etwas bessere Beschreibung geben.

Ich will keinen Reisebericht schreiben, sondern der Brief hat einen anderen Zweck. ***Ich habe mich schon einige Zeit fest entschlossen, Gewürzmüller zu lernen*** *[Herv. d. Verf.].*[262] *Mit den besten Absichten will ich in den neuen Beruf einsteigen. Durch den Besuch der Handelsschule, in den Abendkursen, hoffe ich, manches Versäumnis nachholen zu können.*

Mitte August bin ich wieder zu Hause. Ich komme Dich und Tante Gretel in dem neuen Haus besuchen.

Übermorgen fahre ich wieder nach Cadiz, ein Hafen nordwestlich von Gibraltar. Wenn noch Zeit und Geld ist, bis Lissabon, zurück über Madrid, Bilbao, Straßburg – Deutschland.

Viele liebe Grüße und alles Gute, aus dem sonnigen Spanien, sendet Dir Dein Ulrich.

Enkelsohn Ulrich Krause hatte die Schule in Marne 1956 mit der »Mittleren Reife« abgeschlossen. Er erinnert sich: *Die wirtschaftliche Not meines Vaters erkannte ich damals nicht. Ich versuchte, ihm kurzfristig praktisch zu helfen. Mein Wunsch war es aber, zur See zu fahren.*[263]

Ulrich Krause hätte gerne eine Ausbildungsfahrt auf den Handelsseglern PAMIR oder PASSAT mitgemacht. Um das zu erreichen, meldete er sich im Herbst 1956 auf der »Landesausbildungsstätte Priwall für seemännischen Nachwuchs« (kurz: »Schiffsjungenschule«) in Travemünde an und absolvierte dort einen dreimonatigen Lehrgang vom 16.10.1956 bis 11.1.1957.

Ulrichs Traum zerplatzte, als seine anschließende Bewerbung bei Zerssen & Co. für die Mitfahrt als Seekadett auf der PAMIR abgelehnt wurde. Das war angesichts der großen Bewerberzahl aber eigentlich nicht überraschend. Doch er war derart enttäuscht, dass er zum Hamburger »Heuerbaas«, der »Vermittlungsstelle von Aufgaben auf Schiffen«, ging und dort nach einem Schiff fragte, »das nie wieder nach Deutschland kommt«.[264] Am 15. März 1957 musterte er auf der REGINA der »Reederei Rud. Christ. Gribel«[265] an. Auf diesem Schiff, das für zwei Jahre an die US-Reederei »Caribbian Line« verchartert war und tatsächlich für lange Zeit nicht nach Deutschland zurückkommen würde, erledigte er als »Moses« für 0,60 DM/Std und später als »Jungmann« für einen Stundenlohn von 1,10 DM alle vorkommenden Decksarbeiten, u. a. auch das Reinigen der Matrosen-Kajüten. Gelegent-

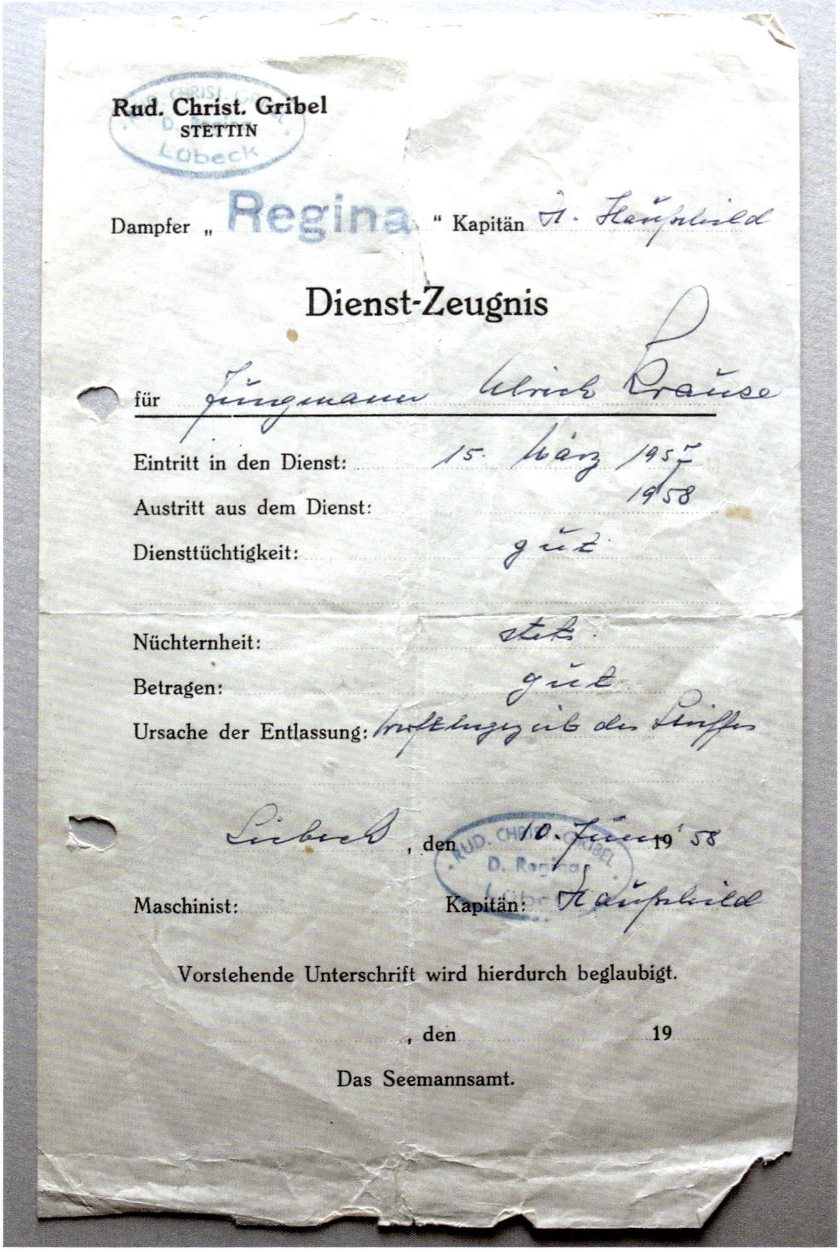

Rud. Christ. Gribel
STETTIN

Dampfer „Regina" Kapitän [illegible]

Dienst-Zeugnis

für Jungmann Ulrich Krause

Eintritt in den Dienst: 15. März 1957

Austritt aus dem Dienst: 1958

Diensttüchtigkeit: gut

Nüchternheit: stets

Betragen: gut

Ursache der Entlassung: Werftliegezeit des Schiffes

Lübeck, den 10. Juni 1958

Maschinist: Kapitän: [illegible]

Vorstehende Unterschrift wird hierdurch beglaubigt.

, den 19

Das Seemannsamt.

Dienstzeugnis Ulrich Krauses für seine Fahrenszeit auf der REGINA

lich, wenn das Schiff auf hoher See fuhr, war er auch stellvertretender Rudergänger.

Ihn trieb der Wunsch »in die Ferne« zu kommen, aber auch sein Streben nach Selbsterprobung und Selbstbeweis, »etwas allein schaffen zu können.«[266]

Obwohl ihm nach einigen Monaten, spätestens im August 1957, klar geworden war, dass er Gewürzkaufmann werden wollte, hielt Ulrich Krause den Vertrag mit der Reederei ein und blieb auf dem Schiff.

Am 21. September 1957, querab vor Jacksonville/Florida fahrend, meldete dessen Funker, dass der Handelssegler PAMIR in einem Hurrikan Schlagseite erlitten hätte. Wenig später kam der erschütternde Funkspruch, dass das Schiff untergegangen sei. Die Namen der gesamten Besatzung wurden über Funk durchgegeben und man ahnte, dass nur die wenigsten von ihnen überlebt haben würden. Ulrich Krause war mit einem der Ertrunkenen im Schiffsjungen-Lehrgang zusammen gewesen.

Am 10. Juni 1958 endete Ulrich Krauses Heuervertrag vorzeitig, weil das Schiff in die Werft musste. Er erinnert sich an die damalige Begegnung mit seinem Großvater: *Robert May kam an Bord der REGINA, als wir von Afrika zurück nach Lübeck kamen und sagte: »Mein Sohn, wir sind alle Kaufleute geworden und für dich habe ich eine Lehrstelle festgemacht bei Georg Eggers am Alten Hafen, da kannst du jetzt deine Lehrzeit verkürzt machen, zwei Jahre, das haben wir auch mit der Industrie- und Handelskammer und der Berufsschule verabredet.«*[267]

Die Ausbildung zum Großhandelskaufmann begann danach bei der Firma »Georg Eggers – Inhaber Herr Himme« und wurde nach der Insolvenz dieses Betriebes bei der Firma »Th. Kistner, Inhaber Horst Kistner, Getreide- und Futtermittelwerk« fortgesetzt. Die eigentlich 2½- jährige Lehrzeit wurde aufgrund guter Leistungen verkürzt und endete bereits im Herbst 1960.

Das Jahr 1958 bringt Neuausrichtungen

Spätestens während der Werbeaktionen zur Rückgewinnung der umgesiedelten alten Kunden hatte Robert May herausgefunden, dass die Zeit gekommen war, auch Nicht-Vertriebene als neue Kunden zu werben. Selbst die vielen Hausfrauen, die es vielfach nicht (mehr) gewohnt waren, ihr Weihnachtsgebäck selbst zu backen, waren möglicherweise eine Zielgruppe. Zur damaligen Zeit gab es bereits zahlreiche meist berufstätige Frauen, die die benötigten Lebkuchen lieber als Fabrikware kauften und sich in der Vorweihnachtszeit nicht mit dem Kuchenbacken beschäftigten. Würde eine gut gemachte Werbung daran etwas ändern können?

In der archivierten Korrespondenz befindet sich Schriftverkehr mit der Werbegrafikerin Eva-Maria Koch aus Frankfurt. Sie entwickelte auch neue Werbeideen mit Anregungen zum Selbstbacken. Robert May war angetan von ihrer Kompetenz und ihren Vorschlägen. Er überlegte, das Layout seiner Werbung völlig umzugestalten und vielleicht auch das Äußere der Verpackung zu ändern. In einem ersten Brief schrieb er: *Es war für mich wie frischer Wind [...] d.h. ich versetzte mich gedanklich in mein Elbinger Büro, hatte Fachleute um mich und besprach die Werbung. Damals gab ich für St. Pf. K. G.*[268] *ca. 12.000 [Mark] aus, das war noch gutes Geld in den Jahren 1925 – 39. Würden Sie sich auch um das Klischee bemühen? Die Klischee-Leute in Bremerhaven haben in Entwürfen nicht viel los. [...]*[269]

Die übersandten Entwürfe, darunter ein Motiv »Lebkuchenmann«, überzeugten ihn aber nicht. In seiner Antwort rekapitulierte er die Kernbestandteile seiner bisherigen Werbung. Ihm war deutlich bewusst, warum er mit diesen bisher eigentlich recht erfolgreich war, und er fasste seine Gedanken wie folgt zusammen: *[...] Ich würde gerne für die Sache DM 90,-- bis 100,-- ausgeben, wenn ich tatsächlich zu einer wirkungsvollen Reklame kommen könnte. Ich glaube aber, daß dieses nicht möglich sein wird, da der Raum des Inserates, den ich geldlich aufbringen kann, es gar nicht zulässt, das treffend zu sagen, worauf es wirklich ankommt.*

Der Sinn meiner Werbung muß doch der sein, daß die Hausfrau deshalb das »Staesz-Pfefferkuchengewürz« bevorzugt,

[weil] es tatsächlich einen weit intensiveren Duft an sich hat. Bei den gemischten Gewürzen weiß man das ja nicht.

Das müsste doch das Grundlegende sein und wenn dann noch gesagt werden soll,

daß das Selberbacken mit »Staesz-Pfefferkuchengewürz« erst tatsächlich die Weihnachtsstimmung durch den Duft bringt,

dann glaube ich, werden wir alle an diesem Problem scheitern, wie auch schon in all den Jahren.

Demnach war Robert May nicht mehr der Meinung, dass eine radikale Änderung und ein Einschwenken auf eine neue Werbesprache den gewünschten noch größeren Erfolg bringen könne. Sein Bauchgefühl ließ ihn am Bewährten festhalten und so formulierte er weiter:

Ob es nicht doch besser ist, statt des Pfefferkuchenmann(s) den Staesz-Beutel zu bringen? Der ja auch eine Werbewirkung an sich besitzt. Fast möchte ich noch dazu neigen, daß das erste Inserat »alle Jahre wieder« am besten wäre und dann den Beutel und in kurzen Worten mit dem Selberbacken. Ich habe bisher aus verschiedenen Gründen die Packung nicht geändert. Einmal ist sie seit Jahrzehnten den ostpreußischen Hausfrauen bekannt und nach der Flucht nun auch denen, die sich des Staesz-Gewürzes bedienen.[270]

Letztendlich wurde die Werbung nicht geändert. Auch nach dem Tode Robert Mays wurde die grafische Gestaltung der Verpackung von seinen Nachfolgern im Wesentlichen beibehalten.

Briefkopf des übernommenen Herstellers »Otto Möller«

Fast bis zum heutigen Tag kam das Staesz-Pfefferkuchengewürz im Layout der 1920er Jahre daher. Diese Wortbildmarke stand für den entscheidenden Wiedererkennungswert des Produkts.

Doch immer wieder gab es bei Robert May auch Initiativen, zusätzlich weitere Gewürzpräparate herzustellen. Insbesondere war es sein Bestreben, neben dem Staesz-Pfefferkuchengewürz Würzmittel zu fertigen, die außerhalb der Staesz-Saison gefragt waren. Zeitweise erfolgte das Mischen und Abfüllen von Einmachgewürzen. Doch waren solche Bemühungen nicht durchschlagend erfolgreich.

Werner Krause 1961 in der alten Gewürzmühle an der Lune

1958 konnte schließlich die Osnabrücker Firma »Otto Möller, Gewürze und Zusatzstoffe für die Wurstherstellung (Inh. Emil Schimmeroth)« von den Erben des verstorbenen Inhabers gekauft werden. Sie produzierte vor allem Würzpräparate für die damals noch weit verbreitete Hausschlachtung, darunter Eigenmarken wie »Exquisit«, »Export« und »Reforma«, aber auch Wurstdärme, Konservierungsmittel und Pökelsalze. Mit dieser Übernahme glückte eine Erweiterung, die dem Unternehmen in kleinem Umfang auch außerhalb der Staesz-Saison eine lohnende Produktion ermöglichte. Es waren zumeist Heimarbeiterinnen, die damit befasst waren. Eine dauerhafte Listung dieser Produkte im Einzelhandel gelang allerdings eher regional, vor allem in der Eifelregion um Wittlich.

Optimierung der Pressearbeit

Werner Krause war ein begabter Verkäufer. Nach der Anstellung bei seinem Schwiegervater nahm er sich sogleich die bisher vernachlässigten Märkte im mittleren und südlichen Teil der Bundesrepublik vor. Dank seines gewinnenden Auftretens konnte der Absatz nun auch dort vorangebracht werden.

Dem Betriebsleiter Werner Krause gelang es in den nächsten Jahren auch immer besser, den Kontakt zur Presse zu optimieren.

Drei sehr gelungene Presseartikel zeigen, dass es dabei gar nicht nötig war, die Form der Werbung zu ändern.

Zum einen brachten die »Elbinger Nachrichten«, die sich als Heimatzeitung der Vertriebenen aus Elbing-Stadt, Elbing-Land und aus dem Landkreis Preußisch-Holland verstand, in der Dezember-Ausgabe 1960 eine sehr nette heimatliche Geschichte mit dem Titel »Unter dem Tannenbaum«. Darin unterhalten sich die unter dem Weihnachtsbaum liegenden Geschenke mit den Strahlen des Mondlichtes über ihre Herkunft. Sie erwähnen in welchem heimatlichen Geschäft sie gekauft wurden. Der Leser wird gedanklich durch seine Heimatstadt geführt. An einer Stelle heißt es: »*Nun und ich bin auch aus ganz weit gereisten Leuten zusammengesetzt«, meldete sich der Pfefferkuchen; denn er selbst war ja erst vor kurzem von Mutti gebacken worden, deshalb war er auf seine Gewürze so stolz. Nelken, Zimt kamen aus Asien, der Muskat aus Afrika und die Vanilleschoten aus dem brasilianischen Urwald, Kardamom und Ingwer kamen auch von weit her. Alle Jahre wieder wurden sie bei Staesz in unserer Nachbarstadt Elbing in den überall bekannten Tütchen als das vortreffliche Pfefferkuchengewürz gemischt und abgepackt.*[271]

Zum zweiten zitierte die unter den ostpreußischen Frauen sehr populäre Margarethe Haslinger in der Vorweihnachtszeit 1961 ausdrücklich das Staesz-Pfefferkuchengewürz. In ihrer »Ostpreußenblatt«-Kolumne *Von Zimt und Kardamom, Honig und Hirschhornsalz* kombinierte sie den Hinweis auf das Gewürz perfekt mit einem Hilfsaufruf für die in der DDR leidenden Landsleute: *Ich erinnere bei dieser Gelegenheit daran, daß es wieder das früher bei uns allgemein verwendete »Staesz-Pfefferkuchengewürz« gibt. Den Packungen sind ostpreußische Originalrezepte beigegeben, die aus einer Art Preisausschreiben des Hausfrauenbundes Königsberg stammen. Sie wurden seinerzeit aus den Einsendungen […] ausgewählt und mit Preisen ausgezeichnet. Und bitte, legen sie Ihren Paketen nach »drüben« von diesen »Staesz-Gewürzpäckchen« einige bei, selbst, wenn die sonstigen Zutaten zum Weihnachtsbacken knapp sein mögen, ein gutes Gewürz tröstet über manchen Mangel hinweg. Wir sollten uns in diesem Jahr noch mehr als sonst den Kopf zerbrechen, was wir besonders Gutes und Liebes in diese Sendungen legen.*[272]

Margarethe Haslinger war eine der Jurorinnen in Robert Mays Backwettbewerb gewesen. Sie hatte schon zum Ende des Ersten Weltkrieges im »Königsberger Hausfrauenbund« mitgearbeitet.[273]

Im Frühjahr 1964 hatte Werner Krause den Redakteur Holger Diezemann des »Stader Tageblatt« zu Besuch, der anschließend in einem ausführlichen Artikel darüber schrieb, dass es in einer modernen Gewürzmühle keine Romantik gebe. In seinem Bericht »Zwischen Ernte und Hausfrau die Veredelung« heißt es unter anderem: *Was hier in Nesse »küchenfertig« gemacht wird, sind Spezialgewürze. Gegenwärtig läuft die Produktion von Einmachgewürzen auf vollen Touren. 100.000 Tüten am Tag werden von den Abpackmaschinen ausgestoßen. Sie sind vornehmlich für die Hausfrauen bestimmt, während die Industrie Hauptabnehmer der Fisch- und Schlachtungsgewürze ist. In einem halben Jahr wird die Herstellung von Pfefferkuchengewürzen im Vordergrund stehen. Sie hat die Firma Staesz berühmt gemacht. […]*[274]

Besonders wirksam war und ist schließlich, dass die Lebkuchen-Rezepte in den immer wieder neuen Druckauflagen des ostpreußischen Klassikers »Doennigs Kochbuch« seither und bis heute nur noch die pauschale Zutatenangabe: »Ein Paket Staesz-Pfefferkuchengewürz« enthalten.

Endlich eigene Räume

Die Aussicht einer Familienlösung zur Weiterführung des Betriebes gab schließlich auch den endgültigen Anstoß, die Produktion in eigene Räume zu verlegen. Als die vertragliche Mietdauer für die bisherigen Räume 1959 endete, lehnte die Baugesellschaft Kistner einen neuen Vertrag zur Verlängerung ab. Die Nutzung der Räumlichkeiten konnte gegen Mietzahlung zunächst vertragslos fortgesetzt werden. Doch musste die Firma Staesz damit rechnen, dass diese stillschweigende Verlängerung jederzeit beendet werden konnte. Der Anstellungsvertrag mit Werner und Liselotte Krause war im Hinblick auf diese Möglichkeit auch nur befristet bis Ende 1959 abgeschlossen worden. Davon abgesehen blieb die Staesz-Seite allerdings optimistisch und investierte. Werner Krause schrieb seiner ältesten Tochter Ursula im Juni 1959 von der Situation im Betrieb: *Gestern wurde die geplante vollautomatische Maschine gekauft, die eine wesentliche Lohnersparnis einbringen und eine viel größere Leistung hervorbringen soll. Damit kommt man gezwungenermaßen in eine weitere Entwicklungsstufe und wir werden uns nach der Herstellung anderer Artikel umsehen müssen. Außerdem will Opi nun wohl ernstlich ein Grundstück kaufen und ich befasse mich derzeit mit der Bearbeitung einiger Angebote.*[275]

Doch wohin konnte der Betrieb verlegt werden?

Den Verantwortlichen in der Gemeinde Nesse lag daran, die Firma Staesz als Arbeitgeberin und Zahlerin von Gewerbesteuer in ihrer Region zu halten. Daher stellten sie ihr ein Gewerbe-Grundstück zur Verfügung, und zwar zunächst im Wege der Erbpacht.

Der Neubau der Gewürzmühle Nesse im Jahre 1964

Am 3. April 1962 beantragte Robert May bei der Kreissparkasse Wesermünde einen Kredit und ein ERP-Darlehen zum Neubau der Gewürzmühle.[276] In seinem Antrag formulierte er:

Unter Beifügung der erforderlichen Unterlagen und Bescheinigungen erlaube ich mir hiermit, einen ERP-Kredit in Höhe von 60.000,-- DM zu beantragen. – Begründung:

[…] Im Jahre 1949 fand ich hier in Nesse die Möglichkeit, Betriebsräume zu pachten, in denen ich mit der Neueinrichtung meines verlorenen Unternehmens in kleinerem Umfange beginnen konnte. Mit dem Eigentümer des Grundstücks hatte ich einen 10-Jahresvertrag abgeschlossen. Mein Versuch, nach Ablauf des Mietvertrages eine Verlängerung mit dem Verpächter vorzunehmen, wurde von dieser Seite abgelehnt. Ich befinde mich seitdem in einem vertragslosen Zustand und muß damit rechnen, die Räume in nächster Zeit freizugeben. Dieser Kausalzusammenhang zwischen Vertreibung und heutiger Betriebssituation gibt mir nunmehr Anlaß, die Mittel zu beantragen, die mir zur Schaffung einer gesicherten Existenz verhelfen würden. Von der Gemeinde Nesse habe ich ein Grundstück von 4.000 qm für 99 Jahre in Erbpacht erhalten, auf dessen Gelände ich den Neubau der Gewürzmühle errichten will. Damit entsteht nun eine Änderung der Ertragslage durch Erhöhung der fixen Kosten, die durch Investitionen bedingt sind.

Ich darf daher […] bemerken, daß ich durch eine Bereitstellung der Mittel erst in die Lage versetzt werde, den Betrieb auszubauen und den heutigen Anforderungen entsprechend zu rationalisieren. Aus den genannten Gründen bitte ich daher, meinem Antrag stattzugeben.

Die Gesamtherstellungskosten belaufen sich nach den beigefügten Unterlagen auf

DM 135.500,-- und sollen wie folgt finanziert werden:

1) DM 60.000,-- 1. Hypothek Kreissparkasse
2) DM 60.000,-- ERP-Mittel – bei 17jähriger Laufzeit
3) DM 15.500,- Eigengeld.

Das beantragte Darlehen wurde bewilligt und der Bau nach dem Entwurf des Architekten Rathjen konnte von Bauingenieur Rohde aus Dedesdorf umgesetzt werden. Schwiegersohn Werner Krause übernahm im Jahre 1963 die Bauaufsicht. Über alle Vorkommnisse und jedes Detail hatte er Robert May zu berichten. Werner Krause tat dies schriftlich in einem sehr anschaulichen Schreibstil. So sind die damaligen Ereignisse in großen Teilen gut überliefert, wie das nachfolgende Beispiel zeigt:

Lieber Vati! Meinen Bericht beginne ich zunächst über den Neubau, von dem ich gerade zurückkomme und heute bereits mehrere Male herüber gerufen wurde. Erfahrungsgemäß, wie bei allen Neubauten, treten die Hemmungen erst dann auf, wenn die Inneneinrichtung beginnt. Das Hand in Hand-Gehen der einzelnen Handwerker unter sich klappt nie, ein jeder schiebt dem anderen die Schuld zu, wenn es nicht weiter geht. Herr Rohde wollte seine Leute schon zurückziehen, da er an einzelnen Stellen nicht weiterarbeiten konnte. Doch nun am Nachmittag kamen die Fensterbänke, die allerdings auch nicht ganz passend geliefert wurden, doch es sind nur kleine Korrekturen, die an Ort und Stelle erledigt werden können. Der Dachdecker ist ebenfalls heute da und wird morgen mit dem Dach endgültig fertig, was bei der hier herrschenden sehr trockenen Witterung in diesem Falle sehr zu begrüßen ist. Zimmermeister Bode ist ebenfalls heute erschienen zum Einbau der Fensterrahmen und der Lichtkuppeln. Die Bodenflächen im Neubau sind bereits alle betoniert. Die Betonpfeiler im Mahlraum sind ebenfalls fertig. Die Klärgruben ausgemauert, so dass nun anschließend auch der Heizungsmonteur kommen kann. Die Vermessung des Geländes findet Donnerstag, den 13. 6., statt und ich bitte Dich, beigefügte Vollmacht zu unterschreiben.

Im Neubau erleichtern neue Maschinen der Firma Klöckner das Abpacken der Gewürze.

Weitere Ausführungen in seinem Brief betrafen den laufenden Betrieb der Gewürzmühle, den Einkauf von Rohprodukten, Kalkulationen, Personalfragen und die Vorbereitung der Staesz-Produktion. Schließlich kam er auf Meinungsverschiedenheiten zur Pressearbeit zu sprechen: *Die Alten erfasst man wie bisher über die Heimatzeitungen. Eine andere Richtung in den verschiedenen Tageszeitungen würde erhebliche Kosten verursachen und kaum den Verbraucher genügend ansprechen. Während der von mir angeregte Vorschlag weitaus billiger und damit für uns tragbar wäre. […] Der Bestand an abgepackter Fertigware per 11.6.63 = 182.000 Päckchen […] Mit vielen Grüßen und guten Erholungswünschen Werner.*[277]

Ulrich Krause wird Gewürzkaufmann

Nach der Beendigung seiner Lehrzeit hatte Enkelsohn Ulrich Krause ein BWL-Studium bei der Deutschen Angestelltenakademie in Hamburg-Großhansdorf angetreten. Trotz häufiger Unterrichtsversäumnisse wegen seiner Nebenerwerbstätigkeiten zum Gelderdienen im Hafen erhielt er am 20. Dezember 1963 das Zeugnis über die bestandene Abschlussprüfung als Betriebswirt (DAA).

Während seiner Studienzeit stand Ulrich Krause in einem lebhaften Briefkontakt mit seinem Großvater. Einige Briefe sind im Familienarchiv erhalten. Sie ermöglichen einen Einblick in das damalige Studentenleben Ulrich Krauses und zeigen, wie sehr der Enkelsohn mit seinem Großvater verbunden und auch als Student am Wohlergehen der Firma Staesz interessiert war.

In seinem Brief vom 1.11.1961 heißt es:

Lieber Opi! – Einen ganzen Monat bin ich bereits hier in Großhansdorf, mußte aber mein »Briefe schreiben« immer wieder verschieben.

Arbeit fällt hier reichlich an, so daß die freie Zeit immer ausgefüllt ist. Von morgens 8.00 bis abends 5.00 oder 6.00, manchmal 7.00 haben wir Unterricht. An und für sich etwas ungünstig, da uns somit kaum Zeit bleibt zur Ausarbeitung.

Vor 14 Tagen war ich zu Hause und habe da mal wieder eine andere Speisefolge gehabt. Das Essen ist hier mehr als gut, jeden Morgen und Abend Butter und von allem anderen so reichlich, daß auch der stärkste Esser satt und rund wird. Bloß der Ausgleich fehlt, für den würde auch keine Zeit mehr bleiben.

Im Januar […] gehen wir von der Schule aus etwa 2 – 3 Monate nach London ohne daß eine Kostensteigerung eintritt. […]

Staesz hat sich ja leider nicht erholen können. Hier in Hamburg und Umgebung sind nur die Hamburger Gewürzmühlen im Markt, vereinzelt auch Ostmann, soviel wie ich gesehen habe. Ubena ist mir noch nirgends begegnet.

Die Prüfung im Anschluß wird sehr hart sein, aus der Not heraus, da von 210 Teilnehmern nur 110 etwa die Schule besuchen können. Gerechtfertigt ist diese Regelung nicht, Alter, Praxis u.s.w. werden entscheidend mitbewertet.

Lieber Opi, ich wünsche, daß wir bei Staesz doch noch ein gutes Durchschnittsergebnis bekommen, anzunehmen wäre es ja, da die Tendenz allgemein gut ist. Jedoch wird es ja nur noch in diesem Monat sein können.

Mit einem englischen Diktat werde ich den heutigen Tag abschließen, der Brief kommt zwischen Abendbrot und Pauken zustande.

Ich wünsche Dir alles Gute, bleib gesund! Dein Enkel Ulrich.[278]

Das Neubauprojekt belastete Robert May offenbar erheblich. Auch gesundheitlich ging es ihm immer schlechter, sodass er Auszeiten und Kuraufenthalte benötigte. Wäre es nicht besser gewesen, er hätte auch die Geschäftsführung an Liselotte und Werner Krause abgegeben? Dazu konnte er sich aber nicht durchringen.

Im Februar 1962 schrieb er seinem Enkel Ulrich einen langen Brief, in dem er seine Werte und Lebensprinzipien, aber auch seine Erwartungen an ihn, eindringlich formulierte:

Lieber Ulrich!

[…] Ich wünsche Dir, daß dieses Studium Dir wirklich von Nutzen sein möge. Wie ich weiß, bist Du ein gutmütiger arbeitswilliger Mensch, was Dir abgeht ist eine Stetigkeit. Ich vermisse sie und ich will hoffen, daß Du bald in ein Alter kommst, wo Du selber einsiehst, daß das »Springen« nun aufhören muß. – Nichts wie ran und Deinen Mann stehen, das muß Deine Devise sein, keine »Schaukelpolitik« treiben, mal dies, mal das, sondern eisern zielbewußt und in Ruhe nach einer Position

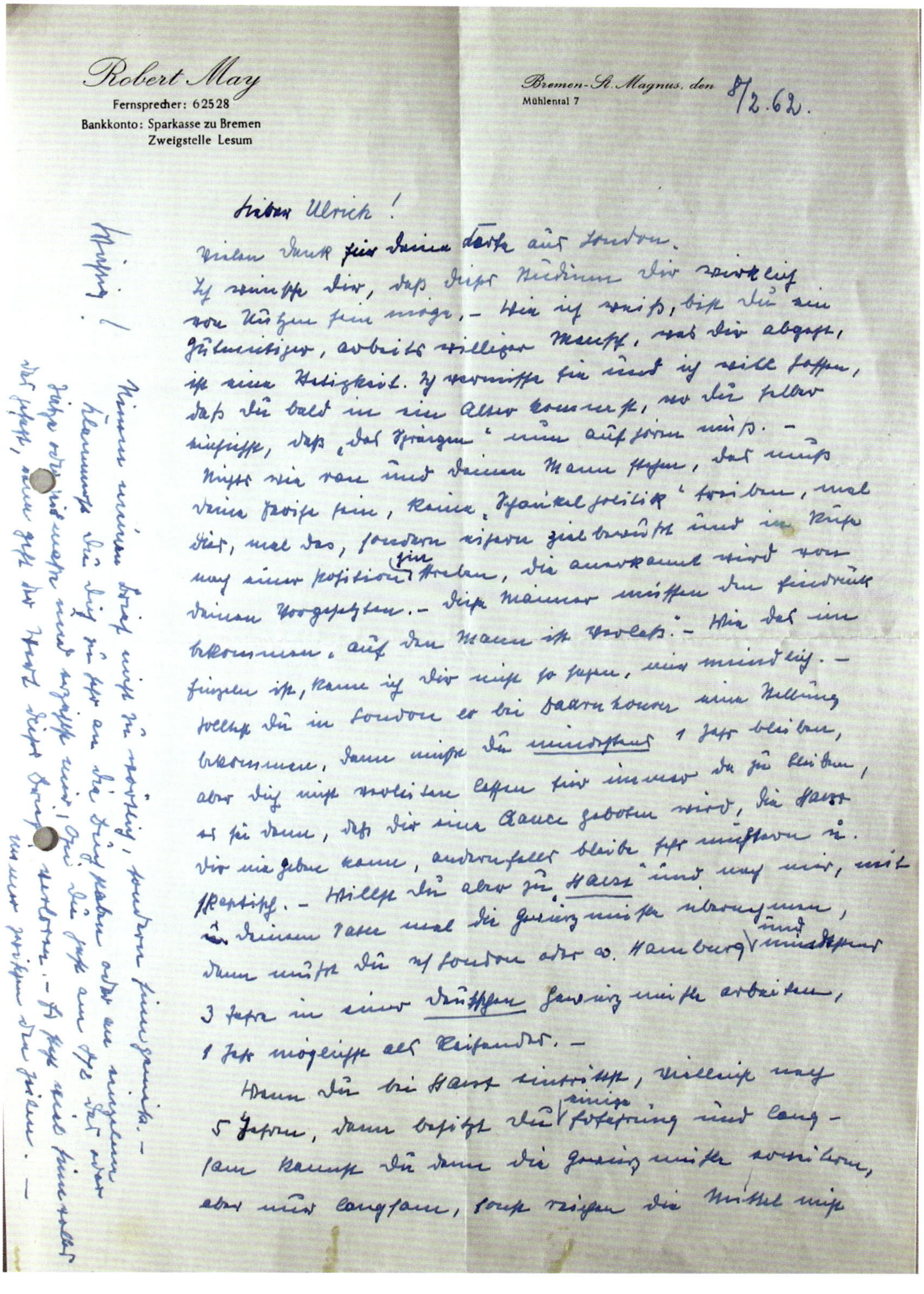

Robert May
Fernsprecher: 62528
Bankkonto: Sparkasse zu Bremen
Zweigstelle Lesum

Bremen-St. Magnus, den 8/2.62.
Mühlental 7

Lieber Ulrich!

Vielen Dank für Deine Karte aus London.

Faksimile des Briefes vom 8.2.1962

hin streben, die anerkannt wird von Deinen Vorgesetzten. – Diese Männer müssen den Eindruck bekommen »auf diesen Mann ist Verlass.« Wie das im Einzelnen ist, kann ich Dir nicht so sagen, nur mündlich. […]

Solange ich lebe, bleibe ich Firmenchef, auch das sollst Du wissen. Nach meinem Ableben bin ich nicht mehr verantwortlich zu machen.. – Was ich tat, war stets ein Vernunftakt – wagen und wägen, dann aber schnell und sicher handeln. – Immer die weiße Weste behalten – d.h. nie das Dir gegebene Vertrauen zu mißbrauchen. – Ihr »Krause`s« seid gerne Phantasten, das ist ein Unglück, auch hängt ihr gerne dem Vernunftmenschen etwas an, was der nie gewollt hat. – Ihr legt es anders aus – das mußt Du Dir grundsätzlich abgewöhnen, falls es auf Dich zutreffen sollte. – Ich hoffe und erwarte, daß Du mich so verstehst, wie ich verstanden sein will. – Ich wünsche auch keine Kritik. – Über mich »meckern« darfst Du erst, wenn Du in »meinen« Jahren einen größeren Erfolg aufweisen kannst, als ich ihn bringen konnte. – Ich bin gewiß, daß Dir dann die Lust hierzu vergangen ist, und noch weit nach meinem Tode den Hut ziehen wirst. – Was ich Dir schreibe, entspringt nicht der Überheblichkeit, sondern dem Selbstbewußtsein. – Ich wünsche Dir alles Gute, Dein Großvater May. – Wichtig! Nimm meinen Brief nicht zu wörtlich, sondern sinngemäß. – Klammerst Du Dich zu sehr an die Buchstaben oder an einzelne Sätze und erzählst mir, »Opi, Du hast am 8/2 das oder das gesagt«, dann geht der Wert dieses Briefes verloren. – Es steht viel Sinnvolles immer zwischen den Zeilen. – Geh in Dein Kämmerlein und überprüfe Dich. – Ich tue es seit 1912, auch eine Lebensweisheit.[279]

Die Bewältigung des Stoffes erforderte von Ulrich Krause intensives Nacharbeiten. So blieb zu seinem Leidwesen wenig Zeit, um im Hafen mit körperlicher Arbeit etwas Geld zu verdienen. Die Kosten des Lebensunterhalts waren schon in der damaligen Zeit bewegendes Thema eines jeden Studenten. Ulrich Krause erinnert sich: *Ich fragte meinen Großvater, ob er mir für die zwei Jahre monatlich 50,- DM leihen könne. Er war einverstanden, gab mir das Geld aber nur als Darlehen. Ich musste es ihm mit 6 % Zinsen zurückzahlen. Die gezahlten Zinsen bekam ich dann als Weihnachtsgeschenk in Form von Briefmarken zurück.*[280]

Auch im folgenden Brief geht es vielfach um das Thema »Geld«:

Lieber Opi! – Eben habe ich meine englischen Arbeiten beendet. Damit ist der arbeitsreiche Tag noch nicht zu Ende, aber man hat die Zeit für einen kurzen Brief übrig. Ich hoffe, daß Du wohlauf bist und Tante Grete wieder genesen, denn ich weiß, nichts ist für Dich schrecklicher als »Dienstmädchen« zu spielen.

Seitdem ich mit einem Studienkollegen ein Zimmer privat bewohne und nur 3 – 4 Male in der Woche ein Mittagessen im üblichen Sinne einnehme, gibt es keine Fehlkalkulationen mehr. […] Nebenbei schreibe ich mir jede Ausgabe auf. Es ist interessant, wenn man am Abend seine Kostenrechnung einer Woche mal durchgeht.

Ist Dir der Dr. Greifzu ein Begriff? Er ist ein großer Wirtschaftsexperte, schrieb einige Bücher, unter anderem das »Handbuch des Kaufmanns« etc. Er ist unser Dozent im Rechnungswesen.

Unsere anderen Dozenten dozieren auch auf der Universität in Hamburg. In den letzten Tagen wurde viel in uns reingepumpt. […] Von morgens bis 18.00 Uhr oder 19.00 Uhr Vorlesung. Nur eine größere Mittagspause. Dann ist noch immer alles Gehörte auszuarbeiten.

Ab August, im 2. Semester, gibt es eventuell einen kleinen Zuschuß vom Staat. Ich traue den Leuten nicht allzu sehr, da sie davon sprachen, »auch wenn wir große Opfer bringen müßten, so hätten wir doch am Ende sehr viel von dieser Ausbildung etc.«

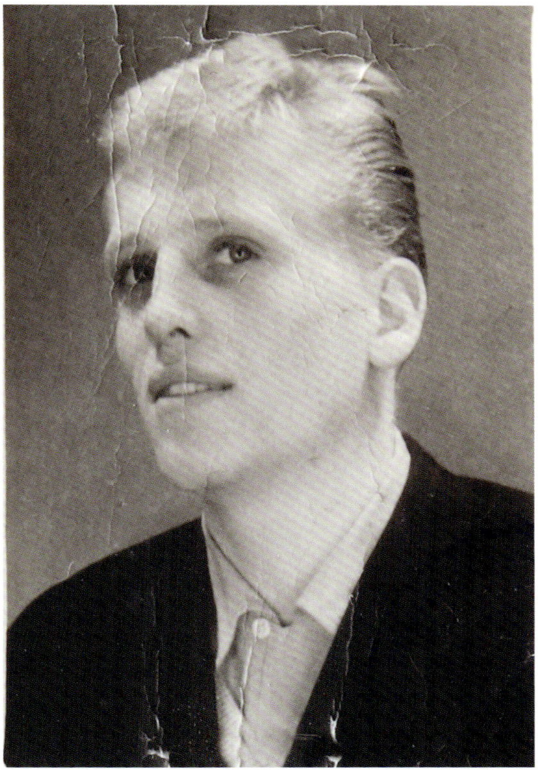

Das Foto Ulrich Krauses ist seinem Studenten-Ausweis entnommen.

Neben Englisch ist auch eine weitere Fremdsprache Pflicht. Man kann so z. B. Französisch, Russisch oder Spanisch belegen. Ich habe Englisch und Spanisch. Russisch ist sehr interessant aber neben all dem anderen Stoff nicht zu bewältigen.

[...] Alles Gute und viele Grüße Dein Enkel Ulrich. Schönen Gruß an Tante Grete.[281]

Auch im Geburtstagsbrief an seinen Enkel Ulrich im September 1962 erwähnte Robert May erneut die ihn bewegenden Sorgen:

Lieber Ulrich! Du mußt ein Ziel haben und eisern [...] Dich beschäftigen, dies auch zu erreichen. Du bist nicht mehr jung genug, um wankelmütig zu sein und auf halbem Weg wieder was Neues zu beginnen. – M. E. nach hättest Du bei Kistner bleiben sollen und Dich mit der Materie vertraut machen, bis Dir das Geschäft Freude gemacht hätte [...]

Die Gewürzmühle wird nun gebaut – für wen?! – Dein Vater ist ein halbkranker Mann, Dir fehlt jede Geschäftserfahrung, insbesondere in der Gewürzmühlenindustrie. – Gebaut wird in der »Wüste«, wie Erich Sieg einmal sagte, und ich, 75 Jahre, habe das Recht, daß der Rest meines Lebens sorglos verläuft, daß dem nicht so ist, brauche ich Dir nicht klar zu machen.[282]

Im Verlauf seines Studium wurde Ulrich Krause von seinem Großvater offenbar zur Mitarbeit bei kaufmännischen Entscheidungen herangezogen. Er verstand es aber, dem respektierten Großvater Grenzen zu setzen:

Lieber Opi – Heute lasse ich Dir die Kalkulation zugehen. [...] Ich hoffe, Du findest durch die Aufstellungen durch und bist mit meinen Ausführungen zufrieden. [...]

Es tut mir leid, daß Du damals über die noch nicht fertigen Kalkulationen ungehalten warst. Da ich aber nicht ein Angestellter der Fa. Staesz bin, ist meine Dienstauffassung eine andere.[283] *[...] Wenn du es hättest sofort haben wollen, hätten wir darüber sprechen müssen [...] Einen schönen Gruß [...] an Tante Grete und Dich Dein Enkel Ulrich.*

Aus der Studienzeit ist ein weiterer bemerkenswerter Brief aufbewahrt, den der damals 24-Jährige von seinem Großvater erhalten hatte.[284]

Lieber Ulrich!

Deine Stimme zu hören war mir eine Freude, doch als Dein Vater mir sagte, daß das lange Gespräch auf Firmenkosten geht, war ich schockiert – Nebenbei missbilligt Dein Vater auch diese Gespräche, wie er mir sagte. Nun, er ist Dein Erzieher – nicht ich. –

Wenn ich mich auch an die heutige Zeit mit der laxen Moral gewöhnen muss, [...] so trifft es mich doppelt schwer, dass der vorgesehene Nachfolger meiner Firma es nicht anders treibt als so viele andere – sind es wirklich so viele andere oder bilde ich es mir nur ein?! Wie dem auch sei – Du sollst nicht zu denen gehören, die dem Chef bares Geld entwenden. Tust Du das nicht, wenn die Firma telefoniert? Überlege, wieviel DMark wohl im Monat zusammen kommen [...] in dem unkontrollierbaren Vorgang musst Du besonders gewissenhaft sein, das ist doch das A und O Deiner kaufmännischen Ehre. – Warum heißt es denn »Der [...] Kaufmann«, weil das unersetzbare Vertrauen dominiert! Mag Dir meine Mahnung kleinlich vorkommen, aber sie ist bestimmend für Dein Leben in allen Dingen. –

Nun ein anderes Thema. Dein Ziel muss es sein, Staesz aus der Lethargie zu bringen.

Da gibt es nur 3 Wege.

1.) Kenntnisse zu sammeln, wie man gute Gewürze herstellen kann. [...] Die flüssigen Mittel sind knapp, aber es ist eine Lebensaufgabe.

2.) eine Einheirat in ein bestehendes Unternehmen.

3.) an eine Firma sich angliedern und Staesz einbringen, mit den Jahren zum Juniorchef heranwachsen.

Zu allem gehört ein gewissenhafter strebsamer Mensch mit besten Fähigkeiten, der hart an sich arbeitet und sich selbst einhämmert, keine Nebengeschäfte zu betreiben, die scheinbar einen Nebenverdienst bringen, die aber leicht wieder ausgegeben werden. –

Weiterer Kommentar überflüssig – [...] Ich überlasse es Dir, darüber nachzudenken. – Dieser Satz gilt für den ganzen Brief.

Zum Schluß möchte ich Dir sagen, es ziemt sich nicht, dem Ältesten der Familie auf der Rückseite eines durchgestrichenen Rundschreibens einen flüchtigen Brief zu schreiben – jedenfalls nicht mehr in Deinem Alter.

Robert May konnte sich diesen patriarchalischen Ton innerhalb seiner Familie erlauben. Sein Enkel Ulrich Krause beschwerte sich darüber nicht. Im Gegenteil: Seine Antwort offenbart eine bemerkenswerte Empathie.[284a]

Lieber Opi! [...] Wie ich Dir am Telephon schon sagte, befinden wir uns augenblicklich in der Klausurarbeitszeit, ein sehr ungünstiger Termin für alles, was nichts mit der Akademie zu tun hat. [...]

Ich danke Dir für Deinen Brief und kann Dich sehr verstehen. Was das Telephon angeht, so brauchst Du Dir darüber keine Gedanken zu machen. Als ich mit dem Direktor ein zweites Mal sprach, sagte ich gleich, ich müsse dann sofort telephonisch absagen und habe daraufhin auf Kosten der Akademie telephoniert. Mir wäre der Gedanke ans Telephonieren sonst nie gekommen.

Von Mutti hörte ich, daß es Dir nicht ganz gut geht, schone Dich und nimm Dir die dauernden kleinen Unpäßlichkeiten nicht so stark zu Herzen. Ich hoffe, daß Du bei diesem schönen Wetter in Deinem Garten wieder gesundest [...] Viele Grüße und alles Gute Dir und Tante Grete Dein Enkel.

Robert Mays letzte Jahre

Robert May benötigte mit zunehmendem Alter mehr und mehr Zeit für Entspannungen, Reisen, Rehabilitationen und Kuren. Schübe des chronischen Leidens seiner nicht auskurierten Schlafkrankheit führten immer wieder zu Beschwerden und zwangen ihn zum Ausruhen.

Er bemühte sich auch um soziale Kontakte zur Wiederauffrischung alter Freundschaften und bewährter Verbundenheiten.

Seinem erhaltenen Logenausweis ist zu entnehmen, dass er sich im Juni 1950 erneut der Freimaurerei zugewandt und sich der in Bremen ansässigen Johannis-Loge »Zum silbernen Schlüssel« angeschlossen hatte. Am 4.3.1961 erreichte er hier den höchsten Grad und durfte sich seither »Vertrauter der Vollendung« nennen.

Beim »Verband Deutscher Drogisten« war gleich nach dem Zweiten Weltkrieg eine Flüchtlingskartei eingerichtet worden. 1954 erhielt Robert May vom Verband die Mitteilung, dass er in diese Suchliste aufgenommen worden war. Bereits etliche ehemalige Kollegen hätten sich für seinen Verbleib interessiert.[285]

Spätestens ab 1958 war er auch dem »Verband ehemaliger Braunschweiger Drogisten-Akademiker e.V.« beigetreten und besuchte in den Folgejahren dessen Treffen. Einem undatierten Ausriss des Mitteilungsblattes ist zu entnehmen, dass er um 1959/60 mit der Goldenen Ehrennadel »50 Jahre Drogisten-Akademiker« ausgezeichnet worden war.

1965 konnte er erleben, dass seine jüngste Enkeltochter Marike Aschmoneit den Beruf der Drogistin gewählt und ihre Prüfung so erfolgreich bestanden hatte, dass ihr vom Verband Deutscher Drogisten ein Stipendium für das 1. Semester des Besuchs der Drogisten-Akademie Braunschweig gewährt worden war.[286] Die Enkeltochter erinnert sich, dass Robert May ihr danach voller Stolz den weiteren Aufenthalt in Braunschweig finanziert hatte.

Mehr und mehr merkte Robert May, dass seine Kräfte nachließen, doch er wusste sein Lebenswerk beim Enkel Ulrich Krause in guten Händen. Überlieferte Korrespondenz zeigt, dass dessen Bereitschaft zu seiner Nachfolge ihn zufrieden machte. In einer Postkarte schrieb er: *Lieber Ulrich! Ich danke Dir für Deine Zeilen, […]. Ich halte es zuhause nicht mehr aus und obwohl ich eine Art Rückfall (Grippeartig) bekam, will ich doch ins Freie […].*

Wenn Staesz nicht eine so wetterharte Firma wäre, wäre sie jetzt schon im Sinken […]. Das ist meine Ansicht.

Bist Du in Nesse, dann sollte es mich freuen, wenn du mich besuchst.- Ich kann Dir nur sagen, halte durch.[287]

Die letzte überlieferte Postkarte beschloss Robert May mit den Abschiedsworten: *Alles Gute Dein Opi, der früher spontan unternehmungslustig sein konnte. Heute bange ich um die nackte Existenz – ich bin ernstlich krank, das Herzleiden, Durchblutungsstörung nimmt zu –*[288]

Enkel Ulrich Krause blickt zurück: *Wie der Tagesablauf meines Großvaters war, weiß ich nicht. Wir haben uns gelegentlich bei einem sonntäglichen Frühschoppen ausgetauscht, wenn ich ihn in St. Magnus besucht habe. Auf seinem gesamten großen Schreibtisch lag immer nur ein schmales*

Robert May liebte es, Augenblicke der Muße mit einem Glas Weißwein zu genießen, hier mit Schwiegersohn Werner Krause.

Blöckchen und ein goldener Schreiber. So saßen wir uns gegenüber und dann wurde eine Flasche Rheinwein aufgemacht. Von dem haben wir während des Gesprächs getrunken, und dann fuhr ich wieder von St.Magnus nach Nesse. Die Besuche waren später öfter. Das lag auch daran, dass ich ihm auf seinem Grundstück half, beispielsweise beim Säubern der Dachrinne und ähnlicher Arbeiten.[289]

Zusätzlich zu den schon seit langem bestehenden gesundheitlichen Beeinträchtigungen erkrankte Robert May schließlich an einem Krebsleiden. Am 15. April 1966 verstarb er im Alter von 78 Jahren.

Er wurde von seiner Ehefrau sowie seinen Töchtern Roswitha Aschmoneit und Liselotte Krause beerbt. Die Erbinnen einigten sich, dass die Witwe Grete das Wohnhaus erhielt, Roswitha Aschmoneit ausbezahlt wurde und Liselotte Krause die Firma J. Staesz jun. mit allen Aktiva und Passiva übernahm. Im Rahmen der Nachlassabwicklung wurde festgestellt, dass das Betriebsvermögen auf ca. 320.000 DM zu beziffern war. Die Hauptentschädigung im Lastenausgleichsverfahren hatte Robert May zum Zeitpunkt seines Todes noch nicht erhalten. Erst seine Töchter brachten das Verfahren an seiner Stelle zu Ende.

Neue Höhepunkte der Unternehmensgruppe

Werner Krause als Gewürzmüller, Betriebsleiter und Verkäufer

Nach dem Tod seines Schwiegervaters übernahm Werner Krause die umfassende Geschäftsführung des Betriebes und war bei unverändertem Gehalt nun für alles verantwortlich. Er nahm neue Handelsvertreter unter Vertrag, die das Staesz-Gewürz zusätzlich zu anderen Produkten zu ihren Kunden mitnahmen. Jedes Jahr, pünktlich zur Weihnachtszeit, gingen die Bestellungen ein. Neben Karstadt und Edeka, den traditionellen Großkunden, zeigten sich auch die neuen Einkaufsmärkte für das Produkt aufgeschlossen. Zusätzliche Vertriebswege eröffneten sich zu den Apotheken, Drogerien und Reformhäusern. Das Gewürz war somit wieder in den Geschäften zu haben, in denen sein Erfolgsweg begonnen hatte. Die ESÜDRO (Einkaufsgesellschaft deutscher Drogisten) orderte große Mengen und verteilte sie an die ihr angeschlossenen Drogerien. Staesz blieb aber ungebunden und belieferte jeden Kunden, der in Nesse bestellte.

Das Rezeptheftchen, das den acht Gewürzen beigelegt wurde, erfuhr mit den Jahren geringfügige Veränderungen, weil einige Weihnachtsgebäcke nur noch wenig verbreitet waren. Dafür kamen vier neue Rezepte hinzu, sodass es bei der Gesamtzahl von 21 Rezepten verblieb, zzgl. einer Backanleitung mit grundsätzlichen Hinweisen zum Backen von Lebkuchen. Wie in den Jahren zuvor, erhielt die Gewürzmühle in Nesse alljährlich »waschkörbeweise« Rückmeldungen der Hausfrauen. Sie gaben darin nicht nur ihrer Freude über das traditionelle Backgewürz Ausdruck, sondern lieferten auch Hinweise auf praktizierte Abwandlungen. Veränderte elektrische Backöfen, die die Arbeit erleichterten, waren inzwischen Bestandteil der modernen Küchen geworden. Sie hatten Auswirkungen auf die Rezepte. In den archivierten Rezeptheftchen der 1970er Jahre ist abzulesen, dass die Gewürzmühle in Nesse vielfache Anregungen aufgenommen hatte.

Der Betrieb wurde 1971 baulich erweitert, blieb aber gleichwohl überschaubar und klein. Er beschäftigte eine Buchhalterin, einen Produktionsmitarbeiter und einen Lehrling zum Industriekaufmann. In der Vertriebssaison kamen noch einige Frauen als Abpackerinnen hinzu.

Werner Krause vermerkte die verschickten Mengen und die Empfänger jeder Lieferung sorgfältig in einer Kladde.

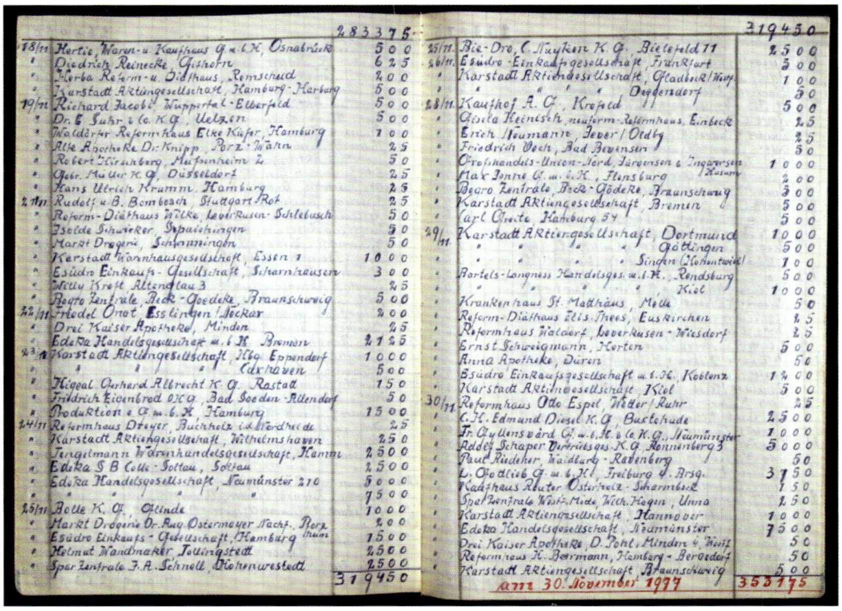

		283375
18/11	Hertie, Waren- u. Kaufhaus G.m.b.H., Osnabrück	500
„	Diedrich Reinecke, Gifhorn	625
„	Herba Reform- u. Diäthaus, Remscheid	200
„	Karstadt Aktiengesellschaft, Hamburg-Harburg	500
19/11	Richard Jacobi, Wuppertal-Elberfeld	500
„	Dr. E. Suhr & Co. K.G., Uelzen	500
„	Walddörfer Reformhaus Elke Kiefer, Hamburg	100
„	Alte Apotheke Dr. Knipp, Porz-Wahn	25
„	Robert Hirschberg, Meißenheim 2	50
„	Gebr. Müller K.G., Düsseldorf	25
„	Hans Ulrich Krumm, Hamburg	25
21/11	Rudolf u. B. Bombosch, Stuttgart-Rot	25
„	Reform-Diäthaus Wilke, Leverkusen-Schlebusch	50
„	Isolde Schwieker, Spaichingen	50
„	Markt Drogerie, Schwenningen	50
„	Karstadt Warenhausgesellschaft, Essen 1	1000
„	Esüdro Einkaufs-Gesellschaft, Scharnhausen	300
„	Willy Kraft, Altenglau 3	25
„	Rogro Zentrale, Beck-Goedeke, Braunschweig	500
22/11	Friedel Ornot, Esslingen/Neckar	200
„	Drei Kaiser Apotheke, Minden	25
„	Edeka Handelsgesellschaft m.b.H. Bremen	2125
23/11	Karstadt Aktiengesellschaft, Hbg. Eppendorf	1000
„	„ „ „ Cuxhaven	500
„	Higeal Gerhard Albrecht K.G. Rastatt	150
„	Friedrich Eisenbrod OHG, Bad Sooden-Allendorf	50
„	Produktion e G.m.b.H. Hamburg	1500
24/11	Reformhaus Dreyer, Buchholz i.d. Nordheide	25
„	Karstadt Aktiengesellschaft, Wilhelmshaven	250
„	Tengelmann Warenhandelsgesellschaft, Hamm	2500
„	Edeka S B Celle-Soltau, Soltau	2500
„	Edeka Handelsgesellschaft, Neumünster 210	5000
„	„ „ „	7500
25/11	Bolle K.G., Ofinde	1000
„	Markt Drogerie Dr. Aug. Ostermeyer Nachf., Porz-Urbach	200
„	Esüdro Einkaufs-Gesellschaft, Hamburg	1500
„	Helmut Wandmaker, Tellingstedt	2500
„	Spar Zentrale J.A. Schnell, Hohenwestedt	2500
		319450

		319450
25/11	Bie-Dro, C. Nayken K.G., Bielefeld 11	2500
26/11	Esüdro-Einkaufsgesellschaft, Frankfurt	500
„	Karstadt Aktiengesellschaft, Gladbeck/Westf.	100
„	„ „ „ Deggendorf	50
28/11	Kaufhof A.G., Krefeld	500
„	Gisela Heinisch, neuform-Reformhaus, Einbeck	25
„	Erich Neumann, Jever/Oldbg	25
„	Friedrich Voch, Bad Bevensen	50
„	Großhandels-Union-Nord, Jürgensen & Ingwersen Husum	1000
„	Max Jonne G.m.b.H., Flensburg	200
„	Bedro Zentrale, Beck-Gödeke, Braunschweig	300
„	Karstadt Aktiengesellschaft, Bremen	500
„	Carl Greite, Hamburg 54	500
29/11	Karstadt Aktiengesellschaft, Dortmund	1000
„	„ „ „ Göttingen	500
„	„ „ „ Singen (Hohentwiel)	100
„	Bartels-Langness Handelsges. m.b.H., Rendsburg	500
„	„ „ „ Kiel	1000
„	Krankenhaus St. Matthäus, Melle	50
„	Reform-Diäthaus Elis. Thees, Euskirchen	25
„	Reformhaus Waldorf, Leverkusen-Wiesdorf	25
„	Ernst Schweigmann, Herten	500
„	Anna Apotheke, Düren	50
„	Esüdro Einkaufsgesellschaft m.b.H., Koblenz	1200
„	Karstadt Aktiengesellschaft, Kiel	500
30/11	Reformhaus Otto Espel, Wetter/Ruhr	25
„	C.H. Edmund Diesel K.G., Buxtehude	2500
„	Fr. Gyllensvärd G.m.b.H. & Co. K.G., Neumünster	1000
„	Adolf Schaper Vertriebsges. K.G. Ronnenberg 3	5000
„	Paul Riedeher, Waldburg-Ravensburg	50
„	L. Gottlieb G.m.b.H., Freiburg i. Brsg.	3750
„	Kaufhaus Reuter, Osterholz-Scharmbeck	150
„	Spar Zentrale Westf.-Mitte, Wilh. Hagen, Unna	250
„	Karstadt Aktiengesellschaft, Hannover	1000
„	Edeka Handelsgesellschaft, Neumünster	7500
„	Drei Kaiser Apotheke, D. Pohl, Minden i. Westf.	50
„	Reformhaus K. Bermann, Hamburg-Bergedorf	50
„	Karstadt Aktiengesellschaft, Braunschweig	500
	am 30. November 1977	353175

Ulrich Krause geht zu »Gewürzmüller« in Stuttgart

Was macht ein 25-Jähriger, wenn er Schule und Studium erfolgreich abgeschlossen hat? In der heutigen Zeit würden viele erst einmal entspannen und »die Seele baumeln lassen«. Nicht so bei Ulrich Krause. Er hatte bereits ein Leben mit unterschiedlichsten Tätigkeiten hinter sich. Als Seemann hatte er große Teile der Welt gesehen, eine Lehre erfolgreich abgeschlossen und sich seinen Lebensunterhalt während des Studiums durch Hafenarbeiten zum großen Teil selbst verdient. Er wusste, dass er einmal die kleine Gewürzmühle des Großvaters übernehmen, erweitern und zum Erfolg führen wollte.

Nun wollte er aber erst einmal praktische Erfahrungen in einem Gewürzbetrieb sammeln. Er bewarb sich bei einigen Betrieben und hatte danach die Auswahl unter vielen Firmen, die ihn einstellen wollten. Bis zur Entscheidung war er im Februar und März 1964 vorübergehend kaufmännischer Angestellter bei seinem Vater.

Bewerbungsfoto Ulrich Krause

Seine Wahl fiel auf die Firma »Gewürzmüller«, einen bedeutenden Familienbetrieb mit dreistelliger Mitarbeiterzahl, der in Stuttgart Gewürzmischungen und Marinaden vor allem für die Fleischverarbeitung herstellte. Die gesamte Welt der Gewürze war in diesem Betrieb zuhause.

Leider hatte er von dieser Firma aber eine Absage erhalten. Das konnte er sich nicht erklären und als er mit seinem Vater ausgerechnet in jener Zeit eine Fahrt mit dem Auto in die Schweiz unternehmen musste, wurde unterwegs beim »Gewürzmüller« Halt gemacht. Ulrich Krause wollte in der Firma nach den Gründen fragen und nochmals das Interesse an der Stelle kundtun.

Das zähe Nachfragen und der persönliche Auftritt überzeugten die Verantwortlichen seines Wunschbetriebes. Aus seinem Auftreten erkannten sie, dass er ein guter Verkäufer sein müsse, genau, wie man einen solchen benötigte. Die Entscheidung wurde ihm an Ort und Stelle mitgeteilt. Sie lautete: »Herr Krause, sie können sofort bei uns anfangen!«

Die Anstellung beim »Gewürzmüller« erfolgte im Mai 1964 und fast von Beginn an war ihm die Verantwortung für die Steigerung der Vertriebszahlen in einer bestimmten Region übertragen. Ihn interessierte vor allem die kaufmännische Verwaltung und die durfte er nun kennenlernen. Dem 25-Jährigen eröffnete sich eine ihm bisher fremde Welt mit Produkten und Herstellungsmethoden, die er im Großen und Ganzen erst einmal selbst kennenlernen musste. Ulrich Krause erinnert sich an die ihn beeindruckende neue Welt:

Wenn Du alles so erlebst, wie ich es erleben durfte, dann waren das Erlebnisse, die einen jungen Menschen dazu bringen, zu sagen: »Donnerwetter, ist das eine spannende Welt«:

So durfte ich vom »Gewürzmüller« aus bei Fleischermeister Falter in Neckarhausen, einem guten schwäbischen Metzger, zehn Tage lang die Metzgerarbeit begleiten und dort mithelfen. Ich konnte erleben, daß das Leute mit Respekt vor dem Lebewesen und großem handwerklichem Können waren.

Dann kam das Erkennen des Marktes hinzu, daß ich erfuhr, welch eine Bedeutung der Gewürzmarkt hatte.

Wenn ich dann die Vielfalt und die Herkunft der Gewürze anschaute und die Prozesse ihrer Verarbeitung,

und wenn ich dann noch die Mitarbeiter erlebte, und die Ergebnisse sah, die diese Mitarbeiter brachten,

wenn ich dieses ganze Niveau, diesen ganzen Rahmen sah, dann kann ich heute nur froh und dankbar sein, in dieser Welt groß geworden zu sein.

Ich habe eine glückliche Zeit bei den Schwaben gehabt.

Doch, was Ulrich Krause hier mit seinen Worten schildert, hätte wohl nicht jeden so beeindruckt. Ulrich Krause verfügte aber über die Antennen, sich von Ereignissen, Personen und neuen Welten nachhaltig faszinieren zu lassen. Aus diesem Empfinden und Erleben heraus war er in der Lage, den Mitarbeitern in seinem Verantwortungsbereich die angemessene Wertschätzung entgegenzubringen. Das gab diesen dann Ansporn, weitere Erfolge vorzulegen. Ulrich Krause lag und liegt bis heute die motivierende Mitarbeiterführung durch das Benennen wahrgenommener Stärken. Doch er formulierte auch Ansprüche an sein Personal: *»Ein guter Außendienstmitarbeiter muss Freude daran haben, die Produkte, von denen er selbst überzeugt ist, dem Markt so nahe zu bringen, dass sie vom Kunden getestet und nach bestandenem Test übernommen werden. Die eigene absolute Motivation für das Produkt muss vom Außendienstler an den Kunden vermittelt werden,«* so die einfache Beschreibung Ulrich Krauses, der seinen Mitarbeitern erfolgreich nahebrachte, wie sie mit dem Angebot unverbindlicher Tests höflich und bestimmt bei den Kunden auftreten konnten.

Drei Wochen nach seinem Arbeitsantritt schrieb er seinem Großvater: *Ich habe mich in der Firma eingelebt – jedoch gibt es noch viele mir fremde Gebiete […]. Ich dränge mich auch nicht so arg vor – obwohl es bei den Schwaben nötig ist – da man auch unter den Kollegen meine Herkunft kennt. Wie du schon damals sagtest, sie beobachten mich dauernd, ich hoffe aber bald ihr Vertrauen zu gewinnen. Ich habe inzwischen viel gesehen und gelernt, keine Kritik an der Firma Staesz, aber es gibt eine Unmenge, was anders gemacht werden muß. Hier wird auch nur mit Wasser gekocht, aber die Leute verstehen es, ihren Artikeln den richtigen Namen zu geben, […] die Vertreter zu motivieren und die Kunden zu betreuen. Es baut sich alles auf Fachwissen in der Fleischmaterie auf, man muß soviel und mehr wie der Schlachter wissen, ihn beraten können. […] Ohne mit dem Kunden in seiner Sprache zu sprechen, ist heute Verkaufen nicht möglich. Ich werde mich später bestimmt auf Fischgewürze [spezialisieren], in einem ½ Jahr kann man sich das Erforderliche aneignen. […] Länger als 4 Jahre werde ich mich auf gar keinen Fall als Angestellter bewegen; ich muß absolut wissen, wofür ich arbeite. Das weiß ich nur, wenn es für mich selbst und meine mir am nächsten stehenden Verwandten ist. […] Übrigens hat die Firma Gewürzmüller in Straßburg, Antwerpen, Salzburg und Klagenfurt Niederlassungen und gute Verbindungen nach allen Staaten.*[290]

Neben der Begeisterung für den Beruf gab es bei Ulrich Krause aber auch bald das private Glück. Trotz aller Sympathie für die Schwaben fand er seine Ehefrau zuhause an der Unterweser. Am 9. Dezember 1965 fand in Stuttgart die Hochzeit von Susanne und Ulrich Krause statt.

Nach der Geburt des ersten Sohnes Jan Hendrik fassten die Eheleute den Entschluss, wieder nach Bremerhaven zu ziehen. Ulrich Krause übernahm von der Niederlassung in Hamburg aus die Verkaufsförderung für Norddeutschland.

Nach einigen Jahren merkte Ulrich Krause, dass die Kräfte seiner Eltern nachließen. Was war zu tun? Die Firma Staesz und damit die Herstellung des florierenden Pfefferkuchengewürzes aus Altersgründen aufgeben? Dieser Schritt wurde nach kurzem Bedenken verworfen. Stattdessen fragte Ulrich Krause den Inhaber von »Gewürzmüller«, es war im Jahr 1970, ob es möglich sei, den Standort Hamburg nach Nesse zu überführen und die »Gewürzmühle Nesse« als neuen Standort für den Bereich Norddeutschland der Firma »Gewürzmüller« auszubauen. Bei dieser Konstellation wäre er vor Ort gewesen und hätte seine Eltern unterstützen können. Nach der Ablehnung dieser Idee sah Ulrich Krause keine andere Wahl als die Kündigung beim »Gewürzmüller«. Aufgrund einer Wettbewerbsabsprache war es ihm danach nicht erlaubt, innerhalb der Gewürzbranche Verantwortung zu übernehmen. Für die Einhaltung dieser Absprache erhielt er weiterhin mtl. 800,- DM.

Ulrich Krause machte sich selbstständig und kaufte in Hamburg einen kleinen gastronomischen Betrieb. Doch nach nur vier Wochen war schon wieder Schluss. »Gewürzmüller« wollte nicht ohne ihn und unterbreitete ihm einen neuen Anstellungsvertrag. Die verbesserten Konditionen ließen ihn einwilligen. Er blieb danach am Standort in Hamburg bis zur endgültigen Kündigung Ende 1971.

1972 – Ulrich Krause wird Angestellter bei seinen Eltern

Am 1. Januar 1972 trat Ulrich Krause unwiderruflich an die Seite seiner Eltern und wurde deren Angestellter. Sein Gehalt betrug 800 DM mtl. Eine höhere Entlohnung, die angemessen gewesen wäre, konnte die Firma J. Staesz jun. nicht leisten.

Bei dem Betrieb handelte es sich zu der Zeit um ein Unternehmen, das von seinem Vater schon viele Jahre als Ausbildungsbetrieb geführt worden war. Irmtraut Köster, die hier kurz nach Ulrich Krauses Eintritt im Frühjahr 1972 ihre Ausbildung begann,[291] erinnert sich an die damalige Zeit in dem noch sehr kleinen Unternehmen: *Als ich meine Ausbildung zur Industriekauffrau begann, gab es noch einen weiteren Auszubildenden, eine Buchhalterin, einen weiteren Angestellten und einen Lageristen. Es waren also einschließlich Vater und Sohn Krause sechs ständig Beschäftigte sowie vier Packfrauen als Saisonkräfte. Ferner gab es vier Außendienstmitarbeiter, die aber selbständig waren und auf Provisionsbasis arbeiteten. Als Produkte gab es nur »Staesz-Pfefferkuchengewürz« und »Möller-Hausschlachtungsgewürz«.*

Da eine der Packfrauen gerade Urlaub hatte, habe ich dort gleich am ersten Tag meiner Lehre aushelfen müssen. Nach einer Woche musste ich Angebote an die Staesz-Kunden schreiben und versenden. Diese Angebote mussten vor dem Absenden über Nacht in einer Gewürztonne liegen, damit sie den Duft annahmen. Herr Ulrich Krause legte großen Wert auf diese »Impfung« der Angebotsschreiben. Es wurde dafür vor allem Sternanis verwendet. Zimt kam nicht in Frage, da es die Briefe verschmutzt hätte. Bei der Post rümpften die Beamten die Nase, wenn die nach deren Aussage »stinkenden« Briefsendungen aufgegeben wurden.

Noch in den 1960er Jahren waren es vor allem Großhändler, die die Hauptmenge des Pfefferkuchengewürzes abnahmen. Den Außendienstmitarbeitern gelang es, einen guten Kontakt zu den Einkäufern der neu entstehenden Einkaufsmärkte und -ketten herzustellen und zu pflegen.

Das Staesz-Pfefferkuchengewürz hatte sich am Markt fest etabliert und wurde nicht mehr nur von den Flüchtlingen aus Ost- und Westpreußen gekauft. Die Generation der Kinder der Vertriebenen war inzwischen herangewachsen. Auch sie kauften das Gewürz, nun oft im Bewusstsein des Bewahrens familiärer Traditionen. Der Geschmack des daraus hergestellten und gerne genossenen Gebäcks nach ost- und westpreußischer Rezeptur war in weiten Kreisen der Bevölkerung ein Stück unpolitischer Familientradition geworden. Dieses kam dem Absatz zugute und steigerte die Verkaufszahlen. Erst Mitte der 1980er Jahre begann eine abnehmende Tendenz, was aber wohl damit zusammenhing, dass in Deutschland generell weniger selbst gebacken wurde.

Mehr und mehr verlagerte sich der Staesz-Kundenkreis hin zum Einzelhandel. Die Anschriften für die Übersendung der Angebotslisten wurden jährlich neu von Adressenverlagen geliefert. Bis zu 6.000 Briefsendungen gelangten danach beispielsweise an Apotheken, Drogerien und Reformhäuser. Allgemein war das Angebot aber im süddeutschen Raum schwächer vertreten als in Nord- und Westdeutschland.

Weihnachtliche Apothekendekoration mit Staesz

Absatzzahlen Staesz Pfefferkuchengewürzbeutel gem. handschriftlicher Auflistung von Werner Krause

Jahr	31. Juli	31. August	30. September	31. Oktober	30. November	Jahresende
1971	16.525	36.525	78.475	161.225	264.465	298.970
1972	12.050	39.900	100.000	175.675	244.050	265.100
1973	55.700	75.600	116.650	212.695	303.600	332.150
1974	58.450	70.050	123.175	238.725	301.650	318.775
1975	35.000	62.650	131.925	256.300	335.300	362.325
1976	68.025	74.375	163.175	270.190	341.965	379.175
1977	31.950	47.450	125.400	247.675	353.175	382.350
1978	76.400	82.675	154.800	260.800	346.850	371.177
1979	75.350	89.350	156.800	255.650	328.000	343.933
1980	22.250	27.500	73.800	175.275	245.750	269.246
1981			58.900	199.400	293.930	317.677
1982			113.025	233.325	308.566	345.051
1983			84.450	193.975	281.075	310.500
1984			20.700	150.150	223.200	259.650
1985			9.850	156.625	243.680	292.280
1986	keine Zahlen – Todesjahr von Werner Krause, anschließend Fortführung der Anschreibung durch Irmtraut Köster					
1987						224.116
1988			43.125	101.250	194.975	222.225
1989						281.135
1990						218.325
1991						210.725
1992						keine Zahlen
1993						201.330
1994						174.370
Nach 1994 wurde die Anschreibkladde nicht weitergeführt.						

Faksimile des Weihnachtsartikels der Bremerhavener Nordsee-Zeitung 1982: links vorne im Bild Frau Pankoke und auf der rechten Seite Erna Liebegut

Familie Ulrich Krause hatte zwischenzeitlich in Elmlohe gewohnt, wo die Söhne auch einen Teil ihrer Schulzeit verlebten. Nahebei konnte die Familie auch Pferde und Ziegen in einer gepachteten Weide laufen lassen. 1976 wurde mit viel Eigenleistung ein neues Haus in Loxstedt-Düring gebaut. Kaum war es fertiggestellt, musste aber schon über die Beendigung des Angestelltenverhältnisses und die Betriebsnachfolge der Firma J. Staesz jun. entschieden werden. Die Eltern wollten und konnten die Firma nicht mehr selbstständig weiterführen.

Ulrich Krause willigte ein, die Übergabe an ihn zu organisieren. Weil er für die Übernahme des Betriebes Geld brauchte, entschloss er sich zum Verkauf seines gerade fertiggestellten neuen Hauses. Mit dem Erlös konnte er seiner Mutter den vorhandenen Rohwaren- und Warenbestand zum 1. April 1978 bezahlen. Den Betrieb J. Staesz jun. übernahm er im Wege der Pachtung und zahlte seiner Mutter dafür im Monat 2.500,- DM. Vater Werner blieb im Betrieb und erhielt sein monatliches Betriebsleitergehalt.

Ulrich Krause zog mit seiner Familie in das nahegelegene Meisterhaus der Gewürzmühle aus den 1950er Jahren.

1982 erfuhren die Leser der Bremerhavener »Nordsee-Zeitung«, dass die Gewürze bei J. Staesz jun. inzwischen im schonenden CO_2- Kaltmahlverfahren gemahlen wurden. In deren Weihnachtsausgabe war u.a. zu lesen:

Besonders eingeprägt hat sich bei Ulrich Krause ein denkwürdiges Erlebnis, das er im Jahre 1979, kurz nach der Betriebsübernahme, in Windhuk hatte. Er erinnert sich: *Ein besonderes Erlebnis mit dem Staesz-Pfefferkuchengewürz widerfuhr mir, als ich 1979, begleitet von einem Freund, eine Reise nach Namibia machte. Wir saßen vor einem Kaufhaus in Windhuk am Rondell einer Milchbar. Dort trafen sich auch viele Frauen von den landwirtschaftlichen Besitzungen im Hinterland. Die Frauen sprachen alle deutsch und fragten uns nach unserer Herkunft und nach unseren Berufen. Ich erzählte, dass ich mich mit Gewürzen beschäftige. Sofort fiel mir eine der Frauen mit Enthusiasmus ins Wort und sagte: »Ach wissen sie, ich erinnere mich immer gerne daran, dass ich in der Zeit vor 1945 gelegentlich nach Hause, zu meinen Eltern nach Ostpreußen reiste. Wir wurden dann immer im Schlitten von der Bahn abgeholt. Wenn wir dann dem Gut entgegen fuhren, kam uns aus der Backküche schon von weitem der Geruch von Staesz-Pfefferkuchengewürz entgegen. Die Erinnerung an die Heimkehr nach Hause verbindet sich für mich bis heute mit diesem Duft des Gewürzes.« – Nachdem ich das gehört hatte, beugte ich mich zu meiner Tasche nach unten und holte einen Beutel des Staesz-Pfefferkuchengewürz hervor und gab ihr diesen. Puh!, – das bewirkte ein großes Erstaunen, eine Begeisterung am Tisch und ich konnte den anderen Frauen auch noch je einen Beutel geben. Das Gewürz habe ich für besondere Begegnungen immer dabei, gewissermaßen wie einen Personalausweis. – Wie diese Frau das erzählte, das war für mich so authentisch und überzeugend. Der Duft des Staesz-Pfefferkuchengewürzes bestimmte bei ihr die Erinnerung an ihre Kindheit, auch 35 Jahre nach dem Krieg.*[292]

Kisten voller trockener Zitronenschalen werden zum Beispiel mit neuen modernen Maschinen zerkleinert und dann bei 70 Grad minus fein zermahlen. »Für die Gewürzmüller ist das Problem, die ätherischen Öle zu erhalten, gelöst.« behauptet Seniorchef Werner Krause, er betont dabei: »eben durch den Einsatz des Kaltmahlverfahrens, indem mit CO_2 *oder flüssigem Stickstoff bis minus 76 Grad Celsius die Kräuter und Gewürze gemahlen werden.*

Mit anderen Worten: Der ureigenste Geschmack in Mutters Kuchen bleibt erhalten. Seniorchef Krause schmunzelt: »Das ist nun einmal so: Gewürze sind die Seele eines jeden Kuchens![293]

Liselotte und Werner Krause stellten bis an ihr Lebensende keinen Rentenantrag. Der Betrieb, der jetzt unter »J. Staesz jun. & Otto Möller Gewürzmühlen GmbH« firmierte, zahlte ihnen die vereinbarten Leistungen bis an ihr Lebensende. Werner Krause starb am 9.11.1986, Liselotte Krause am 15.4.1999.

Die Grabstelle von Werner und Liselotte Krause mit dem Wappen der Heimatstadt Elbing.

Ulrich Krause entwickelt eigene Fleisch- und Fischgewürze

Sogleich nach der Einstellung im Betrieb seiner Eltern hatte Ulrich Krause begonnen, den Betrieb nach dem Vorbild des »Gewürzmüller« zu einem universellen Gewürzhersteller zu formen und dazu eigene Rezepturen für Metzger, Fleischwarenfabriken und Fischverarbeitungsbetriebe zu entwickeln.

Bereits das »Reforma«-Hausschlachtegewürz von Otto Möller in Osnabrück war so entstanden. Das »Otto-Möller-Rezeptbuch« war anschließend die Basis für eigene Entwicklungen.

Die für die Herstellung der Gewürzmischungen benötigten Einzelgewürze wurden in Hamburg eingekauft, wie es für die Firma bereits seit 1915 Tradition war. Über die Jahre hatten sich besonders zu den dortigen Gewürzagenten Schwab und Müggenburg vertrauensvolle Geschäftsbeziehungen ergeben.

Ulrich Krause erinnert sich an eine Episode aus den 1970er Jahren: *Es gibt die großartige schöne Geschichte, dass der Gewürzhändler Schwab in Hamburg meinem Vater anbot: »Herr Krause, Piment ist vernachlässigt, ich kaufe.« Mein Vater sagte: »Ja, dann kaufen Sie für mich mit« – »Wieviel?« – »15 Tonnen!« – Das war ein Gespräch, das muss im Jahre 1979 gewesen sein. Darüber wurde dann kein Wort mehr fallengelassen. – Dieser Piment ist aber nie bei uns angekommen, es gab auch keinen Kontrakt. Aber ein Jahr später kam eine Überweisung des Herrn Schwab von ca. 15.000 DM. Das war der Ertrag aus diesem Spekulationsgeschäft. Ohne ein Wort zwischendurch! Mein Vater war sehr beeindruckt von der Akkuratesse seines Geschäftspartners Schwab.*[294]

Ulrich Krause benennt die rechtlichen Fundamente, die bei der Produktionserweiterung zugrunde lagen und schildert, wie er in diesem Rahmen vorgegangen ist: *Die für die Herstellung von Fleisch- und Wurstwaren verbindlichen Rahmenrezepturen sind in den »Leitsätzen für Fleisch und Fleischerzeugnisse« enthalten. Sie eröffnen dem Gewürzhersteller die Möglichkeit, seiner Intuition folgend, neue Rezepturen für Würzmischungen und Zusatzstoffe zu entwickeln.*

Ich bin dazu mit dem in Bremerhaven und im Umland der Stadt renommierten Fleischer Heino Mühlenbeck eine Gestattung zur Durchführung von Versuchen mit den von mir entwickelten Produkten eingegangen. Bei ihm wurden zahlreiche Versuche durchgeführt. Sie leiteten zu immer besseren Ergebnissen in der Anwendung neuer Gewürzmischungen und führten letztlich zu den ersten hauseigenen Gewürzmischungen (Präparaten). Dieser großzügige Zugang durch Heino Mühlenbeck erlaubte es uns, viele erfolgreiche Gewürzmischungen zu entwickeln.

Dann habe ich auch mit dem größten Wursthersteller in Bremerhaven, Helmut Eggert, kooperiert. Aus der Zusammenarbeit entstand auch das nach ihm benannte »Thüringer Rostbratwurstgewürz Heggert«. Es wurde in unsere Angebotsliste aufgenommen, erreichte eine breite Nachfrage und war sehr erfolgreich.

Erfolgreich war 1979 auch die Entwicklung eines enzymatischen Matjes-Reifers. Er wird seither von vielen deutschen Matjes-Herstellern eingesetzt. Ulrich Krause erinnert sich: *Ich hatte gelesen, dass die Papayafrucht Enzyme enthält, die die Faserstrukturen des Fleisches in ihrer Konsistenz beeinflussen. Ein Versuch, den ich mit Kochschinken machen ließ, bestätigte das. Anschließend wurden einige Heringsfilets in einer Lake aus Salz, Dextrose, Papayapulver und weiteren Zutaten eingelegt. Am nächsten Tag waren die Filets von einer sehr angenehmen, softigen Bissfestigkeit. – Dieses Ergebnis haben wir dann der Forschungs- und Entwicklungsgesellschaft »FuE« in Bonn mitgeteilt und erhielten für die Produktentwicklung eine mit 10.000 DM dotierte Auszeichnung. Dieser enzymatische Matjesreifer wurde anschließend von vielen Matjes-Herstellern eingesetzt und erwies sich als Türöffner für Gespräche und Geschäftsbeziehungen mit zahlreichen fischverarbeitenden Betrieben.*

Geschäftliche Erfolge erforderten bei Staesz immer wieder personelle Aufstockungen. Fortlaufend wurden im Unternehmen zusätzliche Arbeitsplätze geschaffen.

Auch Ulrich Krauses Ehefrau Susanne trat in die Firma ein. Als ihre Söhne zur Schule gingen, hatte sie zunächst bei der Spedition Freese eine Lehre als Speditions-Kauffrau absolviert. Nach Tätigkeiten bei der Fischereifirma »Nordsee« und bei einer Spedition wurde sie Mitarbeiterin im Unternehmen ihres Ehemannes.

Neue Mitarbeiter wurden in der Firma J. Staesz jun. aber nicht nur auf dem üblichen Bewerbungswege gewonnen. Schöne Zufälle des Lebens führten Kurt Stelter und Ulrich Krause zusammen. Kurt Stelter war Konditormeister und praktizierender Fischhändler mit eigenem Verkaufswagen. Er war ein findiger Entwickler neuer Produkte und schuf nach seiner Einstellung in Nesse sehr schnell die Basis für eine erfolgreiche Entwicklung von Zusatzstoffen für die fischverarbeitende Industrie.[295]

Später, bei einem spektakulären Treffen mit Fred Rakow in Strasburg, Uckermark, wurde ein weiterer wichtiger Mitarbeiter gewonnen.

Hayma Neunerlei und die Leb- und Pfefferkuchen in und aus Schlesien

1982 wurde »Hayma Neunerlei« gekauft. Ulrich Krause erinnert sich, dass sein Vater den Kontakt zum Zwischenbesitzer Detmar Hey in den Jahren zuvor aufgebaut hatte.

Mit der Übernahme dieses Konkurrenten endete eine jahrzehntelange Rivalität der Hersteller ostdeutscher Pfefferkuchengewürze. Dass das Staesz-Pfefferkuchengewürz in der Konkurrenz mit Hayma Neunerlei trotz des mehr als doppelt so hohen Preises erfolgreich bestehen und schließlich obsiegen konnte, spricht für die große Verbundenheit der Staesz-Kunden zu ihrem Backgewürz, das sie aus der verlorenen Heimat in den Vertreibungsgebieten Ostdeutschlands gekannt hatten.

Schlesische Pfefferküchler und ihre Produkte

In einer 1968 veröffentlichten »Kunstgeschichte des Backwerks« heißt es über Schweidnitz, der Heimatstadt von »Hayma Neunerlei«: *In Schweidnitz, der im Mittelalter neben Breslau dynamischsten schlesischen Handelsstadt, wird im Jahr 1293 erstmalig in Europa ein eindeutig städtisches Handwerk von Pfefferküchlern erwähnt. Sie werden in einer Urkunde als »piperatas tortas facientes«, also wörtlich übersetzt als Hersteller gepfefferter Kuchen, bezeichnet. Das Wort Pfeffer galt zu dieser Zeit vielerorts als ein Sammelbegriff für alle Gewürze. Man nannte »würzen« schlechthin »pfeffern«.*[296]

Dr. Gerhard Schiller, Autor zahlreicher Betrachtungen zur schlesischen Kulturgeschichte, führt zur Pfefferkuchengeschichte Schlesiens u.a. aus: *Im Laufe des Spätmittelalters fand das uralte Pfefferküchlerhandwerk in Schlesien wie auch andernorts in Mitteleuropa durch den allen voran von Nürnberg, aber auch von anderen oberdeutschen Städten immer schwungvoller vermittelten Gewürzhandel aus Italien in vielen Residenz- und Handelsstädten wie Neisse, Oppeln, Liegnitz, Breslau oder Brieg zu einer ersten Blüte. Erwähnungen von städtischen Lebzeltern, Pfefferküchlern oder Lebküchlern finden sich im Verlauf des 15. Jahrhunderts nun nach und nach in fast allen Städten des deutschen und östlich angrenzenden slawischen Sprachraums.*[297] *[…] Der Erfindungsgeist der Pfefferküchlereien – und seit Ausgang des 19. Jahrhunderts auch der Hausbäckerei – brachten in Schlesien und der Oberlausitz eine nahezu unbegrenzte Vielfalt an Pfefferkuchenspezialitäten hervor: »Bombensplitter«, »Floastersteene«, »Warthaer Pussala«, »Bytomskie kamyki« (Beuthener Steinchen), »Echt Neisser Braunkonfekt«, »Pfefferkuchendocken und -herzen« und weitere mehr. […]*[298]

Fußend auf solchen Traditionen, gelang einigen Herstellern regionaler Produkte der überregionale Erfolg. Sie verhalfen ihren schlesischen Produkten zur Bekanntheit im gesamten Deutschen Reich und darüber hinaus. Es sind dies vor allem die »Liegnitzer Bombe« und das »Neisser Konfekt«:

- Zur Liegnitzer Bombe schreibt Dr. Gerhard Schiller: *Seit Beginn des 20. Jahrhunderts war auch die »Liegnitzer Bombe« eine allerseits bekannte Pfefferkuchenspezialität und ganzjährig in den Feinkostläden deut-*

scher Großstädte erhältlich. [...] Auch diese Spezialität hat uralte Wurzeln. [...] Die Liegnitzer Bombe erhielt ihren bezeichnenden Namen von ihrer mit dunklem Schokoladenguss überzogenen runden Form, die so manchen – vielleicht auch wegen ihrer Kalorien – an eine Bombe erinnerte. Erfunden haben sie die Gebrüder Müller, die deshalb scherzhaft auch Bombenmüller genannt wurden. Seit 1853 führten sie in der Frauenstr. 64 (heute ulica Najświętszej Marii Panny) eine weithin beliebte Konditorei mit einem Café.[299]

Bis zum Zweiten Weltkrieg erfolgte die Herstellung in großer Stückzahl und die »Bomben« wurden in die ganze Welt exportiert. Der Produktname ist keine geschützte Herkunftsangabe, sodass »Liegnitzer Bomben« bis heute vielfach nachgeahmt werden, auch im heutigen Legnica.

- Neisser Konfekt:
  Neisse war unbestritten das Dorado des oberschlesischen Pfefferküchlerhandwerks. Noch 1925 arbeiteten in der Stadt zwölf Pfefferküchlereien, wo sich die Kinder auch mal für fünf Pfennig leckeren »Abfall« aus der Backstube holen durften.[300] *Das berühmte Neisser Konfekt war in Deutschland und über seine Grenzen hinaus eine außerordentlich geschätzte Spezialität. Bis zur Mitte des 20. Jahrhunderts hatte es einen ähnlichen Bekanntheitsgrad wie heute Lübecker Marzipan oder Aachener Printen [...].*[301] Erfunden worden war es 1820 von Franz Springer. Alle Nachfolger seiner im Familienbesitz befindlichen Küchlerei erhielten in der Folge den Vornamen Franz. 1915 ließ Franz V. eine Fertigungsanlage außerhalb der Innenstadt errichten, in der 1925 etwa 40 Beschäftigte die Herstellung übernahmen.[302]

Abseits solcher handwerklichen bzw. fabrikmäßigen Herstellung schlesischer Pfefferkuchen war das Backen traditioneller Pfefferkuchen in der Vorweihnachtszeit auch in den meisten schlesischen Familien etwas Selbstverständliches. Jede Region hatte ihre Spezialitäten. Die besonders gelungenen Hausrezepte reichte man in den Familien von der Mutter zur Tochter und an Freunde weiter, so dass sich bis heute auch aus diesem Raum eine Vielzahl an Rezepten erhalten hat.

Nachfolgend soll die Entstehung und die Geschichte des mit dem Staesz-Pfefferkuchengewürz über Jahrzehnte konkurrierenden und 1982 übernommenen Pfefferkuchengewürzes »Hayma-Neunerlei« untersucht und beschrieben werden, soweit dies noch möglich ist. Eine Erschwernis ist dabei der Umstand, dass es in der Geschichte dieser Gewürzmischung vier aufeinanderfolgende Hersteller gab. Eine Familienerinnerung steht nicht zur Verfügung.

Das Haymawerk in Schweidnitz

Der Wandel der Lebensverhältnisse in der sogenannten Gründerzeit führte auch in Schlesien dazu, dass viele Familien sich das Backen ihres Pfefferkuchens erleichtern wollten.

Der Kaufmann Karl Hayn, der zuvor bis zum Ende des Ersten Weltkrieges in Posen (poln. Poznań) wohnhaft gewesen war, und sein Geschäftsfreund Manderla spürten diese Veränderung und entwickelten aus ihrer Beobachtung eine gemeinsame Geschäftsidee: Produktion und Verkauf einer vorgefertigten Gewürzmischung für Pfefferkuchen. Das Produkt erhielt den Namen »Hayma Neunerlei«, eine phonetisch wohlklingende Zusammensetzung der ersten Buchstaben ihrer Namen Hayn und Manderla, verknüpft mit dem Hinweis, dass sie dieses aus neun Gewürz-Bestandteilen gemischt hatten.[303]

Karte der Provinzen Schlesien und Oberschlesien – mit Kreisen hervorgehoben: Gleiwitz und Schweidnitz, die Lebensstationen der Familie Hayn. Jarotschin und Posen liegen nördlich von Schlesien und sind daher hier nicht verzeichnet.

Zum Miterfinder Manderla konnten keine biographischen Informationen erlangt werden.

Besser sieht es bei Karl Hayn aus. Er wurde am 26.08.1879 in Kotlin, Kreis Jarotschin (Provinz Posen) geboren[304] und heiratete am 24.09.1907 Friederike, geb. Seiffert.[305] Seine Ehefrau war am 04.06.1882 in Schechowitz, Kreis Gleiwitz, geboren worden.[306]

Nach der Hochzeit, die, wie damals üblich, von den Brauteltern ausgerichtet wurde und an deren Heimatort in Gleiwitz (poln. Gliwice) in Oberschlesien stattfand, nahm das jungvermählte Paar seinen Wohnsitz in Posen, der Heimatstadt Karl Hayns.

Karl Hayn ließ für sich die Berufsangabe »Reisender« in die Heiratsurkunde eintragen; für seine Ehefrau ist Buchhalterin angegeben. In den nächsten Jahren kamen drei Kinder zur Welt, alles Töchter.[307]

Laut dem Posener Adressbuch von 1910 war Karl Hayn mit »Agenturen der Lebensmittelbranche« selbstständig tätig. In der Ausgabe des Adressbuches von 1917 hatte er diese damals »Agententätigkeit« genannte Berufstätigkeit aber nicht mehr ausgeübt. Nun war er als Kaufmann eingetragen.[308]

Nach der Niederlage des Deutschen Reiches im Ersten Weltkrieg endete die seit der zweiten Teilung Polens 1793 (mit Unterbrechung von 1807-1815 = Herzogtum Warschau) währende Zugehörigkeit der

Kleiner
Exerzierplatz
die Kalkrinne
Freiburger-Strasse
Städt. Siedlung
Ziegelei
Kasernen
Inf. Regt.
Nr 7
Kessel-Stiftung
Promenaden-Strasse
Bahnhof-Strasse
Haupt Bahnhof
Vorwerk-Strasse
Bismarck-Strasse
Striegauer-Strasse
Friedrich-Str.
Friedrichs Schule
Croisen-Strasse
Sedan-Strasse
Arbeitsamt
Lazarett
Städt. Sportplatz
Agnes-Str.
Friedhof
Kirche
Kasernen
Art. Regt.
Nr 3
Bolkohöhe
Schießhaus
Breslauer-Strasse
Teich
Anger-Strasse
Die Weistritz
Reichenbacher-Strasse
Wasser-Strasse
Weistritz-Str.
Bahnhof-Niedersadt
Adolf Freudenberg
Feldweg nach Weizenrode

Provinz Posen zu Preußen und damit später zum Deutschen Reich. Die im Jahre 1910 ca. 157.000 Einwohner zählende Provinzhauptstadt kam zusammen mit dem größten Teil der umliegenden gleichnamigen Provinz zum neu gegründeten polnischen Staat. Von den etwa 60.000 deutschen Bewohnern verließen im Verlauf des Jahres 1919 ca. 50.000 die Stadt und zogen in das verbliebene Deutsche Reich,[309] darunter auch die Familie Hayn.

Karl Hayn zog mit seiner Familie zunächst in die schlesische Hauptstadt Breslau (poln. Wrocław), wo er eine Wohnung in der Tauentzienstraße 66 fand.[310] Schon wenige Monate später, am 27. September 1919, gelang es ihm, ein großes Geschäftshaus in Schweidnitz, Hohstraße 40, zu erwerben.

Schweidnitz war seinerzeit eine mittelgroße Stadt in Niederschlesien, rund 50 Kilometer südwestlich von Breslau. Zu Beginn des 20. Jahrhunderts zählte sie bereits mehr als 30.000 Einwohner und war vielseitig industrialisiert (Unternehmen der Maschinen-, Elektro- und Rundfunkindustrie sowie Möbel- und Spielzeugfabriken).

Zu den Gewerbebetrieben zählte auch das 1834 gegründete traditionsreiche »Material- und Farbewaaren-Geschäft Hermann Galle«, das nun mit dem Geschäftshaus in das Eigentum von Karl Hayn überging. Zur Geschichte des Hauses und des Geschäftes konnten einige Daten ermittelt werden.

Das Unternehmen ist bereits 1878 im ältesten dem Verfasser zugänglichen Firmenregister von Schweidnitz aufgeführt.[311]

Im Jahre 1911 berief sich Paul Schmidt, offenbar der Nachfolger Hermann Galles, auf den guten Ruf des Geschäftsgründers und ließ sich mit der Firmierung »Schweidnitzer Dampfmostrichfabrik Herm. Galle's Nachf. Inh. Paul Schmidt« im Firmenregister eintragen.[312] Offenbar war ein neues Geschäftsfeld hinzugekommen, die Herstellung von Mostrich[313].

Im Straßenteil des Schweidnitzer Adressbuches von 1905 werden die Kaufleute Heinrich Felsmann und Paul Schmidt als Hauseigentümer genannt.[314] Das Schicksal von Heinrich Felsmann ist nicht mehr feststellbar; Paul Schmidt verstarb am 1. Dezember 1916. Er wurde von seiner Ehefrau Hedwig sowie seiner Tochter Johanna Dietrich, geb. Schmidt, beerbt. Am 28.10.1918 verstarb auch die Tochter. Sie war kinderlos und wurde daher von ihrem Ehemann Kurt Dietrich und ihrer Mutter beerbt,[315]

Offenbar weil nun das einzige Kind verstorben war, entschloss sich die Witwe Hedwig Schmidt zum Verkauf des Hauses an Karl Hayn. Im Vertrag vom 27.9.1919, dem die vorstehenden Angaben zu den Erbfällen entnommen sind[316] heißt es: *Hedwig Schmidt, geb. Heinze, verkauft für sich und ihren Miterben Kurt Dietrich das Grundstück Hohstraße 40 sowie das darin bisher von ihr unter der Firma »Schweidnitzer Dampfmostrichfabrik Hermann Galle's Nachf. Paul Schmidt« betriebene Fabrikations- und Handelsgeschäft nebst dem Rechte, die Firma in der bisherigen Weise […] fortführen zu dürfen an den Erschienenen zu 2) Karl Hayn, welcher Grundstück, Geschäft und Firma zum Eigentum erwirbt.*

Der Kaufpreis ist auf 112 500 Mark verabredet. Davon werden auf das Grundstück selbst 65 000 Mark und auf das Geschäft, die mitverkauften Einrichtungen und das Recht, die Firma weiter fortführen zu dürfen, 47 500 Mark gerechnet und zwar auf letzteres Recht allein der Betrag von 10 000 Mark […].

Die Übernahme des Betriebes »Schweidnitzer Dampfmostrichfabrik Herm. Galle's Nachf.« durch Karl Hayn, ermöglichte dem Unternehmen sowie auch Karl Hayn solide rechtliche und räumliche Voraussetzungen für das weitere Wachstum. Auch ein Laden-

Links:
Schweidnitz 1929, Ausschnitt entnommen. https://fotopolska.eu/790629,foto.html

Werbeanzeigen für Hayma Neunerlei und Hayma Treibkraft konnten in archivierten Ausgaben der in Gleiwitz herausgegebenen Zeitung »Der Oberschlesische Wanderer« gefunden werden. Die Anzeigen entstammen den Ausgaben vom 15.10. und vom 10.12.1922.

lokal für die hergestellten Produkte stand am neuen Geschäftsort zur Verfügung.[317]

Der Handel mit Lebensmitteln war dem Erwerber Karl Hayn aus seiner bisherigen kaufmännischen Praxis in Posen vertraut. Am neuen Wohn- und Geschäftsort hatte dieser Handel bisher aber wohl eher im kleinen Rahmen stattgefunden und sich auf die Vermarktung der selbst produzierten Erzeugnisse, vor allem des Mostrichs, beschränkt. Produktion und Handel des Mostrichs waren den Schweidnitzern an diesem Ort vertraut. Die Straße »Kleine Kirchstraße«, an der das Gebäude mit einer 34m langen Seitenfront grenzte, wurde bei ihnen auch »Mostrichgasse« genannt.[318]

Wie kam es aber zur Entstehung von »Hayma Neunerlei«? Friederike Hayn, Witwe von Karl Hayn, berichtete in Ihrem 1953 beim Lastenausgleichsamt Bayreuth eingereichten Antrag leider keine Details zur Entstehung der Gewürzmischung. Da sie aber ausführte, dass der Betrieb 1919, gleich nach dem Kauf des Hauses und des Gewerbebetriebes, auf »Groß- und Einzelhandel in Gewürzen und Spirituosen« und »Produktion mit einer Gewürzmühle« umgestellt wurde, muss die Begegnung mit dem Ideengeber Manderla in dieser Zeit erfolgt sein. Warum der Geschäftsfreund Manderla nur der Ideen- und Namensgeber war und blieb, muss aber im Dunkeln bleiben, da Friederike Hayn darüber nichts erwähnte.

Gleichwohl befinden sich in ihrer Akte zum Lastenausgleich[319] zahlreiche und aufschlussreiche Angaben zum Haus, zur Art und Geschichte des Betriebes und damit auch zum Produkt »Hayma Neunerlei«:

25 Personen fanden in dem Unternehmen eine Beschäftigung. Neben dem Betriebsinhaber waren dies 3 Angestellte, 1 Kontoristin, 2 weitere Beschäftigte, 1 Fahrer, 2 Lehrlinge und 15 Packfrauen, von denen die meisten nur in der Hauptsaison, zu Weihnachten und zu Ostern, in Teilzeit beschäftigt waren.

Über das Haus und den Betrieb werden von Friederike Hayn die folgenden weiteren Angaben gemacht:

Lage: Das Grundstück lag vom Markt ca. 200 Meter entfernt an einer vom Zentrum abgehenden Hauptverkehrsstraße, der Hohstraße. Zugleich war es Eckgrundstück der Kleinen Kirchstraße, die die beiden Hauptstraße, die Hohstraße und die Langstraße miteinander verband.

Baujahr: 1734. Die Bauweise reiht das Grundstück ein in den Wiederaufbau der Stadt nach dem 30jährigen Krieg.

Bauart: Das Hauptgebäude, in dem sich auch die Wohnungen für die Betriebsangehörigen befanden, ist aus roh bearbeiteten Granitsteinen erbaut. Das 1850 angebaute Werkgebäude ist aus Klinkerziegeln errichtet.

Bauzustand: Das Hauptgebäude an der Front Hohstraße wurde 1934 im Erdgeschoß gekachelt, der übrige Teil im gleichen Jahr neu geputzt. Das Dachgeschoß hatte ein Zie-

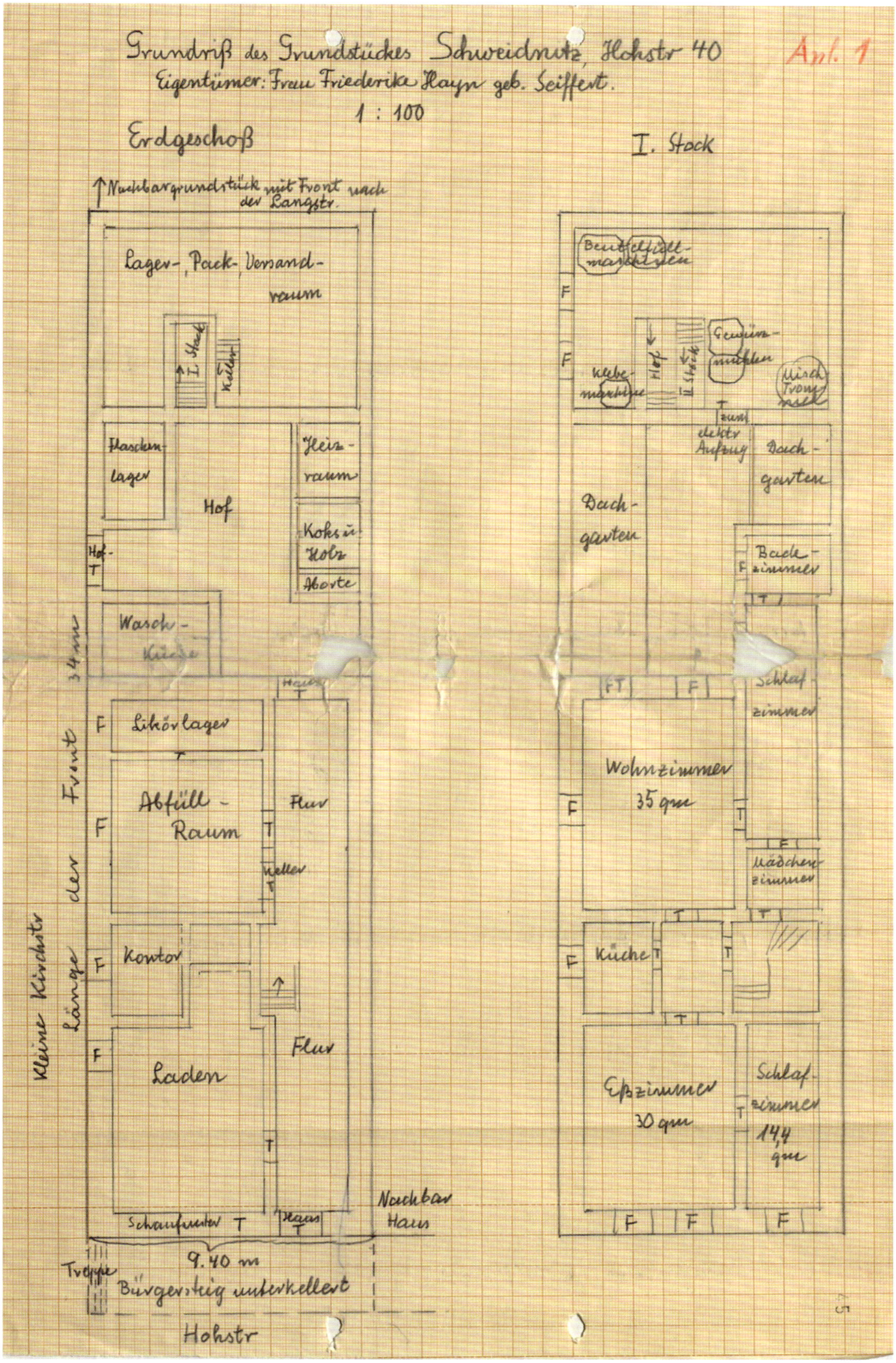

Mit ihrem Antrag auf Lastenausgleich reichte Friederike Hayn diese Grundrissskizze ihres Hauses ein.

geldach im guten Zustand. Das Werkgebäude hatte ein Flachdach.*

Größe des Gesamtgrundstücks: 9,40m x 34 m = 319,60 m², davon bebaute Fläche ca. 275 m².

Beschreibung: Haupt- und Werkgebäude waren unterkellert. Der Keller des Hauptgebäudes erstreckte sich auch unter den 2,5m breiten Bürgersteig und war mit diesem Abschnitt ehemals Teil der unterirdischen mittelalterlichen Wehranlage. Der Gewölbekeller diente gewerblichen Zwecken zur Lagerung von Weinfässern, Spirituosen usw.

Das Hauptgebäude war viergeschossig mit im Dach untergebrachter Mansardenwohnung. Das Werkgebäude war dreigeschossig. Die Nebengebäude im Hof waren eingeschossig, darüber der Dachgarten.

Das Erdgeschoß des Hauptgebäudes und das gesamte Werkgebäude dienten gewerblichen Zwecken. […] Im Hauptgebäude dienten der 1. bis 3. Stock und die ausgebaute Mansardenwohnung Wohnzwecken für den Betriebsinhaber und Werksangehörige. Das Haupt- wie Werkgebäude wurden im Sommer 1939 im Erdgeschoß und im 1. Stock mit Zentralheizung versehen.

Im Werkgebäude dienten das Erdgeschoß als Lager-, Pack- sowie Versandraum, der 1. Stock der Verarbeitung der Gewürze, der 2. Stock und Bodenraum zur Lagerung der Gewürze. Nach dem 2. Stock führte ein elektrischer Aufzug. Die Gewürze wurden vom 2. bzw. Dachgeschoß durch Trichter in die Gewürzmühlen im 1. Stock geleitet. Vom 1. Stock führte eine Rutschbahn zum Pack- und Versandraum, die auch zum Direktverladen auf Wagen in der »Kleinen Kirchstraße« diente.

Werkswohnungen: Die Mieten waren niedrig gehalten worden, weil auch außerhalb der normalen Arbeitszeit diese Werksangehörigen zur Verfügung stehen mußten, wie beispielsweise der Kraftwagenfahrer.

Ein archivierter Briefumschlag aus der Zeit vor 1945 enthält ein weiteres Logo, das offenbar in der Korrespondenz gebräuchlich war.

Im Schweidnitzer Adressbuch 1942 sind außer Friederike Hayn noch folgende weitere Einwohner unter »Hohstraße 40« vermerkt. Bei ihnen allen handelt sich aufgrund vorstehender Ausführungen um Mitarbeiter des Haymawerks und ihrer Familienangehörigen:

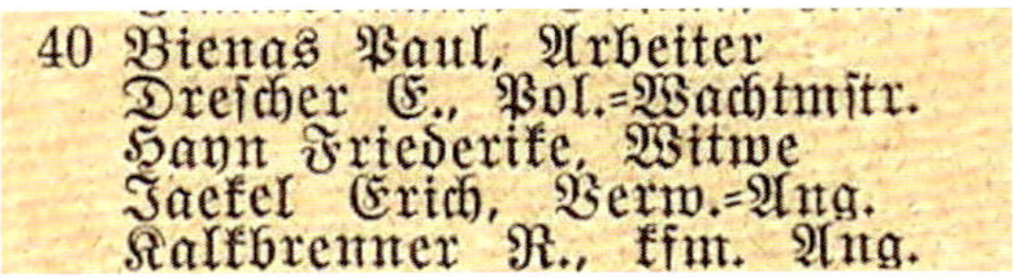

40 Bienas Paul, Arbeiter
Drescher E., Pol.-Wachtmstr.
Hayn Friederike, Witwe
Jaekel Erich, Verw.-Ang.
Kalkbrenner R., kfm. Ang.

- Bienas Paul, Arbeiter
- Drescher E., Pol. Wachtmeister
- Jaekel Erich, Verwaltung Angestellter
- Kalkbrenner R., Kaufm. Angestellter.

Der früheste gefundene Nachweis für das Produkt »Hayma Neunerlei« sind Werbeanzeigen, die in der Zeitung »Der oberschlesische Wanderer« in den Monaten Oktober und November 1922 erschienen sind.[320] Bei dieser Zeitung handelte es sich um eine deutschsprachige Zeitung, die seit 1828 in Gleiwitz in Oberschlesien gelesen wurde.

Ähnlich wie das »Staesz-Pfefferkuchengewürz« wurde auch »Hayma Neunerlei« schnell zu einem wirtschaftlichen Erfolg. Die Produktion musste offenbar rasch gesteigert werden. 1925 und 1932 wurden bereits neue Gewürzmühlen angeschafft. Bald wurde der gesamte Betrieb nur noch »Haymawerk« genannt.

Rechts:
Essiglabel mit dem Firmenlogo zeigen, dass das Hayma-Werk in Schweidnitz nicht nur Pfefferkuchengewürz herstellte

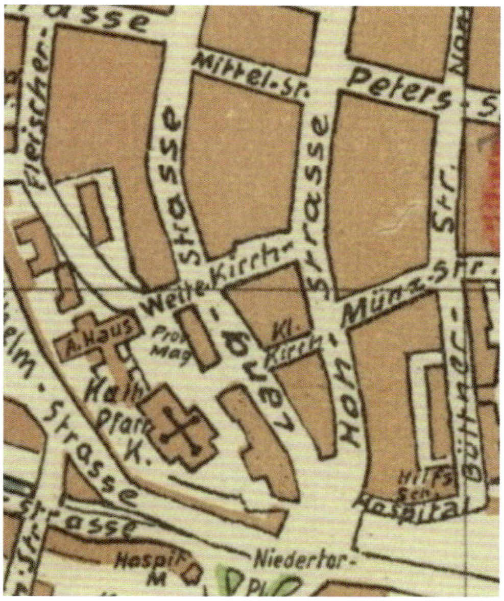

Detailansichten zur Lage der Hohstraße und Kleine Kirchstraße in Schweidnitz (Luftbild von 1934)

War es der Wunsch einer Absatzförderung auch für die traditionellen Produkte des übernommenen Unternehmens, nämlich Mostrich, Pepsinwein und Gewürz-Essig, dass so verfahren wurde?

Das Pfefferkuchengewürz stand sicher eindeutig im Zentrum der unternehmerischen Aktivität, hatte es doch nach wenigen Jahren bereits eine großartige Erfolgsstrecke zurückgelegt. In den preußischen Provinzen Schlesien und Oberschlesien wie auch im tschechisch gewordenen ehemaligen Österreichisch-Schlesien war es zu einer für die Hausfrauen unverzichtbaren Zutat der Weihnachtsbäckerei geworden.

Zum Erfolg des Produkts trug mehr und mehr auch die Aufmachung der Verpackung bei. Mitte der 1930er Jahre wurde hierfür eine Darstellung gefunden, die sich durchsetzen und sogar Flucht und Vertreibung der Schlesier aus ihrer Heimat überdauern sollte. Abgebildet sind eine Mutter und ihr Kind. Die Mutter hat Pfefferkuchen gebacken, diese liegen offen in einem Korb. In der linken Hand hält sie einen wohlgelungenen Kuchen. Das Kind trägt den bis zum Rand mit Lebkuchen gefüllten Korb und wird vom rechten Arm der Mutter liebevoll umfasst. Die gesamte Szenerie strahlt die Atmosphäre einer vertrauten Geborgenheit aus.

Die Darstellung wurde zu einem Logo der Gewürzmischung und wurde auch für die jährliche Anzeigenwerbung in der Presse verwendet. Wenn Zeitungsleser dieses

Oben:
Anzeige im »Namslauer Stadtblatt,« vom 11.12.1932, noch ohne »Mutter-Tochter-Logo«

Links:
Anzeige in »Der Oberschlesische Wanderer« v. 8.12.1936

Bild sahen, wussten sie, dass »Hayma Neunerlei« gemeint war.

»Hayma Neunerlei« war in seiner Aufmachung zu einer Marke geworden. Diese Marke wurde auch nicht geändert, als Weiterentwicklungen dazu führten, dass weitere Einzelgewürze hinzukamen und die Mischung schließlich aus zwölf Gewürzen bestand.[321] Nach dem damaligen Lebensmittelrecht mussten die einzelnen Zutaten einer Mischung nicht genannt werden.

Karl Hayn war ein erfolgreicher Kaufmann und erwarb sich in Schweidnitz einen ausgezeichneten Ruf. Ein Wareneingangsbuch musste in seinem Betrieb nicht geführt werden, da jede Rechnung sofort, in vielen Fällen noch vor Eingang der Ware, bezahlt wurde.[322]

Der plötzliche Tod des 57-jährigen Betriebsinhabers am 7.7.1936 muss durch einen Unglücksfall eingetreten sein, denn er ereignete sich in Obernigk, Kreis Trebnitz (poln. Oborniki Śląskie).[323] Sein Dahinscheiden war ein Ereignis in der Stadtgeschichte; Horst Adler, bedeutender Chronist der Stadt, erwähnte den Tod des »bedeutenden Kaufmanns« in seiner Schweidnitzer »Geschichte des Jahres 1936«.[324]

Friederike Hayn, seine Witwe, übernahm danach die Leitung des Unternehmens. Das Ehepaar hatte zwar drei Kinder, doch offenbar hatte allein sie alle Verfügungsrechte. Da sie sogleich notwendige Investitionen und Baumaßnahmen vornahm, muss sie von ihrem Ehemann bereits zuvor in alle betrieblichen Entscheidungen einbezogen gewesen sein. 1937 wurden eine neue Mischtrommel, zwei Packmaschinen, eine Falzmaschine und eine Etikettiermaschine angeschafft.

Der Betrieb war profitabel; die Inhaberin konnte daraus in den Jahren 1937 bis 1939 jährliche Einkünfte von rd. 30.000 Reichsmark erwirtschaften. 1942 wurde die Mostrichfabrikation eingestellt, weil der Platz anderweitig benötigt wurde. Es wurden neben dem Pfefferkuchengewürz auch noch Pepsinweine hergestellt und vermarktet.[325] Der Absatz des »Hayma Neunerlei« und der weiteren Produkte erfolgte offenbar weitgehend über den Großhandel, denn 1942 lautete die Eintragung im Adressbuch der Stadt:

Gewürzgroßhandlung
Schweidnitzer Mostrichfabrik
Hayma-Werk, Hohstr. 40
Wwe. Friederike Hayn
Hermann Galle's Nachf.

Zum Weihnachtsfest 1944 wurde »Hayma Neunerlei« zum letzten Mal in Schlesien hergestellt. Teilen der Schweidnitzer Zivilbevölkerung gelang die Flucht, als die Front näherrückte und die Räumung der Stadt im Februar 1945 angeordnet wurde. Die Stadt selbst wurde erst in den allerletzten Tagen von der Wehrmacht aufgegeben. Im allgemeinen Chaos kam eine große Zahl der Bewohner zu Tode. Nach Ende der Kampfhandlungen kehrten aber viele Schweidnitzer in die Stadt zurück.

Mehr und mehr kamen fremde polnische Menschen in die Stadt und beanspruchten Wohnraum. Chronist Horst Adler hat ein besonderes Ereignis aus dieser Zeit beschrieben: *Am 9. Juli wurden alle Deutschen, die keinen Freistellungsbescheid (wegen Arbeit unabkömmlich) vorweisen konnten, aus der Stadt hinausgetrieben. Dieser sogenannte »Adolf-Hitler-Marsch« führte bis Freiburg*[326]*, wo die Bewachung verschwand.*[327] Während der Abwesenheit der Deutschen waren die Wohnungen geplündert oder gleich besetzt worden.

Es wird geschätzt, dass sich einschließlich zugezogener Flüchtlinge aus anderen Gebieten noch 27.000 bis 30.000 deutsche Einwohner in der Stadt befanden, als diese durch das »Potsdamer Abkommen« vom

Links:
Das Gebäude des ehemaligen Haymawerks in der Hohstraße 40 im Sommer 2021. Mit dem Neubau links wurde die ehemalige Kleine Kirchstraße zu einem überbauten Fußweg verkleinert.

Rechts:
Der Bürgersteig erfordert bis zum heutigen Tag einige Treppenstufen, um den Höhenunterschied infolge der Unterkellerung aus dem Hause Hohstraße 40 heraus zu überwinden.
(Aufnahme Sommer 2021)

2. August 1945 zusammen mit fast ganz Schlesien der polnischen Verwaltung unterstellt wurde.

»Ende Februar 1946 begann mit der *Operation Schwalbe*[328] die Vertreibung der Schlesier. Allein in die britische Zone wurden 1.360.000 Menschen mit Güterzügen verfrachtet.«[329]

Die meisten Schweidnitzer gelangten mit drei Transporten nach Hann. Münden, Hoya/Weser und in das Bremer Umland. Der Rest musste in die sowjetische Besatzungszone Deutschlands.[330]

Friederike Hayn wurde am 26.7.1946 ausgewiesen. Betriebseinrichtungen hat sie nicht verlagern oder mitnehmen können. Alles musste zurückgelassen werden, auch die Rohwaren und das Verpackungsmaterial. Das waren u.a. 600.000 bedruckte Beutel, 5.000 Werbeplakate, 3.000 kg Koriander, 100 kg holländischer Kümmel, 2 Ballen Lorbeer zu je 100 kg, 150 kg Kunstpfeffer, 200 kg Fenchel, 450 kg marokkanischer Thymian, 300 kg Rosmarin und 100 Flaschen Weinbrand-Verschnitt.[331]

Auch sie wurde zunächst in Niedersachsen aufgenommen. Am 26.9.1949 wurde ihr in der Gemeinde Steinbergen, Kreis Schaumburg, ein Flüchtlingsausweis ausgestellt.[332]

Eine Wiedereinrichtung des Betriebes traute sie sich hier offenbar nicht zu. Es hätten Betriebsräume angemietet und mindestens eine Gewürzmühle angeschafft werden müssen. Waren evtl. alte Mitarbeiter aus Schweidnitz nicht in erreichbarer Nähe und Ersatz nicht zu finden? Der Verfasser hat nicht feststellen können, ob und welche Versuche Friederike Hayn zur Wiederbegründung des Unternehmens unternommen hat. Tatsache ist, dass es jahrelang kein »Hayma-Neunerlei« gab.

Doch Friederike Hayn wusste, dass der Bedarf für dieses Gewürz vorhanden war und dass ein guter Kaufmann damit sein Auskommen finden konnte.

Gustav Assmann und die Neugründung in Bückeburg

Aus der Vorkriegszeit kannte sie Emil Assmann. Er war in Schlesien Generalvertreter für mehrere Hersteller von Kaffeeröstmaschinen und Ladeneinrichtungen gewesen. Vor der Vertreibung hatte er in Breslau gewohnt, wo man sich in der dortigen Kaufmannsgilde begegnet war.

Es gelang ihr, Kontakt zu Emil Assmanns Sohn Gustav[333] herzustellen. Nach dem Tode seines Vaters hatte er den Betrieb in Bückeburg in Niedersachsen wieder begründet. Bückeburg lag nur zehn km von Steinbergen entfernt. Daher war es offenbar nicht schwer, sich vielleicht zufällig zu treffen und sich dabei wiederzuerkennen.

Dr. Christel Assmann, Gustav Assmanns Witwe, erinnert sich: *Ich weiß nicht, ob die Frau Hayn ihn gesucht hat oder umgekehrt. Ich weiß nur, dass mein Mann mir einmal berichtete: »Da ist eine Frau Hayn, die hat mich gefragt, ob ich das Haymawerk wieder aufbauen will.« – Weil sie sich ja von zuhause her kannten, auch eben durch die Kaufmannsgilde in Breslau, hat mein Mann dann gesagt, »Ich werde es versuchen [...]« und hat sich mit Frau Hayn darüber verständigt.*

Ursula und Gustav Assmann

Friederike Hayn wurde anschließend zusammen mit ihren Kindern und ihrer Schwester in Bayreuth ansässig, wo sie bis zu ihrem Tode wohnhaft blieb.[334]

Wer war Gustav Assmann, der neue Betreiber des Haymawerks? Aus den im wesentlichen von seiner Witwe, Frau Dr. Christel Assmann, erhaltenen Informationen konnten die Assmann-Familiengeschichte und die »Hayma«-Firmengeschichte in einigen Teilen rekonstruiert werden:[335]

Emil Assmann, der Vater meines Mannes, stammte aus einem Dorf am Zobten, dem Hausberg Breslaus. Seine Frau, die Mutter meines Mannes, stammte aus Magdeburg.

Mein Mann ist nach dem »Einjährigen« von der Oberschule abgegangen und hat dann in Schweidnitz eine Lehre als Groß- und Einzelhandelskaufmann bei der Firma »Ignaz Scheder – Seelig Witwe/Sohn« gemacht. Bevor er dann in die Firma seines Vaters eintrat, machte er nach der Lehre noch ein Praktikum bei der Firma »Probat« in Emmerich. Der Betrieb produzierte Kaffeeröstmaschinen, die auch von meinem Schwiegervater verkauft wurden.

Die Firma meines Schwiegervaters war ein Familienbetrieb.[336] *Auch die zwei Jahre jüngere Schwester Ursula*[337] *war dort beschäftigt.*

Kurz nach Ausbruch des Krieges wurde mein Mann Soldat. Er war während des gesamten Krieges bei den Funkern, zuletzt in Peenemünde. Zum Ende des Krieges wurde er ins Tannheimer Tal nach Tirol verlegt.

Meine Schwägerin, meine Schwiegermutter und die Familie haben sich nach dem Krieg in Bückeburg wieder getroffen.

Die Geschäftspost enthielt die hier gezeigte Absenderangabe.

Nachdem Gustav Assmann seine Familie in Bückeburg wiedergetroffen hatte, einigte er sich mit seiner Mutter und seiner Schwester, dass er Rechtsnachfolger seines verstorbenen Vaters wurde. Er wurde als Einzelkaufmann unter der Firmierung »Emil Assmann, Inh. Gustav Assmann«[338] in das Handelsregister beim Amtsgericht Bückeburg eingetragen und nahm Kontakt zu alten Lieferanten auf, darunter auch zu Herstellern von Kaffeeröstmaschinen in Sachsen.[339] Um diese Kontakte zu sächsischen Herstellern zu intensivieren, besuchte er auch die ab 1946 wieder stattfindende Leipziger Mustermesse.

Frau Dr. Christel Assmann erinnert sich weiter: *Schließlich konnte die Beziehung zu Frau Hayn aufgenommen werden. […] Mein Mann erwarb die Originalrezepte von »Hayma Neunerlei« sowie das Recht zu dessen Herstellung und Vertrieb.*

1950 hat mein Mann mit »Hayma Neunerlei« angefangen.[340] *Er wurde bei der Bank gefragt: »Was haben Sie zu bieten als Sicherheit« und da hat mein Mann gesagt »Gar nichts, ich bin Flüchtling.« Dann hieß es: »3.500,- DM können wir Ihnen geben«.*

Das Geld der Bank reichte gerade für die Gewürzmühle. Sie wurde in gemieteten Räumen in der Jetenburger Straße 27 in Bückeburg aufgestellt. Vor dem Einzug der Hayma-Produktion war dort eine kleine Maschinenfabrik gewesen. Es war die frühere »Maschinenfabrik Freitag«, deren Räume meinem Mann über die Bank angeboten wurden.

Die Räume waren für den Betrieb der Gewürzmühle recht eng. Wenn mein Mann sich

Solche Aufsteller dienten der Werbung in der Anfangszeit, in den 1950/1960er Jahren. Sie begleiteten die damalige Verkaufsart, als es noch keine SB-Geschäfte gab und die Ware über den Tresen verkauft wurde.

1951 (links) und 1969 erschienen diese Anzeigen in der von der »Zentralstelle Grafschaft Glatz/Schlesien e.V.« herausgegebenen Monatszeitung »Grafschafter Bote«.

über eine Stiege zu seinem Büro begab, war es immer schwierig, an der schweren Mühle vorbei zu kommen. In Bückeburg gab es aber wenig Alternativen. Gewerbeimmobilien wollte unser Fürst nicht, sie galten ihm als laut und schmutzig, das wollte er nicht.

Gustav Assmann hatte gerne Menschen um sich, die ihm aus der Familie und aus der schlesischen Heimat vertraut waren. Wie schon bei seinem Vater, so war seine Schwester Ursula auch bei ihm eine wichtige Mitarbeiterin. Sie war Buchhalterin und erledigte die Korrespondenz. Als Lagermeister und Produktionsleiter holte er sich den aus Schlesien vertrauten Rudolf Langer[341], der am 3.5.1952 aus dem Kreis Nienburg nach Bückeburg zog.

An die Produktion der Gewürzmischung erinnert sich Frau Dr. Assmann wie folgt: *Ich weiß noch, dass mein Mann für den Lagermeister immer eine große Aufstellung in Papierform hatte. Der musste die einzelnen Gewürze als Zutaten zusammenstellen. Das Rezept war eine Geheimsache, das hatte er auch immer in einer Dokumentenmappe. […] Jede Zutat hatte ihre eigene unterschiedlich große Schaufel. Da waren die unterschiedlichen Gewichte der Gewürze berücksichtigt. Mein Mann war meistens dabei, wenn eine neue Mischung zubereitet wurde. Dann hieß es, soundsoviel Schaufeln von dem und soviel von dem, von jeder der zwölf Zutaten. Das ging »schaufelweise«, es wurde nach Volumen abgemessen. Das waren ganz besondere Aluminium-Schaufeln, die immer für sich aufbewahrt wurden, damit keine Spinnen mit ihnen in Berührung kamen.*

Die Abpackerinnen saßen um einen großen Tisch. Mit einem Messlöffel aus Aluminium, in den genau die erforderliche Menge hineinging, befüllten sie die Pergament-Beutel. Mein Mann hatte das ausprobiert. Wenn die Messbecher so randvoll sind, dann ist das die Grammzahl, die in den Tüten enthalten sein muss. Und es sollten dann immer 10 Päckchen in einen Kasten gestellt werden, damit er immer zählen und kontrollieren konnte, ob es auch die richtige Menge war. Um diesen Innenbeutel mit dem Neunerlei-Gewürz wurde dann ein mehrfach gefaltetes Rezept-Blättchen gelegt und beides zusammen in einen Außenbeutel gesteckt.

»Hayma-Treibkraft« wurde in einem Spezialbeutel geliefert, soweit wie möglich ohne Luftzufuhr, um die Treibfähigkeit zu erhalten.

Zum Versand kamen immer 50 Beutel zusammen – 25 Beutel Neunerlei und 25 Beutel Treibkraft. Die wurden immer so hingelegt, dass die Treibkraft gegen Feuchtigkeit geschützt lag. Das mussten die Frauen von Hand packen, damit die Treibkraft für sich im Trockenen lag. Die 50 Beutel kamen dann in einen braunen Umkarton, der mit einem Klebeband verschlossen wurde. Diese Kartons wurden manchmal im Geschäft auf einen Tresen gestellt und dieser Aufsteller kam dazu.

Auch als der Abfüllautomat schon da war, brauchten wir Frauen zum Abfüllen. Der Automat hat nur das Pulver abgefüllt. Danach saßen wieder Frauen und haben diese Rezept-Heftchen zusammen mit dem Pergament-Beutel in den Überbeutel gesteckt. Das wurde weiter von Hand gemacht. Die Damen waren meist Kriegerwitwen, die sich Geld verdienen mussten.

Hayma-Werbung in den Jahrgängen (von links) 1953, 1954, 1956, 1559 und 1966 der »Täglichen Rundschau«, dem Heimatblatt der vertriebenen Schlesier aus Schweidnitz.

Den Einkauf der Gewürze tätigten wir in Hamburg. Ich erinnere mich an den Namen des Herrn Müggenburg als Großhändler. Das klappte immer gut. Wenn mein Mann angerufen hat, dann brachte die Spedition bereits am anderen oder übernächsten Tag die Rohware. Manchmal sind wir aber auch für plötzlich fehlende kleinere Mengen selber mit dem Pkw nach Hamburg gefahren. Dann wurde die Rückbank herausgenommen und große Säcke […] kamen hinein. Das Auto hat dann manchmal fast auf der Erde gehangen, aber es ging.

Was den Vertrieb anbelangt, ist mein Mann am Anfang auch viel gereist, bis es dann einigermaßen lief. Da hat er bei den Filialisten überall Reklame gemacht. Durch EDEKA und die großen Konzerne ging das dann schnell bergauf. Er selbst hat zusätzlich auch in den Heimatzeitungen annonciert.

Hauptabnehmer waren die Filialisten und die Hausfrauen. Unsere Filialisten waren u. a. die Firmen PFANNKUCH in Karlsruhe und KUPSCH in Würzburg, außerdem die EDEKA-Zentrale in Hamburg.

Als die Hausfrauen wussten, es gibt wieder Hayma, da hat mein Mann von ihnen immer viel Post bekommen. Er hat sich darüber gefreut und sie eine Zeitlang aufbewahrt, denn sie schrieben so nett persönlich.

Es wurde im Juni angefangen zu produzieren, damit das Gewürz bis Weihnachten einigermaßen frisch war. Auch einige Großabnehmer wie EDEKA bestellten sehr frühzeitig unter Inanspruchnahme von Großabnahme-, Dauer- und Frührabatt. Mein Mann hat dann schon gesagt: »Die »rabatten« mich noch tot!«

Das ging dann alles in die Zentralen der Firmen. Wir haben die Ware hier zur Spedition gegeben und selbst nur noch Kleinaufträge erledigt. Im Winter rief dann jemand an: »Wir haben nichts mehr«. Es waren dann kleinere Bestellungen z. B. über 50 Päckchen. Diese haben mein Mann und ich dann abends noch als Expressgut zum Bahnhof nach Bückeburg gebracht. Man konnte das damals noch bis um 22.00 Uhr aufgeben und am anderen Morgen bei der Firma anrufen, ob die Ware angekommen ist. Das war sie dann auch meistens. Damals florierte das alles noch mit der Bahn. Die meisten Kunden hatten wir in Süddeutschland. Dort hatten wir auch eigene Vertreter, einen in Regensburg und einen in Stuttgart.

Die grafische Gestaltung der Abfüllbeutel und darauf aufbauend der Werbeanzeigen überließ Gustav Assmann einem Werbegrafiker, der auch aus der Schweidnitzer Region stammte. Es handelte sich um Günther Grammel[342] aus dem in Schlesien benachbarten Kreis Reichenbach/Eulengebirge. In Bückeburg war er als Grafiker und Kunstmaler freischaffend tätig und bei den dortigen mittelständischen Unternehmen gut bekannt.[343] Er übernahm das hergebrachte Logo der Mutter mit dem Kind, das einen Korb mit

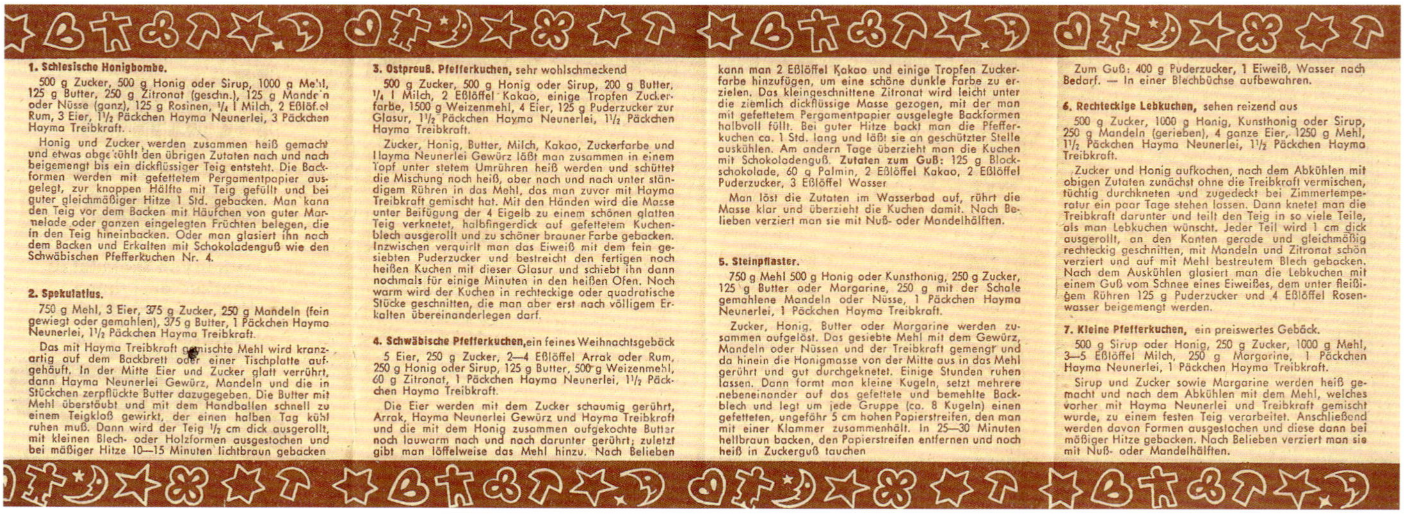

1. Schlesische Honigbombe.

500 g Zucker, 500 g Honig oder Sirup, 1000 g Mehl, 125 g Butter, 250 g Zitronat (geschn.), 125 g Mandeln oder Nüsse (ganz), 125 g Rosinen, 1/4 l Milch, 2 Eßlöffel Rum, 3 Eier, 1 1/2 Päckchen Hayma Neunerlei, 3 Päckchen Hayma Treibkraft.

Honig und Zucker werden zusammen heiß gemacht und etwas abgekühlt den übrigen Zutaten nach und nach beigemengt bis ein dickflüssiger Teig entsteht. Die Backformen werden mit gefettetem Pergamentpapier ausgelegt, zur knappen Hälfte mit Teig gefüllt und bei guter gleichmäßiger Hitze 1 Std. gebacken. Man kann den Teig vor dem Backen mit Häufchen von guter Marmelade oder ganzen eingelegten Früchten belegen, die in den Teig hineinbacken. Oder man glasiert ihn nach dem Backen und Erkalten mit Schokoladenguß wie den Schwäbischen Pfefferkuchen Nr. 4.

2. Spekulatius.

750 g Mehl, 3 Eier, 375 g Zucker, 250 g Mandeln (fein gewiegt oder gemahlen), 375 g Butter, 1 Päckchen Hayma Neunerlei, 1 1/2 Päckchen Hayma Treibkraft.

Das mit Hayma Treibkraft gemischte Mehl wird kranzartig auf dem Backbrett oder einer Tischplatte aufgehäuft. In der Mitte Eier und Zucker glatt verrührt, dann Hayma Neunerlei Gewürz, Mandeln und die in Stückchen zerpflückte Butter dazugegeben. Die Butter mit Mehl überstäubt und mit dem Handballen schnell zu einem Teigkloß gewirkt, der einen halben Tag kühl ruhen muß. Dann wird der Teig 1/2 cm dick ausgerollt, mit kleinen Blech- oder Holzformen ausgestochen und bei mäßiger Hitze 10—15 Minuten lichtbraun gebacken

3. Ostpreuß. Pfefferkuchen, sehr wohlschmeckend

500 g Zucker, 500 g Honig oder Sirup, 200 g Butter, 1/4 l Milch, 2 Eßlöffel Kakao, einige Tropfen Zuckerfarbe, 1500 g Weizenmehl, 4 Eier, 125 g Puderzucker zur Glasur, 1 1/2 Päckchen Hayma Neunerlei, 1 1/2 Päckchen Hayma Treibkraft.

Zucker, Honig, Butter, Milch, Kakao, Zuckerfarbe und Hayma Neunerlei Gewürz läßt man zusammen in einem Topf unter stetem Umrühren heiß werden und schüttet die Mischung noch heiß, aber nach und nach unter ständigem Rühren in das Mehl, das man zuvor mit Hayma Treibkraft gemischt hat. Mit den Händen wird die Masse unter Beifügung der 4 Eigelb zu einem schönen glatten Teig verknetet, halbfingerdick auf gefettetem Kuchenblech ausgerollt und zu schöner brauner Farbe gebacken. Inzwischen verquirlt man das Eiweiß mit dem fein gesiebten Puderzucker und bestreicht den fertigen noch heißen Kuchen mit dieser Glasur und schiebt ihn dann nochmals für einige Minuten in den heißen Ofen. Noch warm wird der Kuchen in rechteckige oder quadratische Stücke geschnitten, die man aber erst nach völligem Erkalten übereinanderlegen darf.

4. Schwäbische Pfefferkuchen, ein feines Weihnachtsgebäck

5 Eier, 250 g Zucker, 2—4 Eßlöffel Arrak oder Rum, 250 g Honig oder Sirup, 125 g Butter, 500 g Weizenmehl, 60 g Zitronat, 1 Päckchen Hayma Neunerlei, 1 1/2 Päckchen Hayma Treibkraft.

Die Eier werden mit dem Zucker schaumig gerührt, Arrak, Hayma Neunerlei Gewürz und Hayma Treibkraft und die mit dem Honig zusammen aufgekochte Butter noch lauwarm nach und nach darunter gerührt; zuletzt gibt man löffelweise das Mehl hinzu. Nach Belieben kann man 2 Eßlöffel Kakao und einige Tropfen Zuckerfarbe hinzufügen, um eine schöne dunkle Farbe zu erzielen. Das kleingeschnittene Zitronat wird leicht unter die ziemlich dickflüssige Masse gezogen, mit der man mit gefettetem Pergamentpapier ausgelegte Backformen halbvoll füllt. Bei guter Hitze backt man die Pfefferkuchen ca. 1 Std. lang und läßt sie an geschützter Stelle auskühlen. Am andern Tage überzieht man die Kuchen mit Schokoladenguß. **Zutaten zum Guß:** 125 g Blockschokolade, 60 g Palmin, 2 Eßlöffel Kakao, 2 Eßlöffel Puderzucker, 3 Eßlöffel Wasser

Man löst die Zutaten im Wasserbad auf, rührt die Masse klar und überzieht die Kuchen damit. Nach Belieben verziert man sie mit Nuß- oder Mandelhälften.

5. Steinpflaster.

750 g Mehl 500 g Honig oder Kunsthonig, 250 g Zucker, 125 g Butter oder Margarine, 250 g mit der Schale gemahlene Mandeln oder Nüsse, 1 Päckchen Hayma Neunerlei, 1 Päckchen Hayma Treibkraft.

Zucker, Honig, Butter oder Margarine werden zusammen aufgelöst. Das gesiebte Mehl mit dem Gewürz, Mandeln oder Nüssen und der Treibkraft gemengt und da hinein die Honigmasse von der Mitte aus in das Mehl gerührt und gut durchgeknetet. Einige Stunden ruhen lassen. Dann formt man kleine Kugeln, setzt mehrere nebeneinander auf das gefettete und bemehlte Backblech und legt um jede Gruppe (ca. 8 Kugeln) einen gefetteten, ungefähr 5 cm hohen Papierstreifen, den man mit einer Klammer zusammenhält. In 25—30 Minuten hellbraun backen, den Papierstreifen entfernen und noch heiß in Zuckerguß tauchen

Zum Guß: 400 g Puderzucker, 1 Eiweiß, Wasser nach Bedarf. — In einer Blechbüchse aufbewahren.

6. Rechteckige Lebkuchen, sehen reizend aus

500 g Zucker, 1000 g Honig, Kunsthonig oder Sirup, 250 g Mandeln (gerieben), 4 ganze Eier, 1250 g Mehl, 1 1/2 Päckchen Hayma Neunerlei, 1 1/2 Päckchen Hayma Treibkraft.

Zucker und Honig aufkochen, nach dem Abkühlen mit obigen Zutaten zunächst ohne die Treibkraft vermischen, tüchtig durchkneten und zugedeckt bei Zimmertemperatur ein paar Tage stehen lassen. Dann knetet man die Treibkraft darunter und teilt den Teig in so viele Teile, als man Lebkuchen wünscht. Jeder Teil wird 1 cm dick ausgerollt, an den Kanten gerade und gleichmäßig rechteckig geschnitten, mit Mandeln und Zitronat schön verziert und auf mit Mehl bestreutem Blech gebacken. Nach dem Auskühlen glasiert man die Lebkuchen mit einem Guß vom Schnee eines Eiweißes, dem unter fleißigem Rühren 125 g Puderzucker und 4 Eßlöffel Rosenwasser beigemengt werden.

7. Kleine Pfefferkuchen, ein preiswertes Gebäck.

500 g Sirup oder Honig, 250 g Zucker, 1000 g Mehl, 3—5 Eßlöffel Milch, 250 g Margarine, 1 Päckchen Hayma Neunerlei, 1 Päckchen Hayma Treibkraft.

Sirup und Zucker sowie Margarine werden heiß gemacht und nach dem Abkühlen mit dem Mehl, welches vorher mit Hayma Neunerlei und Treibkraft gemischt wurde, zu einem festen Teig verarbeitet. Anschließend werden davon Formen ausgestochen und diese dann bei mäßiger Hitze gebacken. Nach Belieben verziert man sie mit Nuß- oder Mandelhälften.

Das Bild der Hayma-Rezeptheftchen wurde immer wieder neu gestaltet, auch wenn die darin enthaltenen Rezepte nicht verändert wurden. Bei einigen Kunden wurden die Faltblätter zu Sammelobjekten, wie diese dem Verfasser leihweise übersandte Sammlung mit Heften aus den Jahren 1962, 1964, 1968, 1971 sowie einem undatierten Exemplar aus den 1950er Jahren.

Hinweis:
Ein Faksimile der zuletzt herausgegebenen Hayma-Rezeptsammlung ist im Anhang dieses Buches abgedruckt.
Einige weitere Entwürfe des schlesischen Grafikers Günther Grammel sind ebenfalls im Anhang dieses Buches zu finden.

Pfefferkuchen hält. Das Aussehen der Personen, vor allem die Frisur der Mutter, wurde alle paar Jahre dem aktuellen Zeitgeschmack angepasst. Gelegentlich wurde das Kind auch als Junge gestaltet. Trotz dieser Veränderungen gelang es der Gewürzmischung, von den traditionellen Verbrauchern mühelos wiedererkannt zu werden. Die Gewürzbeutel wurden in einer Druckerei in Enger bei Bielefeld bedruckt. Das Geschäft mit »Hayma Neunerlei« florierte.

Die Firma J. Staesz jun. übernimmt Hayma

Bürger aus Bückeburg erinnern sich bis heute, dass es in der Umgebung des Betriebes in der Jetenburger Straße in der Vorweihnachtszeit immer angenehm nach Gewürzen duftete. Einige Gewährsleute erinnern sich, dass Gustav Assmann immer ausgesprochen freundlich auftrat und dass er gelegentlich »Herr Neunerlei« genannt wurde.[344]

Seine Witwe erinnert sich, wie sich mit zunehmendem Alter Überlegungen einstellten, die Herstellung der Gewürzmischung aufzugeben: *Es war daraufhin dann so, dass unser Lagermeister und meine Schwägerin, beide ungefähr im Alter meines Mannes, gesagt haben: »Wenn Sie aufhören, dann wollen wir auch nicht mehr«. Es kam dann eins zum anderen. Bei meinem Mann gab es die Überlegung: »Mit neuem Personal anfangen, das will ich nicht mehr«.*

Er suchte daher einen Käufer als Nachfolger, den er auch bald fand. Im Jahre 1977 wurden die Rezeptur und alle Unterlagen an Herrn Detmar Hey verkauft. Dessen Firma besaß in Bückeburg eine Arzneimittelfabrik, die Heilmittel auf Naturbasis [...] und auch Honig produzierte.

Die Aufstellung über die anlässlich des Verkaufs vorgenommene Inventur ist erhalten.[345] Kaufinteressent Detmar Hey erfuhr, dass er von folgenden Produktionsmengen ausgehen konnte:

- 210.000 Beutel Hayma Neunerlei zu je 14g. Um diese Menge herzustellen, wurden damals 20 Mischungen zu je 160 kg vorgenommen.
- 180.000 Beutel Hayma Treibkraft zu je 14g. Das Triebmittel war eine Mischung, die aus Natriumbicarbonat, Cremor Tartari (ein Salz der Weinsäure) und einem weiteren Mittel mit dem Hausnamen »ABC Trieb« hergestellt wurde.

Dr. Christel Assmann erinnert sich nicht mehr, ob Detmar Hey die Mühle und die Abfüllmaschine in der Jetenburger Straße weiter benutzte oder ob er eigene Maschinen hatte.

Detmar Hey setzte die Herstellung von »Hayma Neunerlei« nur wenige Jahre fort. Im Jahre 1982 verkaufte er die gesamte Firma, einschließlich der Rechte an dem Gewürz an die Firma J. Staesz jun. in Nesse.

Irmtraut Köster weiß, dass sie 1982 einen Tagesausflug nach Bückeburg machte, um mit Susanne Krause die Produktionsunterlagen und die Kundenlisten abzuholen.

Heute erinnert in der Jetenburger Straße 27 in Bückeburg nichts mehr daran, dass hier einmal Pfefferkuchengewürz hergestellt wurde.[346] Das Hayma-Werk ist hier spurlos verschwunden.

In der Korrespondenz mit den Abnehmern erfuhr Ulrich Krause, dass »Hayma Neunerlei« nicht nur zum Backen diente. Es war bei den Schlesiern auch eine beliebte Zutat für die »Pfefferkuchensoße«, auch als »Polnische Biersoße« bekannt. Sie verlieh dem traditionellen vorweihnachtlichen Gericht »Schlesische Weißwurst« das »gewisse Etwas«.

Die grafische Gestaltung des Verpackungsbeutels »Hayma Neunerlei« wurde zeitgemäß verändert. Der Verzicht auf das bisherige Logo »Mutter mit Kind« wurde von der Kundschaft akzeptiert.

Altersbild Gustav Assmann
*4.12.1912 in Breslau,
†3.7.2007 in Bückeburg

Zutatenliste für das Hayma-Pfefferkuchengewürz:[347]	
Pfeffer, weiß, ganz, 1,25%	Ingwer, gemahlen
Koriander, faq	Zimt Cassia, ganz
Anis, faq	Orangenschalen, süß, gemahlen
Fenchel	Zitronenschalen, ganz
Nelken, faq	Pomeranze, bitter
Kardamom in Schale	Curacaoschalen
Muskat, ganz	

Rechts:
Das nach dem Ankauf neu gestaltete Layout der Hayma-Gewürzbeutel – hier am Beispiel »Hayma-Treibkraft«.

In den ersten Jahren wurde in Nesse lediglich die Mischung des Gewürzes vorgenommen. Dass dazu zwölf bzw. dreizehn Zutaten erforderlich waren, erwies sich als unproblematisch, da die weiteren Zutaten im Betrieb ohnehin vorhanden waren.

Die als Jahresbedarf geplante Menge wurde in Nesse in einem Zuge hergestellt und zusammen mit den Pergamintüten zur Firma »Alba-Gewürze« in Bielefeld gebracht, wo sie eingetütet und dann zurückgebracht wurde. Diese Arbeitsteilung bewährte sich über mehrere Jahre. Bei Pergamin handelt es sich um ein transparentes aber nicht ganz durchsichtiges Papier auf Zellulosebasis. Auch die Einzelgewürze des »Staesz-Pfefferkuchengewürz« wurden darin abgefüllt.

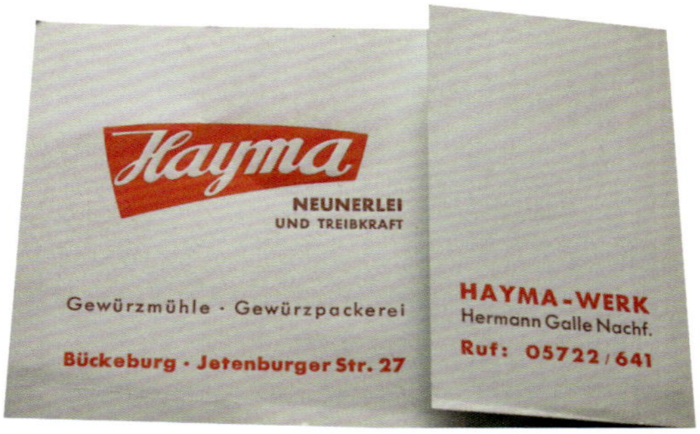

Eine gefalzte Visitenkarte zeigt, dass es in der Jetenburger Straße einmal das Haymawerk Bückeburg gegeben hat.

Nach dem Kauf von »Hayma Neunerlei« konnte hausintern, auch für die Kunden von »Staesz Pfefferkuchengewürz«, auf das nun eigene Mittel »Hayma Treibkraft« verwiesen werden.[348] Davon wurde vielfach Gebrauch gemacht.

Die Absatzmengen von »Hayma Neunerlei« waren in den Folgejahren zwar abnehmend und halbierten sich von 1983 auf 1984, blieben aber im Angebot der Gewürzmühle Nesse jahrzehntelang auf einem zufriedenstellenden Niveau. Der Kundenkreis war für »Staesz« und »Hayma« annähernd der gleiche; lediglich der Kleinverkauf hatte unterschiedliche Vertriebswege.

Ausgewählte Absatzzahlen »Hayma Neunerlei« (ohne Treibkraft) gem. handschriftlicher Anschreibliste von Werner Krause

Jahr	bis zum 30.9.	bis zum 31.10.	bis zum 30.11.	bis Jahresende
1982	30.075	72.525	112.300	115.700
1983	50.225	105.400	145.860	150.560
1984	16.200	44.250	66.900	72.277
1985	17.575	55.075	87.225	96.700

Expansion zum internationalen Anbieter und Verkauf des Unternehmens

Die Grenzöffnung: Fleisch-, Wurst- und Fischgewürze aus Nesse expandieren in den Osten

Im Jahre 1989 hatte sich die Gewürzmühle in Nesse bereits beträchtlich vergrößert. 24 Mitarbeiter wurden im Innen- und Außendienst beschäftigt; der Exportanteil betrug 17%.[349] Dann kam es zur sensationellen Öffnung der Grenzen gen Osten, und dem Betrieb eröffnete sich die Chance, weitere Märkte zu erschließen. Die Gelegenheit wurde genutzt.

Allerdings kann die Geschäftsentwicklung der nun folgenden Jahre nicht in der bis hierhin angestrebten Tiefe beschrieben werden. Dieses ist einerseits dem Umstand geschuldet, dass sich die Gewürzmühle Nesse in kürzester Zeit von einem eher nationalen Gewürzhersteller mit einem bedeutenden Schwerpunkt in der Versorgung handwerklich aufgestellter Betriebe und Endverbraucher zu einem international agierenden Versorger auch der industriell arbeitenden internationalen Lebensmittel-Wirtschaft entwickelte. Eine ausführliche Darstellung dieses sehr erfolgreichen Weges würde die mit diesem Buch verfolgte Absicht Ulrich Krauses und des Verfassers, die Geschichte des Staesz-Pfefferkuchengewürzes und der davon geprägten Familiengeschichte zu erzählen, zu sehr in den Hintergrund rücken.

Mit diesem Hinweis bittet der Verfasser um Verständnis, dass im Folgenden nur noch die wesentlichen Daten der nachfolgenden Jahre in sehr komprimierter Form dargestellt werden.

Die Öffnung der Grenzen zur DDR und zu den Staaten des ehemaligen Ostblocks erzeugte denkwürdige Begebenheiten.

Irmtraut Köster erinnert sich: *Bereits vor der Grenzöffnung hatte Kurt Stelter bei uns »Mayomix« entwickelt, einen Basisstoff für die Herstellung von Mayonnaise. Das Produkt war dann auch in den neuen Bundesländern derart begehrt, dass es in den Monaten nach der Grenzöffnung plötzlich in doppelter Menge verkauft wurde. Die neuen Kunden gerieten in Angst, wir würden nicht ausreichend liefern können.*

Ulrich Krause erinnert sich, dass die politische Wende zum Startschuss für eine zuvor nicht für möglich gehaltene Expansion wurde: *Nach der Grenzöffnung wurde bereits 1991 im Großraum Dresden der erste Vertreter für Fleischereigewürze gewonnen.*

Der weitere Ausbau des Vertriebs verlagerte sich dann an die Küste und Kurt Stelter war nach kurzer Zeit überall die »Galionsfigur« für gute Gewürze im Fischbereich. Seine Position hieß »Fachberater für die Fischindustrie«. Hinter dieser neutralen Bezeichnung versammelten sich seine Tätigkeiten als Vertriebsmann und Produktentwickler für den Fisch- und Feinkostbereich. Aus seinen Kontakten mit den Kunden entwickelte er auch neue Rezeptideen. Große Firmen entwickelten mit ihm Hausrezepte, nach denen wir anschließend für diese Kunden produzierten.

Die optische Gestaltung dieses Sattelaufliegers war ein Werk von Schülern der berufsbildenden Geschwister-Scholl-Schule in Bremerhaven. Den Graffiti-Künstlern war hier eine anspruchsvolle Werbegrafik anvertraut worden. Der Kontakt zu den Künstlern kam über die pädagogische Mitarbeiterin und Kinderbetreuerin Gisela Vollers zustande.

In Warschau beteiligte ich mich im Jahr 1990/91 zum ersten Mal mit einem Gewürzstand an einer Lebensmittelmesse, zusammen mit der CMA [Centrale Marketing Gesellschaft]. Der Fleischer, den ich dort kennenlernte, wurde unser Handelsvertreter für Fleisch- und Fischgewürze, bis ihm das Geschäft nach einigen Jahren zu groß wurde. Dann wurde es getrennt in einen Fleisch- und einen Fischbereich. Solche Handelsvertretungen, meistens getrennt nach Fleisch- und Fischgewürzen, hatten wir bald in vielen Ländern, sogar in der Mongolei. Oft entwickelten sie sich aus Messeauftritten. Alle Vertretungen legten Wert darauf, den Namensbestandteil »Nesse« in ihre Firmierung aufzunehmen, beispielsweise »Nesse – Ukraine«, NESSEpol«, »Nesse-Perm« u.s.w. Auch unser Nesse-Logo durften sie führen.

Die im gesamten Baltikum und in Osteuropa ansässigen Hersteller von Fischprodukten hatten von Anfang an großes Vertrauen zu uns. Alexander Krause begründete zu ihnen solide Geschäftsbeziehungen. In den baltischen Staaten, in den Nachfolgestaaten der Sowjetunion und in mehreren ehemaligen Ostblockländern initiierte er Handelsvertretungen über die er uns industrielle Großkunden gewann.

In Moskau hatten wir schließlich drei Vertretungen, eine für Fisch- und zwei für Fleisch- und Wurstprodukte. Damit einhergehend brachten wir neue Rezepturen und Technologien für die Lebensmittelherstellung in den Markt. Die Kunden unserer Handelsvertretungen in Russland und in der Mongolei verlangten ausdrücklich Gewürze und Mischungen, die in Deutschland hergestellt waren. Zum dortigen einheimischen Markt hatten sie kein Vertrauen. Nicht zuletzt wegen der von uns gegebenen Garantie, dass nur bei uns selbst produziert wird, gab es auch niemals Überlegungen, Produktionsschritte in ein Billiglohnland zu verlegen. Aufgrund der Garantie und unseres Systems, dass Fachberater in die Betriebe gingen und dort mit den von uns mitgebrachten Gewürzen auf unsere Kosten Produktions-Vorführungen veranstalteten, ergaben sich stabile und vertrauensvolle Geschäftsbeziehungen. So kam es zu immer mehr und immer größeren Bestellungen.

Die für die Lieferungen erforderlichen Produktionsmengen mussten rasch gesteigert werden und so kam es, dass unsere Kapazitäten in Nesse nicht mehr ausreichten. Wir konnten dann die Coop-Gewürzmühle an der Peutestraße in Hamburg-Veddel pachten. Alle erforderlichen Maschinen zum Reinigen, Schroten und Mahlen der Rohwaren befanden sich in diesem Betrieb. Dorthin verlagerten wir von April 1992 bis zum Som-

mer 1998 die Produktion für die ausländischen Großkunden.

Den Standort Hamburg-Veddel sahen wir aber immer nur als eine Zwischenlösung an. Die Herstellung im großen Stil sollte in einem eigenen Produktionsbetrieb erfolgen. Da die Lieferungen per Lkw vorwiegend in die osteuropäischen Nachbarländer erfolgten, überlegten wir, einen Standort in den neuen Bundesländern aufzubauen. Vor allem in Frankfurt/Oder, aber auch in Ludwigslust/Mecklenburg, erhielt ich attraktive Angebote.

Ich machte mich eines Tages auf eine Besichtigungs-Rundreise, nahm die angebotenen Gewerbeflächen in Augenschein und führte gute Gespräche mit den Bürgermeistern. Ich werde den Abend meiner Rückkehr von dieser Fahrt nicht vergessen. Innerlich hin und her gerissen von der Euphorie über die günstigen Angebote und einer inneren Stimme, die sich gegen diese Verlagerung wandte, kam ich spät abends in Hamburg-Veddel an. Dort traf ich meinen Sohn Jan-Hendrik und einen Außendienstmitarbeiter, der vom Zweck meiner Reise wusste. Als er mich mit den Worten: »Oh, da kommt unser Mann aus dem Osten« begrüßte, wusste ich, dass ich die Verlagerung in die fernab gelegenen neuen Bundesländer nicht machen würde. Die Produktion sollte stattdessen in der auf kurzem Wege erreichbaren Nähe erfolgen.

Ich kaufte dann ein 10.000 m² Grundstück im Gewerbegebiet Sittensen an der Autobahn A 1 zwischen Hamburg und Bremen. Meine Söhne Jan Hendrik und Alexander Krause gründeten hier ihre eigene Firma »GewürzMühle Nesse, Gebr. Krause GmbH«, erhielten die Finanzierungszusage der Sparkasse in Sittensen und errichteten auf dem Grundstück den neuen Produktionsbetrieb. Dort wurde ab 1998 in modernster Art und Weise nach unseren hauseigenen Rezepturen für den Export produziert. In Sittensen gab es auch Labore und es wurden dort auch neue Produkte entwickelt.

Die Herstellungsmengen wurden weiter gesteigert. Beispielsweise beliefen sich die Aufträge aus Russland auf wöchentlich durchschnittlich 10 Container, die jeweils 20 Tonnen Gewürzmischungen enthielten. Daraus ist ersichtlich, dass unsere Kunden in den Zielländern zu den jeweiligen Marktführern gehörten. 1998 gründeten wir die Vertriebsfirmen »Nesse Petersburg« in St. Petersburg, Russland und »NESSEpol« in Zielona Góra (Grünberg/Schlesien).

Die Umsatzmenge betrug im Jahr 2000 rund 4.500 t Gewürze, Gewürzextrakte, Aromen, Emulgatoren, Stabilisatoren, Grillmarinaden und -soßen.

Im Jahre 2001 wurde die Firma J. Staesz jun. & Otto Möller Gewürzmühle GmbH umfirmiert zur GewürzMühle Nesse GmbH. Es wurde auch ein neues Firmenlogo entwickelt.

GEWÜRZMÜHLE NESSE

1998 – Architekt Reinhard Heins aus Hipstedt (links) übergibt den Schlüssel zum neuen Werk in Sittensen an Jan Hendrik (mitte) und Alexander Krause (rechts), 2. v. l. Ulrich Krause

Die vierte Generation übernimmt Verantwortung

Jan Hendrik und Alexander Krause, die Urenkel-Generation aus der Sicht Robert Mays, hatten sich frühzeitig entschieden, den Weg der Familiennachfolge einzuschlagen.

Jan Hendrik Krause, geb. 1966, lernte zunächst das Fleischer-Handwerk in Neckarhausen, in der gleichen Fleischerei Falter, in der sein Vater 1964 ein Praktikum gemacht hatte, Er wurde dann Gewürzkaufmann und übernahm die Leitung der gepachteten Gewürzmühle in Hamburg-Veddel.

Alexander Krause, geb. 1968, lernte den Beruf des Fischwerkers, studierte danach in Neumünster und Bremerhaven Lebensmitteltechnologie, dem ein kaufmännischer Master-Studiengang an den Hochschulen in Berlin und St. Gallen folgte.

Die Firmierung und die Adresse des Betriebes lauteten seither: GewürzMühle Nesse GmbH, Im Tweyad 1, D-27612 Loxstedt-Nesse.

Die Erweiterung um den Standort in Sittensen sollte aber nicht der Abschluss der Erweiterungen sein. Ein neues Denken, gerade im Lebensmittelbereich, hatte sich in der Gesellschaft entwickelt. Ökologisch erzeugte Lebensmittel in Bio-Qualität gewannen immer größere Marktanteile, insbesondere nach der BSE-Krise.

In Bramstedt, südöstlich von Loxstedt, kam so im Jahre 2002 der dritte Produktionsbetrieb hinzu. Hier entstand ein Produktionsstandort für Gewürze in Bio-Qualität.[350] Er war aber kein selbst bilanzierender Betrieb. Der Standort war Bestandteil der GewürzMühle Nesse GmbH. Schon im Oktober 1999 hatte sich die Gewürzmühle Nesse ein Zertifikat erteilen lassen, das sie dazu berechtigte, Produkte mit einem Hinweis auf die ökologische Erzeugung der eingesetzten Rohwaren und des daraus gewonnenen ökologischen Endproduktes zu versehen.

Ulrich Krause besaß die Antennen für das Aufkommen der Waren in Bio-Qualität und spricht darüber, dass auch er sich entschloss, diese Entwicklung aus voller Überzeugung mitzumachen: *Lange Zeit hatten die Kunden, wenn ich den Bio-Gedanken in die Gespräche mit ihnen einflocht, immer nur etwas spöttisch reagiert und gelächelt. Doch als die Rinderseuche BSE im Jahre 2000 hochkam, ist bei mir der Entschluss gereift, die Produktion von Produkten in Bio-Qualität hochzufahren und damit auch auf Messen zu gehen. Dazu brauchte ich aber einen separaten eigenen Betrieb und den habe*

Bio-Staesz: Beutel, Rezeptheft und Gewürztüten

Mitarbeiter des Werks in Nesse 2003

ich in Bramstedt gekauft. Relativ zügig konnten wir dort gutes Personal einstellen und haben dort nur Gewürze in Bio-Qualität hergestellt. Die Nachfrage von Bio-Fleisch- und Bio-Fischherstellern war ausreichend vorhanden.

Diesen Weg bin ich dann auch mit dem Staesz-Pfefferkuchengewürz gegangen, habe aber den Fehler gemacht, die konventionelle Produktion daneben weiterlaufen zu lassen. Es wäre besser gewesen, sie einzustellen und das Traditionsgewürz konsequent nur noch in Bio-Qualität herzustellen. Die vollständige Umstellung auf »Bio« hätte Erfolg haben können, da sie in die Zeit passte.

Die Verpackungsbeutel der am neuen Standort Bramstedt hergestellten Bio-Ausgabe des Staesz-Pfefferkuchengewürzes erhielten das Bio-Siegel als grünen Aufdruck, dazu die üblichen Beschriftungen in grüner Farbe bzw. auf grünem Untergrund.

Im Jahre 2004 entstand in Nesse ein Neubau, verbunden mit einer Runderneuerung des gesamten Firmengeländes. Die Intensität, mit der Jan Hendrik und Alexander Krause die Umsetzung neuer Produktionsideen gelang, hatte zur Folge, dass der neue Betrieb in Sittensen im gleichen Jahr bereits um vier Großsilos erweitert werdem musste.

In dem Jahr wurde auch das neue Corporate Design für alle drei Standorte entwickelt: »NESSE WIR HABEN GESCHMACK.«

Im Jahre 2005 trat schließlich der Inhaber des Berliner Traditionsunternehmens »India-Gewürze«, das exotische asiatische Gewürze für den Einzelhandel herstellte, an die GewürzMühle Nesse heran und unterbreitete ein attraktives Verkaufsangebot. Der Betrieb wurde gekauft und dem Unternehmen eingegliedert.

NESSE
WE HAVE TASTE

Die englischsprachige Version des neuen Logos

Hinweis:
Das »Fischmagazin«, eine Fachzeitung für die Fischwirtschaft, berichtete im Juni 2000 über die Gewürzmühle Nesse, die wenige Monate zuvor die Produktion von Bio-Gewürzen begonnen hatte. Das Faksimile dieses Berichts ist im Anhang dieses Buches abgedruckt.

Die drei Werke Nesse, Bramstedt und Sittensen

Ausschnitte aus der Nesse-Weltkarte im Büro von Ulrich Krause

Der Verkauf der Betriebe an Frutarom

Nach der Übernahme von »India« beschäftigten die Unternehmen von Ulrich, Jan-Hendrik und Alexander Krause insgesamt rund 120 Mitarbeiter. Die Betriebe in Nesse und in Sittensen waren voll ausgelastet und das Werk in Bramstedt hatte eine sehr gute Auftragslage

Im Jahre 2006 gelangte folgende Selbstdarstellung in das Internet:

Über die GewürzMühle Nesse GmbH:

Die schon 1880 gegründete GewürzMühle Nesse vertreibt ein Vollsortiment aus Industriegewürzen, Bio-Gewürzen, Marinaden und Zusatzstoffen. Seit der Übernahme 1978 durch Ulrich Krause, wird der Schwerpunkt verstärkt auf die Herstellung von Gewürzpräparaten und Hilfsstoffen für das fleischverarbeitende Gewerbe gelegt.

Die GewürzMühle Nesse ist ein mittelständisches Unternehmen mit rund 120 Mitarbeitern. Neben den deutschen Standpunkten Loxstedt-Nesse und Sittensen, gibt es inzwischen auch jeweils eine Vertriebsniederlassung in Polen und Russland. Heute betreut die GewürzMühle Nesse dazu 20 Auslandsvertretungen.[351]

Sechs Jahre zuvor hatte die Zahl der Mitarbeiter noch bei 50 gelegen. Auch die Produktionsmenge hatte sich von 4.500t im Jahr 2000 bis zum Jahr 2006 mehr als verdoppelt. In dem nur für den Export produzierenden Werk in Sittensen kam sie in jenem Jahr oft an 50t täglich heran.[352]

Doch es liefen bereits Anfragen des Unternehmens Frutarom zur Übernahme der Betriebe.

Ulrich Krause erzählt: *Mein Sohn Alexander sagte: »Wir sind in einem weltumspannenden kosmopolitischen Markt. Alles verändert sich. Ich würde zu einem Verkauf raten.« Sein Bruder Jan Hendrik war zunächst gegenteiliger Meinung und ich stand dazwischen. Wir überlegten es uns fast zwei Jahre. Solange stand Frutarom mit uns in Verhandlung.*

Im Jahre 2006 entschlossen wir uns zu dem Schritt. Alexander reiste mit unseren Vollmachten in die Schweiz, unterschrieb dort den Vertrag und damit hatten wir alles verkauft.[353]

Den Betrieb in Sittensen führten meine Söhne danach noch einige Jahre, nun als angestellte Geschäftsführer von Frutarom.

Die Erfahrung lehrt: Unternehmenskäufe haben oft Standortschließungen und Sortimentsbereinigungen zur Folge. Der Verkauf der »GewürzMühle Nesse GmbH« und der »GewürzMühle Nesse Gebr. Krause GmbH« sollte sich von dieser üblichen Verfahrensweise im Wirtschaftsleben nicht unterscheiden.

Als erstes wurde 2013 der Standort in Nesse geschlossen. Die Presse meldete als Begründung: *Wegen des begrenzten Platzangebots kann das Werk in Loxstedt-Nesse nicht weiter ausgebaut werden – das Unternehmen liegt direkt an einem Wohngebiet. Stattdessen wird die Produktion im benachbarten Bramstedt optimiert und in das Werk Sittensen investiert. Sittensen liegt etwa eine*

Susanne und Ulrich Krause

Autostunde von Loxstedt entfernt und ist damit auch für diejenigen Mitarbeiter erreichbar, die dort eine neue Anstellung finden werden.[354]

Damit endete die Gewürzproduktion in Nesse, fast 65 Jahre nach dem Neustart 1949 und 50 Jahre nach dem Neubau der Gewürzmühle durch Robert May im Jahre 1963.

Zu den Produktionen, die nach Bramstedt verlagert wurden, gehörte auch die Fertigung von Hayma Neunerlei, Hayma Treibkraft und Staesz-Pfefferkuchengewürz ohne Bio-Standard.

Die Fertigung von Bio-Staesz-Pfefferkuchengewürz wurde nicht verlagert, sondern aufgegeben.

Mit der Zeit wurde seitens der neuen Eigentümer auf die Ästhetik der Verpackung von Hayma Neunerlei und Hayma Treibkraft weniger Wert gelegt. Für das weltweit tätige Unternehmen waren diese Produkte wenig bedeutend. An Stelle der sorgfältig bunt bedruckten Papiertüten wurden nur schwarz bedruckte Plastiktütchen verwendet. Das lieblos veränderte Erscheinungsbild hatte einen gravierenden Rückgang der Verkaufszahlen zur Folge, sodass sich die Produktion von Hayma Neunerlei und Hayma Treibkraft nicht mehr lohnte und im Jahre 2018 eingestellt wurde.

Im gleichen Jahr wurde die Abpackmaschine »Höller-Modell« ausgemustert. Mit ihr waren die Einzelgewürze des Staesz-Pfefferkuchengewürzes seit den 1980er Jahren in Pergamin-Tütchen abgefüllt worden. Eine angeblich effektivere Abfüllung in durchsichtige Plastiktütchen, geleistet mit einer neuen Maschine, erbrachte aber keinen Vorteil, stattdessen etliche Nachteile.

Im Jahre 2019 wurde auch der Standort Bramstedt geschlossen. Die Produktion sämtlicher hier hergestellter Produkte wurde zum Frutarom-Standort Freilassing in Oberbayern verlegt.

Doch auch in Freilassing gab es Probleme mit der Abfüllung des Pfefferkuchengewürzes.

Nach weiteren Beschwerden wurde die Herstellung des Staesz-Pfefferkuchengewürzes bei Frutarom im Jahr 2020 zunächst aufgegeben.

Zum Ende des Jahres 2021 wurde es aber als Gewürzmischung in einem geänderten Verpackungsbeutel wieder angeboten.

Der Name »Staesz« bleibt damit für die Käufer und Liebhaber eines historischen Pfefferkuchengewürzes auch weiterhin erhalten.

Der neue Verpackungsbeutel aus dem Jahr 2021

Betriebsbeschreibung:

Drogen - Detail - und Großhandlung mit Gewürzmühle in Elbing, Wasserstr. 43/44

Name der Firma: I. Staesz jr. Inhaber Robert May

Die Grundstücke Elbing, Wasserstr. 43/44 und der Speicher, Berlinerstr. 38 wurden von mir in den Jahren 1912 bzw. 1924 für insges. 96.000.- RM erworben. Die Gebäude wurden in den Jahren 1924 bzw. 1928 mit einem Kostenaufwand von 22.000.- RM um- bzw. aufgebaut. Für das übernommene Inventar und den Warenbestand habe ich 31.000.- RM gezahlt.

Es handelte sich um eine Drogerie im allgemeinen Sinne, jedoch mit einem überwiegenden Handel mit techn. Bedarf, Farben, Ölfarben, Lacken u. Zubehör, die selbst hergestellt wurden. Kunden u. Abnehmer waren u.a. Wasserbauamt Elbing, Tapiau, die Firmen Schichau, Komnik sowie Reichsbahn und Post. Ich erinnere mich z.B. genau an einen Auftrag allein des Hafenbauamtes in Pillau im Jahre 1925 in Höhe von 75.000.- RM

Gewürzmühle

Nach Beendigung des 1. Weltkrieges im Jahre 1918 hatte meine Ehefrau aus der Not der damaligen Zeit heraus, nach vielen Versuchen und Proben 8 verschiedene Gewürze zusammengestellt und in einen Beutel abgepackt. Diese Gewürze waren für ein Pfefferkuchenrezept bestimmt. Da dieses Pfefferkuchengewürz ausgezeichnet im Verkauf einschlug, begann ich mit dem Ausbau des Gewürzhandels und belieferte bald den gesamten Norddeutschen Raum. Nach der Inflation hatte ich eine Gewürzmühle und 4 automatische Abfüllmaschinen gekauft.

Der Jahresumsatz der Fa. I. Staesz jr. setzte sich wie folgt zusamm

techn. Bedarf, Farben u. Zubehör	ca 200.000.- RM
Gewürzmühle	" 140.000.- "
Drogen-Einzelhandel	" 40.000.- "
Gesamtumsatz	380.000.- RM

Im Jahre 1939 wurden in diesem Betrieb folgende Arbeitskräfte beschäftigt:

Drogenhandlung	8 Personen
Gewürzmühle, nur in der Saison (6 Monate des Jahres)	20 -"-
Bürokräfte	4 -"-

Faksimiles aus Robert Mays Akte zum Lastenausgleich

Die acht Einzelgewürze des Staesz Pfefferkuchengewürz

Bei den acht einzelnen Gewürzen des »Staesz-Pfefferkuchengewürz«, gesamt 20g, handelt es sich um:

3g Zitronenschalen – Zitronenschalen (vollölig) stammen aus kontrolliertem Anbau in Sizilien oder Spanien.

Sie sind frei von chemischen Mitteln und anderen Schadstoffen.Bei Staesz wurden seit Jahren keine konventionell erzeugten Zitronen mehr eingesetzt, da sich häufig Pestizide und Herbizide in der Schale absetzen, die gesundheitsschädlich sein können. Außerdem ist der ätherische Ölgehalt ausschlaggebend, der nach der Vermahlung mindestens 3,5% betragen muss.

Getrocknete Zitronenschalen verlieren im Laufe des Jahres erheblich an ätherischem Öl, daher wurde immer nur für eine Saison eingekauft.

3g Zimt – Als eines der ältesten Gewürze überhaupt kann man bereits 2500 v. Chr. in einer chinesischen Schrift über Cassia (= China-Zimt) lesen.

Zimtplantagen findet man heute vor allem in Indonesien, China, Sri Lanka und auf den Seychellen.

Die Erntezeiten erstrecken sich in Madagaskar über das ganze Jahr, in Sri Lanka nur über die Monate Juni und Juli.

Es gibt verschiedenene Arten:

Canehl (= Ceylon-Zimt), Ceylon-Zimt ist glatt, gelbbraun und leicht weißlich gestreift.

Cassia vera = kommt aus Indonesien. Er schmeckt ähnlich dem Ceylon-Zimt und duftet feiner und kräftiger als China-Zimt.

Cassia ist rot bis dunkelbraun und braungrau. Der Geschmack ist süßlich, kräftig-würzig und etwas herb.

Für Zimtpulver bei Staesz wurden Cassia-Zimtstangen vermahlen. Er war hell-gelblichbraun bis dunkelrotbraun.

2g Nelken – Nelken sind die Blütenknospen des Gewürznelkenbaumes aus der Familie der Myrtengewächse. Sobald die noch festgeschlossenen grünen Knospen sich hellrot zu verfärben beginnen, werden sie gepflückt und getrocknet. Nach dem Trocknen werden sie braun und hart.

Gewürznelken werden weltweit angebaut. Heute sind Indonesien, die Philippinen, Brasilien, die Komoren, Madagaskar, Sansibar und Mauritius die Hauptexporteure.

Bestimmend für Geruch, Geschmack und Wirkung der Gewürznelken sind die in ihnen enthaltenen ätherischen Öle, deren Anteil bis zu 15% ausmacht.

2g Sternanis – Sternanis ist die sternförmige Frucht eines in Südchina heimischen immergrünen Magnolienbaumes, der bis zu 8 m hoch wachsen kann und über 100 Jahre alt wird. Ab dem siebten Jahr trägt er rotbraune, korkig-holzige, sternförmige Früchte. In ihnen befinden sich die kastanienbraunen, glänzenden, etwa 8 mm großen Samen.

In China ist das Gewürz schon seit mindestens 3000 Jahren bekannt.

Die wichtigsten Herkunftsländer sind heute Südchina und Nordvietnam.

Sternanis ist reich an ätherischen Ölen, insbesondere an Anethol. Sein Geschmack ähnelt Fenchel und Anis. Sternanis hat zudem eine Lakritznote und eine deutliche Schärfe; er schmeckt kräftig süßlich.

2g Ingwer – Ursprünglich kommt der Ingwer aus den feuchtwarmen Tropenwäldern Mittel- und Südostasiens.

Die heutigen Anbaugebiete liegen in China, Nigeria und Indien.

Die Ernte erfolgt, sobald die Blätter zu welken beginnen. Die Rhizome werden vorsichtig aus der Erde herausgeholt. Dann werden sie sortiert, gewaschen und kurz in kochend heißes Wasser getaucht, um Bakterien und Schädlinge abzutöten. Danach trocknen sie drei bis vier Tage in der Sonne.

Die Qualität definiert sich nach dem Gehalt an ätherischem Öl. Ingwer besitzt je nach Herkunft und Aufbereitung bis zu 3,5 % ätherisches Öl. Der brennende und leicht beißende Geschmack des Ingwers stammt aus dem Harzanteil, besonders dem Gingerol. Ein wichtiger Bestandteil davon ist das Zingiberol, das dem Ingwer seinen typisch aromatischen Geruch verleiht.

2g Muskat – Der wichtigste Muskatnuss- und Muskatblüten-Produzent der Welt ist Indonesien. Muskat-Plantagen findet man aber auch in Indien, Südostasien, Westindien und Südamerika.

Grundsätzlich gilt: Je höher der Gehalt an ätherischen Ölen, desto besser wird der Geschmack.

Gute Muskatnüsse sind schwer, ölhaltig und stark duftend.

Muskatnuss enthält Myristicin in hohen Dosen, ein Wirkstoff, der, in größeren Mengen genossen, drogenähnliche Rauschzustände bzw. den Tod hervorrufen kann.

1g Kardamom – Geerntet wird Kardamom kurz bevor die grünen Kapseln reifen und mit den Samen aufspringen – und zwar per Hand. Diese aufwändige Ernte ist der Grund für den höheren Preis des Gewürzes.

Die Samen enthalten ein ätherisches Öl, das ihnen ein würziges, süßlich-scharfes Aroma verleiht.

Ursprünglich stammt Kardamom aus Indien, hier wird die Pflanze auch als »Königin der Gewürze« bezeichnet.

Noch heute ist dieses Land, neben Sri Lanka und Guatemala, einer der größten Lieferanten für dieses Gewürz.

5g Pomeranze – Die Bitterorange (Citrus aurantium) wächst in den subtropischen und tropischen Gebieten. Ursprünglich stammt die Bitterorange oder Pomeranze aus Indochina. Ihre Frucht ist orangenähnlich, aber bitter und kleiner. Entstanden ist die Bitterorange vermutlich als Hybride zwischen Pampelmuse (Citrus maxima) und Mandarine (Citrus reticulata), wahrscheinlich im Süden Chinas.

Die reifen Pomeranzen werden geschält und die Schalen werden dann luftgetrocknet. Geschnitten hat die Pomeranzenschale eine Schnittgröße von ca. 5 mm.

(Diese Beschreibung wurde verfasst von Irmtraut Köster, verantwortlich für den Einkauf bei J.Staesz jun.)

Backanleitung für das Backen mit Staesz-Gewürzen

BITTE BEACHTEN SIE:

- Bienenhonig gibt besonderen aromatischen Geschmack. Kunsthonig ist Ersatz
- Honig mit Zucker und evtl. Butter (Fett) nur erwärmen. Gewürze in der Regel in den aufgelösten Honig geben, die gemischten Mehlzutaten der abgekühlten Honigmasse zufügen
- Zur Teiglockerung kann Backpulver, Hirschhornsalz oder Pottasche verwendet werden
- Hirschhornsalz und Pottasche werden in Rosenwasser, Rum, lauwarmer Milch oder lauwarmen Wasser aufgelöst und nach Rezeptangabe zugefügt.
- Backpapier ist als Backunterlage empfehlenswert
- Honigkuchen stets warm schneiden und erst nach dem Erkalten in fest schließende Dosen geben und kühl aufbewahren
- Backen im vorgeheiztem Ofen, mittlere Einschubleiste bei 180 – 220 °C

DELIKAT GEFÜLLTER HONIGKUCHEN

Zutaten: 250 g Honig, 100 g Zucker, 2 Eier, 1 P. Staesz-Pfefferkuchengewürz, 375 g Mehl, 1 TL Natron
Füllung: 30 g Sukkade, 20 g Orangeat, 100 g Datteln, 100 g Rum-Rosinen, 50 g gehackte Mandeln
Glasur: evtl. vor dem Backen mit Eigelb bestreichen
Zubereitung: Honig und Zucker erwärmen, auflösen und abkühlen lassen. Eier, Gewürze, Natron und Mehl der Masse zufügen und gut verkneten. Den Teig über Nacht stehen lassen, in zwei Teile teilen. Die erste Teighälfte auf dem Backblech ausrollen und mit der Füllung ablegen und die andere ausgerollte Teighälfte darüberlegen evtl. vor den Backen mit Eigelb bestreichen.
Backen: bei 180 °C, ca. 20 – 30 Min - Den Kuchen noch warm in Stücke schneiden.

LIEGNITZER BOMBE

Zutaten: 125 g Butter, 500 g Honig, 125 g Zucker, 4 Eier, 250 g fein gewürfelte Sukkade, 250 g Sultaninen, 750 g Mehl, 250 g gehobelte Mandeln, 15 g Pottasche und 1 P. Staesz-Pfefferkuchengewürz
Verfeinern: Marmelade
Glasur: Schokoladenguss
Zubereitung: Butter, Honig und Zucker erwärmen, auflösen und abkühlen lassen. Eier hinzufügen; Gewürze, Sultaninen, Sukkade, Mandeln und 2/3 Mehl vermischen und unter den Teig rühren. Pottasche in etwas lauwarmen Wasser auflösen und mit dem restlichen Mehl gut vermengen. Den Teig in eine gut gefettete Springform von ca. 10 cm Durchmesser füllen.
Backen: ca. 180 °C, Springform ca. 1 Std., kleinere Backform etwa 1/2 Std. Zum Verfeinern einmal durchschneiden, mit Marmelade bestreichen, zusammenklappen und mit Schokoladenguss überziehen.

LEBKUCHEN MIT SCHOKOLADENGUSS

Zutaten: 500 g Honig, 100 g Zucker, 1 P. Staesz-Pfefferkuchengewürz, 2 Eier, 60 g Sukkade, 100 g gehackte Mandeln, 500 g Mehl, 10 g Pottasche
Glasur: 1 Beutel Kuchenglasur dunkel
Zubereitung: Honig und Zucker erwärmen, auflösen und abkühlen lassen. Gewürze und Eier dem Teig zufügen und verrühren. Sukkade, Mandeln und 2/3 Mehl vermischen und dazu geben. Pottasche in etwas lauwarmen Wasser auflösen und mit dem restlichen Mehl unterrühren. Teig auf ein Backblech geben und 8 Tage stehen lassen. Backen: 180 °C (Mittelhitze), ca. 20 – 25 Min - Anschließend in Stücke schneiden und auf dem Backblech mit Glasur überziehen.

GEWÜRZKUCHEN

Zutaten: 125 g Butter, 300 g Zucker, 4 Eier, 1 P. Raspelschokolade, 1 P. Staesz-Pfefferkuchengewürz, 420 g Mehl, 1 P. Backpulver
Glasur: halbbittere Kuvertüre
Zubereitung: Butter und Zucker schaumig schlagen, Eier nach und nach dazu geben. Schokoladenraspel, Gewürze, Mehl und Backpulver vermischen und unter die Masse rühren. Teig auf ein Backblech streichen.
Backen: ca. 180 °C, ca. 20 – 25 Min - Anschließend mit 1 Block halbbitterer Kunvertüre überziehen, in Stücke schneiden abkühlen lassen, in Dosen füllen und fest verschließen.

EINFACHER HONIGKUCHEN

Zutaten: 500 g Honig, 500 g Zucker, 65 g Butter, 2 Eier, 60 g gehackte Mandeln,1 P. Staesz-Pfefferkuchengewürz, 1 Beutel Citro-Back, 50 g Sukkade, 750 g Mehl, 7 g Pottasche, 1 Beutel Rum-Back
Glasur: 1 Tube Fondant-Glasur Vanille
Zum Verzieren: Mandeln
Zubereitung: Honig, Zucker und Butter erwärmen, auflösen und abkühlen lassen. Eier hinzufügen; Gewürze, Mandeln, Sukkade, Citro-Back und Mehl vermischen und unter die Masse rühren. Pottasche in Rum-Back auflösen und zufügen, alles gut verkneten. Den Teig 8 Tage ruhen lassen. Anschließend auf einem Backblech ausrollen.
Backen: 180 °C, ca. 20 – 25 Min - Der Kuchen wird noch warm geschnitten und mit Vanille-Glasur überzogen oder mit Mandeln belegt.

GEWÜRZTORTE MIT ZUCKERGUSS

Zutaten: 200 g Zucker, 200 g Butter, 4 Eier, 1 TL Kaffee-Extrakt, 1 P. Staesz-Pfefferkuchengewürz, 1 EL ger. Schokolade oder 1 TL Kakao, 1 Tasse Milch, 300 g Mehl, 1 P. Backpulver
Glasur: Rum- Zuckerguss
Zubereitung: Zucker, Butter und Eier schaumig schlagen, nach und nach die Milch zugeben. Kaffee-Extrakt, Mehl, Gewürze, Schokolade oder Kakao und Backpulver vermischen und unter den Teig rühren. Die Masse in eine Springform füllen.
Backen: 165 – 170 °C, ca. 45 Min - Kuchen nach dem Erkalten mit Glasur überziehen. Die Torte schmeckt besonders gut, wenn sie 2 – 3 Tage in einem verschlossenen Gefäß gelegen hat.

Faksimile des aufgeklappten Staesz-Rezeptheftchens Vor- und Rückseite

SEIT ÜBER 100 JAHREN BEWÄHRT

GEWÜRZTORTE MIT ZUCKERGUSS

Zutaten: 200 g Zucker, 200 g Butter, 4 Eier, 1 TL Kaffee-Extrakt, 1 P. **Staesz-Pfeffer-kuchengewürz**, 1 EL ger. Schokolade oder 1 TL Kakao, 1 Tasse Milch, 300 g Mehl, 1 P. Backpulver
Glasur: Rum- Zuckerguss
Zubereitung: Zucker, Butter und Eier schaumig schlagen, nach und nach die Milch zugeben. Kaffee-Extrakt, Mehl, Gewürze, Schokolade oder Kakao und Backpulver vermischen
und unter den Teig rühren. Die Masse in eine Springform füllen.
Backen: 165 – 170 °C, ca. 45 Min - Kuchen nach dem Erkalten mit Glasur überzie-hen. Die Torte schmeckt besonders gut, wenn sie 2 – 3 Tage in einem verschlossenen Gefäß gelegen hat.

MANDEL-LEBKUCHEN

Zutaten: 150 g Butter, 2 Eier, 500 g Zucker, 250 g gehackte Mandeln, 180 g Sukka-de, 1 P. **Staesz-Pfefferkuchengewürz**, 625 g Mehl, 1 P. Backpulver
Zum Verzieren: Eiweiß, 50 g gehackte Mandeln
Zubereitung: Butter, Zucker und Eier schaumig schlagen. Gewürze, Mandeln, Sukkade, Mehl und Backpulver vermischen und zur Masse geben. Teig ausrollen, Formen ausstechen und diese mit Eiweiß bestreichen und mit Mandeln verzieren.
Backen: 180 °C, ca. 10 – 15 Min.

BRAUNE PFEFFERNÜSSE

Zutaten: 250 g Sirup, 100 g Zucker, 20 g Butter, 7 g Pottasche, 1 kl. Messerspitze Hirschhornsalz, 2 EL Rosenwasser, 500 g Mehl, 1 P. **Staesz-Pfefferkuchengewürz**, 65 g Sukkade
Zubereitung: Sirup, Zucker und Butter erwärmen, auflösen und abkühlen lassen. Gewürze, Sukkade und Mehl vermischen und zur Masse geben. Hirschhornsalz und Pottasche in Rosenwasser auflösen und zum Teig geben und gut verkneten. Vom Teig fingerdicke Rollen formen und in ca. 1 cm dicke schräge Stücke schneiden.
Backen: 180 °C, ca. 15 Min.

AACHENER PRINTEN

Zutaten: 500 g Honig, 125 g Schmalz, 180 g Zucker, 100 g Sukkade, 1 P. **Staesz-Pfefferkuchengewürz**, 1 Ei, 15 g Pottasche, 750 g Mehl
Zum Verzieren: Hagelzucker
Zubereitung: Honig, Schmalz und Zucker erwärmen, auflösen und abkühlen lassen. Danach das Ei hinzufügen. Sukkade, Gewürze und Mehl vermischen und zur Masse geben. Pottasche in lauwarmen Wasser auflösen, unterrühren und den Teig gut durchkneten. Den Teig ca. 14 Tage ruhen lassen, dann 1 cm dick ausrollen, schnei-den, mit Wasser bestreichen und mit Hagelzucker bestreuen. Erst Probe-Plätzchen backen, da der Teig verlaufen kann.
Backen: 180 – 200 °C, ca. 10 – 15 Min.

THORNER KATHARINCHEN

Zutaten: 500 g Honig, 125 g Butter, 250 g Zucker, 1 P. **Staesz-Pfefferkuchengewürz**, 1 EL Schmalz, 2 Eier, 1.250 g Mehl, 2 TL Natron oder 10 g Hirschhornsalz und 10 g Pottasche
Zubereitung: Honig, Schmalz, Zucker und Butter erwärmen, auflösen und abkühlen lassen. Eier nach und nach zufügen, Gewürze und Mehl vermischen und zur Masse geben. Pottasche und Hirschhornsalz in lauwarmen Wasser auflösen und dazuge-ben. Alles gut verkneten. Den Teig sofort ausrollen und ausstechen.
Backen: 180 °C, ca. 15 Min - Nach dem Backen den Kuchen gleich in eine Blech-dose füllen.

ALTNIEDERUNGER PFEFFERKUCHEN

Zutaten: 500 g Zucker, 250 g Honig, 125 g Butter, 250 g Sirup (hell), 10 g Pott-asche, 10 g Hirschhornsalz, 1.250 g Mehl, 2 Eier, 1 P. **Staesz-Pfefferkuchengewürz**, 1 EL Kakao (nach Geschmack) auf 500 g Mehl
Zubereitung: Zucker, Honig, Butter und Sirup erwärmen, auflösen und abkühlen lassen. Dann Eier zufügen. 2/3 Mehl und Gewürze vermischen und zur Masse ge-ben. Hirschhornsalz und Pottasche in etwas lauwarmen Wasser auflösen und mit dem Rest Mehl zum Teig geben. Je nach Gesschmack kann Kakao zugefügt werden. Vor dem Backen den Teig mit Eigelb bestreichen.
Backen: 180 °C, ca. 20 Min - Sobald der Kuchen aus dem Ofen kommt: schneiden, um Bruch zu vermeiden.

GEFÜLLTER PFEFFFERKUCHEN

Zutaten: 1.250 g Mehl, 500 g Honig, 500 g Zucker, 2 – 3 Eier, 2 EL Schmalz, 3 EL Butter, 1 P. **Staesz-Pfefferkuchengewürz**, 1 kl. EL Rosenwasser, 2 gehäufte EL Kakao, 1 Btl. Citro-Back, 10 g Hirschhornsalz, 15 g Pottasche, Gelee, Rosinen **Füllung:** 100 g Sukkade, Orangeat, 100 g süße Mandeln, 50 g bittere Mandeln, 1 P. Raspelschokolade
Glasur: je nach Geschmack 1 Btl. Kuchenglasur dunkel.
Teig und Füllung reichen für 2 Backbleche, um das Durchkneten zu erleichtern, kann der Teig in zwei Portionen geteilt werden.
Zubereitung: Zucker, Honig, Butter und Schmalz erwärmen, auflösen und abkühlen lassen. Eier dem Teig zufügen. 2/3 Mehl, Kakao, Citro-Back und Gewürze vermischen und zu der Masse geben. Hirschhornsalz und Pottasche in Rosenwasser auflösen und mit restl. Mehl zum Teig geben und gut verkneten. Teig in 4 Teile teilen, davon ein Teil ausrollen und auf ein Backblech legen, mit Gelee bestreichen und die Hälfte der zusammengemischten Füllung auf den Teig geben, Rosinen darüber streuen und die 2. ausgerollte Teigplatte darüber legen. Mit dem restl. Teig genauso verfahren.
Backen: 180 °C, ca. 35 Min - Anschließend je nach Geschmack mit Kuchenglasur überziehen.

OSTPREUSSISCHE SILVESTERTORTE

Zutaten: 200 g Butter, 4 Eier, 250 g Zucker, 375 g gesiebtes Mehl, 1 P. **Staesz-Pfefferkuchengewürz**, 1 P. Backpulver, 1 P. Raspelschokolade, 1/4 L Milch, Konfitüre
Zum Verzieren: Hagelzucker, Mandeln
Glasur: 1 Tube Fondant-Glasur
Zubereitung: Butter, Zucker und Eier schaumig schlagen, Milch nach und nach dazu geben. Schokoladenraspel, Gewürze, Mehl und Backpulver vermischen und unter die Masse rühren. Teig in eine Springform füllen.
Backen: ca. 180 °C, 1 – 1 1/2 Stunden - Nach dem Erkalten 3 Tortenböden schnei-den, mit Konfitüre ihrer Wahl bestreichen und zusammen legen. Zum Schluss mit Glasur überziehen und mit Hagelzucker oder Mandeln verzieren.

HONIGKUCHEN FÜR EIN BLECH

Zutaten: 125 g Honig, 2 Eier, 250 g Zucker, 375 – 500 g Mehl, 1 EL Schmalz, 1 EL Margarine, 10 g Pottasche, 1 P. **Staesz-Pfefferkuchengewürz**, 1 Btl. Rum-Back, Saft und geriebene Schale einer Zitrone, 100 g Sukkade, 100 g Orangeat, 80 – 100 g blättrig gehackte Mandeln
Glasur: Zuckerguss
Zubereitung: Honig, Zucker, Margarine und Schmalz erwärmen, auflösen und ab-kühlen lassen. Eier, Gewürze, Saft und Schale der Zitrone zufügen. 2/3 Mehl, Suk-kade, Orangeat und Mandeln vermischen und zur Honigmasse geben. Pottasche in Rum-Back auflösen und mit dem restl. Mehl zum Teig geben und gut verrühren. Den Teig auf ein Backblech streichen.
Backen: 180 °C, ca. 20 Min - Anschließend mit Zuckerguss überziehen.

DER BRAUNE STAESZ-BEUTEL

ACHT ORIGINAL STAESZ-WEIHNACHTS-GEWÜRZE FÜR

BACKANLEITUNG
FÜR GEBÄCK MIT STAESZ-GEWÜRZEN

BITTE BEACHTEN SIE:

- Bienenhonig gibt besonderen aromatischen Geschmack. Kunsthonig ist Ersatz
- Honig mit Zucker und evtl. Butter (Fett) nur erwärmen. Gewürze in der Regel in den aufgelösten Honig geben, die gemischten Mehlzutaten der abgekühlten Honigmasse zufügen
- Zur Teiglockerung kann Backpulver, Hirschhornsalz oder Pottasche verwen-det werden
- Hirschhornsalz und Pottasche werden in Rosenwasser, Rum, lauwarmer Milch oder lauwarmen Wasser aufgelöst und nach Rezeptangabe zugefügt.
- Backpapier ist als Backunterlage empfehlenswert
- Honigkuchen stets warm schneiden und erst nach dem Erkalten in fest schließende Dosen geben und kühl aufbewahren
- Backen im vorgeheiztem Ofen, mittlere Einschubleiste bei 180 – 220 °C

PFEFFERKUCHEN

Zutaten: 250 g Honig, 250 g Zucker, 1 P. **Staesz-Pfefferkuchengewürz**, 65 g gemahlene Mandeln, 65 g Sukkade, 3 Eier, 750 g Mehl, 15 g Pottasche, 10 g Hirschhornsaltz, 1/4 Tasse lauwarmes Wasser
Zum Bestreichen: Eigelb
Zum Belegen: ggf. Mandeln und Sukkade
Zubereitung: Honig und Zucker erwärmen, auflösen und abkühlen lassen. Gewürze, Mandeln, Eier, Sukkade zu der abgekühlten Masse geben. 500 g Mehl unterarbeiten. Hirschhornsalz und Pottasche in lauwarmen Wasser auflösen und mit dem restlichen Mehl zum Teig hinzufügen. Den Teig 1 – 2 Tage ruhen lassen. Die Masse darf nicht zu fest sein, Teig ausrollen, Formen ausstechen und mit Eigelb bestreichen. Nach Belieben die Formen mit Sukkade und Mandeln belegen.
Backen: bei 180 °C, ca. 25 Min.

DELIKAT GEFÜLLTER HONIGKUCHEN

Zutaten: 250 g Honig, 100 g Zucker, 2 Eier, 1 P. **Staesz-Pfefferkuchengewürz**, 375 g Mehl, 1 TL Natron
Füllung: 30 g Sukkade, 20 g Orangeat, 100 g Datteln, 100 g Rum-Rosinen, 50 g gehackte Mandeln
Glasur: evtl. vor dem Backen mit Eigelb bestreichen
Zubereitung: Honig und Zucker erwärmen, auflösen und abkühlen lassen. Eier, Ge-würze, Natron und Mehl der Masse zufügen und gut verkneten. Den Teig über Nacht stehen lassen, in zwei Teile teilen. Die erste Teighälfte auf dem Backblech ausrollen und mit der Füllung ablegen und die andere ausgerollte Teighälfte darüberlegen evtl. vor den Backen mit Eigelb bestreichen.
Backen: bei 180 °C, ca. 20 – 30 Min - Den Kuchen noch warm in Stücke schneiden.

GEWÜRZTALER

Zutaten: 125 g Honig, 200 g Zucker, 150 g Butter, 1 P. **Staesz-Pfefferkuchenge-würz**, 50 g gemahlene Mandeln, 50 g Orangeat, 200 g zarte Haferflocken, 250 g Mehl, 5 g Hirschhornsalz
Zum Bestreichen: Eigelb
Zum Verzieren: ganze oder gehackte Mandeln oder Nüsse
Zubereitung: Honig und Zucker erwärmen, auflösen und abkühlen lassen. Butter hinzufügen und unterarbeiten. Gewürze, 2/3 des Mehles, Haferflocken, Mandeln und Orangeat vermischen, der Masse zufügen und damit einen Teig herstellen. Hirsch-hornsalz in etwas lauwarmen Wasser auflösen und mit dem restlichen Mehl unterar-beiten und gut verkneten. Teig 1/2 cm dick ausrollen und mit Formen ausstechen. Auf ein gefettetes Backblech legen und mit Eigelb bestreichen. Mit Nüssen, ganzen oder gehackten Mandeln verzieren.
Backen: 190 °C, ca. 10 Min.

LIEGNITZER BOMBE

Zutaten: 125 g Butter, 500 g Honig, 125 g Zucker, 4 Eier, 250 g fein gewürfelte Sukkade, 250 g Sultaninen, 750 g Mehl, 250 g gehobelte Mandeln, 15 g Pottasche und 1 P. **Staesz-Pfefferkuchengewürz**
Verfeinern: Marmelade
Glasur: Schokoladenguss
Zubereitung: Butter, Honig und Zucker erwärmen, auflösen und abkühlen lassen. Eier hinzufügen; Gewürze, Sultaninen, Sukkade, Mandeln und 2/3 Mehl vermischen und unter den Teig rühren. Pottasche in etwas lauwarmen Wasser auflösen und mit dem restlichen Mehl gut vermengen. Den Teig in eine gut gefette Springform von ca. 10 cm Durchmesser füllen.
Backen: ca. 180 °C, Springform ca. 1 Std., kleinere Backform etwa 1/2 Std. Zum Verfeinern einmal durchschneiden, mit Marmelade bestreichen, zusammenklappen und mit Schokoladenguss überziehen.

NÜRNBERGER LEBKUCHEN

Zutaten: 3 – 4 Eier, 200 g Zucker, 1 P. **Staesz-Pfefferkuchengewürz**, 75 g Sukka-de, 200 g gemahlene Mandeln, 250 g Mehl, 1 gestr. TL Backpulver, Oblaten **Zubereitung:** Eigelb und Zucker schaumig rühren; Gewürze, Mandeln, Mehl, Sukkade und Backpulver vermischen und unter den Teig rühren. Zuletzt den steif geschlagenen Eischnee unterziehen. Teig auf die Oblaten streichen.
Backen: 180 – 200 °C, 10 – 15 Min - mittlere Schiene.

LEBKUCHEN MIT SCHOKOLADENGUSS

Zutaten: 500 g Honig, 100 g Zucker, 1 P. **Staesz-Pfefferkuchengewürz**, 2 Eier, 60 g Sukkade, 100 g gehackte Mandeln, 500 g Mehl, 10 g Pottasche
Glasur: 1 Beutel Kuchenglasur dunkel
Zubereitung: Honig und Zucker erwärmen, auflösen und abkühlen lassen. Gewürze und Eier dem Teig zufügen und verrühren. Sukkade, Mandeln und 2/3 Mehl vermi-schen und dazu geben. Pottasche in etwas lauwarmen Wasser auflösen und mit dem restlichen Mehl unterrühren. Teig auf ein Backblech geben und 8 Tage stehen lassen. **Backen:** 180 °C (Mittelhitze), ca. 20 – 25 Min - Anschließend in Stücke schneiden und auf dem Backblech mit Glasur überziehen.

ELISENKUCHEN

Zutaten: 2 Eier, 225 g Zucker, 2 TL **Staesz-Pfefferkuchengewürz**, 125 g gemah-lene Mandeln, 100 g gemahlene Haselnüsse, 65 g Orangeat, 1 Messerspitze Back-pulver, Oblaten
Glasur: 1 Tube Fondant-Glasur Zitrone
Zubereitung: Zucker und Eier schaumig schlagen. Gewürze, Mandeln, Haselnüsse, Orangeat und Backpulver vermischen und unter die Masse rühren. Den Teig auf die Oblaten streichen.
Backen: 180 – 190 °C, ca. 15 – 20 Min - Anschließend je nach Geschmack mit Zitronenglasur überziehen.

GEWÜRZKUCHEN

Zutaten: 125 g Butter, 300 g Zucker, 4 Eier, 1 P. Raspelschokolade, 1 P. **Staesz-Pfefferkuchengewürz**, 420 g Mehl, 1 P. Backpulver **Glasur:** halbbittere Kuvertüre
Zubereitung: Butter und Zucker schaumig schlagen, Eier nach und nach dazu geben. Schokoladenraspel, Gewürze, Mehl und Backpulver vermischen und unter die Masse rühren. Teig auf ein Backblech streichen.
Backen: ca. 180 °C, ca. 20 – 25 Min - Anschließend mit 1 Block halbbitterer Ku-vertüre überziehen, in Stücke schneiden abkühlen lassen, in Dosen füllen und fest verschließen.

EINFACHER HONIGKUCHEN

Zutaten: 500 g Honig, 500 g Zucker, 65 g Butter, 2 Eier, 60 g gehackte Mandeln, 1 P. **Staesz-Pfefferkuchengewürz**, 1 Beutel Citro-Back, 50 g Sukkade, 750 g Mehl, 7 g Pottasche, 1 Beutel Rum-Back
Glasur: 1 Tube Fondant-Glasur Vanille
Zum Verzieren: Mandeln
Zubereitung: Honig, Zucker und Butter erwärmen, auflösen und abkühlen lassen. Eier hinzufügen; Gewürze, Mandeln, Sukkade, Citro-Back und Mehl vermischen und unter die Masse rühren. Pottasche in Rum-Back auflösen und zufügen, alles gut ver-kneten. Den Teig 8 Tage ruhen lassen. Anschließend auf einem Backblech ausrollen.
Backen: 180 °C, ca. 20 – 25 Min - Der Kuchen wird noch warm geschnitten und mit Vanille-Glasur überzogen oder mit Mandeln belegt.

PRINTEN · SPEKULATIUS · LEB- · GEWÜRZ- · HONIG- UND PFEFFERKUCHEN

Vertrag Staesz – GEDELAG

V e r t r a g zwischen

der Firma J. Staesz jun., Nesse über Bremerhaven, und
der GEDELAG Gemeinschaft Deutscher Lebensmittel-Grosshändler A.G.
Zweigniederlassung West, Hildesheim, Almsstrasse 30 A.

Die GEDELAG übernimmt für die von Ihnen hergestellten Erzeugnisse die Werbung durch Rundschreiben und Vertreterbesuche, die Abrechnung und das Inkasso, sowie das volle Delkredere für die ihr angeschlossenen Grosshandelsfirmen in Niedersachsen und Schleswig-Holstein. Die Grosshandelsfirmen bitten wir aus der beiliegenden Mitgliederliste zu ersehen.

Sämtliche Lieferungen an die uns angeschlossenen Firmen werden über uns berechnet ohne Rücksicht darauf, ob die Bestellung direkt vom Großhändler, über uns oder über Ihre Vertreter hereingeholt ist. Reklamationen werden ebenfalls zwischen Ihnen und unseren Abnehmerfirmen direkt erledigt.

Hinsichtlich der Delkredereübernahme behalten wir uns vor, durch besonderen eingeschriebenen Brief gegebenenfalls Firmen, bei denen dies notwendig erscheint, auszunehmen.

Für unsere Leistungen erhalten wir von Ihnen einen Delkredere- und Werbe-Bonus von 3 %, den wir jeweils sofort an den Rechnungen kürzen.

Alle Bezüge unserer sämtlichen Abnehmerfirmen, auch aus evtl. noch bestehenden Abschlüssen, sowie alle Bezüge noch neu hinzutretender Abnehmerfirmen, ohne Rücksicht auf die mit dieser vereinbarten Preise und Sonderrabatte, fallen unter dieses Abkommen.

Bei direkten Angeboten an unsere Abnehmerfirmen wollen Sie stets auf unser Abkommen hinweisen.

Rechnungserteilung erfolgt in doppelter Ausfertigung, ausgestellt auf den Kunden. Die Rechnungen werden jedoch in beiden Ausfertigungen uns zwecks Inkasso und Bezahlung zugesandt, und zwar sofort nach Lieferung.

Zahlung erfolgt fristgemäss unter Abzug von 2 % Skonto.

Das Abkommen hat Gültigkeit vom 1. Juli 1949 bis 30. Juni 1950.

Es verlängert sich jeweils um ein weiteres Jahr, falls nicht drei Monate vorher von einer Seite aus Kündigung erfolgt ist.

Leckere Hayma-Pfefferkuchen

1. Feinste Pfefferkuchenherzen mit Schokoladenglasur

500g Honig, 250g Zucker, 250g Butter, 100g Gänse- oder Schweinefett, 1000g Mehl, 125g Kakao, 200g Mandeln, 60g Haselnüsse, 125g Zitronat, **1 ½ Päckchen Hayma-Neuerlei-Gewürz, 1 ½ Päckchen Hayma-Treibkraft**.
Zur Verzierung: Mandelhälften.

Honig, Zucker, Butter und Gänsefett werden zusammen aufgelöst und nach dem Abkühlen mit den gemahlenen Mandeln und Nüssen und dem gehackten Zitronat sowie allen übrigen Zutaten zu einem glatten, festen Teig verarbeitet. Dann wird der Teig etwa ½ cm dick ausgerollt, mit Herzformen ausgestochen und bei guter Hitze gebacken.
Schokoladenguß: 200g Puderzucker mit 40g Kakao durchsieben und etwa 3 Eßlöffeln heißer Milch und 30g zerlassenem Kokosfett glattrühren.

2. Pfefferkuchenplätzchen mit Zuckerglasur

500g Honig oder Sirup, 250g Zucker, 250g Margarine, 1000g Mehl, 3 bis 5 Eßlöffel Milch, **1 Päckchen Hayma-Neuerlei-Gewürz, 1 Päckchen Hayma-Treibkraft**.

Honig oder Sirup, Zucker und Margarine werden warm gemacht und nach dem Abkühlen mit dem Mehl, das vorher mit Hayma-Neuerlei-Gewürz und Hayma-Treibkraft gemischt wurde, zu einem festen Teig verarbeitet. Anschließend werden davon Formen ausgestochen und diese bei guter Hitze gebacken.
Zuckerglasur: 200g Puderzucker werden mit 2 bis 3 Eßlöffeln heißem Wasser oder heißer Milch zu einer zähflüssigen Masse verrührt.

3. Berliner Lebkuchen

500g Zucker, 150g Butter oder Margarine, 500g Mehl, 375g geriebene Mandeln, 125g geriebene Blockschokolade, 4 Eßlöffel Kakao, 5 Eier, **1 ½ Päckchen Hayma-Neuerlei-Gewürz, 1 Päckchen Hayma-Treibkraft**.

Zucker und Eier rühren (1 Eigelb zum Überstreichen des Teiges übrig lassen), dann die anderen Zutaten hinzugeben, zuletzt das gesiebte mit Hayma-Treibkraft vermischte Mehl beimengen und gut durchkneten. Den Teig auf einem gut gefetteten Blech etwa ½ cm dick ausrollen. Das eine Eigelb mit 2 Eßlöffeln Milch und 3 Teelöffeln Zucker gut verquirlen und damit den Teig bestreichen. Bei mäßiger Hitze etwa 20 Minuten backen. Kurz abkühlen lassen, in rechteckige oder rhombenförmige Stücke schneiden, die man erst nach völligem Erkalten übereinanderlegen darf. (Die oben angegebenen Mengen der Backzutaten ergeben 2 normale Backbleche).

4. Schwäbische Rum-Pfefferkuchen

4 Eier, 250g Zucker, 4 Eßlöffel Rum, 250g Honig oder Sirup, 125g Butter, 500g Weizenmehl, 60g Zitronat, **1 Päckchen Hayma-Neuerlei-Gewürz, 1 Päckchen Hayma Treibkraft**.
Zum Schokoladenguß: Kuvertüre im Handel kaufen.

Butter in Honig oder Sirup auflösen, abkühlen lassen. Eier mit Zucker schaumig rühren. Rum, Zitronat und Hayma-Neuerlei hinzugeben und mit der Honigmasse verrühren, der dann das mit Hayma-Treibkraft vermischte und gesiebte Mehl zugefügt wird. Alles zu einem glatten Teig verarbeiten und damit Formen halbvoll füllen, die mit beiderseits gefettetem Pergamentpapier ausgelegt sind. Bei guter Hitze etwa 45 bis 60 Minuten backen und abkühlen lassen. Die kalten Kuchen mit Schokoladenguß überziehen. Die Zutaten hierfür im Wasserbad bei 30°C auflösen; gut aber nicht schaumig rühren, da es sonst Streifen gibt.

5. Ostpreußischer Pfefferkuchen mit Zuckerglasur

500g Honig oder Sirup, 500g Zucker, 200g Butter oder Margarine, 1500g Mehl, 2 Eßlöffel Kakao, 6 Eier, 200g Haselnüsse, 150g Rosinen, 100g geschnittenes Zitronat, **2 Päckchen Hayma-Neuerlei-Gewürz, 1½ Päckchen Hayma-Treibkraft**.
Zum Guß: 125g Puderzucker.

Zucker, Honig und Butter werden zerlassen und dann mit allen anderen Zutaten bis auf 1 Eiweiß, das man für den Guß abnimmt, zu einem glatten Teig verknetet, halbfingerdick auf gefettetem Blech ausgerollt und schön braun gebacken. Inzwischen verquirlt man 1 Eiweiß mit dem feingesiebten Puderzucker, bestreicht den fertigen, noch heißen Kuchen mit dieser Glasur und schiebt ihn nochmals für einige Minuten in den heißen Ofen. Noch warm wird der Kuchen in rechteckige Stücke geschnitten, die man erst nach dem völligen Erkalten übereinanderlegen darf.

6. Mandelsterne

250g Honig, 250g Zucker, 200g Margarine, 500g Mehl, 250g geriebene Mandeln, **1½ Päckchen Hayma-Neuerlei-Gewürz, ¾ Päckchen Hayma-Treibkraft**.
Zum Belegen: 125g Mandeln.

Die Mandeln werden mit der Schale gemahlen. Honig, Zucker und Margarine werden unter stetem Rühren geschmolzen und noch warm mit den anderen Zutaten außer der Treibkraft vermischt. Dann erst wird die Treibkraft hinzugefügt und alles zu einem nicht zu festen Teig verknetet und knapp ½ cm dick ausgerollt. In die Mitte der ausgestochenen Sterne wird eine abgezogene, halbierte Mandel gedrückt. Backzeit etwa 15 Minuten bei guter Mittelhitze.

7. Feine Liegnizer Bomben

375g Honig, 250g Zucker, 125g Butter, 500g Mehl, 5 Eier, 60g Kakao, 125g geriebene Mandeln, 125g Korinthen, 125g gehacktes Zitronat, 4 Eßlöffel Rum, **1 Päckchen Hayma-Neuerlei-Gewürz, 1 Päckchen Hayma-Treibkraft**.

Honig, Zucker und Butter werden zusammen aufgelöst und nach dem Abkühlen die anderen Zutaten nach und nach eingegeben, bis ein ziemlich fester Teig entsteht, der in gefettete, niedrige Konservendosen oder Kastenformen gefüllt und bei mittlerer Hitze etwa 30 Minuten gebacken wird. Nach dem Erkalten die Bomben mit glatt gerührter, heißer Aprikosen-Konfitüre bestreichen, etwas einziehen lassen und mit Schokoladenglasur nach Rezept Nr. 1 überziehen.

8. Mandelmakronen

300g Zucker, 100g Mehl, 6 Eiweiß, 350g geriebene Mandeln, 2 Päckchen Vanille-Zucker, **½ Päckchen Hayma-Neuerlei-Gewürz**.

Das Eiweiß wird zu steifem Schnee geschlagen. Darunter zieht man nach und nach den Zucker mit dem Vanillezucker. Mehl und Mandeln werden vermischt und langsam unter den Schnee gezogen. Dann werden kleine Teighäufchen auf ein gefettetes Backblech gesetzt und bei leichter Hitze etwa 20 Minuten gebacken.

Leckere Hayma-Pfefferkuchen

Aachener Printen

300g Sirup, 100g Zucker, 50g Butter oder Margarine, 500g Mehl, 100g fein gehacktes Orangeat, **1½ Päckchen Hayma-Neuerlei-Gewürz, 1 Päckchen Hayma-Treibkraft**, 100g grober Hagelzucker.
Zum Bestreichen: etwas Milch und Sirup.

Sirup mit Zucker und Butter auf kleinem Feuer auflösen, nach dem Abkühlen mit den übrigen Zutaten – doch zunächst ohne die Treibkraft – gut durchkneten und etwa 3 bis 4 Tage ruhen lassen. Dann knetet man die Treibkraft darunter, rollt den Teig etwa ½ cm dick aus und bestreut ihn mit dem Hagelzucker. Daraus schneidet man etwa 3x7 cm große Rechtecke, legt sie auf ein gefettetes Blech und läßt sie einige Stunden trocknen. Dann mit einer Mischung aus Milch und Sirup bestreichen und bei mittlerer Hitze etwa 15 Minuten backen.

9. Weihnachtsschnittchen

250g Zucker, 250g Margarine, 500g Mehl, 2 Eier, 200g gehackte Nüsse, **1 Päckchen Hayma-Neuerlei-Gewürz, 1 Teelöffel Hayma-Treibkraft**.

Man stellt aus sämtlichen Zutaten einen Mürbeteig her, den man ½ Stunde kühl stellt. Der ½ cm dick ausgerollte Teig wird in Streifen geschnitten, die man bei schwacher Hitze (180°C) goldgelb backt. Sofort nach dem Backen teilt man die Streifen in Schnittchen und überzieht die mit Schokoladenguß nach Rezept Nr. 1.

10. Spekulatius

450g Zucker, 450g Butter, 750g Mehl, 3 Eier, 250g abgezogene und fein geriebene Mandeln, **2 Päckchen Hayma-Neuerlei-Gewürz, 2 Teelöffel Hayma-Treibkraft**.

Das mit Hayma-Treibkraft gemischte Mehl wird kranzartig auf dem Backbrett aufgehäuft, in der Mitte Eier und Zucker glatt verrührt. Dann Hayma-Neuerlei, Mandeln und die in Stückchen zerpflückte Butter dazugeben und alles schnell zu einem glatten Teig verkneten, der einen halben Tag kühl ruhen muß. Dann wird der Teig messerrückendick ausgerollt, mit kleinen Blech- oder Holzformen ausgestochen und bei mäßiger Hitze etwa 10 Minuten lichtbraun gebacken.

11. Festliche Weihnachtstorte

Man backt in einer mit gefettetem Pergamentpapier ausgelegten Springform nach Rezept Nr. 7 ohne Zitronat und Korinthen einen Pfefferkuchen. Nach dem Erkalten teilt man ihn wie eine Torte in mehrere Böden, die man mit einer Mischung von Marmelade, kleingeschnittenem Zitronat, grobgehackten Nüssen und geriebener Schokolade bestreicht und wieder zusammengesetzt. Dann überzieht man die Torte mit Schokoladenguß (siehe Nr. 1) oder mit Zuckerguß (siehe Nr. 2) und garniert mit Nußhälften und Zitronat oder bei Zuckerguß mit Trüffelstreuseln oder Schokoladenbohnen.

12. Pfefferkuchenwürfel mit Nougat-Füllung

250g Honig, 250g Zucker, 150g Butter, 850g Mehl, 4 Eier, 100g geriebene Mandeln, 100g Zitronat, **1 Päckchen Hayma-Neuerlei-Gewürz, 1 Päckchen Hayma-Treibkraft**.
Füllung: 250g Puderzucker, 100g Kakao, 200g geriebene Haselnüsse, 20g Palmin, etwa 1 Tasse Milch.

Zucker und Honig auflösen, nach dem Abkühlen mit obigen Zutaten gut zu einem derben Teig durchkneten. In zwei Teile geteilt ½ cm dick ausrollen. Man belegt ein gut gefettetes Blech mit der einen Teighälfte, streicht die von obigen Zutaten bereitete Füllung gleichmäßig darüber, bedeckt sie mit der zweiten Teighälfte und backt bei guter Hitze. Nach dem Abkühlen schneidet man den Kuchen in Würfel und glasiert sie mit verschiedenen Gußarten. Man kann auch an Stelle der Nougat- eine Marmeladenfüllung nehmen, der gehackte Nüsse oder Mandeln beigegeben werden.

13. Marzipan-Pfefferkuchen

250g Honig, 300g Zucker, 125g Margarine, 500g Mehl, 4 Eier, 1 Eßlöffel Kakao, **2 Päckchen Hayma-Neuerlei-Gewürz, 1 Päckchen Hayma-Treibkraft**.
Füllung: 400g Puderzucker, 400g süße, abgezogene Mandeln, 15 Stück bittere, abgezogene Mandeln, etwa 2½ Eßlöffel Rosenwasser.

Die Mandeln zweimal durch die Mandelmühle geben und mit dem Zucker und Rosenwasser unter ständigem Rühren erwärmen, bis sich die Masse vom Gefäß löst. Dann wird diese Masse in ein feuchtes Tuch eingeschlagen und etwa 48 Stunden ruhen gelassen.
Zucker und Eier schaumig rühren, Honig und Margarine zusammen schmelzen und noch lauwarm nach und nach darunter rühren, dann Hayma-Neuerlei, Kakao, gesiebtes Mehl und Hayma-Treibkraft löffelweise hinzufügen. Es entsteht ein dickflüssiger Teig, der knapp 1 cm dick auf ein gefettetes Backblech gestrichen und bei guter Mittelhitze etwa 30 Minuten gebacken wird.
Den erkalteten Kuchen waagerecht durchschneiden und mit der Marzipanmasse füllen. Anschließend in Würfel schneiden und mit Schokoladenguß nach Rezept Nr. 1 ringsherum glasieren.

14. Basler-Leckerli

750g Honig, 375g Zucker, 750g Mehl, 350g abgezogene, grobgeriebene Mandeln, 60g geschn. Orangeat, 60g geschn. Zitronat, Saft und geriebene Schale einer halben Zitrone, 2 Eßlöffel Kirschwasser, **1½ Päckchen Hayma-Neuerlei-Gewürz, 1 Teelöffel Hayma-Treibkraft**.

Honig und Zucker werden zusammen aufgelöst und mit allen übrigen Zutaten zu einem glatten Teig verarbeitet, der ½ cm dick auf dem Backblech ausgerollt und bei mäßiger Hitze hellbraun gebacken wird. Noch warm in kleine Vierecke schneiden und mit Glasur nach Rezept 2 überziehen.

15. Nürnberger Lebkuchen

300g Puderzucker, 250g Mehl, 4 Eier, 200g Mandeln, 65g Zitronat, 65g Orangeat, **1 Päckchen Hayma-Neuerlei-Gewürz, 1 Messerspitze Hayma-Treibkraft**. Oblaten 6cm Durchmesser.
Zum Belegen: Mandeln und Zitronat.

Eier mit Zucker und Vanille-Zucker schaumig rühren. Das kleinwürflig geschnittene Zitronat und Orangeat, das Hayma-Neuerlei, die mit der Schale gemahlenen Mandeln und das mit der Hayma-Treibkraft durchgesiebte Mehl werden dazu gegeben. Diese Masse wird auf die Oblaten gestrichen (1 gehäufter Teelöffel auf 1 Oblate) und bei schwacher Hitze gebacken.
Guß: Wahlweise nach Rezept 1 und 2.

GEWÜRZ MÜHLE NESSE
Im Tweyad 1
D-27612 Loxstedt-Nesse
Tel.: +49 4744 9181-0
Fax: +49 4744 9181-71
EMail: service@nesse.de

Nicht verwirklichte Entwürfe des Werbegrafikers Günther Grammel, aufbewahrt im Firmenarchiv des Haymawerks, Bückeburg

Hayma
Neunerlei
Die Perle aller
Pfefferkuchengewürze

Hayma
Neunerlei
Gewürz
Die Perle aller
Pfefferkuchen-Gewürze

HAYMA
NEUNERLEI-GEWÜRZ
Rezepte
Glänzend bewährt-
immer begehrt!

Die Mennoniten in Elbing und ihre bis heute erhaltenen Kirchengebäude

Die evangelische Freikirche der Mennoniten war im öffentlichen Leben der Stadt Elbing in bemerkenswerter Weise präsent. Sowohl die Gründerfamilie der Drogerie J. Staesz jun. als auch die Mehrzahl der Mitglieder der Familie May waren diesem Bekenntnis verbunden.

In der Familie May gab es zugleich eine beachtliche Toleranz, wenn sich Familienmitglieder dieser Glaubensrichtung nicht anschließen wollten.

Die beiden mennonitischen Kirchen gehörten nach dem Zweiten Weltkrieg zu den wenigen nicht zerstörten Gebäuden der Elbinger Altstadt. Bis 1945 boten sie den deutschen mennonitischen Elbingern und damit auch den Familien Staesz und May einen Ort der Besinnung.

Heute fällt es schwer, sich in das frühere Leben dieser Familien in der neu aufgebauten Elbinger Altstadt einzufühlen. Am ehesten mag dieses vielleicht noch angesichts dieser erhaltenen Kirchen gelingen.

Aus diesem Grunde und wegen ihrer gar nicht hoch genug zu bewertenden kulturellen Bedeutung war es dem Verfasser ein Anliegen, die Entstehung und die Geschichte dieser Kirchen mit der auf der gegenüberliegenden Seite abgedruckten Faksimile-Wiedergabe eines 1938 erschienenen Aufsatzes in den mennonitischen Geschichtsblättern darzustellen.

Der Verfasser dankt dem mennonitischen Geschichtsverein für die erteilte Abdruckerlaubnis und Frau Dr. Joanna Szkolnicka, Muzeum Archeologiczno-Historyczne w Elblągu, für die Fotografien der Gebäude aus dem Jahr 2021.

Links:
Die ehemals älteste Mennonitenkirche Deutschlands wird heute als Kunstgalerie genutzt. Anschrift: Ul. Garbary 12.

Rechts:
Als „Kirche zum Guten Hirten" wird die jüngere der Elbinger Mennonitenkirchen heute von der Alt-Katholischen Gemeinde genutzt.

Das Elbinger Gotteshaus von 1590.

Die älteste Mennonitenkirche Deutschlands

Das alte Gotteshaus zu Elbing, das über 300 Jahre in Benutzung war, gehört zu den wenigen Gebäuden, die den Mennoniten im 16. Jahrhundert als regelmäßige Andachtsstätten dienten. Es ist im deuschen Sprachgebiet ihre einzige noch erhaltene Kirche aus jener Zeit. Damals war es den Mennoniten außerordentlich erschwert, eigene Räume für Gottesdienste einzurichten. Darum mußten sie sich meist im geheimen versammeln, in kleiner Zahl in Wohnungen, in größerer Zahl an entlegenen Orten unter freiem Himmel oder in Wäldern.

Aufnahme E. Händiges.

Das alte Elbinger Gotteshaus

In einzelnen Gegenden trat jedoch ein Wandel ein, als kirchliche Intoleranz wirtschaftlichen Notwendigkeiten weichen mußte, und zwar geschah dies vor allem in den Weichselniederungen auf preußischem und polnischem Gebiet. Hier sind, wenn sich auch immer wieder Stimmen gegen die Duldung der Mennoniten erhoben, keine Märtyrer zu verzeichnen. Menno Simons dürfte in den Jahren 1547—1552 nach seiner Ausweisung aus Köln vorwiegend in dieser Gegend gewirkt haben.

Östlich von Elbing, in der Nähe der heutigen Kreisstadt Pr.-Holland, hatte bereits im Jahre 1530 Markgraf Albrecht von Brandenburg, der erste Herzog von Preußen, taufgesinnten Flüchtlingen aus Holland Ländereien zur Niederlassung angewiesen, und einige Jahre später gewährte auch die damals unter polnischer Herrschaft stehende Stadt Elbing ebenfalls Taufgesinnten aus Holland Raum zur Ansiedlung. Sie brachten den Elbinger Bürgern, die ihre Ländereien im Ellerwald an die Eingewanderten verpachteten, gute Erträge, zumal diese Pächter auch sumpfiges Gebiet hier und am Drausensee trocken legten und in nutzbares Land verwandelten. Der Magistrat von Elbing war daher den Mennoniten freundlich gesinnt, so daß sie bald auch in der Stadt Zutritt erlangten. Im Jahre 1585 wurde den Mennoniten Jost van Kampen und Hans von Cöln das Bürgerrecht erteilt und ihnen gestattet, einen Seidenhandel zu treiben, der bis dahin in Elbing noch nicht vertreten war.

Nun konnte sich in der Stadt auch eine Mennonitengemeinde bilden, der sich auch die Glaubensgenossen der Umgegend anschlossen. Jost van Kampen erhielt im Jahre 1585 die Genehmigung, für die Mennoniten ein Bethaus zu errichten, das fünf Jahre später fertig gestellt werden konnte. Es war, wie aus unserem Bild ersichtlich, ein Gebäude, das im Äußeren nicht das Gepräge einer Kirche aufwies, sondern im Baustil von den benachbarten Wohnhäusern sich kaum unterschied. Es lag auf der Südseite der Kurzen Hinterstr. Nr. 277 (8), heute Wilhelmstraße Nr. 28. Das Innere verteilte sich auf drei Stockwerke. Im Erdgeschoß befanden sich Wohnräume. Der Versammlungssaal war im 1. Stock eingerichtet mit Emporen an der Ost- und Nordseite des 2. Stockes. Längs der Mitte der Saaldecke waren Luken angebracht, so daß, wenn sie geöffnet wurden, auch im 3. Stockwerk noch Plätze für die Teilnehmer am Gottesdienst zur Verfügung standen.[1])

Der schlichte Versammlungsraum diente den Mennoniten in Elbing und Ellerwald von 1590—1900 als Andachtsstätte. Seit 1783 besitzt die Gemeinde in Ellerwald ein 2. Kirchlein. In Elbing erbaute sie im Jahre 1900 eine neue Kirche auf der Speicherinsel, Berlinerstraße Nr. 9, in denen seitdem die Gottesdienste stattfinden.

Die Mennoniten in Elbing und Ellerwald sind wie vor 350 Jahren meist auch heute noch zu einer Gemeinde vereinigt, die etwa 800 Seelen zählt. Neben der alten Mennonitengemeinde hat sich in Elbing im Jahre 1852 eine zweite Gemeinde mit einer eigenen Kirche an der Reiferbahn 20 gebildet. Ihr gehören gegenwärtig 125 Seelen an.[2])

Christian Hege.

[1]) E. Händiges, Beiträge zur Geschichte der Mennonitengemeinde Elbing-Ellerwald, in „Beiträge zur Geschichte der Mennoniten" (Schriftenreihe des Mennonitischen Geschichtsvereins Nr. 1), Weierhof 1938, S. 35.

[2]) Vgl. die 1883 vom Gemeindevorstand herausgegebene Schrift „Kurzgefaßte Geschichte der Elbinger Mennoniten-Gemeinde" sowie den Artikel Elbing im Mennonitischen Lexikon Bd. I S. 550.

Fotodokumentation zur Jurolin Lackfabrik

Robert May vermerkte in seinem Lastenausgleichsantrag vom 16.2.1953 den Hinweis: *Die Firma »Jurolin« nahm in Ostpreußen unter den gleichartigen Betrieben eine führende Stellung ein. Die durchschnittlichen Jahresumsätze vor dem Krieg betrugen 1 ¼ Millionen RM und hielten sich auch während der Kriegsjahre an der Millionengrenze. Die Firma war u. a. Vertragslieferant der Reichsbahn, Reichspost, Wehrmacht und anderer Behörden. Da sämtliche Behörden angewiesen waren, die Fa. Jurolin zu unterstützen, erhielt ich in den Kriegsjahren zur Vorratswirtschaft erhebliche Sonderkontingente an Rohstoffen zugewiesen. Das Warenlager war aus diesem Grunde im Zeitpunkt der Vertreibung sehr hoch und hatte einen Wert von ca. 275.000 RM.*

Diese Erläuterung Robert Mays zeigt, dass seine unternehmerische Initiative den NS-Wirtschaftsführern offenbar sehr gelegen kam. In der NS-Zeit war es möglich, die Behörden und die Wehrmacht anzuweisen, bei bestimmten Anbietern, hier der Jurolin Lackfabrik einzukaufen. Offenbar wurde auf Robert May in diesem Zusammenhang kein Druck ausgeübt, sich im Gegenzug politisch für die NSDAP zu bekennen und in die Partei einzutreten.

Der unpolitische Robert May schrieb nach dem Krieg ohne Arg, dass er Vertragslieferant war, also mit seiner Produktion und seinen Lieferungen Verträge erfüllte. Da Behörden und Wehrmacht zum Kauf bei ihm verpflichtet waren, bestand für ihn nur ein geringes geschäftliches Risiko.

Die hier gezeigten Fotos ermöglichen einen Einblick in Forschung und Produktion eines innovativen neuen Betriebes in Westpreußen während der NS-Zeit. Sie wurden in der beim Lastenausgleichsarchiv Bayreuth aufbewahrten Akte: ZLA 1/12213762c May, Robert vorgefunden. Robert May hatte diese Aufnahmen seinem Antrag zum Zwecke der Glaubhaftmachung beigefügt. Die auf der Rückseite der Fotos vermerkten Beschreibungen der Darstellungen wurden den hier gezeigten Aufnahmen als Bildunterschriften hinzugefügt.

JUROLIN - LACKFABRIK
INH. ROBERT MAY

LACK-FARBEN-KITT
INH. ROBERT MAY

Seit dem 1. Januar 1937 erfolgt die Fabrikation in diesem zeitgemässen Neubau.

Der Einsatz moderner Maschinen sowie die Einstellung bewährter Fachleute, gewährleisten Qualitätserzeugnisse in allen Sparten der neuzeitlichen Lackerzeugung.

Ich berate Sie in allen Fragen der Lackverarbeitung!

Bedienen Sie sich der Erfahrung meiner Fachleute und der Forschungsarbeit meines Labor[illegible]iums.

Ich liefere:

Synthetische Lacke, schlag- und stossfeste Emaillelackfarben, Nitrozelluloselacke, Rostschutzfarben, Lackfarben für landwirtschaftliche Maschinen, säure- und laugenbeständige Spezialerzeugnisse, Oellacke, Polituren, Mattierungen, Spritlacke.

JUROLIN - LACKFABRIK, ELBING OSTPR.
Inh. Robert May Tel. 2103

Vertragslieferant der Reichsbahn, Reichspost, der Wehrmacht und anderer Behörden.

Werbeaufruf der Jurolin-Lackfabrik

Vorratstanks für Lacke

Blick in die gasbeheizte [...]
Schmelze
Technischer Betriebsleiter Herr
Weinert und der Lacksieder

Modernste Einwalzen-Farbmühlen für hochwertige Emaillen mit Wasserkühlung

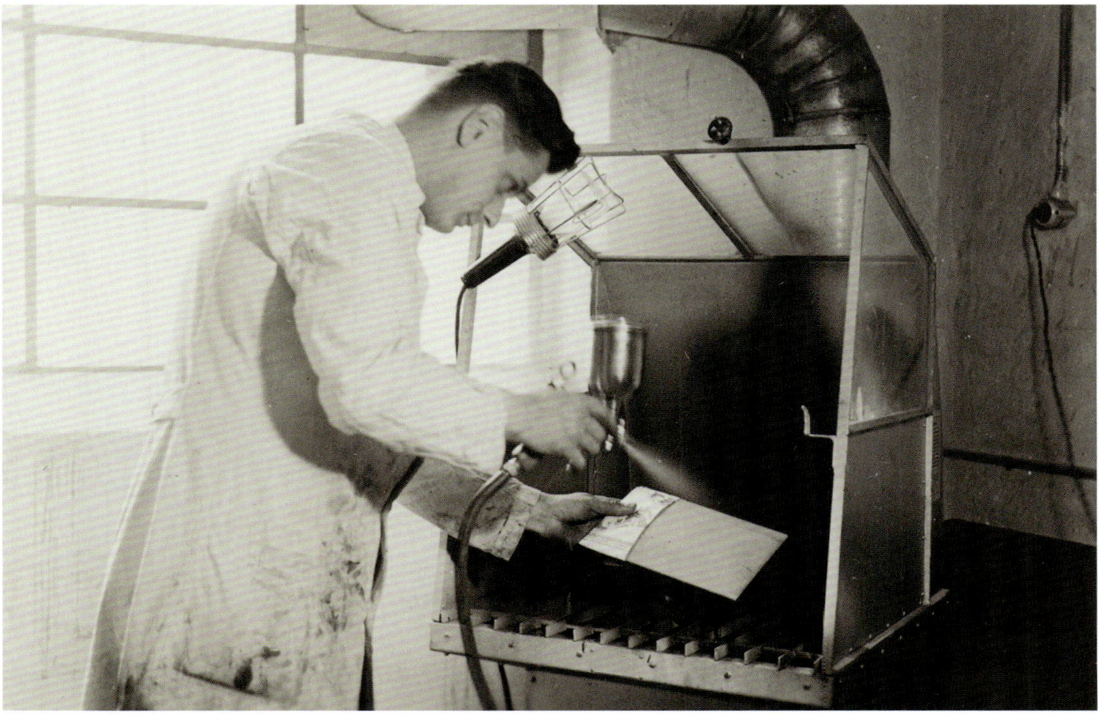

Herr Weinert beim Versuchsspritzen

Mischaggregat und Dreiwalzenstuhl für Konsumfarben

Laboratorium: Herr Weinert (techn. Leiter), Herr Risse (Techniker)

Abfüllen und Verpacken von weißer Rostschutzfarbe (50.000 Kg)

Herr Weinert, Gehilfe, Herr Risse, Herr Sternitzky (Betriebsleiter)

Lackzentrifuge und Pumpanlage

500 kg Mischaggregat für Oel- und Kunstharzfarben

Meine Flucht aus Elbing; aufgezeichnet im Jahre 1947 von Robert May

Dienstag d. 23. 1. 45 gegen 18 Uhr war viel Aufregung in der Stadt. Ich befand mich um diese Zeit bei der Reichsbank, für die ich evtl. Sachen mit herausnehmen sollte. Geschäfte waren noch geöffnet, aber mein Personal aus dem Kontor war schon abwesend. Nachdem ich die Reichsbank verlassen hatte, suchte ich meinen langjährigen Chauffeur Friese auf und besprach mit ihm die Flucht mit meinem Lastwagen. Dann bin ich in meine Wohnung Alter Markt 49 zurückgegangen und packte noch die letzten Koffer. Anschließend hatte ich eine telefonische Absprache mit Bankdirektor Oestreich (Reichsbank), dass ich seine Frau und Tochter, des weiteren, dass ich Friese nebst Frau und Tochter mitnehmen wollte.

Als ich mich in meinem Schlafzimmer für die Flucht fertig machte, hörte ich einen ungeheuren Knall und stellte fest, dass die ersten Russenpanzer in Elbing eingedrungen waren. Nachdem es wieder ruhiger wurde, bin ich auf die Straße gegangen und hörte, dass die Panzer, die den Mühldamm herunter kamen, direkt auf die Dresdner Bank geschossen hatten, und dass ein Volltreffer in das Schlafzimmer von meinem Freunde Hans Wolff (Direktor der Dresdner Bank) gegangen war. Hans Wolff hat gerade auf dem Balkon gestanden. Er war aber mit dem Schrecken davon gekommen.

Inzwischen kam Friese, der sofort in die Fabrik ging, um den Lastwagen fertigzumachen. Von abends 21 Uhr bis in die Früh um 4 Uhr hat er gearbeitet und bekam den Wagen nicht in Gang. Wahrscheinlich wurde er durch Sabotage gebrauchsunfähig gemacht, denn der Lastwagen ist jeden Tag, auch noch an diesem Tage der Flucht, bis abends unterwegs gewesen.

Friese verließ der Mut und er sagte, dass er in Elbing bleiben wollte. Ich konnte weiter feststellen, dass all meine Freunde bereits aus der Stadt waren. Ich selbst ging, da ich nicht mehr allein in der Wohnung (sein wollte) – meine Frau war bereits am Tag vorher noch mit dem Zug geflüchtet – zu meinem Freund Oestreich und blieb dort über Nacht. Ich verabschiedete mich von Friese, nahm meinen Rucksack und bin am Mittwoch d. 24.1.45 um 8.25 Uhr am Rathaus durch die Kettenbrunnenstraße nochmals zu Staesz gegangen. Hier nahm ich Abschied und bin zu Fuß aus der Stadt in Richtung Einlage herausgegangen. Meine Aktentasche, die sämtliche Unterlagen, Bankauszüge etc. enthielt, war mir schon abhanden gekommen.

Auf der Straße nach Einlage war ein langer, langer Zug, teils Pferdetrecks, teils Autos und am Rande die Fußgänger. Viele Bekannte sah ich vorbeifahren, aber niemand nahm mich mit, keiner kannte mich mehr oder wollte mich sehen.

Ich trippelte zurück nach Einlage. Unterwegs bat ich den Besitzer eines Einspänner-Schlittens, es war der Pächter der Scheeder-Mühle, mich mitzunehmen. Ich konnte wenigstens meinen Rucksack auf den Schlitten legen und bin nebenher gelaufen. Später nahm mich der Trecker von der

Gasanstalt bis zum Dorfe Fürstenau mit. Dieser hatte eine Panne und konnte nicht weiter. Dann bin ich wieder eine Strecke zu Fuß gegangen, bis ein Panzer mich mitnahm. Leider hatte dieser nach 5 km keinen Brennstoff mehr und ich musste wieder zu Fuß weiter.

Dann konnte ich auf einen Leiterwagen, der Stroh geladen hatte – unter dem Stroh befanden sich Akten der Stadt Pr. Holland – wieder eine kurze Fahrt von 5 km mitkommen. Die Trecks kamen nicht vorwärts und es war bitterkalt. Ich lief dann wieder zu Fuß und fand dann hinter Tiegenhof die Möglichkeit, mit einem Lastwagen mitzukommen, der mich zur Weichselfähre brachte. Dort staute sich eine ungeheure Menge von Fahrzeugen aller Art. U. a. traf ich Arthur Hinz von Louis Thiel, der mich gegen einen 50 Ltr. Benzinschein, den ich bei mir hatte, im Personenwagen über Dirschau nach Konitz mitnahm. Ich hoffte am Donnerstag in Landsberg zu sein und hatte meiner Frau dahin depeschiert. Wir hatten in Landsberg eine 2 ½ Zimmer-Wohnung vorsorglich gemietet. Aber der Personenwagen wurde von der SS beschlagnahmt. Hinz blieb dort, ich aber wollte weiter. Ich bin dann mit der Bahn über Neustettin/Schlochau gefahren. Es war aber kein Vorwärtskommen. Es gab keine Verpflegung. Hin und wieder einmal etwas Kaffee – kein Brot -, abends mal eine dünne Wassersuppe. Zug ungeheizt – große Kälte. Ich empfand alles nicht, man war zu apathisch.

Am Donnerstag war ich noch voller Hoffnung gewesen, aber als ich im Zuge saß und Stunde auf Stunde verging, stellte ich fest, dass wir pro Tag 15 km fuhren. Nun wusste ich, was mir bevorstand. 3 x wechselte ich den Zug, immer den nehmend, der nach meiner Meinung früher abfährt. In Neustettin kam ich in einen Flüchtlingszug, der dort eingesetzt wurde. Im letzten Wagen gab es sogar ein Abteil 1. Klasse und es war auch noch ein Plätzchen frei. Ich saß mit 4 Personen und sehr vielem Gepäck zusammen, so dass man sich gar nicht rühren konnte. Noch spürte man die Kälte nicht. Aber als die Nacht kam, war es sehr ungemütlich. Wieder waren wir nur 20 km weiter gekommen. Am 2. Tag wurde der Zug für einige Stunden geheizt. Das war Sonnabend, der 27. 1. Sonntag, d. 28. ging es bis Falkenburg. Wieder nur 25 km. Es war zum Verzweifeln – ungeheizt und ohne was zu essen. Montag, d. 29. Nacht und Tag gefahren und als besondere Leistung legten wir 90 km zurück.

In Stargard in Pommern verließ ich gegen 21 Uhr den Zug. An der Bahnhofunterführung sah ich einen Sack mit erfrorenen Kinderleichen. In Stargardt wurden wir zum erstenmal verpflegt. Ich bekam eine Suppe, belegtes Brot, begab mich in den Vorraum eines Kinos, wo ich den ersten Elbinger traf und zwar einen Schulfreund von Gyzyski mit Tochter. Bereitwilligst wurde mir eine Decke überlassen und auf dem dreckigen Fußboden schliefen wir den Schlaf des Gerechten. Früh gegen 4 Uhr verabschiedete ich mich von ihm und wollte über Pyritz nach Landsberg. Auf dem Bahnhof wartete ich bis gegen 8 Uhr, da sagte man mir, dass kein Zug mehr nach Landsberg ginge, angeblich wegen Zugentgleisung. Endlich gelang es mir, in einem Verwundetentransportzug mitgenommen zu werden. Fuhr bis zum Güterbahnhof Altdamm und anschließend nach Stettin. Zum Glück ging um 16 Uhr ein Zug von Stettin nach Küstrin und so traf ich gegen 20.30 Uhr in Küstrin ein. Hier wartete ich bis gegen Mitternacht auf den Zug, der von Berlin nach Landsberg gehen sollte. Er wurde aber nur bis Küstrin geleitet, da die Russen inzwischen in Landsberg waren. Da ich nun nicht wusste, ob meine Frau noch in Landsberg war, so bin ich unter sehr gemischten Gefühlen mit dem Zug nach Berlin gefahren und gegen 5 Uhr war ich dort. Es war Donnerstag, der 1. Februar.

In Berlin rief ich zunächst meinen Schneider Müller an, der mich herzlich aufnahm, mir sogar ein Bad bereitete, Kaffee und Brötchen gab. In einem frischbezogenen Bett habe ich dann herrlich geschlafen. Zufällig war kein Angriff auf Berlin. Nachmittags zu Schürmanns. Hier gab es für den armen Flüchtling Bohnenkaffee und ein feudales Abendbrot. Die Nacht über blieb ich dort und wurde langsam wieder Mensch. Nach dem Morgenkaffee, ein Wiedersehen uns wünschend, auf zum Potsdamer Bahnhof. Dort traf ich einen alten Kunden, Tischlermeister Grünwald aus Mühlhausen. Wir warteten gemeinsam auf den Zug, der 13.50 Uhr einlief und 18.10 Uhr abfuhr. Gegen 8 Uhr früh, am Sonntag, traf ich in Quedlinburg ein. Quedlinburg hatten wir als 2. Station ausgemacht und hier traf ich meine liebe Frau. Das Wiedersehen war schön und wir waren Gott dankbar, dass wir wieder zusammen waren.

Wenn ich heute, nach 2 Jahren, diesen Fluchtweg überlese, dann ist er wie ein Spaziergang gegenüber dem unvorstellbaren Leidensweg, den viele meiner lieben Landsleute gehabt haben. Insbesondere gedenke ich all der lieben Verschleppten, die von Elbing nach dem Ural, Sibirien und sonst wo hingekommen sind, so u. a. auch der Karola Sieg, Tochter meines Freundes Erich Sieg, die durch einen besonderen Unglücksfall in die Hände der Russen fiel. Wie wir später erfuhren, ist sie dann mit russischen Offizieren in Pr. Holland gesehen worden und später hörte man, dass sie am Weißen Meer gestorben ist. Sie war ein Mädel von 19 Jahren und wollte Kunstgeschichte studieren.

Hinweis: Zur Veranschaulichung dieses Fluchtberichtes befindet sich eine Karte im Nachsatz dieses Buches. Die im Bericht genannten Fluchtstationen sind darin mit Datumsangaben eingezeichnet.

Faksimile Fischmagazin

www.fish-business.net

Juni 6 / 2000 C 10152E

FISCH MAGAZIN

Die Fachzeitschrift für die gesamte Fischwirtschaft

Neue Produkte 2000

Alexander Krause Ulrich Krause Jan Hendrik Krause Kurt Stelter

Gewürzmühle Nesse: Bio-Gewürze sind ein interessanter Wachstumsmarkt

Die Gewürzmühle Nesse produziert jährlich rund 4.500 Tonnen Gewürze und Zusatzstoffe. Die Fischindustrie ist nach der Fleischindustrie der zweitwichtigste Abnehmerkreis und zeigt hohe Zuwachsraten. Einen interessanten Wachstumsmarkt sieht man in Bio-Gewürzen. Seite 14

Grundlage der umfangreichen Produktpalette sind Gewürze, die aus allen Teilen der Welt importiert werden.

Gewürzmühle Nesse bietet **Bio-Gewürze** für die Lebensmittelindustrie

„Nischenprodukt mit Wachstumspotential"

Die Gewürzmühle Nesse produziert jährlich rund 4.500 Tonnen Gewürze und Zusatzstoffe. Die Fischindustrie ist nach der Fleischindustrie der zweitwichtigste Abnehmerkreis und zeigt hohe Zuwachsraten. Einen interessanten Wachstumsmarkt sieht man in Bio-Gewürzen.

Wenn Kurt Stelter ein Fischfachgeschäft betritt, fühlt er sich zu Hause. Nicht nur, weil der ehemalige Fischhändler die Arbeitsabläufe und Atmosphäre im Laden aus eigener Tätigkeit kennt, sondern auch, weil er in seiner heutigen Funktion als Fachberater der Gewürzmühle Nesse an Produktentwicklungen beteiligt war, die zum Standardsortiment jedes Fischgeschäfts gehören. Die Idee der Aufstreugewürze auf Räuchermakrelenfilets zum Beispiel

Alexander, Ulrich und Jan Hendrik Krause, Kurt Stelter: „Würzen ist ein Teil der Wertsteigerung."

hat er zusammen mit einer Räucherei vor über 20 Jahren entwickelt. Mittlerweile ist sie zigfach kopiert und weiterentwickelt worden. Makrelenfilets werden heute in vielen verschiedenen Geschmacksrichtungen mit Gewürzen veredelt, häufig nach 'Hausrezepten' der jeweiligen Räucherei, genauso häufig aber auch mit fertigen Mischungen aus der Gewürzmühle.

„Im Bereich 'Zusatzstoffe Seafood' ist Nesse heute Marktführer", beschreibt Stelter die Marktposition der Gewürzmühle. Die Nähe zum Standort Bremerhaven sowie die langjährige Beschäftigung mit dem Thema Fisch werden als Gründe für diese Stellung angeführt; seit mehr als 20 Jahren sammelt man Know-how im Fischbereich. Vom Gesamtumsatz entfällt knapp ein Viertel auf den Fisch- und Feinkostsektor, in dem etwa 250 Industrie- und Handwerkskunden in Deutschland regelmäßig beliefert werden.

Durch eigene und externe Labore werden die Rohstoffe ständig überprüft. Im November 1998 wurde der Betrieb gemäß DIN ISO 9001 zertifiziert.

Convenience braucht Gewürze

„Das Segment Fisch- und Feinkostprodukte ist für uns sehr attraktiv, weil der Verkauf an diese Zielgruppe seit Jahren prozentual deutlich höhere Zuwachsraten zeigt, als der Handel mit dem Fleischbereich", analysiert Geschäftsführer Ulrich Krause die Absatztrends. Und ein Ende dieser Entwicklung ist nach seiner Ausführung nicht abzusehen, weil der anhaltende Trend zu Convenienceartikeln auch den Einsatz von Gewürzen vorantreibt. Grund: Je stärker die Arbeit aus der Küche des Verbrauchers in die Produktion der Fischverarbeiter verlagert wird, desto mehr Gewürze werden von der Industrie gebraucht. „Würzen ist ein Teil der Wertsteigerung", bringt Krause die Entwicklung auf den Punkt.

5000 Artikel aus 60 Gewürzen

Gewürzmühle Nesse bietet ein umfangreiches Sortiment von Auf- und Einstreugewürzen, Dekogewürzen, Gewürzessenzen und -extrakten sowie Aromen, Geschmacksverbesserern und Panaden an. Die Rohware dafür stellen etwa 60 Gewürzen dar, die aus allen Teilen der Welt importiert werden. Sie sind unverarbeitet sowie als gerebeltes, geschrotetes, geschnittenes oder gemahlenes Gewürz erhältlich. Dabei betont man, dass die Gewürze bei -78°C verarbeitet werden, wodurch die ätherischen Öle weitestgehend erhalten bleiben. Der überwiegende Teil der Gewürze wird zu Mischungen zusammengestellt, die dem Verwender ein gleichbleibendes Mischungsverhältnis und ein reproduzierbaren Produktgeschmack garantieren. ►

Die Gewürze werden ganz sowie als gerebeltes, geschrotetes, geschnittenes oder gemahlenes Produkt angeboten. Die Gewürze werden bei -78°C verarbeitet, wodurch die ätherischen Öle besser erhalten bleiben.

Die Gewürzmühle Nesse produziert jährlich rund 4.500 Tonnen Gewürze und Zusatzstoffe.

Nesse - Telegramm

Gewürzmühle Nesse
J. Staesz jun. Otto Möller
GmbH
Im Tweyad 1
27612 Loxstedt-Nesse
Tel.: 04744/91 81 0
Fax: 04744/91 81 71
Internet: www.nesse.de

Charakteristik: Gewürzhersteller
Geschäftsführer: Ulrich Krause
Vertriebsgebiet: International
Exportanteil: 35 %
Sortiment: Vollsortiment an Gewürzen; Zusatzstoffe und Reifemittel, Aromen, Essenzen, Farbstoffe und Konservierungsmittel
Dienstleistungen: Produktentwicklungsdienst nach Kundenvorgaben, Betreuung vor Ort, Geschmackstest-Untersuchungen, Individuelle Mischungserstellungen, chargengerechte Abpackungen
Kundenstruktur: Fischindustrie, Fleisch- und Wurstwaren-Produktion, Milchindustrie, Gastronomie- und GV-Betriebe, Feinkostproduzenten, Bäckereien sowie TK-Convenience-Hersteller
Handelsvolumen: 4.500 t
Gegründet: 1880
Mitarbeiter: 50

Diese Gewürzmischungen werden außerdem noch mit einer Reihe von Hilfs- und Zusatzstoffen wie Reifemitteln, Konservierungsstoffen, Emulgatoren, Farbstoffen und anderen Substanzen der Lebensmittelverarbeitung angeboten. Diese Komplettmischungen ermöglichen dem Anwender eine unkomplizierte Herstellung von Mayonnaisen, Ketchups, Saucen sowie diversen anderen Produkten, ohne dass er die einzelnen Komponenten selbst zusammenstellen muss. Zusammen mit den Exklusivrezepten, die einige Industriehersteller individuell für ihre Produkte mischen lassen, verfügt die Gewürzmühle heute über einen Artikelbestand von schätzungsweise 5.000 Positionen.

Vor zwei Jahren ist zusätzlich zum Stammhaus in Loxstedt-Nesse ein zweiter Betrieb in Sittensen gebaut worden. Er wird von Alexander und Jan Hendrik Krause geführt, den Söhnen von Ulrich Krause. Der Sittenser Betrieb verfügt über einen größeren und moderneren Maschinenpark, arbeitet aber grundsätzlich wie das Stammhaus. In Sittensen ist das Exportgeschäft zusammengefasst, das einen Umsatzanteil von 35 Prozent ausmacht. Verkauft wird in 25 Länder, wobei Europa und Osteuropa als Schwerpunkte genannt werden. In Polen, Russland und Rumänien gibt es eigene Büros, in weiteren 20 Ländern arbeitet man mit Vertragspartnern zusammen, die Verkauf und Logistik vor Ort übernehmen.

Bio-Gewürze ohne Zusatzstoffe

Seit einigen Monaten ist eine dritte Produktionsstätte in Wulsbüttel dazugekommen. Diese Niederlassung wurde gegründet, weil getrennte Lager- und Verarbeitungskapazitäten für biologische Gewürze benötigt werden. Für Alexander Krause sind die Bio-Gewürze ein „Nischenprodukt mit Wachstumspotential". Die desolate Preissituation im Lebensmitteleinzelhandel führt dazu, dass immer mehr Produzenten auf die Herstellung von Bioprodukten ausweichen, weil es in diesem Segment keinen vergleichbaren Preiskampf gibt.

Alicon, eine Kontrollstelle für ökologisch erzeugte Lebensmittel mit Sitz in Esslingen, hat die Gewürzmühle Nesse audi-

Nesse besitzt ein Zertifikat, das die Produktion von Bio-Gewürzen erlaubt.

tiert und zertifiziert. So wird sichergestellt, dass die Rohwaren für die Bio-Gewürze ausschließlich von überprüften Erzeugern und vertraglich gebundenen Herstellern mit genauen Produktionsauflagen stammen. „Die Schwierigkeit bei den Bio-Produkten sind nicht allein die Gewürze, sondern vor allem die funktionellen Zusatzstoffe", erklärt Alexander Krause. Viele Lebensmittel enthalten solche Zusatzstoffe, die Stabilität, Farbe, Geschmack oder Haltbarkeit beeinflussen. Das Problem dabei ist, dass die deklariert werden müssen und somit für Bio-Produkte nicht eingesetzt werden können. „Unsere Aufgabe ist es, Gewürzmischungen herzustellen, die das Fertigprodukt hinsichtlich von Faktoren wie Haltbarkeit, Farbe und Geschmack beeinflussen, aber ohne deklarationspflichtige Zusatzstoffe auskommen", beschreibt Produktentwickler Stelter die Aufgabe. Die positiven Effekte dürfen nur auf rein natürliche Art zustande kommen. Erste Erfahrungen mit der Akzeptanz der Bio-Gewürze gibt es bereits: Über den Fischfachhandel wird ein Sortiment von Gewürzen (Bratfischgewürz, Kochfischgewürz, Fischpanade etc.) unter der Marke 'Staesz' in Endverbraucherverpackungen vertrieben. In diesem Programm befinden sich auch einige Bio-Gewürze in ganzer oder vermahlener Form. Der Absatz dieser Artikel ist vielversprechend.

www.nesse.de

Neben dem neuen Gewürz-Sortiment gibt es ein zweites Projekt, das derzeit verstärkt vorangetrieben wird: das Internet. Unter www.nesse.de ist seit Anfang März ein umfassender Auftritt der Gewürzmühle unter dem Motto „Wir geben Ihren Produkten den richtigen Geschmack" zu finden. Neben der Produktübersicht, den Kontaktadressen in

Unter www.nesse.de ist seit Anfang März ein umfassender Auftritt der Gewürzmühle unter dem Motto „Wir geben Ihren Produkten den richtigen Geschmack" zu finden.

den verschiedenen Ländern und einer Unternehmensdarstellung, gibt es in einem aktuellen Teil zum Beispiel jahreszeitlich angepasste Rezeptideen sowie Messetermine. In einer zweiten Stufe ist eine individuelle Nutzung des Internets zu den einzelnen Handelspartnern geplant. Rund um die Uhr können hier - über Zugangcodes gesichert - spezifische Informationen abgefragt und Bestellungen aufgegeben werden. *nik*

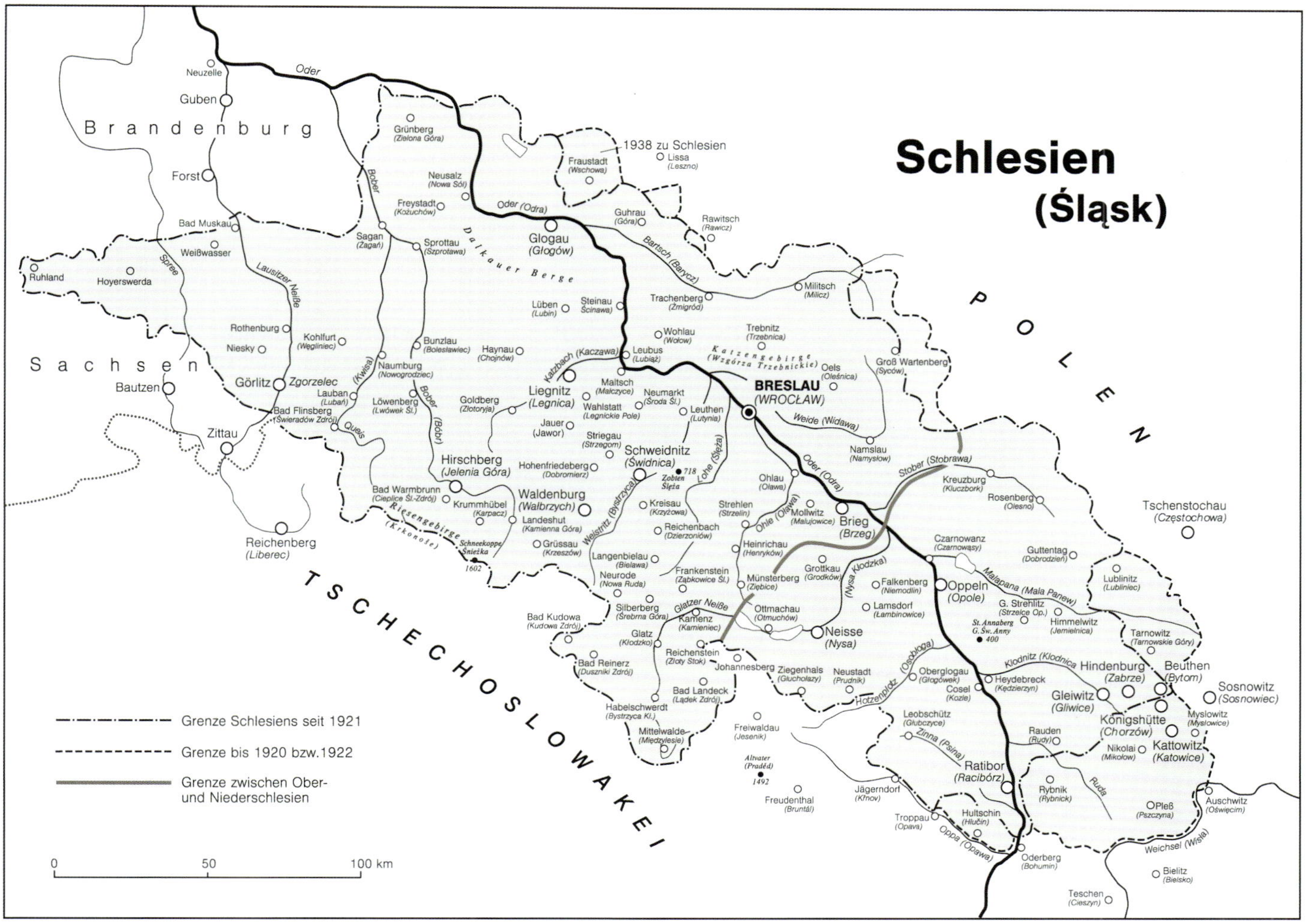

Diese Karte wurde dem Verfasser freundlicherweise vom Inhaber des Senfkorn-Verlags in Görlitz, Herrn Alfred Theisen, zur zweisprachigen Orientierung über schlesische Städte zur Verfügung gestellt

Anmerkungen

1 www.lebkuchen-gandl.com/de/rund-um-den-lebkuchen-in-allen-variationen/historie-geschichte-lebkuchen-lebzelterei-st-wolfgang/ Zugriff vom 14. 4. 2019.

2 Aus: Die Thorner Katharinchen und der Pfefferkuchenstreit.

3 entfällt

4 Hartmann, Ernst: Pfefferkuchen zur Weihnacht, S. 112 f.

5 Hinrichsen, Torkild: Das Kuchenherz, S. 95 f.

5a Auch in der Gewürzmühle Nesse waren Maschinen der Firma Werner & Pfleiderer im Einsatz.

6 Olecki, Piotr: Nicht nur zur Weihnachtszeit – Die Lebkuchenbäcker von Thorn.

7 Nach 1945 haben neue polnische Eigner die Kathrinchen-Tradition in der alten Fabrik in Thorn (polnisch Toruń) wieder aufleben lassen. Sie bieten die als Touristenattraktion begehrte Spezialität als »Katarzynki« an. Zum Erfolg trägt auch das Thorner Pfefferkuchen-Museum bei, das im früheren Fabrikgebäude der Firma Gustav Weese eingerichtet wurde.

8 Brief im »Ordner Schriftverkehr A – L« Familienarchiv Krause.

9 Osterhammel, Jürgen: Das 19. Jahrhundert, S. 56 – 65.

10 Hege, Christian: Die Gemeinde Rosenort bei Danzig, S. 51 f.

11 Daten entnommen aus: Pillukat, Rudolf/ Hans-Jürgen Schuch: 750 Jahre Elbing, Münster/Westf. 1987, S. 71 – 75.

12 »Pierers Universal-Lexikon 1857, Bd. 11, S. 1, Zitat nach der Online-Ausgabe.

13 Schoene: 100 Jahre im Zeichen des Mörsers, S. 18.

14 Gelegentlich taucht auch diese Schreibweise in den Adressbüchern auf.

15 Das Geschäft wurde anschließend lt. Einwohnerbuch 1898 vom Kaufmann Heinrich Dyck übernommen und offenbar einer anderen Branche zugeführt.

16 Die Angaben zur Familie Staesz wurden durch Dipl.Archivar Arkadiusz Welniak (ARCHTOM) aus Tczew (Dirschau) ermittelt, der dankenswerterweise auch das erhaltene Grundbuch ausfindig machte, daraus Kopien anfertigte, die Stammtafel erstellte und sie dem Verf. übermittelte.

17 Verne, Jules: Der Findling, 1. Teil, 1. Kapitel, S. 12.

18 Dem Grundbuch dieses Anwesens, ebenfalls ermittelt und von Dipl. Archivar Arkadiusz Welniak (ARCHTOM) aus Tczew (Dirschau) dankenswerterweise zur Verfügung gestellt, sind neben der Geschichte des Hauses auch die Umstände des Erwerbs zu entnehmen. Es hatte zuvor bereits mehrfach den Besitzer gewechselt. Am 6. April 1878 war schließlich der Kaufmann Gustav Homann Eigentümer des Grundstücks geworden. Offenbar geriet er aber mit der Zahlung des Kaufpreises in Verzug. Die unausweichliche Zwangsversteigerung erfolgte am 3. Februar 1880. Einem

Herrn M. Gavinski wurde der Zuschlag als Meistbietender erteilt. Seine Eintragung als neuer Eigentümer erfolgte im Grundbuch am 7. April 1880. Doch das Grundbuch verrät auch, dass er zu diesem Zeitpunkt bereits einen Vertrag zum Verkauf des Grundstücks an Jacob Staesz jun. geschlossen hatte. Der Vertragsabschluss war am 16. Februar 1880 und damit nur 13 Tage nach der Zwangsversteigerung erfolgt. Offenbar hatte Jacob Staesz von der Zwangsversteigerung nicht rechtzeitig erfahren, sonst hätte er den Erwerb der angestrebten Immobilie am 3. Februar 1880 selbst kostensparend vornehmen können. Vielleicht ist er dort aber auch überboten worden.

19 Heiratsregister Nr. 38/1881 des Standesamts Marienburg, ebenfalls ermittelt von Dipl.Archivar Arkadiusz Welniak.

20 https://www.pharmazeutische-zeitung.de/inhalt-36-2000/titel-36-2000/, Zugriff vom 1.7.2019.

21 Thiessen: Die deutschen Drogisten, S. 15.

22 So dem Verf. am 18.6.2019 per E-Mail vom Team des Österreichischen Pharma- und Drogistenmuseums mitgeteilt.

23 Vgl.: https://de.wikipedia.org/wiki/Apotheke, Zugriff vom 16. 8. 2019.

24 Thomas Morell, »Weltprint« vom 14.8.2007: »Als erste Fernfahrt gilt die Autoreise von Berta Benz, Ehefrau des legendären Autobauers, im August 1888 von Mannheim nach Pforzheim. In Wiesloch kaufte sie in der dortigen Löwen-Apotheke zehn Liter Waschbenzin, das es damals nur in handlichen 200 Milliliter-Flaschen zu kaufen gab. So räumte sie das gesamte Lager leer, und Löwen-Apotheker Wille Ocker ging als erster Tankwart in die Geschichte ein. Vgl. https://www.welt.de/welt_print/article1103482/Berta-Benz-kaufte-ihr-Benzin-noch-in-der-Apotheke.html – Zugriff vom 15.8.2019.

25 Thiessen, S. 20.

26 Schoene, S. 10.

27 Schoene, S. 13.

28 Reichsgesetzblatt (RGBl) Nr. 11 vom 25. März 1872.

29 Thiessen, S. 24.

30 Thiessen, S. 30.

31 Reichsgesetzblatt (RGBl). S. 380.

32 Thiessen, S. 10.

33 Geburtsregister 977/1882 des Standesamts Elbing, mitgeteilt von Herrn Arkadiusz Welniak, vgl. Anm. 16, 18, 19.

34 Heiratsregister Nr. 41/1887 des Standesamts Elbing.

35 Aus »Elbinger Illustrirte Zeitung«, herausgegeben bei Gelegenheit des 19. Provinzial-Sängerfestes« am 4.,5.,6. Juli 1897, Kopie im Familienarchiv Krause.

36 Werbeanhang des Adress-Buchs für Stadt und Landkreis Elbing 1912, Seite 395.

37 Paul Pulewka selbst ist nicht mehr als Einwohner Elbings verzeichnet. Der Grund hierfür konnte nicht festgestellt werden. Allerdings besuchte sein Sohn Paul Pulewka jun. geb. am 11.2.1896, das Elbinger Humanistische Gymnasium noch bis zum Abitur im Jahre 1914. Seine 1893 geborene Tochter Lotte hatte die Schulausbildung bereits 1910 abgeschlossen. Beide Kinder brachten es in ihren Leben in unterschiedlicher Weise zu internationaler Bekanntheit; Paul Pulewka jun. nahm nach dem Abitur von Anfang bis zum Ende am Ersten Weltkrieg teil, anschließend studierte er in Königsberg Medizin, übernahm dort und in Tübingen Lehraufträge für Pharmakologie und Toxikologie. 1935 emigrierte er mit seiner jüdischen Ehefrau in die Türkei. Er trug maßgeblich zur Etablierung pharmakologischer Forschung, Lehre und staatlicher Arznei-

mittelüberwachung in der Türkei bei. (s. Wikipedia). Er starb am 22. Oktober 1989 in Tübingen. – Lotte Pulewka, * 15. Juli 1893 in Elbing, † 6. November 1966 in Potsdam, war eine bedeutende Sozialistin. 1922 wurde sie von der KPD beauftragt, in die Sowjetunion zu emigrieren. Dort und ab 1945 in der DDR übernahm sie verschiedene Parteiaufträge (s. Wikipedia).

38 Im Einwohnerbuch der Stadt Elbing für das Jahr 1914 steht Hermann Staesz mit der Anschrift »Bismarckstraße 14« (Seite 224) als Rentier. Die »Drogen- und Farbenhandlung Paul Pulewka« wurde von dem Apotheker Ernst Lukanow übernommen (Seite 183).

39 Robert May hatte sich mit Familienforschung beschäftigt und dabei festgestellt, dass seine Vorfahren bereits um 1640 im Landkreis Königsberg i. Pr. lebten, verteilt auf die Gemeinden bzw. Gutsbezirke Neuhausen, Aweiken und Quednau, vgl. Brief Robert Mays vom 25.6.1954 in »Ordner Korrespondenz ab 1.1.1954« (Familienarchiv Krause).

40 Gemeindelexikon für das Königreich Preußen [1905] Heft 2 (Westpreußen).

41 Elbinger Wohnungsanzeiger von 1890, S. 41.

42 Der Westpreuße, Nr. 13, Seite 13, vom 5. Mai 1966.

43 Der hier vorgestellte Lebensweg Robert Mays folgt der eigenhändigen Lebensbeschreibung, die er am 5. Dezember 1961 der Presse übersandte. Abschrift im Familienarchiv Krause.

44 Thiessen, S. 18f.

45 Ein Foto des bis zum Ersten Weltkrieg genutzten Akademiegebäudes in der Schleinitzstraße 11 konnte trotz Bemühens nicht beschafft werden.

46 Thiessen, Die staatlich anerkannte Drogisten-Akademie, S. 7.

47 Ebd. S. 17.

48 Ebd. S. 9, wo die Zahl der Studierenden in den jeweiligen Jahrgängen aufgelistet ist.

49 Schoene, S. 220.

50 Die Ausführungen in diesem Absatz folgen Wilhelm Staats.

51 Thiessen, S. 27.

52 Thiessen, S. 60.

53 Polizeiverordnung der preußischen Minister der Geistlichen, Unterrichts- und Medizinalangelegenheiten, des Innern und für Handel und Gewerbe über den Handel mit Giften vom 22. Februar 1906, veröffentlicht in: Thiessen, Die deutschen Drogisten.

54 Das Zeugnis der bestandenen Giftprüfung von Robert May hat sich im Stadtarchiv Braunschweig erhalten. (Signatur G XII 14 Nr. 46, Titel: »Prüfungsberichte«). Robert Mays Prüfungsbericht ist die einzige Akte dieser Art, die dort gewissermaßen als Musterakte aufbewahrt ist. Briefliche Mitteilung des Stadtarchivs an den Verf. vom 26.8.2019: *Die Akte mit den Unterlagen von Robert May umfasst z.B. eine Laufzeit von 1899 – 1911. Die einzige weitere Akte in dem Bestand wäre die Nr. 47 mit dem Inhalt »1. Prüfungsthemen, 1930 – 1938; 2. Berichte über Entlassungsfeiern, 1929, 1930, 1932; 3. Verzeichnis der in der Prüfung 1932 erfolgreichen Studierenden, 1932; 4. Abgangszeugnisse (Entwürfe); 5. Übersicht über die im Studienjahr 1930/31 erteilten Stunden; 6. Liste der Studierenden, 1935-1936« und einer Laufzeit von 1929 – 1938 für spätere Jahre ist hier nichts weiter überliefert. Man kann also tatsächlich von einem Glücksfall sprechen.*

55 Die Note 4 »Ungenügend« war seinerzeit die am Ende der Notenskala stehende schlechteste Bewertung.

56 Abschlusszeugnis Robert Mays im Archiv des Verbandes Deutscher Drogis-

ten, Düsseldorf, dem der Verf. auch an dieser Stelle für die Überlassung der Abbildung dankt.

57 Einwohnerbuch von Elbing, 1930.

58 So erinnert und dem Verf. am 1. Juni 2020 brieflich mitgeteilt von Ursula Moser geb. Krause. Sie teilte weiter mit: »1945 flüchteten Tante Edith und Onkel Ernst, welcher lungenkrank war, nach Pfronten im Allgäu. Dort habe ich sie während meines Studiums besucht. [...] Die andere Schwester, Tante Lottchen, verh. Pauls, flüchtete nach Norddeutschland und lebte dann in Itzehoe, wo sie versuchte, mit einem kleinen Stoffgeschäft wieder Fuß zu fassen. Sie hatte zwei Töchter, Tante Brigittchen und Tante Doris. Tante Doris war in Bielefeld verheiratet und Tante Brigitte lebte in Itzehoe.«

59 So antwortete er 1955 auf eine Einladung zu einem Ehemaligen-Treffen: *»Ich habe mich entschlossen, an dem 75jährigem Jubiläum der Drogistenakademie teilzunehmen und zwar sowohl am Kommers als auch an den anderen Veranstaltungen, insbesondere an dem großen Festakt. ... Sollte noch ein internes Treffen der älteren Herren stattfinden, so bitte ich um Berücksichtigung, da ich liebe Erinnerungen an meine Braunschweiger Studienzeit S 10/11 habe, zumal meine verstorbene Frau aus Braunschweig kam. Mit kollegialem Gruß (Robert May) früher Elbing.«* – Schreiben vom 2. Juni 1955 an Karl Stemmann vom »Verband ehemaliger Braunschweiger Drogisten-Akademiker e.V. im Ordner »Korrespondenz ab 1.1.1954« (Familienarchiv Krause).

60 Helenes Mutter Johanna Berta, geb. Esser, geb. 26.12.1868 in Krefeld, verstarb mit 49 Jahren am 19.7.1918 in Braunschweig; Helenes Vater August Hermann Barthe, geb. 29.5.1865, entstammte der Ehe des am 31.12.1855 verwitweten Postexpedienten Benjamin Engelhard Heinrich Barthe mit Sophie Charlotte Betty, geb. Burghard. Helenes Eltern heirateten am 21. Mai 1857 in Hamburg (Heiratsregister 376/1857). Geburtsdaten der Eheleute sind auf der Heiratsurkunde nicht vermerkt. Es heißt in der Urkunde, dass der Bräutigam 31 Jahre und die Braut 21 Jahre alt ist. Es ist angegeben, dass der Bräutigam aus Herdecke/Preußen stammt und sich seit 1849 in Hamburg aufhält. Ein Datum des erlangten hamburgischen Bürgerbriefes ist nicht vermerkt, stattdessen heißt es in der entsprechenden Rubrik, er sei »Fremder«. Die Braut stammt aus Nordheim und zieht aufgrund der Eheschließung nach Hamburg. Beide Eheleute sind lutherisch. Ein Bruder Hermann Barthes begründete in Hamburg die Rotringwerke für Schreibbedarf.

61 So die von Robert May vorgenommene Beschreibung des übernommenen Geschäfts in einem Brief vom 5.12.1961 im »Ordner Korrespondenz« (Familienarchiv Krause).

62 »Wasserstraße 44« ist als Wohnsitz der Eltern des neugeborenen 2. Kindes Hermann Gottfried Werner May in der im Familienarchiv Krause aufbewahrten Geburtsurkunde Nr. 1877 des Geburtsregisters Elbing für das Jahr 1914 angegeben.

63 Name des Speichers und Eigentümerangabe nach dem Elbiner Wohnungsanzeiger 1912, S. 227.

64 In einer Bescheinigung der Wirtschaftsauskunftei H. Spieker Elbing, vom 3.2.1928, heißt es: »Mit dem 1. Okt. 1912 erwarb er das alte und gut eingeführte Drogengeschäft J. Staesz jun, nebst Grundstück [...] sowie größerem Lagerspeicher Berliner Straße 38 für den nicht zu hohen Preis von 80.000

Mk.« Schreiben aufbewahrt im Ordner »Schriftverkehr Hagedorn-May« (Familienarchiv Krause).

65 Grundbuch von Elbing I, Band XVI, Blatt 449; es wurden Restkaufgeld-Hypotheken von 20.000 Mark und 24.000 Mark zugleich mit der Eigentumsumschreibung am 15.10.1912 eingetragen. Diese Information stellte dankenswerterweise Herr Arkadiusz Welniak zur Verfügung, vgl. Anm. 16, 18, 19.

66 Am 16. Juni 1920 konnte im Grundbuch des Anwesens aufgrund der Vorlage entsprechender Urkunden vermerkt werden, dass aus den Hypotheken Eigentümer-Grundschulden geworden waren. Diese konnten von Robert May danach als Sicherheit für weitere Finanzierungen genutzt werden.

66a Hauke: Aus Elbings Bau- und Kunstgeschichtlicher Entwicklung, S. 16.

67 Bundesarchiv Berlin, Lazarettbücher des Ersten Weltkriegs, Signatur B 578/17540.

68 Nr. 1877/14 des Elbinger Geburts-Registers, Urkunde im Familienarchiv Krause.

69 So von Ulrich Krause am 16.12.2019 mündlich mitgeteilt.

70 Das Weihnachtsbäumchen in Feldpostpäckchen mit aufgedrucktem Adressfeld, Illustration und Gedicht. Bildquelle: Landeskirchliches Archiv Stuttgart. Illustration: Weihnachtsfeier zu Hause (ohne Vater) und Weihnachtsfeier Soldaten im Feld mit Bäumchen, gemeinsamer Sternenhimmel. (Nadeln des Kunstbäumchens sind, wie damals üblich, aus grün eingefärbten Federn gefertigt = »Federbäumchen«). Text: »Was bringt die Feldpost heute? Hurrah! Ein Weihnachtsgruß aus der Heimat ist da: Euch starken Wächtern in Sturm und Graus Von uns, die friedlich wohnen im Haus. Wir wollen dies Jahr keine Weihnachtsgaben. Ihr Lieben, Tapfern, ihr sollt sie haben. Und spüren, wie wir zur heiligen Nacht in Dank und Treue an euch gedacht. Gott sei die Ehre! Er lasse auf Erden Allüberall bald wieder Frieden werden. O. Gittinger«.

70a Szkolnicka: Innenansichten..., S. 39.

71 Das »Berliner Tageblatt« (BT) war von 1872 bis 1939 eine überregionale Tageszeitung im Deutschen Reich. Die vollständige Bezeichnung lautete: »Berliner Tageblatt und Handelszeitung«. Das Blatt richtete sich an ein Massenpublikum und entwickelte sich als auflagenstärkste Zeitung im Kaiserreich zu einem Leitmedium. Aus: Wikipedia, Zugriff vom 14.12.2019.

72 *Rügener Schlämmkreide ist reines geschlämmtes Calciumcarbonat mit einem Teilchendurchmesser von 2 µm. […] Die Rohkreide wird seit Mitte des 19. Jahrhunderts nach demselben Grundprinzip in einer Schlämmtrommel aufgeschlämmt, zwischengelagert und danach in einer Filterpresse entwässert. Durch das Aufschlämmen wird die Rohkreide von Verunreinigungen und Gesteinsbestandteilen getrennt. Das Resultat ist ein sehr feines, weißes Material […] Eine wischfeste Wand- und Deckenfarbe lässt sich mit Rügener Schlämmkreide, Wasser und einem Farbenleim relativ einfach herstellen.* Aus: https://www.baunativ.de/product_info.php?products_id=1130; Zugriff vom 12.12.2019.

73 Vgl. Lazarettbücher des Ersten Weltkrieges, Bundesarchiv Berlin, Signatur B 578/17540, dort ist die Adresse der Familie vermerkt.

74 Mehr als 330.000 Soldaten sollen an ihr erkrankt gewesen sein – s. Internet:https://ub.meduniwien.ac.at/blog/?p=22237 – Zugriff vom 22.12.2020.

75 Lazarettbücher wie Anm. 73, Signatur B 578/17540, 17547, 13101.

76 Adressbuch der Stadt Elbing und des Landkreises Elbing 1925/1926, S. 23, 193. Lt. Wohnortangabe im Führerschein der Tochter Liselotte, ausgestellt am 17.6.1932, war die Familie noch im Juni 1932 dort wohnhaft.

77 Der Pressemitteilung Robert Mays zum 75-jährigen Geschäftsjubiläum 1955 entnommen. Durchschrift Familienarchiv Krause.

78 Text und mehrere Veröffentlichungsnachweise im Familienarchiv Krause.

79 »Das Lot ist eine Maßeinheit der Masse, hauptsächlich im deutschen Sprachgebiet [...] Es wurde im Deutschen Reich 1868/69/72 [...] durch die metrische Maßeinheit Gramm abgelöst. Aber noch im frühen 20. Jahrhundert war es in Koch- und Backrezepten als volkstümliche Maßeinheit gebräuchlich. Als ungenaue, aber anschauliche Faustregel gilt, dass ein Lot etwa einem »Löffel voll« entspricht. [...] Das in Preußen am 27. Mai 1856 erlassene Gesetz »eines allgemeinen Landes-Gewichts« für den deutschen Zollverein definierte die Gewichte neu: 1 Lot entsprach damit 16,666 g« (Vgl. https://de.wikipedia.org/wiki/Lot_(Einheit), Zugriff vom 1.1.2021).

80 Lölhöffel »Urgroßmutters Pfefferkuchen«.

81 Lölhöffel, Landleben in Ostpreußen, S. 3.

82 Brostowski: Vom Gutshaushalt zur ostpreußischen Mädchengewerbeschule. Die Autorin war die Nichte der Doennig-Schwestern und deren Nachfolgerin als Leiterin der Schule.

83 Brostowski: Vom Gutshaushalt, S. 37.

84 Bezeichnenderweise hatte der aufgeklärte Adel dieser Bewegung durch bis dahin unerhörtes öffentliches Denken und Schreiben Vorschub geleistet. Die Ironie der Geschichte wollte es, dass es das gegen die Auswirkungen seiner Ideen ergangene hoheitliche Verbot war, was die allgemeine Unzufriedenheit mit den herrschenden Zuständen auf die Spitze trieb: Mit seiner Verordnung Nr. 3261 »Verhütung eines die gesetzliche Freiheit und Ordnung gefährdenden Missbrauchs des Versammlungs- und Vereinsrechts« von 1850 hatte der preußische König Friedrich Wilhelm IV verkünden lassen, dass Vereine, die bezweckten, politische Gegenstände in Versammlungen zu erörtern, *»keine Frauenspersonen, Schüler und Lehrlinge als Mitglieder aufnehmen«* dürften. Forderungen nach Gleichberechtigung der Frau und nach Anerkennung ihrer Arbeit waren zweifellos solche »politischen Gegenstände«, vor denen sich die staatlichen Autoritäten seinerzeit fürchteten. Wünsche in diese Richtung waren aufgekommen, seitdem Königsbergs Oberbürgermeister Theodor Gottlieb von Hippel aufklärerische Ideen in die Diskussion gelehrter Kreise eingebracht und 1792 seinen Aufsatz »Über die bürgerliche Verbesserung der Weiber« veröffentlicht hatte. Dieser Ostpreuße war ein Freund Immanuel Kants. Er wird allgemein als einer der geistigen Väter der Frauenbewegung in Deutschland angesehen.

85 Bohn: Zur Frauenbewegung in Ostpreußen, S. 33 f.

86 Neumann – Redlin von Meding: Von den Anfängen, S. 123.

87 Ebd., S. 124, 125.

88 Der dem Königsberger Hausfrauenverein zugeordnete Elbinger Hausfrauenverein war 1920 gegründet worden. Vorsitzende war Frau Gertrud Hilbig (Addressbuch der Stadt Elbing und des Landkreises Elbing 1925/26, S. 42) Der

Backwettbewerb war eine der ersten öffentlichen Aktionen dieses Vereins.

89 Aus den »Lebenserinnerungen Margarethe Haslingers«, Manuskript im Archiv des Verf. und der Sonderausgabe der »Nordsee-Zeitung,« Bremerhaven, zur Übernahme der Patenschaft Bremerhavens für die Stadt Elbing, 1955.

90 So dem Verf. mündlich mitgeteilt von Ulrich Krause im November 2018.

91 So dem Verf. am 15.4.2019 brieflich mitgeteilt von Professor Fritz Haase, Haase & Knels – Atelier für Gestaltung, Am Landherrnamt 8 – Bremen. Da Herrn Prof. Haase eine heutzutage verwendete Tüte zur Beurteilung vorlag, auf der auch die später eingeführte Angabe »Inhalt …« vermerkt war, schrieb er dazu: *Der Tütenzusatz INHALT, ist eine spätere Ergänzung. Eine solche Schrifttype ist erst mit dem Bauhaus und nach 1945 entstanden. Natürlich gab es ja auch kein Mindesthaltbarkeitsdatum.*

92 Erklärung von Robert May zu seinen Unternehmen ohne Datum: Vgl. Ordner »Privatbriefe A–L« (Familienarchiv Krause).

93 Elbinger Nachrichten, 4. Jg. N. 66, S. 5, vom 5.5.1954.

94 Brief vom 5.12.1961 im Familienarchiv Krause Ordner »Korrespondenz«.

95 So im Formular Robert Mays zur Feststellung von Vertreibungsschäden vom 21.3.1955 angegeben; Ordner »Schriftverkehr Hagedorn – May« (Familienarchiv Krause).

96 Brief von Oswald Rosenkranz vom 27.7.1956 an Robert May, Ordner »Korrespondenz« (Familienarchiv Krause).

97 § 3 Kaiserliche Verordnung betreffend den Verkehr mit Arzneimitteln vom 22.10.1901 lautet: »Der Großhandel unterliegt den vorstehenden (einschränkenden) Bestimmungen nicht […].«

98 So von Ulrich Krause am 16.12.2019 mündlich mitgeteilt.

99 Trotz Bemühens waren keine biografischen Information zu Fritz Guhl zu ermitteln. Im »Adressbuch der Stadt und des Landkreises Elbing« ist »Fritz Guhl, Kaufmann, Fischerstraße 40« in der Ausgabe 1925/26 auf Seite 93 erstmals als Einwohner Elbings aufgeführt.

100 Aus dem Schreiben Robert Mays vom 29.10.1953 an die Heimatauskunftsstelle Nr. 26 in Lübeck, vgl. Ordner »Schriftverkehr Hagedorn – May« (Familienarchiv Krause).

101 So von Robert May im Lastenausgleichsverfahren angegeben. Durchschrift Ordner »Privatbriefe A – L« (Familienarchiv Krause).

102 Die Datierung beruht auf dem Eigentümer-Vermerk im »Einwohnerbuch Elbing 1930«, dort ist noch die »Bank der ostpreußischen Landschaft« als Eigentümerin genannt.

103 Der Sohn Georg Rudolf Sausse, geb. 14.3.1870 in Elbing, gest. 4.2.1942 in Berlin, studierte Rechts- und Staatswissenschaften sowie Volkswirtschaft. Nach Abschluss seiner Studien wählten ihn die Stadtverordneten Elbings am 6.10.1899 zum 2. Bürgermeister und Syndikus. Als solcher wirkte er besonders für die Verbesserung des Eisenbahn- und Wasserstraßenverkehrs. Vor allem beseitigte er die Jahrhunderte alte Überschwemmungsgefahr des fruchtbaren Weichsel-Nogat-Deltas durch die Kanalisierung der Nogat und ihre Wiederschiffbarmachung. Als Syndikus der »Korporation der Ältesten der Kaufmannschaft« wandelte er diese unter Ausdehnung ihres Gebiets auf benachbarte Regierungsbezirke in eine Handelskammer um. 1910 wurde er zum hauptamtlichen Stadtrat in Berlin gewählt und übernahm dort u. a. die

Steuer- und Tiefbaudeputation. Während des Weltkrieges unterstand ihm u. a. das Kriegsunterstützungs- und Einquartierungswesen sowie die Einziehung von Metallen und Kriegsrohstoffen. Nach dem Krieg nur noch unbesoldeter Stadtrat; 1926 Auszeichnung als »Stadtältester Berlins«. Vgl.: »Gedenkbuch der Ältesten der Stadt Berlin seit der Einführung der Städteordnung vom 19. November 1808« im Landesarchiv Berlin.

104 entfällt.

105 Im »Elbinger Wohnungs-Anzeiger« des Jahres 1898 heißt es, dass die Rentiere Marie Cohn Eigentümerin der Häuser Alter Markt 49 und 50 sei. Der Verkäufer, »Rentier Rudolf Sausse«, ist nun mit der Adresse »Königsberger Straße 2« im Einwohnerbuch verzeichnet.

106 Rendschmidt: Das alte Elbinger Bürgerhaus, S. 35 u. 43. Das Foto ist bereits bei Theodor Lockemann: Elbing S. 19 wiedergegeben. Dort ist der Fotograf L. Basilius genannt; laut Lockemann kann das Haus Alter Markt 49 dem Baumeister »Schneider von Lindau« zugeschrieben werden.

107 Sämtliche hier und nachfolgend genannten Zahlen sind einem Schreiben Robert Mays entnommen, das er offenbar im Zuge seines Lastenausgleichsverfahrens am 21.1.1959 an das Ausgleichsamt Bremen richtete. Durchschrift im »Ordner Privatbriefe A – L« (Familienarchiv Krause).

108 So im Antrag zur Feststellung von Vertreibungsschäden vom 21. März 1955 erklärt. Durchschrift aufbewahrt in der graufarbenen Mappe »Erklärungen zur Vermögensabgabe« im »Ordner Schriftverkehr Hagedorn – May« (Familienarchiv Krause).

109 In einem Brief Roswitha Aschmoneits an ihre Schwester Liselotte zu Weihnachten 1998 erwähnte die Schreiberin dieses Umzugsjahr (Archiv Marike Marsiglia).

110 https://de.wikipedia.org/wiki/Geschichte_und_Entwicklung_der_Fotografie, Zugriff vom 25.1.2019.

111 So im »Antrag zur Feststellung von Vertreibungsschäden« vom 21. März 1955 erklärt. Vgl. Anm. 108.

112 Zahlen sind dem Schreiben Robert Mays vom 21.1.1959 an das Ausgleichsamt Bremen entnommen (vgl. Anm. 107).

113 *Fußboden-Emaille oder Emaille-Lack war in der Zeit, als Fußböden oft aus Holzdielen bestanden, sehr verbreitet. Er war sehr glatt, glänzend und abriebfest. Öl-Lackfarben waren von der Oberfläche her weicher, streifiger und nicht so glatt verlaufend.* (Briefliche Auskunft vom 30.6.2020 vom Deutschen Maler- und Lackierermuseum Hamburg).

114 Die hier vorgenommene Produktaufzählung ist einem Schreiben Robert Mays vom 17.8.1945 an die »Schichau-Werft Wesermünde« entnommen, mit dem er um die Weiterführung bisheriger Geschäftsbeziehungen ersucht. Graufarbene Mappe »Erklärungen zur Vermögensabgabe« im Ordner »Schriftverkehr Hagedorn – May« (Familienarchiv Krause).

115 Undatiertes Blatt im Ordner »Schriftverkehr Hagedorn – May« im Familienarchiv Krause.

116 »Der Westpreuße«, Juli 1955, S. 6.

117 Im Lastenausgleichsverfahren Robert Mays, Lastenausgleichsarchiv Bayreuth, ZLA_1_12213762_b), wurde der Wert des Betriebes zum Zeitpunkt der Vertreibung mit 567.357,50 RM festgestellt.

118 Leider weiß niemand aus der Familie oder darüber hinaus, welche Personen zu diesem Berliner Freundeskreis gehörten, so Ulrich Krause. Auch das Archivmaterial enthält keinen Hinweis.

119 Alle Angaben sind der im Lastenausgleichsarchiv Bayreuth aufbewahrten Akte ZLA_1_12213762_b entnommen.

120 So mündlich mitgeteilt von Ursula Moser am 2.8.2020.

121 Vgl. Lastenausgleichsantrag im »Ordner Schriftverkehr Hagedorn – May« Familienarchiv Krause).

122 Vom Elbinger Polizeipräsidenten wurde dazu »die Ermächtigung, ein Kraftfahrzeug mit Antrieb durch Verbrennungsmaschinen der Klasse 3b zu führen« erteilt. Von den Ausflügen mit der Freundin berichtete Tochter Ursula dem Verf. in mündlicher Form.

123 So von Ursula Moser dem Verf. mündlich mitgeteilt.

124 Die vorstehend beschriebenen Ereignisse wurden dem Verf. im November 2018 von Ulrich Krause mündlich geschildert.

125 So dem Formular im Lastenausgleichsverfahren Werner Krauses entnommen.

126 So erinnert von Ursula Moser, geb. Krause. An den Namen des aus Deutschland vor den Verfolgungen durch die NS-Machthaber geflohenen Mediziners hat sie keine Erinnerung.

127 So dem Verf. von Ursula Moser, geb. Krause, mündlich mitgeteilt.

128 So am 2.8.2020 und am 5.7.2021 mündlich mitgeteilt von Ursula Moser geb. Krause.

129 Der Begriff »Passer« war in der Zeit, als Pferde für Kutschen benötigt wurden, geläufig und bezeichnete zwei oder sogar vier Pferde, die bestmöglich zueinander passten, um einen optisch perfekten Eindruck zu vermitteln.

130 Der »Horch« war eine Vorkriegs-Pkw-Marke. Im Jahre 1932 wurden die Automobilmarken Audi, DKW, Horch und Wanderer als »Auto Union AG« vereint.

131 So dem Verf. von Ulrich Krause, Sohn von Werner Krause, am 25.3.2020 mündlich mitgeteilt.

132 So dem Verf. von Ursula Moser, geb. Krause, am 21.7.2020 mündlich mitgeteilt.

133 Alle vorgenannten Lebensschilderungen zu Werner Krause wurden dem Verf. vom Sohn Ulrich Krause und der Tochter Ursula Moser, geb. Krause, mündlich mitgeteilt.

134 Addressbuch der Stadt Elbing und des Landkreises Elbing 1925/26, S. 45.

135 So freundlich mitgeteilt am 22.5.2019 von Thad Peterson, Deutsches Freimaurermuseum Bayreuth. Sicherlich wäre Robert May schon unmittelbar nach der Übernahme des Geschäftes im Jahre 1912 dort aufgenommen worden. Das war aber nicht möglich, weil die Loge ein Mindestalter von 30 Jahren für die Aufnahme vorschrieb.

136 Entsprechende Mitteilung des Bundesarchivs Berlin BE 2-2015/D-397 vom 27.6.2019.

137 Karl Dietrich Bracher, in: Die deutsche Diktatur, S. 362.

138 Das »Deutsche Nachrichtenbüro«, Presseagentur während der Zeit des Nationalsozialismus, meldete am 11.1.1937 den Eingang von Spenden für das Winterhilfswerk, darunter: »J. Staesz jun. R. Sausse, Elbing: 534,- Reichsmark«, s. http://zefys.staatsbibliothek-berlin.de (Zugriff v. 16.2.2020).

139 Vogelsang: Freundeskreis, S. 133.

140 Angaben aus den Durchschriften der Formulare »Feststellung von Vertreibungs- und Ostschäden an Betriebsvermögen« in der graufarbenen Mappe »Erklärungen zur Vermögensabgabe« im »Ordner Schriftverkehr Hagedorn – May«.

141 Blatt ohne Kopf, Datum und Unterschrift – Erklärung von Robert May zu seinen Unternehmen im Ordner »Privatbriefe A -L« im Familienarchiv Krause.

142 Lotte Broosch, geb. 1.12.1902, in den 1950er Jahren in Bremerhaven wohnhaft.

143 S. Anm. 141.

144 Brief Robert Mays vom 9.10.1950 an das »Soforthilfe-Amt« in Lübeck. Durchschrift in Ordner »Privatbriefe A-L« im Familienarchiv Krause.

145 Erich Aschmoneit wurde am 6.10.1909 in Pillkallen geboren. Daten dem Verf. mitgeteilt von der Tochter Marike Marsiglia, geb. Aschmoneit.

146 Heiratsregister des Standesamts Ballenstedt 49/1942; – Gisela Taubenheim war die Tochter von Dr. jur. Heinrich Taubenheim. Dieser war von 1920 bis 1940 Leiter der 1876 gegründeten Firma Heßler & Herrmann, die in Raguhn bei Bitterfeld Essenzen für Lebensmittel und Parfümhersteller sowie alkoholfreie Getränke herstellte (briefliche Auskünfte zur Firma am 1.4.2020 an den Verf. von Ursula Borstorff, Heimatverein Raguhn).

147 Bundesarchiv Berlin, Abteilung Personenbezogene Auskünfte, Kartei: Beförderungen der Kriegsreserveoffiziere (Signatur: RW 59/2077). In der Traueranzeige zum Tod Werner Mays ist angegeben, dass dieser Träger der Medaille »Winterschlacht im Osten 1941/1942« war. Dies bedeutet, dass er im Zeitraum vom 15. November 1941 bis zum 15. April 1942 an der Ostfront eingesetzt war, so die Bedingungen für die Verleihung der »Ostmedaille«.

148 Werner May war laut Heiratsurkunde am 5.12.1942 Oberleutnant. Dass er zwei Jahre lang nicht befördert wurde und im Januar 1945 lt. Sterbeanzeige als Oberleutnant den Tod fand, lässt den Verf. vermuten, dass er dem Krieg während der gesamten Zeit innerlich ablehnend gegenüber gestanden hatte.

149 Das Verzeichnis, aufbewahrt in der »Orangefarbenen Heftmappe im Ordner Schriftverkehr Hagedorn-May« ist nach Zimmern geordnet, sodass es heutzutage einen Anhaltspunkt gibt, wie die Familie May eingerichtet war. Es beginnt mit dem Wohnzimmer, beschreibt dann das Herrenzimmer, wo sich u. a. eine Radierung von Paul Emil Gabel und vier Ölbilder verschiedener Künstler an den Wänden befinden, fährt fort mit einem kleinen Schlafzimmer, einem größeren Schlafzimmer, einer Diele, einem Mädchenschlafzimmer und endet mit der Küche. Es folgen 33 Positionen »Gegenstände aus Edelmetall, Schmuck, Juwelen«, vier Seiten »Porzellan, Glassachen und Bestecke«, fünf Seiten »Kleidungsstücke und Schuhe«, endend mit »Verschiedenes, u. a. Topflappen und die Fenstergardine. Die Liste enthält in vielen Fällen Angaben zum Erwerbsjahr, den Kaufpreis und den »gewöhnlichen Verkaufswert«.

150 Das Datum »August 1944« ergibt sich aus einem Schreiben Robert Mays an Dr. Heinrich König in Karlsruhe vom 22.4.1947, aufbewahrt im Familienarchiv Krause. Für jede Kiste wurde eine bis heute aufbewahrte Inhaltsangabe erstellt.

151 Belege, u. a. Schreiben vom 25.6.1947 im »Ordner Schriftverkehr Hagedorn – May – Graue Heftmappe »Erklärung zur Vermögensabgabe« sowie Angaben in den Akten des Lastenausgleichsarchivs Bayreuth ZLA_1_12213762_b.

152 So dem Verf. von Ulrich Krause mündlich mitgeteilt.

153 Mitteilung Ulrich Krauses an den Verf. vom 5. April 2019.

154 So brieflich am 31.3.2020 mitgeteilt von Ulrich Krause.

155 Brief im Familienarchiv Marike Marsiglia.

156 entfällt.

157 Brief vom 22.4.1947 an Dr. Heinrich König, Karlsruhe.

158 So von Ulrich Krause am 16.12.2019 mündlich mitgeteilt.

159 Vgl. Schreiben vom 22.4.1947 an Dr. Heinrich König (Familienarchiv Krause).

160 Zettel mit Vermögensbeträgen in orangefarbener Heftmappe im Ordner »Schriftverkehr Hagedorn – May«: Ausgelagertes Gesamtinventar lt. Aufstellungen – 121.426 RM, davon gerettet: 42.837 RM = Verlust 78.589 RM.

161 Vgl. Schreiben vom 22.4.1947 an Dr. Heinrich König. (Wie Anm. 159).

162 Vgl. Schreiben in den Akten des Lastenausgleichsarchiv Bayreuth ZLA_1_12213762_b.

163 In einem Werbebrief vom 29.3.1954 an eine Maschinenfabrik in Esslingen ist beschrieben, dass die Fa. Voigt bereits seit mehr als 80 Jahren besteht. Ordner »Korrespondenz« (Familienarchiv Krause).

164 Lebensdaten Hermann Dollenberg: geb. am 22.2.1910 in Bremen, am 1.4.1977 in ein Wohnstift nach Überlingen verzogen. Weitere Angaben (Sterbedatum) konnten der im Staatsarchiv Bremen eingesehenen Einwohnermeldekarte nicht entnommen werden.

165 Aus dem Schreiben vom 22.4.1947 an Dr. Heinrich König in Karlsruhe (wie Anm. 159).

166 So erhielt Robert May im Jahre 1946 vom Großhändler Vogler in Ballenstedt einen Betrag von 6.885,10 Reichsmark für übernommene Drogenartikel und vom Wirtschaftsamt Ballenstedt im Juni 1947 17.000 Reichsmark für die Verwertung des beschlagnahmten Lagers in der dortigen Ziegelei Vollrath. Der Bahnspediteur Barth aus Ballenstedt sandte noch am 30.6.1947 eine Partie Stückgut über Magdeburg nach Bremerhaven. Durchschrift in Heftmappe »Erklärungen zur Vermögensabgabe« (Familienarchiv Krause).

167 Postkarte der Spedition F. W. Neukirch A.G., Bremen vom 7.8.1947 im »Ordner Korrespondenz« (Familienarchiv Krause).

168 Diese Erinnerung an eine Erzählung seiner Mutter wurde dem Verf. am 4.8.2020 von Ulrich Krause mündlich mitgeteilt.

169 Es konnte nicht festgestellt werden, wie und wo dieses Inserat veröffentlicht wurde. Archiviert im grauen Hefter »Erklärungen zur Vermögensabgabe«, enthält es die Anschrift: Hamburg, Donnerstraße 5, dem zweiten Zufluchtsort Robert Mays. Im August 1945 war er, aus Marne kommend, hierher umgezogen.

170 Er berichtet darüber im Schreiben vom 22.4.1947 an Dr. Heinrich König (wie Anm. 159).

171 Ebd.

172 Erst am 7. Februar 1947 wurde die Stadt Wesermünde in das Land Bremen eingegliedert und übernahm mit der gesamten Stadt den Namen Bremerhaven.

173 Veröffentlichung vom 12.9.1945 im »Nachrichtenblatt für die Stadt und den Landkreis Wesermünde«, vgl. Weiher: Eingliederung, S. 28 f.

174 Otto Dependörp war Bremerhavener. Er wurde hier am 12.11.1913 als Sohn von Otto Dependörp und Maria, geb. Witting, geboren. Seine Eltern waren seit 9.12.1902 in Bremerhaven ansässig und betrieben eine Reparaturwerkstatt für Fahrräder, Büro- und Schreibmaschinen. Otto Dependörp zog im Oktober 1951 nach Wuppertal-Barmen und starb am 11.4.1991 in Bremerhaven. Der Verf. dankt dem Stadtarchiv Bremerhaven für die entsprechende Auskunft.

175 So in den Lastenausgleichsakten Robert Mays ZLA_1_12213762_b Lastenausgleichsarchiv Bayreuth vermerkt.

176 Im »Potsdamer Abkommen« vom 2.8.1945 wurde als Ziffer 11 der »Politischen und wirtschaftlichen Grundsätze, deren man sich bei der Behandlung Deutschlands in der Anfangsperiode der Kontrolle bedienen muss«, vereinbart: »Mit dem Ziele der Vernichtung des deutschen Kriegspotentials ist die Produktion von Waffen, Kriegsausrüstung und Kriegsmitteln, ebenso die Herstellung aller Typen von Flugzeugen und Seeschiffen zu verbieten und zu unterbinden.

177 So die Beschreibung des Mietobjekts in § 1 des Mietvertrags, im Ordner »May + Dependörp« (Familienarchiv Krause).

178 Als Robert May während der Zeit des Bestehens der Firma May und Dependörp feststellte, dass ihm ein kleiner Lkw fehlte, wandte er sich an Prinz Louis Ferdinand von Preußen, seinem früheren Logenbruder aus der Elbinger Freimaurerloge. Im Dezember 1947 hatte der Prinz, der in den 1920/30er Jahren bei den Ford-Werken u. a. in Detroit tätig gewesen war, seinen Wohnort Bad Kissingen aufgegeben und war auf den Wümmehof in Bremen-Borgfeld umgezogen. Doch der Chef des Hauses Hohenzollern, der sich nach der Ansiedlung in Bremen für kurze Zeit an einer Ford-Vertretung beteiligt hatte, konnte Robert May nicht weiterhelfen. Gleichwohl sprach aus dem Brief die fortbestehende freundschaftliche Verbindung: *Lieber Herr May! Vielen Dank für Ihren Brief vom 25.7. Die Nachrichten über meine hiesige Tätigkeit sind reichlich übertrieben worden. Allerdings stehe ich mit dem hiesigen Fordvertreter, Herrn von Lehn, in Geschäftsverbindung. Ich habe mich bei der Ahag sogleich Ihretwegen erkundigt. 1-Tonner werden leider nicht hergestellt. Im Herbst sollen wahrscheinlich 1 ½-Tonner Lieferwagen auf den Markt kommen. Falls sie dann noch Interesse haben sollten, bin ich gerne bereit, Ihre Wünsche weiterzuleiten. Wir sind seit vorigen Dezember in dieser Gegend ansässig, wo wir uns im Gegensatz zu Kissingen sehr wohl fühlen. Allerdings werden wir die Sehnsucht nach Cadinen und die Hoffnung, eines Tages dorthin wieder zurückzukehren, niemals verlieren. Ihnen und Ihrer Familie wünsche ich weiter alles Gute und grüße Sie herzlich – stets Ihr Louis Ferdinand.* Brief vom 3.8.1948 in Heftmappe »Louis Ferdinand« im »Ordner Privatbriefe A -L«. Als der Chef des Hauses Hohenzollern noch in Cadinen am Frischen Haff wohnte, war man sich bis zur Flucht vor der Roten Armee des öfteren freundschaftlich begegnet.

179 Am 23.3.1949 beantwortet Robert May eine Anfrage der bremischen Landeswirtschaftsverwaltung nach dem Verbleib eines nicht eingelösten Edelmetallscheins für das 3. Quartal 1948 dahingehend, dass er das Geschäft am 1.10.1948 aufgelöst habe und über keine Büroräume mehr verfüge. Schriftwechsel sei teilweise vernichtet, teilweise in Kisten verpackt (und daher wegen seiner nur 16 qm großen Wohnung nicht auffindbar). Durchschrift in Ordner »May + Dependörp« (Familienarchiv Krause).

180 Durchschrift in graufarbener Heftmappe »Erklärungen zur Vermögensabgabe« in Ordner »Schriftverkehr Hagedorn – May« (Familienarchiv Krause).

181 So dem Verf. am 21.7.2020 brieflich mitgeteilt.

182 Familienarchiv Krause, Ordner »Schriftverkehr Hagedorn – May«

183 Elbinger Nachrichten, 5. Jg. N. 102, S. 6, vom 5.11.1955.

184 Schreiben Dr. Kurjos für die Firma Staesz vom 18.4.1953 an die Kreissparkasse Wesermünde. (Familienarchiv Krause).

185 Wegen der Adresse der Firma s. Bremer Adressbuch 1960, S. 36. Im Bremer Handelsregister konnten keine näheren Angaben gefunden werden. Eine Anfrage des Verf. beim Staatsarchiv Bremen vom 28.8.2019 erbrachte die Antwort: *Zu dem o.g. Unternehmen konnten keine Firmenakten des Bremer Handelsregisters (StAB 4,75/5) ermittelt werden.*

186 Durchschrift der Gewerbeanmeldung im Ordner »Schriftverkehr Hagedorn – May« (Familienarchiv Krause). Dem Bremerhavener Gewerbeamt ist bei der Protokollierung der Anmeldung ein Schreibfehler dahingehend unterlaufen, dass es im Firmennamen statt »J. Staesz jun.« irrtümlich »I. Staesz jun.« heißt. Bei einigen späteren Schriftstücken taucht daher gelegentlich diese Schreibweise auf. Der Ordner »Schriftverkehr Hagedorn May« enthält sämtliche in diesem Zusammenhang zitierten Archivstücke. »Hagedorn« steht in der Ordner-Benennung für Rudolf Mays Rechtsanwalt Dr. jur. Friedrich Wolfgang Hagedorn. Zur Vereinfachung wird nachfolgend von der Angabe des Ordners als Fundstelle abgesehen.

187 Lt. Schreiben Dr. Kurjos an Robert May vom 21.3.1949 können die Fremdbeteiligungen der Kommanditist Dr. Boddin (5.000 RM Beteiligung) und die stillen Gesellschafter Dres. Wandel (12.500 RM) und Reichel (20.000 RM) von ihm mit 6.000 DM abgelöst werden.

188 Geb. am 23. Mai 1914 als einziger Sohn des Landwirts Friedrich-Albrecht Kurjo in Nikolstadt, Kreis Liegnitz, Schlesien.

189 Schreiben Dr. Kurjo an Robert May vom 21.3.1949.

190 Angaben entnommen aus dem »Lebenslauf Dr. Hans-Wilhelm Kurjo« und dem Schreiben des Rechtsanwalts Denzel an Dr. Hagedorn vom 11.1.1954.

191 Empfehlungsschreiben von Walter Emminghaus vom 21.3.1949 im Familienarchiv Krause. Es ist nicht vermerkt, aufgrund welcher Position dieser in der Lage war, Dr. Hans-Wilhelm Kurjo zu beurteilen.

192 Brief Dr. Kurjos vom 27.4.1951 an Robert May.

193 Der Vertragstext dieses ersten Gesellschaftsvertrages ist nicht archiviert worden; er konnte daher nicht ausgewertet werden.

194 »Vertragsschmied« war ein offenbar von Dr. Kurjo erfundener ironischer Begriff; er gebrauchte ihn in einem Brief an Robert May am 27.2.1950.

195 So schrieb Dr. Kurjo, dass er 5 Kg Majoran für 25 DM/Kg gekauft habe, die er für 32 DM/Kg an die Fleischer zu verkaufen gedachte.

196 Beschreibung des Mahlvorgangs vom 15.11.2018 durch Ulrich Krause.

197 entfällt.

198 Brief Dr. Kurjos an Robert May vom 27.2.1950.

199 entfällt.

200 Zahlen aus: Göttinger Arbeitskreis, Ostdeutschland, S. 20.

201 In einem Schreiben vom 8.3.1956 an Hans-Georg Moschallski Akte »Schriftverkehr« (Familienarchiv Krause), der bei ihm vor 1945 Mitarbeiter gewesen war, beschreibt Robert May, dass er seit Neubeginn der Staesz-Produktion über verschiedene Großhändler vertreibt, neben der GEDELAG A.G. auch über die *Gedelfi* (Großeinkauf Deutscher *Lebensmittelfilialbetriebe*), die Gegro, die Thaga (Thams und Garfs), Edeka, EKA und Dedro.

202 Das Gesetz zur Versorgung der Hinterbliebenen wurde erst am 11. Mai 1951 beschlossen.

203 Zahlen handschriftlich notiert und am 24.5.1950 unterschrieben von Dr. Hans-Wilhelm Kurjo im Ordner »Diverse Privatschreiben und Veröffentlichungen« (Familienarchiv Krause).

204 Brief Dr. Kurjos an Robert May vom 23.2.1950.

205 In jener Zeit war es Robert May auch gelungen, für seine Ehefrau und sich selbst angemessenen Wohnraum zu finden und zu beziehen. Hatte er bei der Gewerbeanmeldung am 2.6.1948 noch die 16 qm-Wohnung »Dresdner Straße 23« als Adresse angegeben, so wohnte er lt. Gesellschaftsvertrag vom 13. Januar 1950 in einer ansehnlichen Wohnung am »Leher Tor 1b«.

206 Schriftverkehr mit einer Begründung der Notwendigkeit eines neuen Vertrages ist nicht vorhanden.

207 Gesellschaftsvertrag aufbewahrt im Ordner »Schriftverkehr Hagedorn – May« (Familienarchiv Krause).

208 Schreiben im Ordner »Staesz 1948 bis 1966 – alte Verträge«.

209 Übersicht aufbewahrt ebd.

210 Schreiben des Rechtsanwalts Dr. Denzel vom 11.1.1954 anlässlich der Auseinandersetzung zur Auflösung der Gesellschaft.

211 Angaben entnommen dem Begutachtungs-Schriftverkehr im Ordner »Schriftverkehr Block« (Familienarchiv Krause).

212 Dr. Kurjo hatte ein ausgeprägtes Talent, Ideen und Planungen sehr überzeugend zu vermitteln. Noch mehr als 40 Jahre später konnten sich Zeitzeugen an ihn und diese Begabung gut erinnern. Eddy Lübbert, Unternehmer und Ehrenbürger Bremerhavens, geb. 7.8.24, gest. 30.5.2016, beschrieb in einer am 11.3.2003 ausgestrahlten Sendung des Deutschlandradios Berlin, wie es Dr. Kurjo 1957 gelungen war, den Cuxhavener Unternehmer Heinz Lohmann, Chef der »Deutsche Fischmehl GmbH«, zum unternehmerischen Engagement in der Hähnchenmast und Brathähnchen-Erzeugung zu bewegen. Aus der so initiierten unternehmerischen Initiative habe sich der Siegeszug des Brathähnchen-Konsums im Nachkriegs-Deutschland entwickelt: *Kurjo war ein ganz außergewöhnlicher Mann, der wirklich sehr überzeugend und auch sehr wahrhaftig [...] Ideen rüberbringen konnte. (Audio-Mitschnitt auf Ton-Cassette im Familienarchiv Krause).*

213 Die GmbH wurde am 11.2.1952 unter HRB 7 in das Handelsregister beim Amtsgericht Langen eingetragen. Als Gegenstand des Unternehmens wurde »Gewinnung, Be- und Verarbeitung sowie der Handel mit Torf und verwandten Erzeugnissen« veröffentlicht. Ob und ggf. welche weiteren Gesellschafter an dieser GmbH beteiligt waren, konnte vom Verf. nicht ermittelt werden.

214 Durchschrift des Antrags im Ordner »div. Privatschreiben u. Veröffentlichungen.«

215 Brief vom 7.5.1953. Die Kreissparkasse, heute »Weser-Elbe-Sparkasse«, ist seither die Hausbank der Firma geblieben.

216 Personalakte im Stadtarchiv Braunschweig, Signatur E 11 II: 337, die Tätigkeit dort endete aber bereits nach einem Jahr am 14.11.1954.

217 Aus dem Brief Dr. E. Denzels vom 11.1.1954.

218 Auch hier wird (unkorrekt) »I. Staesz« statt (richtig) »J. Staesz« geschrieben.

219 Laut Urkundenrolle (UR) Nr. 117/54 des Notars Hagedorn wird das Ausscheiden Dr. Kurjos am 5.4.1954 zum Handelsregister angemeldet.

220 Am 3.8.1954 wurde im Handelsregister des AG Langen HRA 82 eingetragen:

»Die offene Handelsgesellschaft ist aufgelöst. Kaufmann Robert May ist nunmehr Alleininhaber.« Mitt. v. 9.8.54 im »Ordner Korrespondenz«.

221 UR. Nr. 98/54 des Notars Dr. Denzel. Am 1.5. wurde zum Handelsregister angemeldet, dass der Kommanditist May aus der Dr. Kurjo KG aufgrund des Auseinandersetzungsvertrages vom 5.4.54 mit Wirkung vom 1.4.54 ausgeschieden sei und dass an Stelle des Dr. Hans-Wilhelm Kurjo dessen Ehefrau Ursula Kurjo persönlich haftende Gesellschafterin geworden sei.Außerdem ist der praktische Arzt Dr. med. Armin Wandel aus Dedesdorf Kommanditist, mit dem die KG fortgeführt wird.

222 Die Bezeichnung »Hamburger Mahllöhne« war ein Kompromiss der beiderseitigen Auffassungen., da 67 % der deutschen Gewürzmühlen ihren Standort in Hamburg hatten, so der Korrespondenz der Beteiligten entnommen.

223 Aufbewahrt im »Ordner Privatbriefe A – L« (Firmenarchiv Krause).

224 Durchschrift der Aufstellung zum Antrag auf Feststellung von Vertreibungsschäden vom 1.3.1953 im grauen Hefter »Erklärungen zur Vermögensabgabe« im Familienarchiv Krause,

225 Zur Zahlenangabe »mehr als 10 Millionen«, siehe Reichling: Vertriebene.

226 Schreiben des Helfers in Steuersachen Paul Hansel im »Ordner Erklärungen zur Vermögensabgabe«.

227 Lastenausgleichsarchiv Bayreuth, Archivsignatur ZLA 1/12213762c.

228 Standesamt Melle-Stadt 8/1952.

229 Elbinger Nachrichten, 4. Jg., N. 67, S. 5, vom 20. Mai 1954.

230 Schreiben an die Handelskammer Bremen vom 5.8.1957 in »Ordner Korrespondenz«.

231 Brief von Hermann Quinckardt – EDEKA-Zentrale- vom 17.12.1954.

232 Schreiben an die Handelskammer Bremen vom 5.8.1957 in »Ordner Korrespondenz«.

233 Den rechtlichen Hintergrund bildeten die jährlich neu beschlossenen »Verordnungen über die Umsiedlung von Heimatvertriebenen aus den Ländern Bayern, Niedersachsen und Schleswig-Holstein« vom 29.11.1949, 26.9.1952, 13.2.1953, 19.1.1955 und vom 5.6.1956 sowie das »Gesetz über die Umsiedlung von Heimatvertriebenen aus den Ländern Bayern, Niedersachsen und Schleswig-Holstein« vom 22.5.1951 in der Fassung vom 23.9.1952.

234 Die Zahl ist einer Rede Dr. Ottomar Schreibers, Sprecher der Landsmannschaft Ostpreußen und Staatssekretär beim Bundesminister für Vertriebene etc., auf einer Sitzung der Kreisvertreter der Landsmannschaft entnommen; Bericht darüber im »Ostpreußenblatt« v. 20.3.1951.

235 Schreiben vom 8.3.1956 an Hans-Georg Moschallski im »Ordner Korrespondenz«.

236 Brief eines früheren Mitarbeiters (Name nicht feststellbar) vom 23.1.1955 ebd.

237 In einem Brief Otto Seidlers an die Vertriebenen-Zeitung »Pommernbrief« vom 17.11.1954 heißt es: »Da mich der Inhaber der oben genannten Firma, Herr May, mit der Gesamtwerbung für sein Erzeugnis STAESZ-Pfefferkuchengewürz beauftragt hat, erlaube ich mir hiermit, auch mit Ihnen die bisher direkt geführte Korrespondenz aufzunehmen. […] Selbst bin ich Heimatvertriebener aus Ostpreußen, wohnte jedoch seit 1938 in Kolberg, Roonstraße.«

238 Dokument in Ordner »Staesz 1948 bis 1966 – alte Verträge« (Familienarchiv Krause).

239 Antrag des Helfers in Steuersachen Paul Hansel an das Finanzamt Bremerhaven

auf Erstattung bisher bezahlter Soforthilfe- und Vermögensabgaben mit der hier ausgeführten Begründung im Familienarchiv Krause – Heftmappe »Erklärungen zur Vermögensabgabe« in Ordner »Schriftverkehr Hagedorn – May«.

240 Aus einem Brief vom 15. August 1958 an die Grafikerin Eva-Maria Koch in Frankfurt im Familienarchiv Krause, Ordner »Staesz 1948 bis 1966 – alte Verträge«.

241 So zitiert Dr. Christel Assmann die Aussage von Freunden ihrer Familie – Interview am 17.10.2019.

242 Brief Dollenbergs an Ernst-August Stoffregen in »Ordner Korrespondenz«.

243 Brief des Schriftleiters der Zeitung vom 15.12.1955 in »Ordner Korrespondenz 1.1.1954«.

244 Nordsee-Zeitung, 23. November 1955.

245 Pressemitteilung der Firma J. Staesz jun. vom 18.11.1955 an mehrere Zeitungsredaktionen im Ordner »Korrespondenz 1.1.1954«.

246 Aktennotiz in »Heftmappe Schriftverkehr Block«. Diese Heftmappe enthält auch den gesamten Schriftverkehr zur oben ausgeführten Kündigung der Betriebsgemeinschaft Dr. Kurjo/May.

247 Brief vom 8.3.1956 – Der Adressat ist auf dem im Familienarchiv Krause archivierten Brieffragment nicht ersichtlich.

248 Als »Vertraulich« gekennzeichneter Brief Robert Mays vom 31.7.1956 an den »Verband der Gewürzindustrie«, Bonn, in »Ordner Korrespondenz«.

249 So dem Verf. am 16.11.2018 und am 16.12.2019 von Ulrich Krause und Ursula Moser, geb. Krause, mitgeteilt.

250 So dem Verf. von Ursula Moser geb. Krause am 5.7.2021 mitgeteilt. Das Ende der Internierung ergibt sich aus einem Brief, den Ursula Krause ihrer Mutter am 5.3.1947 aus dem Internat Sonnenhang in Oberstdorf schreibt. Darin heißt es: »Ach, ich freue mich so, daß Vati da ist, jetzt bist Du glücklich, das gönne ich Dir auch.« Ordner »Korrespondenz 1.1.1954«.

251 Das Gedicht von Werner Krause an seine Ehefrau Liselotte, geschrieben im Internierungslager Eselsheide, wurde als Text auf die Einladungen zur Goldenen Hochzeit des Ehepaares Krause im Jahre 1984 gedruckt.

252 So erinnert und dem Verf. mitgeteilt von Ursula und Ulrich Krause.

253 So dem Verf. von Ursula Moser am 23.7. und am 1.8.2020 mündlich mitgeteilt.

254 Ab dem Jahr 1900 befand sich die sehr schlichte mennonitische Kirche Elbings in der Berliner Straße, im Speicherviertel der Stadt. Einziger äußerer Schmuck war ein kleiner Dachreiter auf dem Satteldach.

255 Bis zum Jahr 1900 hatte die Elbinger Mennonitengemeinde ihr Gotteshaus in der Wilhelmstraße 28. Gebaut 1590, war es das älteste mennonitische Kirchengebäude im deutschen Sprachraum. Näheres zu dieser Kirche etc. im Anhang dieses Buches.

256 Offenbar meint Robert May nicht den Ehemann, sondern den Vater der Bertha May geb. Harms.

257 Schriftverkehr zur Taufe im Ordner »Privatbriefe A – L«.

258 Mietvertrag aufbewahrt im »Ordner Gesellschaftsverträge«.

259 So dem Verf. von Ursula Moser, geb. Krause, am 23.7.2020 mündlich mitgeteilt.

260 So dem Verf. am 16.12.2019 durch Ulrich Krause mündlich mitgeteilt.

261 Brief von Werner Krause vom 27. Juni 1959 an seine älteste Tochter Ursula im »Ordner« Privatbriefe A – L«.

262 Hervorhebung durch den Verf. In einem Gespräch am 4.8.2020 teilte Ulrich

Krause diesem mit, dass der geschriebene Satz dahingehend ergänzt werden müsse, dass er zu lauten habe: ».Ich habe mich schon einige Zeit fest entschlossen, Kaufmann und Gewürzmüller zu lernen.« Es war seinerzeit bei ihm klar gewesen und so habe es sein Großvater auch verstanden, dass nicht der handwerklich tätige Gewürzmüller gemeint sei, sondern der Gewürzmüller als Kaufmann.

263 Aus dem Gespräch, wie in der vorangehenden Anmerkung erwähnt.

264 So von Ulrich Krause dem Verf. am 16.11.2018 mitgeteilt.

265 Die Reederei Rud. Christ. Gribel wurde 1773 in Stettin gegründet. Nach dem Zweiten Weltkrieg nach Lübeck verlagert und 1947 dem Sohn Wilhelm Karl Gribel übereignet. 1965 wurden die letzten Schiffe verkauft. 1979 wurde die Gesellschaft gelöscht. (Wikipedia – Zugriff v. 10.3.2021).

266 So von Ulrich Krause dem Verf. am 16.11.2018 mündlich mitgeteilt.

267 So von Ulrich Krause erinnert und dem Verf. mündlich mitgeteilt am 16.12.2019.

268 Die von Robert May verwendete Abkürzung steht für »Staesz Pfefferkuchengewürz«.

269 Handschriftlicher Entwurf vom 26.7.1958 in Ordner »Staesz 1948 bis 1966«.

270 Schreiben Robert Mays vom 15.8.1958 zur Beibehaltung des bekannten Layouts im Ordner »Staesz 1948 bis 1966«.

271 Das Belegexemplar im Ordner »Staesz 1948 bis 1966 – alte Verträge« wurde von Robert May mit dem handschriftlichen Vermerk versehen: »Da freut man sich«.

272 Das Ostpreußenblatt, Jg. 1961, Folge 43 vom 28.10.1961, S. 7.

273 Der Verf. hat aus dem Familienarchiv der Nachkommen Margarethe Haslingers freundlicherweise deren maschinenschriftliche Lebenserinnerungen, aufgezeichnet 1962/63, erhalten. Sie erinnert sich an ihr früheres Wirken u. a. mit folgenden Zeilen: *Ich bin stolz darauf, von Anfang an in dieser wichtigen Frage mitgearbeitet zu haben. Wir haben [...] viel nützliche Arbeit geleistet, u.a. eine große Ausstellung »Im Reich der Frau«, in der ich eine Sonderschau machte »Nicht so, sondern [...]«, die mit den damaligen Mitteln und Erkenntnissen meiner jetzigen Arbeit vorgriff. Die Archivalien über den Hausfrauenbund Kbg. Pr. e.V. liegen jetzt bei der Zentrale des Bundes in Herford, einschl. meiner Liquidationsakten, als ich den Königsberger Bund in der Nazizeit auflösen mußte. [...]*

274 Holger Diezemann in »Stader Tageblatt« vom 4. März 1964.

275 Brief von Werner Krause vom 27. Juni 1959 an seine älteste Tochter Ursula.

276 ERP-Darlehen wurden von den Geschäftsbanken verwaltet und bedeuteten eine Kreditgewährung aus einem Sondervermögen aus dem European Recovery Program (ERP). Dieses wurde 1948 ursprünglich auf der Grundlage des Marshallplans bereitgestellt, um den Wiederaufbau der deutschen Wirtschaft zu fördern. (Wikipedia – Zugriff vom 2.7.2020).

277 Brief v. Werner Krause vom 11.6.1963 an Robert May im »Ordner Privatbriefe A-L«.

278 Brief Ulrich Krauses vom 1.11.1961 an Robert May.

279 Aus einem Brief Robert Mays vom 8.2.1962 an Ulrich Krause.

280 So von Ulrich Krause dem Verf. mitgeteilt am 19.12.2019.

281 Brief Ulrich Krauses vom 28.3.1962 an Robert May.

282 Aus dem Brief Robert Mays vom 23.9.1962 zum 24. Geburtstag Ulrich Krauses.

283 Aus einem Brief Ulrich Krauses vom 13.1.1963 an Robert May. Zwei große Fragezeichen befinden sich an dieser Stelle am Rand des Textes, mutmaßlich von Robert May beim Lesen angebracht.

284 Im Familienarchiv befinden sich zwei etwas unterschiedliche Entwürfe Robert Mays. Das von Ulrich Krause empfangene Original ist nicht vorhanden.

284a Der archivierte handschriftliche Antwortbrief enthält kein Datum.

285 Schreiben des Referats Fachschul- und Prüfungswesen des Verbandes vom 24.11.1954 im »Ordner Korrespondenz 1.1.1954«. Diesem Ordner sind auch alle weiteren Informationen zu diesem Kapitel entnommen.

286 Brief des Verbandes vom 27.2.1965 an die Mutter Roswitha Aschmoneit; Kopie im »Ordner Korrespondenz 1.1.1954«. Marike Marsiglia, geb. Aschmoneit, in einer WhatsApp-Mitteilung an den Verf. vom 7.6.2020.

287 Aus einer Postkarte vom 12.12.1964.

288 Aus einer Postkarte vom 29.7.1965.

289 So dem Verf. von Ulrich Krause am 19.12.2019 mitgeteilt.

290 Brief Ulrich Krauses an Robert May vom 21.5.1964 in »Ordner Privatbriefe A-L«.

291 Irmtraut Köster teilte dem Verf. mündlich mit, dass sie nach dem Abschluss ihrer Lehrzeit als Angestellte übernommen wurde und während ihres gesamten Berufslebens bis zum Jahre 2020 im Betrieb blieb.

292 So dem Verf. von Ulrich Krause mündlich mitgeteilt am 18.8.2020.

293 Aus: Nordsee-Zeitung, 24./25. Dezember 1982, S. 26. Laut Auskunft der Zeitung wurde der Artikel vom freien Mitarbeiter Hans-Georg Ahrens verfasst.

294 So von Ulrich Krause dem Verf. im November 2018 mündlich mitgeteilt.

295 Erika Stelter, die Witwe von Kurt Stelter, teilte dem Verf. am 29.12.2020 mit: *Am 22.5.1980 begann mein Ehemann seine Tätigkeit in der Gewürzmühle, die er aus gesundheitlichen Gründen im Jahre 2003 beenden musste.*

296 Hansen: Kunstgeschichte, S. 130.

297 Schiller: Kulinarisches Kulturerbe, S. 49.

298 Ebd. S. 54.

299 Ebd. S. 55.

300 Aus: »Zwölf Pfefferküchlereien«: Stein: Neisse. S. 186.

301 Schiller: Kulinarisches Kulturerbe, S. 55 f.

302 Nach der Vertreibung der Familie in das emsländische Lingen gelang es ihr leider nicht, das Handwerk wieder aufzunehmen. Da auch kein Sohn mit dem Namen »Franz« vorhanden war, der das Original-Rezept nach alter Familientradition übernehmen konnte, wurde es trotz vorhandener Anfragen anderer schlesischer Pfefferküchler vom letzten Inhaber mit ins Grab genommen. Hinrichsen: Kuchenherz, S. 93.

303 Die Geschichte der Entstehung des Produktes und der Namensfindung beruhen auf der mündlichen Auskunft von Dr. Christel Assmann, Bückeburg, am 17.10.2019.

304 Geburtsregister des Standesamts Kotlin Nr. 183/1879; im Rechtsverkehr wird Karl Hayn später regelmäßig mit Carl Hayn unterschreiben; in einige öffentliche Register wird diese Schreibweise des Vornamens übernommen. Geburtsurkunde dankenswerterweise ermittelt von Ines Gast-Werner, Genealogin und Erbenermittlerin aus Rottenburg.

305 Heiratsregister des Standesamtes Gleiwitz Nr. 308/1907. (Vgl. Anm. 304).

306 So die Angabe in der Heiratsurkunde, ebd.

307 Laut Mitteilung des Einwohner- und Wahlamtes Bayreuth vom 5.11.2019 (EWA 1502-2) waren dies: Eva, geb. 7.7.1908, Rosemarie, geb. 17.6.1911 und Gertraude, geb. 16.11.1914.

308 Laut Adressbuch der Provinzialhauptstadt Posen 1910, S. 81, und 1917, S. 93. 1910 wohnte das Ehepaar in der Schillerstraße 9/10; 1917 in der Auguststraße 10a.

309 https://de.wikipedia.org/wiki/Posen, Zugriff vom 8.11.2019.

310 Diese Adresse ist dem Kaufvertrag für das Haus in Schweidnitz entnommen, aufbewahrt in den Akten ZLA 1/11174743 des Lastenausgleichsarchivs Bayreuth,

311 »Nachweis der im Bezirke der Handelskammer für die Kreise Reichenbach, Schweidnitz und Waldenburg in dem Firmen-Register aufgenommenen Handels-Firmen. 1876.«, S. 7 (im Internet einsehbar).

312 »Verzeichnis der eingetragenen Firmen und Genossenschaften im Bezirk der Handelskammer zu Schweidnitz umfassend die Kreise Frankenstein, Glatz, Habelschwerdt, Münsterberg, Neurode, Nimptsch, Reichenbach, Schweidnitz-Stadt, Schweidnitz-Land, Striegau, Waldenburg, herausgegeben von der Handelskammer zu Schweidnitz, Schweidnitz 1911«, S. 45. (Im Internet einsehbar).

313 Mostrich ist ein Synonym für Senf. Es war und ist in östlichen Regionen des deutschen Sprachraums verbreitet.

314 Adreßbuch der Stadt Schweidnitz 1905, S. 100, 184.

315 §§ 1925 und 1931 BGB.

316 Eine Ausfertigung des Vertrages Notariatsregister 1737/1919 des Notars Johannes Herold befindet sich in der Lastenausgleichsakte Friederike Hayns ZLA 1/11174743 im Lastenausgleicharchiv Bayreuth.

317 So dem Verfasser am 27.10.2019 von Herrn Jürgen Knorrn, dem letzten Herausgeber der Schweidnitzer Zeitung »Tägliche Rundschau« telefonisch mitgeteilt.

318 Die Benennung »Mostrichgasse« wurde dem Verf. am 9.4.2020 von Bernhard Buchwald, Düsseldorf, früher Schweidnitz, schriftlich mitgeteilt.

319 Die Akte im Lastenausgleichsarchiv Bayreuth des Bundesarchivs hat die Signatur ZLA 1/1114743.

320 »Der Oberschlesische Wanderer«, 94. Jg. 1922, Nr. 270 vom 21. und 22.11.1922.

321 Laut mündlicher Mitteilung von Dr. Christel Assmann vom 17.10.2019 wies das Rezept bei der Übergabe der Rechte von Friederike Hayn an ihren Ehemann um 1950 zwölf Gewürze als Bestandteile aus.

322 So erklärte Friederike Hayn das Fehlen eines Wareneingangsbuches in ihrem Lastenausgleichsantrag.

323 Sterberegister des Standesamtes Obernigk Nr. 48/36. (Nachweis dankenswerterweise beschafft durch Frau Ines Gast-Werner vgl. Anm. 304).

324 Materialien zu einer Stadtgeschichte im Internet unter www.Horst-Adler.de. Leider konnte die Ursache seines frühen Todes nicht ermittelt werden. Da Nachfahren bzw. Familienangehörige nicht mehr ausfindig gemacht werden konnten, hätte vielleicht ein veröffentlichter Nachruf in der Schweidnitzer Tageszeitung »Tägliche Rundschau« Auskunft geben können. Doch leider ist der Jahrgang 1936 dieser Zeitung in der Universitätsbibliothek Breslau/Wrocław nicht vorhanden. (Auskunft durch Frau Ines Gast-Werner vgl. Anm. 304). Ein Schweidnitzer Archiv für diese Zeitung existiert nicht.

325 Angaben sind der Akte ZLA 1/1114743 im Lastenausgleichsarchiv Bayreuth entnommen.

326 Gemeint ist Freiburg, Kreis Waldenburg, in Schlesien.

327 Horst Adler: Schweidnitz 1945-47, Materialien zu einer Stadtgeschichte, in: www.Horst-Adler.de.

328 *OPERATION SCHWALBE ist der britische Codename für die »ordnungsgemäße Aussiedlung und Überführung« der deutschen Bevölkerung der Jahre 1946/47 aus den deutschen Provinzen, die gemäß dem Potsdamer Protokoll vom 2. August 1945 unter polnische Verwaltung gekommen waren. […]. Die aus dem polnisch verwalteten Gebiet Vertriebenen sollten in der britischen und sowjetischen Besatzungszone Aufnahme finden. […] Die im Alliierten Kontrollrat geschaffene Kommission zur »Repatriierung« der Deutschen war die »Combined Repatriation Executive« CRX, die die Koordinierung und Regelung aller Transporte zur Aufgabe hatte. Nachdem dieser Plan wegen der Jahreszeit (November/Dezember 45) und den technischen Schwierigkeiten, wie Bereitstellung der Züge und den mangelnden Vorbereitungen der Aufnahmeländer zur Unterbringung und Versorgung der zu erwartenden Personen nicht in Gang gekommen war, schlossen der britische Vertreter im CRX und der polnische Vertreter im CRX (Comdr. Konarski) am 14. Februar 1946 ein Abkommen, das nun Einzelheiten, wie Routen, Auffanglager für die Übergabe und weitere Formalitäten festlegte. Die nun folgenden Ausweisungs- oder Vertreibungstransporte der Jahre 1946/47 führen in den britischen Akten die Bezeichnung »Operation Swallow«, zu Deutsch OPERATION SCHWALBE, was auch in den deutschen Sprachgebrauch überging.* Die vorstehenden Angaben entstammen einem Vortrag von Dr. Gisela Borchers, Oldenburg, auch veröffentlicht in: Minke, Hans-Ulrich (Hrsg.): Wir wurden davongejagt.

329 zitiert nach: http://www.christoph-www.de/vertreibung%201.html, Zugriff vom 28.10. 2019.

330 Die vorstehend geschilderten Geschehnisse nach Kriegsende wurden dem Verf. am 27.10.2019 von Herrn Jürgen Knorrn (vgl. Anm. 317) telefonisch mitgeteilt.

331 Angaben sind dem Antrag in der Lastenausgleichsakte ZLA 1/1114743 entnommen.

332 Vgl. Lastenausgleichsakte ZLA 1/1114743.

333 Gustav Assmann, geb. 4.12.1912 in Breslau, gest. 3.7.2007 in Bückeburg.

334 Auskunft des Stadtarchivs Bayreuth vom 24.10.2019: *Wir konnten den Sterbeeintrag (Nr. 1329/1972) sowie die Sterbefallanzeige von Friederike Adelhaid Selma Ottilie Hayn geb. Seiffert in den Personenstandsunterlagen ermitteln. Sie starb am 28.11.1972, war zuletzt wohnhaft in der Holbeinstr. 10. Bei Beruf ist »Hausfrau« angegeben. In den Einwohner- und Adressbüchern ist Frau Hayn erstmalig 1953 zu finden, als Kaufmannswitwe – 1950 noch nicht.*

335 Die folgenden Informationen wurden von Frau Dr. Christel Assmann anlässlich eines persönlichen Gesprächs mit dem Verfasser und Herrn Ulrich Krause am 17.10.2019 mitgeteilt.

336 Breslauer Adressbuch 1935: Assmann, Emil, Generalvertreter, Bohrauer Straße 106. – Im Branchenverzeichnis des Adressbuches von 1935 steht unter »Kaffeeröstmaschinen« ebenfalls: Emil Assmann! – Breslauer Adressbuch 1943: Assmann, Emil, Hans-Sachs-Str. 14, Handelsvertreter, T. 81333. – Die Bohrauer Straße ist lt. Stadtplan eine Hauptverkehrsstraße, die aus südlicher Richtung in das Stadtzentrum Breslaus führt. Die Hans-Sachs-Straße befindet

sich am Südrand Breslaus im Stadtteil »Breslau-Krietern«.

337 Ursula Assmann, geb. 20.11.1914 in Breslau, gest. 2012 in Bückeburg.

338 2 HRA 313.

339 Eine von Gustav Assmann an die Kaffeerösterei A. Niemeyer, Brennerstr. 18, in Rinteln verkaufte Kaffeeröstmaschine der Firma »Probat« ist bis heute in Betrieb, so am 2.11.2019 brieflich mitgeteilt von der Inhaberin Christina Schmidt.

340 Der Verf. dankt Herrn Dr. Stefan Brüdermann, Niedersächsisches Landesarchiv in Bückeburg, für die briefliche Mitteilung vom 20.12.2018. Danach lautet die Eintragung im 1950er Adressbuch der Stadt unter »Gewürze«: »Hayma-Werk, Hermann Galle Nachf. Hayma-Neunerlei-Pfefferkuchengewürz u. Treibkraft, Jetenb. Str. 27, Ruf 641«.

341 Rudolf Langer, geb. 1.3.1914 in Sophienau, Kreis Waldenburg, gest. 4.2.1993 in Bückeburg. Lebensdaten und Adresse von Rudolf Langer wurden freundlicherweise am 14.11.2019 brieflich mitgeteilt von der Stadt Bückeburg, Bürgerbüro.

342 Günther Grammel, geb. 5.5.1909 in Reichenbach, gest. 6.10.1990 in Bückeburg – Auskunft der Stadt Bückeburg, Bürgerbüro, am 14.11.2019.

343 Auskunft von Herrn Michael Nehrmann, Obernkirchen, vom 21.10.2019: »*Nach Rücksprache […] konnte ich den Vornamen von Herrn Grammel erfahren, er hieß Günther und wohnte in Bückeburg in der Schillerstr. Herr Günther Grammel arbeitete für mehrere Firmen in Bückeburg und brachte unter anderem eine Postkartenserie mit Bückeburgs markantesten Motiven heraus, die es heute noch in der Buchhandlung Scheck in Bückeburg gibt.*«

344 Ein Aufruf des Verf. in der »Schaumburger Zeitung« vom 17.8.2019 erbrachte zahlreiche Hinweise auf das frühere Hayma-Werk und seinen Inhaber, Gustav Assmann.

345 Sie ist aufbewahrt im Familienarchiv Krause, Nesse.

346 In unmittelbarer Nachbarschaft (Jetenburger Straße 28) konnte am 17.10.2019 die unbewohnte Räumlichkeit der früheren »Tischlerei Nahrwold« gefunden werden, in der früher die Sortierkästen für die Gewürzmühle angefertigt worden waren. Mitarbeiter des Bückeburger Museums fanden bei der Inventarisierung dieser historischen Tischlerei eine Rolle Papierklebeband mit der Aufschrift »Hayma Neunerlei« und »Hayma Treibkraft«. Mit dem Klebeband wurden zu früheren Zeiten die zum Versand aufgegebenen Pakete verklebt. So von Frau Dr. Assmann am 17.10.2019 identifiziert.

347 Die Liste wurde dem Verf. freundlicherweise von Frau Irmtraut Köster zur Verfügung gestellt. Sie schrieb dazu: *»faq« ist eine in der Lebensmittelherstellung übliche Abkürzung für die Beschreibung von Zutaten und bedeutet: »Fair average Quality« – gute Durchschnittsqualität. Pomeranze und Curacaoschalen sind beide bittere Orangenschalen und unterscheiden sich nur geringfügig – die Curacao ist etwas bitterer.*

348 In der Backanleitung für das Staesz-Pfefferkuchengewürz heißt es bis in die Gegenwart: »*Zur Teiglockerung kann Backpulver, Hirschhornsalz oder Pottasche verwendet werden.*«

349 Bericht in der »Nordsee-Zeitung« vom 21.3.1989.

350 Der »Weser-Kurier« schrieb am 17.2.2011 in seiner Regionalausgabe für Bramstedt:

Bei der Objektsuche wurde er [gemeint ist Ulrich Krause] im Bramstedter Gewerbegebiet fündig, ein passendes Gebäude (ehemals: Elektro-Beckum) stand zum Kauf. Mittlerweile wurden weitere anliegende Grundstücke angekauft, genügend Platz für Expansionen. »Ein Glücksfall für die Gemeinde, dass sich der Betrieb hier angesiedelt hat«, äußerten die Politiker.

351 https://www.openpr.de/news/110009/GewuerzMuehle-Nesse-entscheidet-sich-fuer-salesforce-com-GMP-macht-Umsetzung.html.

352 So dem Verf. am 25.1.2021 von Jan Hendrik Krause brieflich mitgeteilt.

353 Im Mai 2018 wurde Frutarom vom US-amerikanischen Konkurrenten International Flavors & Fragrances für 7,1 Milliarden Dollar übernommen. vgl. https://de.wikipedia.org/wiki/Frutarom, Aufruf vom 21.9.2020.

354 Zugriff vom 22.9.2020. https://news.fleischbranche.de/185-news/unternehmen/5601-5854-frutarom-schliesst-standort-loxstedt-nesse.

Quellen- und Literaturnachweis

Quellenverzeichnis

Familienarchiv Krause,
aufbewahrt im Privatbesitz von Herrn Ulrich Krause, dem Enkelsohn von Robert May, in Nesse:
- Ordner »Staesz 1948 bis 1966 – alte Verträge«; die drei folgenden Heftmappen sind darin enthalten
- gelbe Heftmappe »diverse Privatschreiben und Veröffentlichungen in Heimatzeitschriften«
- graue Heftmappe »Schriftverkehr Block u.s.w.«
- rote Heftmappe »May + Dependörp Teilung«
- Ordner »Privatbriefe A- L« mit Unterordner Blaue Heftmappe »Louis Ferdinand«
- Ordner »Korrespondenz 1.1.1954 A - Z« mit Unterordner »Bestand Ende 1952 – Planung 1953«
- Ordner »Gesellschaftsverträge«
- Ordner »Neugründung Firmengeschichte«
- Ordner »Schriftverkehr Hagedorn - May«; die beiden folgenden Heftmappen sind darin enthalten
- graufarbene Heftmappe »Erklärungen zur Vermögensabgabe«
- orangefarbene Heftmappe mit Verlagerungslisten
- Deutschlandradio Berlin, Sendung vom 11.3.2003: Interview mit Eddy Lübbert, Unternehmer und Ehrenbürger Bremerhavens, geb. 7.8.1924, gest. 30. 5. 2016. Der Text wurde nach der im FA Krause aufbewahrten Tonbandkassette wiedergegeben.

Familienarchiv Marike Marsiglia, geb. Aschmoneit, Düsseldorf;
der kleine Bestand der Cousine von Ulrich Krause wird dem Familienarchiv Krause zugeführt.

Familienarchiv Heino Mührenberg, Itzehoe;
aufbewahrt im Privatbesitz des früheren Inhabers der Firma Weese.

Familienarchiv Klaus Daum, Schwerin;
enthält biographische Archivalien Margarethe Haslingers

Firmenarchiv Hayma Neunerlei,
bei Dr. Christel Assmann, Bückeburg;
der verbliebene kleine Bestand wurde dem Verf. freundlicherweise übereignet.

Akten zum Lastenausgleich,
aufbewahrt im Lastenausgleichsarchiv Bayreuth des Bundesarchivs unter den Signaturen:
- ZLA 1/11174743 Hayn, Friederike geb. Seiffert
- ZLA 1/12213762a May, Robert
- ZLA 1/12213762b May, Robert
- ZLA 1/12213762c May, Robert
- ZLA 1/12213762d May, Robert

Bundesarchiv Berlin,
Lazarettbücher des Ersten Weltkriegs zu Lazarettaufenthalten des Soldaten Robert May, Signaturen B 578/17540, 17547, 13101.
NSDAP-Mitgliederkartei, BE 2-2015/D-397
Abteilung Personenbezogene Auskünfte, Kartei: Beförderungen der Kriegsreserveoffiziere Signatur: RW 59/2077

Staatsbibliothek zu Berlin – Preußischer Kulturbesitz,
Benutzungsabteilung / Wissenschaftliche Dienste, Fachreferat u. a. für Zeitungen

Landesarchiv Berlin,
Gedenkbuch der Ältesten der Stadt Berlin seit der Einführung der Städteordnung vom 19. November 1808. Die Einträge betr. Rudolf Sausse wurden freundlicherweise von Herrn Dr. Werner Breunig (Landesarchiv) zur Verfügung gestellt. Archiv-Signatur: F Rep. 237 (Handschriftensammlung), Nr. 40 (Laufzeit: 1844–1965).

Stadtarchiv Braunschweig,
Akte Prüfungsberichte G XII 14 Nr. 46, mit dem Prüfungsbericht über die Giftprüfung Robert Mays.
Personalakte Dr. Kurjo, Signatur E 11 II: 337

Staatsarchiv Bremen,
Firmenakten des Bremer Handelsregisters (StAB 4,75/5)

Digitale Bibliothek Elbląg
Bibliothek Cyprian Norwid Elbląg, Św. Ducha-Straße 3-7, 82-300 Elbląg

Archiv des Verbandes Deutscher Drogisten e.V., geleitet von Henning Köhler in Hannover. Abschlusszeugnisse 1920-1974 der Deutschen Drogistenakademie.

Sammlung des Archäologisch-historischen Museums in Elbing.
Archiv (Tagespresse) der C. Norwid-Bibliothek, Elbing.

Zeitzeugeninterviews

(wenn möglich, wurde in den Anmerkungen angegeben, wann diese Interviews jeweils stattfanden, im Nachhinein war eine solche Angabe nicht mehr in allen Fällen möglich), mit:

- Ulrich Krause, dem Enkel von Robert May
- Ursula Moser, geb. Krause, Enkelin von Robert May
- Elisabeth Breeze, geb. Krause, Enkelin von Robert May
- Dr. Christel Assmann, der Witwe des Herstellers von Hayma Neunerlei
- Irmtraut Köster, langjährige Mitarbeiterin von Ulrich Krause
- Bernhard Buchwald, Düsseldorf, früher Schweidnitz, der sich an die Firma Hayma erinnern kann.

Literaturverzeichnis

[Elbing] Adressbücher der Stadt Elbing [und] Elbinger Wohnungsanzeiger verschiedener Jgg. wurden online recherchiert.

Einwohnerbuch für die Stadt und den Landkreis Schweidnitz 1942, Breslau 1942, wurde online recherchiert.

Gemeindelexikon für das Königreich Preußen. [Reprint 2 Hefte in einem Band:] I. Gemeindelexikon für die Provinz Ostpreußen (Berlin 1907), II. Gemeindelexikon für die Provinz Westpreußen (Berlin 1908). Hamburg 2003 (Sonderschriften des Vereins für Familienforschung in Ost- und Westpreußen, Bd. 102).

Nordsee-Zeitung [ohne Verf.-Angabe], 24./25. Dez. 1982, S. 26.
Nordsee-Zeitung [ohne Verf.-Angabe], 23. Nov. 1955.

Elbinger Nachrichten, Verf.kürzel GP [Günter Preuschoff], 5.5.1954, S. 5.
Elbinger Nachrichten [ohne Verf.-Angabe], 5.11.1955, S. 6.

Holger Diezemann, In: Stader Tageblatt, 4.3.1964.

Fischmagazin Juni 2000 - C10152E / ISSN 0930-6544 Verf.kürzel nik, Titelblatt und S. 14-17.
Die Thorner Katharinchen und der Pfefferkuchenstreit [ohne Verf.-Angabe]. In: Der redliche Ostpreuße. Ein Kalenderbuch für 1969. 20. Jg., Leer (Ostfriesland) 1968, S. 121-123.

Die Altstadt Elbing. Ausstellungsprospekt. Hrsg. vom Westpreußischen Landesmuseum. Münster i.W. 1998.

Bastian, Michael: Die Geschichte der Drogerie und des Drogisten. In: Fachkunde/Warenkunde Drogerie, Herausgeber: Verband Deutscher Drogisten e.V., Berlin 2011, S. 13 – 16.

Bohn, Pauline: Zur Frauenbewegung in Ostpreußen. In: Grenzland – Welt, Allenstein 1921.

Bracher, Karl Dietrich: Die deutsche Diktatur. Entstehung, Struktur, Folgen des Nationalsozialismus. Köln u. Berlin 1969.

Brostowski, Gertrud: Vom Gutshaushalt zur Ostpreußischen Mädchengewerbeschule. In: Leben in Ostpreußen. Erinnerungen aus neun Jahrzehnten. Zusammengestellt von Otto Dikreiter und Martin A. Borrmann. München 1963, S. 25-38.

Carstens, Uwe: Leben im Flüchtlingslager. Husum 1994.

Handelskammer zu Schweidnitz, Verzeichnis der eingetragenen Firmen und Genossenschaften im Bezirk der Handelskammer zu Schweidnitz umfassend die Kreise Frankenstein, Glatz, Habelschwerdt, Münsterberg, Neurode, Nimptsch, Reichenbach, Schweidnitz-Stadt, Schweidnitz-Land, Striegau, Waldenburg. Schweidnitz 1911.

Hansen, Hans-Jürgen: Kunstgeschichte des Backwerks. Oldenburg 1968.

Hartmann, Ernst: Pfefferkuchen zu[r] Weihnacht. In: Der redliche Ostpreuße. Ein Hauskalender für 1963. 14. Jg., Leer (Ostfriesland) 1962, S. 112-115.

Hauke, Karl: Aus Elbings Bau- und kunstgeschichtlicher Entwicklung. In: Elbing. Hrsg. vom Magistrat der Stadt Elbing von Theodor Lockemann, Berlin 1926 (Deutschlands Städtebau, Bd. 2), S.16.

Hege, Christian: Das Elbinger Gotteshaus von 1590. In: Mennonitische Geschichtsblätter, 3 (1938), S. 83-84.

Hege, Christian: Die Gemeinde Rosenort bei Danzig. In: Mennonitische Geschichtsblätter, 4 (1939), S. 51-54.

Hinrichsen, Torkild: Das Kuchenherz. Lebkuchen aus Deutschland. Husum 2009.

Hipp, Hans: Das Lebkuchenbuch. Berlin 2015.

Lockemann, Theodor (Bearb.): Elbing. s. Hauke, Karl.

Loebel, Hansgeorg: Neue Heimat in Niedersachsen. Zur Geschichte der Vertriebenen in unserem Lande. Hannover 1979.

Lölhöffel, Hedwig von: Urgroßmutters Pfefferkuchen. In: Das Ostpreußenblatt vom 27.11.1965, S. 7.

Lölhöffel, Hedwig von: Landleben in Ostpreußen. Hamburg 1976 (Arbeitsheft der Landsmannschaft Ostpreußen, Abt. Kultur).

Lohmann, Heinrich: Der Bremer Fichtenhof und seine Bewohner. Bremen 2018.

Lubocka-Hoffmann, Maria: Die Altstadt von Elbing. Bydgoszcz 1998.

Minke, Hans-Ulrich (Hrsg.): Wir wurden davongejagt. Die Operation »Schwalbe«, die »organisierte« Vertreibung der Ostdeutschen im Jahre 1946 und die Transporte in das Oldenburger Land. Oldenburg 2017 (Vorträge der Oldenburger Landschaft, H. 54).

Neumann-Redlin von Meding, Eberhard: Von den Anfängen ostpreußischer Hausfrauenbünde bis zur Berufsbezeichnung »Meisterin der Hauswirtschaft«: Pauline Bohn, Elisabeth Boehm, Helene Neumann, Olga Friedemann. In: Preußenland, Bd. 7 (2016), Osnabrück 2017, S. 121-146.

Olecki, Piotr: Nicht nur zur Weihnachtszeit ... – Die Lebkuchenbäcker von Thorn. In: Der Westpreuße, Jg. 69 (2017), Nr. 12, S. 20 f.

Osterhammel, Jürgen: Das 19. Jahrhundert. In: Informationen zur Politischen Bildung, Nr. 315 [2], (2012).

Pierers Universal-Lexikon der Vergangenheit und Gegenwart oder Neuestes encyclopädisches Wörterbuch der Wissenschaften, Künste und Gewerbe. Von Heinrich August Pierer. Altenburg 1857 f.

Pillukat, Rudolf/Hans-Jürgen Schuch: 750 Jahre Elbing, Münster/Westf. 1987.

Prinz von Preußen, Louis Ferdinand: Als Kaiserenkel durch die Welt. Berlin 1952.

Schiller, Gerhard: Ein kulinarisches Kulturerbe. In: Schlesische Geschichtsblätter. Zeitschrift für Regionalgeschichte Schlesiens, hrsg. vom Verein für Geschichte Schlesiens, 41. Jg., Heft 2, Karlstadt 2014, S. 33-63.

Reichling, Gerhard: Die deutschen Vertriebenen in Zahlen. Teil 1: Umsiedler, Verschleppte, Vertriebene, Aussiedler 1940-1985. Bonn 1986.

Rendschmidt, Max: Das alte Elbinger Bürgerhaus. Ein Beitrag zur Entwicklungsgeschichte des deutschen hanseatischen Bürgerhauses. Elbing 1933 (Elbinger Heimatbücher, hrsg. von der Elbinger Altertumsgesellschaft, Bd. 3).

Schoene, Karl: 100 Jahre im Zeichen des Mörsers. Darmstadt 1973.

Staats, Wilhelm: Betrachtungen und Erinnerungen zur Geschichte der Drogisten Akademie. In: 75 Jahre Deutsche Drogisten-Akademie zu Braunschweig 1880-1955. Hrsg. vom Verband Deutscher Drogisten. Köln 1955.

Statistische Monatshefte Schleswig-Holstein. Hrsg. vom Statistikamt Nord. Hamburg 1952.

Stein, Erwin: Neisse. Mit Anhang Stadt und Bad Ziegenhals. Berlin 1925 (Monographien deutscher Städte, Bd. 14).

Szkolnicka, Joanna: Innenansichten der ersten »Kriegsweihnacht«. In: Der Westpreuße Begegnungen mit einer europäischen Kulturregion, hrsg. von der Westpreußischen Gesellschaft – Landsmannschaft Westpreußen e. V. 73. Jg., Heft 4, Münster-Wolbeck 2021, S. 37-40.

Thiessen, Johannes: Die deutschen Drogisten. Geschichte des Deutschen Drogisten-Verbandes von 1873 bis 1926. Berlin 1926.

Thiessen, Johannes: Die staatlich anerkannte Drogisten-Akademie Braunschweig. Festschrift zur Feier des 50jährigen Bestehens der Akademie 1880 – 1930. Eberswalde 1930.

Verne, Jules: Der Findling. München 2014.

Vogelsang, Reinhard: Der Freundeskreis Himmler. Göttingen, Zürich, Frankfurt/M. 1972.

Weiher, Uwe: Die Eingliederung der Flüchtlinge und Vertriebenen in Bremerhaven 1945 –1960. Bremerhaven 1992 (Veröffentlichungen des Stadtarchivs Bremerhaven, Bd. 8).

Wiebe, Johann Peter: Der Mennonitische Arbeitskreis Polen (MAP). In: Der Westpreuße Begegnungen mit einer europäischen Kulturregion, hrsg. von der Westpreußischen Gesellschaft – Landsmannschaft Westpreußen e. V. 73. Jg., Heft 4, Münster-Wolbeck 2021, S. 19-21.

Zweigle, Helmut: Die Nesser Chronik. Nesse 1999.

Zweigle, Helmut u. a.: Die Nesser Chronik Bildband III. Nesse 2006.

Bildnachweis

Fotos, Karten, Scans von Werbeanzeigen, Schaubilder und Tabellen in diesem Werk stammen aus einer Vielzahl an Quellen. Den Inhabern der Abbildungsrechte wird hiermit für die Genehmigung der Verwendung in dieser Veröffentlichung gedankt: Weitere Abbildungen sind entweder gemeinfrei oder wurden über das Zitierrecht verwendet.

Dr. Christel Assmann: 135, 136, 176(links), 180, 181, 185, 186(links), 204/205
Karl-Heinz Bellmer:106(oben), 107, 109, 152
Elisabeth Breeze: 51, 68(unten), 82(oben), 103, 144, 145
Bildarchiv Ostpreußen: 2, 70, 86(unten)
Dr. Uwe Carstens: 110(oben)
Archiv des Deutschen Drogistenverbandes, Hannover: 45
Digitale Bibliothek Elbląg: 28(unten), 33(unten), 34, 36(unten), 47(unten), 69
Drogerie- und Destillemuseum Weißenstadt: 32, 33(oben)
Ines Gast-Werner: 176(oben), 179
Herder-Institut Marburg, Bildarchiv und Kartensammlung: 21, 24, 28(oben), 49, 50(oben), 56, 62(Bohn), 68(oben), 74, 75
Jürgen Knorrn: 183
Alexander Krause: 105, 108, 114, 188, 189, 190(oben), 191(rechts), 192
Ulrich Krause: 8, 10, 35, 38, 47(oben), 48, 50(unten), 72, 73(rechts), 77(unten), 79, 80, 81, 83, 84, 86(oben), 87, 89(oben), 91, 93, 98, 99, 100, 104, 106(unten), 117, 119, 122, 127, 128, 129, 141, 143, 148, 150, 153, 155,157, 159, 161, 162, 165, 167, 186(rechts), 191, 193,196
Landeskirchliches Archiv Stuttgart: 53(oben)
Landsmannschaft Ost- und Westpreußen, Bremen: 113
Lastenausgleichsarchiv Bayreuth: 31, 76, 78(unten), 175, 195, 209 - 214
Marike Marsiglia: 37, 46, 77(oben), 78(oben), 90, 92, 94
Mennonitischer Geschichtsverein: 207
Ursula Moser: 73(links), 82(unten)
Heino Mührenberg: 16
Muzeum Archeologiczno-Historyczne w Elblągu/Elbing: 36(oben), 52, 71, 74(unten), 89(unten), 95
Nordsee-Zeitung, Bremerhaven: 137, 166
Ostpreußisches Landesmuseum: 62(Boehm)
Preußische Allgemeine Zeitung, Hamburg: 110(unten), 111(oben), 112, 133, 134
Karl Edmund Schmidt: 111(unten)
Senfkorn-Verlag, Görlitz: 223
Stadtarchiv Braunschweig: 39, 41, 43
Staatsarchiv Malbork/Marienburg: 29
Staatsbibliothek zu Berlin – Preußischer Kulturbesitz, Fachreferat für Zeitungen: 54, 174, 177
Statistikamt Nord, Hamburg: 131
Dr Joanna Szkolnicka: 206
Ulrike Thiel-Schnieder: 184
Ullstein-Verlag, Frankfurt/M: 171
Arkadiusz Welniak, 26/27
Der Westpreuße, Münster: 13, 22
Westpreußisches Landesmuseum: 55
Zentralstelle Grafschaft Glatz/Schlesien e.V.: 182
Zentrum für Militärgeschichte der Bundeswehr, Potsdam: 97
Archiv des Verfassers: 15, 18, 23, 64, 65, 176(unten), 190(unten)

Danksagung

Dieses Buchprojekt wäre nicht möglich gewesen ohne die großzügige Unterstützung der Familie Krause und deren weiterer Verwandtschaft. Ihnen sei herzlich gedankt.

Ein herzliches Dankeschön auch:
Christoph Albers, Staatsbibliothek zu Berlin – Preußischer Kulturbesitz
Dr. Christel Assmann, Bückeburg
Michael Bastian, Verband Deutscher Drogisten, Pulheim-Brauweiler
Carolin Baumann M.A., Stadtarchiv, Bayreuth
Karl-Heinz Bellmer, Heimat-und Bürgerverein Stotel, Loxstedt
Dr. Agnese Bergholde-Wolf, Bildarchiv, Herder-Institut Marburg
Ursula Borstorff, Heimatverein Raguhn-Jeßnitz
Dr. Werner Breunig, Landesarchiv Berlin
Dr. Stefan Brüdermann, Niedersächsisches Landesarchiv in Bückeburg,
Bernhard Buchwald, Düsseldorf
Dr. Uwe Carstens, Autor, Dänischenhagen
Raimund Cremers, Redakteur, Bückeburg
Prof. Dr. Erik Fischer, Bonn
Marc Friede, Kartensammlung, Herder-Institut Marburg
Fritz Gandl, Bäckerei Konditorei Café Gandl, St. Wolfgang, Österreich
Ines Gast-Werner, Familienforschung, Rottenburg
Elke Grundler, Bremerhaven
Fritz Haase, Haase & Knels, Atelier für Gestaltung, Bremen
Doris Hege, Arbeitsgem. Mennonitischer Gemeinden in Deutschland (AMG), Frankfurt/M
Uwe Henz, Hamburgische Genealogische Gesellschaft
Dr. Christoph Hinkelmann, Lüneburg
Jürgen Hold, Fotograf, Verden/Aller
Peter Ihme und Heinz Fehlauer, Bundesarchiv Berlin
Tomasz Jabłoński, Digitalbibliothek Elbing
Gerald Kastl, Drogerie- und Destillemuseum Weißenstadt
Andrea Kittel, Landeskirchliches Archiv Stuttgart
Prof. Dr. Andreas Klose, Verein für die Geschichte Schlesiens, Potsdam
Jürgen Knorrn, Schlesierverlag L. Heege, Reutlingen
Irmtraut Köster, Lunestedt
Karsten Kühnel, M.A., Lastenausgleichsarchiv Bayreuth
Anna Langner, Bildarchiv Ostpreußen, Bahrdorf
Christoph Laue, Stadtarchiv Herford
Heino Mührenberg. Weese Keksfabrik, Itzehoe

Michael Nehrmann, Obernkirchen
Eberhard Neumann-Redlin von Meding, Berlin
Bernd Nogli, Zentrum für Militärgeschichte der Bundeswehr, Potsdam
Christina Eggers und Mark Opalka, Stadtarchiv Braunschweig
Dr. Dr. h.c. Jürgen Osterhammel, Freiburg
Vera Palfner-Rathke, Bremen
Team des Österreichischen Pharma- und Drogistenmuseums, Wien
Freya Rosan, Verein für Familienforschung in Ost- und Westpreußen, Riede
Thad Peterson, Deutsches Freimaurermuseum Bayreuth
Dr. Gerhard Schiller, Verein zur Pflege schlesischer Kunst und Kultur e.V., Selters
Astrid von Schlachta, Mennonitischer Geschichtsverein, Bolanden-Weierhof
Dr. Martin Steinkühler, Westpreußisches Landesmuseum, Warendorf
Erika Stelter, Loxstedt
Dr Joanna Szkolnicka, Muzeum Archeologiczno-Historyczne w Elblągu/Elbing
Alfred Theisen, Verleger, Görlitz
Ulrike Thiel-Schnieder, Rheda-Wiedenbrück
Sabine Tolksdorf, Staatsbibliothek zu Berlin -
Karin Triesch, Baden-Baden
Ingeborg Ulbrich, Bad Eilsen
Arkadiusz Welniak, Dipl.Archivar, Grudziądz (Graudenz)
Susanne Wiens, Deutsches Maler- und Lackierer-Museum Hamburg

Der Verfasser bedankt sich auch für die vom Verein für Computergenealogie im Internet unter http://wiki-de.genealogy.net/GenWiki:GenWiki zur Verfügung gestellten Internetseiten, die ihm bei der Erarbeitung dieser Veröffentlichung eine bedeutende Hilfe waren.

Weitere Titel zur Zeitgeschichte

Heinrich Lohmann

Der Bremer Fichtenhof und seine Bewohner

Ein wenig bekanntes Kapitel aus dem Widerstand gegen den Nationalsozialismus

312 Seiten, 67 s/w Abbildungen
Softcover, 16,5 x 23,5 cm
ISBN 978-3-95494-153-7
24,90 Euro

Der Autor deckt Zusammenhänge zwischen Wirtschaft und Politik während des NS-Regimes auf. Seit 1934 war der Fichtenhof das Domizil des Generaldirektors der »Nordsee« Deutsche Hochseefischerei AG, der die Firma modernisierte, neue Produktions-/Vermarktungsmethoden installierte, u.a. das Tiefkühlverfahren für Lebensmittel. Parallel entstand ein Gesprächskreis NS-kritischer Persönlichkeiten. Nach dem 20. Juli führte die Unterstützung des Widerstandes zu Roloffs Verhaftung. Seine Ehefrau Lexi schleuste sich in die Gestapo-Verhöre ein, verschleppte diese und rettete ihrem Mann so das Leben. Am Ende des 2. WK war der Fichtenhof Fluchtziel der ostpreußischen (Adels-)Familie, so u.a. der Lehndorffs, der Dönhoffs, der Baroness von der Ropp.

Peter Kuckuk

Bremen in der Deutschen Revolution 1918/1919

Revolution, Räterepublik, Restauration

unter Mitarbeit von Ulrich Schröder

508 Seiten, 56 Abbildungen
Taschenbuch, Format 17 x 22 cm
29,90 Euro
ISBN 978-3-95494-115-5

Das Standardwerk: aktualisiert & überarbeitet!

Behandelt werden die revolutionären Vorgänge in Bremen und die daraus resultierenden Veränderungen in den politischen Machtverhältnissen der Stadt dar. Dabei werden die handelnden politischen Kräfte auf seiten der Revolutionäre wie Arbeiter- und Soldatenrat, Linksradikale/Kommunisten, Unabhängige und Mehrheits-Sozialdemokraten untersucht und die Machtverhältnisse zwischen diesen Fraktionen der Arbeiterbewegung gezeigt.

Mit neuen Beiträgen zu Hemelingen und Bremen-Nord von Ulrich Schröder und Bremerhaven (Peter Kuckuk).

Michèle Callan

Forgotten Hero of Bunker Valentin

176 Seiten, 49 Abbildungen
Taschenbuch, Format 14 x 22 cm
14,90 Euro
ISBN 978-3-95494-156-8

Dies ist die ergreifende Geschichte von Harry Callan, von seiner Gefangenschaft, dem Widerstand und der Befreiung. Und es ist das letzte Kapitel in seinem Bestreben, den vergessenen Männern vom Bunker Valentin Ehre zu erweisen. Harry Callan war 16, als er 1943 – im Dienst der Britischen Handelsmarine stehend – auf See von den Nazis festgesetzt und im Lager Sandbostel, später im „Arbeitserziehungslager" Farge eingesperrt wurde. Als verängstigter Teenager wurde er Zeuge der furchtbaren Gräueltaten der Nazi-Kriegsmaschinerie. Tausende Lagerinsassen kamen ums Leben. Sie hungerten, wurden misshandelt und mussten an den Fundamenten für eine gewaltige U-Boot-Werft graben: Bunker Valentin. Die überlebenden irischen Kriegsgefangenen wurden nur gerettet, weil ein paar anständige Deutsche ihr Leben riskierten und Menschlichkeit bewiesen.

Diethelm Knauf, A. & R. Ritter

Mit Fotoapparat und Infanteriegewehr

Der Bremer Eugen Ritter: Bilder eines deutschen Lebens

mit Multimedia-DVD
176 Seiten, 286 Abbildungen
Hardcover, Format 16,5 x 23,5 cm
19,90 Euro
ISBN 978-3-95494-046-2

20 Fotoalben mit ca.1600 Fotos, Zeichnungen, Gemälde, Objekte wie selbst gebasteltes Spielzeug, Medaillen und Orden, dazu mehrere Tagebücher, drei Stunden Schmalfilme und ein Erinnerungsband mit dem Titel »Kriegstagebuch«: Das ist der Nachlass des Bremer Kaufmanns-sohns Eugen Ritter, der den Zeitraum zwischen den letzten Jahrzehnten des 19. Jahrhunderts und 1973 umfasst. Ein Bremer Fotoalbum also erzählt deutsche Geschichte, zeigt die Kontinuität in den milieubedingten Mentalitäten vom Kaiserreich über die frühen Jahre der Weimarer Republik bis in die 1930er Jahre auf.

Asmut Brückmann

Bremen

Geschichte einer Hansestadt

Hardcover mit Schutzumschlag,
432 Seiten, 720 farb. Abbildungen
Format 14 x 19 cm
42,- Euro
ISBN 978-3-95494-229-9

Bremen, die 1.200 Jahre alte Wesermetropole, kann auf eine wechselvolle Geschichte zurückblicken. Machtbewusste Erzbischöfe und aufstrebende Patriziergeschlechter, glaubensfeste Reformatoren und wagemutige Seefahrer, geschäftstüchtige Reeder und risikobereite Kaufleute sowie ein streng konservatives Stadtregiment prägten die Hansestadt bis ins 19. Jahrhundert. Dann erfolgte ein tiefgreifender Wandel: Demokraten und benachteiligte Gruppen meldeten sich zu Wort, die industrielle Revolution erfasste die alte Kaufmannsstadt.
Schiffbau und Textilindustrie, später auch Flugzeugbau und Automobilindustrie gaben der Stadt nicht nur ein neues Gesicht, sondern veränderten auch Zusammensetzung und Bewusstsein ihrer Einwohner. Nach dem Zweiten Weltkrieg wurde Bremen zur Hochburg der Sozialdemokratie. Um dieses wechselvolle Auf und Ab geht es in diesem anschaulich geschriebenen Geschichtswerk. Es schildert nicht nur die politischen Ereignisse bis ins 21. Jahrhundert, sondern auch die wirtschaftliche, gesellschaftliche und kulturelle Entwicklung der Stadt bis in die Jetztzeit.

- ✔ **mit 720 farbigen Abbildungen**
- ✔ **70 Kastentexten mit Hintergrunderläuterungen**

Ein Buch zur Bremer Stadtgeschichte in einem Band sucht man seit langem vergeblich im Buchhandel. Das vorliegende Werk will versuchen, diese Lücke zu schließen. Die Gesamtdarstellung ist chronologisch geordnet. Bestimmten Themen sind eigene Kapitel gewidmet, u.a. der Bremer Automobilindustrie und der Geschichte der Häfen und Werften. So kann man bestimmte Probleme und ihre Entwicklung über einen längeren Zeitraum im Zusammenhang verfolgen. Zahlreiche, zum Teil selten gezeigte Abbildungen bereichern und vertiefen den Text. Mithilfe des detaillierten Registers kann das Buch auch als Nachschlagewerk genutzt werden.

DÄNEMARK
Danziger Bucht
Halbinsel Hela
Putziger Wiek
Hela
Frische Nehrung
Gdingen
Neukrug
Frisches Haff
Zoppot
Kahlberg
Frauenburg
Stutthof
Danzig
Wonne-berg
Weichselfähren
Tiegenhof
Mottlau
Einlage
24.1.45
Fürstenau
Elbing
Nogat
Pr. Holland
Dirschau
Weichsel
Marienburg
nach Konitz
Pr. Stargard
0
10
20 km
Marne
Cuxhaven
Itzehoe
Brunsbüttel
Bremerhaven
Hamburg
Nesse
Bremen
Weser
Elbe
30.1.45
Küstrin
Berlin
1.2.45
DEUTSCHES REICH
Potsdam
Magdeburg
4.2.45
Quedlinburg
Dessau
Leipzig
Frontlinie Februar 1945
sowjetisch besetzte Gebiete